"十三五"国家重点图书出版规划项目

"一带一路" 建设中
国际贸易和投资风险防控
法律实务丛书

the legal series on prevention and control of risks
in international trade and investment under the construction
of the Belt and Road

总主编 张晓君

本丛书系教育部哲学社会科学研究重大课题攻关项目（项目批准号：19JZD053）产出成果

"一带一路"PPP项目 风险防控法律实务

主编 刘建民 李锦南

U0113280

厦门大学出版社 | 国家一级出版社
XIAMEN UNIVERSITY PRESS | 全国百佳图书出版单位

图书在版编目(CIP)数据

"一带一路"PPP项目风险防控法律实务/刘建民,李锦南主编.—厦门:厦门大学出版社,2021.11

("一带一路"建设中国际贸易和投资风险防控法律实务丛书)

ISBN 978-7-5615-8293-0

Ⅰ.①—… Ⅱ.①刘… ②李… Ⅲ.①政府投资—合作—社会资本—风险管理—法律—研究—中国 Ⅳ.①D922.291.4

中国版本图书馆 CIP 数据核字(2021)第 137593 号

出 版 人	郑文礼
责任编辑	李 宁

出版发行 厦门大学出版社

社 址	厦门市软件园二期望海路 39 号
邮政编码	361008
总 机	0592-2181111 0592-2181406(传真)
营销中心	0592-2184458 0592-2181365
网 址	http://www.xmupress.com
邮 箱	xmup@xmupress.com
印 刷	厦门集大印刷有限公司

开本	720 mm×1 020 mm 1/16
印张	24.5
字数	362 千字
版次	2021 年 11 月第 1 版
印次	2021 年 11 月第 1 次印刷
定价	99.00 元

厦门大学出版社
微信二维码

厦门大学出版社
微博二维码

总　序

　　"一带一路"是新时代中国深化与世界各国全方位合作，努力实现全球共同发展的重要倡议。自 2013 年该倡议提出以来，七年间，"一带一路"从愿景转变为现实。国家主席习近平在 2019 年第二届"一带一路"国际合作高峰论坛发表的题为"齐心开创共建'一带一路'美好未来"的主旨演讲中强调，共建"一带一路"顺应了经济全球化的历史潮流，顺应了全球治理体系变革的时代要求，更是顺应了各国人民过上更好日子的强烈愿望。共建"一带一路"为世界经济增长开辟了新空间，为国际贸易和投资搭建了新平台。在共建"一带一路"的机遇之路上，中国与"一带一路"沿线国家的贸易投资交往愈加密切，中国企业的贸易投资活动更加积极。但机遇与挑战并存，"一带一路"沿线国家或地区存在政治体制、经济制度、法律体系与文化背景等方面的差异，国际贸易和投资关系错综复杂。值得注意的是，进入 2020 年，随着新冠肺炎疫情在世界范围内的广泛蔓延，有西方大国基于国内政治的考量，掀起单边主义和霸权主义的波澜，意图逆转全球化趋势，将正常的国际经贸交往政治化，为技术、商品、人员和资本的顺畅流动设置重重障碍，这不可避免地会传导到"一带一路"倡议的践行过程中，给中国与沿线国家的国际经贸关系施加了前所未有的严峻挑战。在此背景下，预防与控制国际贸易和投资的法律风险，成为推动共建"一带一路"行稳致远的重要保障。

　　本着这一问题意识，西南政法大学国际法学院、中国－东盟法律研究中心与深圳市前海国合法律研究院、泰和泰律师事务所等法律实务部门深入合作，结合教育部哲学社会科学研究重大课题攻关项目（项目批准号：19JZD053）"对'一带一路'沿线国家投资风险监测预警体系研究"，对我国企业在国际贸易投资中所面临的风险防控问题展开研究。"'一带一路'建设中国际贸易和投资风险防控法律实务丛书"就是我们深入合作开展系统研究结出的硕果，同时也是与国家安全学院开展跨学科研究的重要成果。丛书由具有较强科研能力的国际法学界和具有丰富国际贸易投资及争端解决经验的法律实务界人士联袂编著。

丛书围绕教育部哲学社会科学研究重大课题攻关项目（项目批准号：19JZD053），以"一带一路"国际贸易和投资中企业所面临的法律风险防控需求为导向，从国际网络贸易、跨境投资并购、国际知识产权保护、国际货物运输、国际税收、国际PPP、国际能源、商品进出口、国际信用证，以及国际投资争端解决、国际商事争端解决、涉外法律适用等实务性极强的领域出发，以丰富的实践案例和国际法律文书为基本内容，根据实务人员法律服务技能的实践性和涉外性特征，详述知识内涵，深度剖析裁判要旨，总结实践经验，提炼学习要点，对企业可能面临的法律风险展开极具针对性、前瞻性的研究，提出专业性、建设性和可操作性的风险防控措施建议。

西南政法大学国际法学院作为我国重要的国际法学研究和涉外法律人才教育培养基地，在服务"一带一路"建设的法治人才培养、学术研究和社会服务等方面具有强烈的责任担当，力图产出一批优秀学术成果，培养一批优秀法治人才。中国－东盟法律研究中心则是中国法学会首批法治研究基地、最高人民法院东盟法律研究基地。当今处于百年未有之大变局，在全球治理体系变革推进时期，国际法学院和中国－东盟法律研究中心心系天下，将以更大的担当和使命感，做好国际法治研究和国际法人才培养工作，为我国更高水平的对外开放和共建"一带一路"做出应有的贡献。

张晓君　教授、博士生导师
西南政法大学国际法学院院长、国际法学科负责人
中国－东盟法律研究中心主任
2020年5月

前　言

　　20 世纪 80 年代中期，中等发达国家出现了债务危机，为了推动经济发展，土耳其率先出现了 BOT（建设—经营—转让）模式，其他发展中国家随之效仿。这个概念也经由我国香港传入内地。近年来，全国各地掀起了 PPP（政府和社会资本合作）模式的推广热潮，数万亿 PPP 项目拉开了大幕。各省市区立足自身的实际情况，将 PPP 模式应用到市政建设、交通运输、旅游、教育、医疗卫生、生态建设等项目中，有效撬动了社会资本进入公共领域。随着我国城镇化进程的加速推进，基础设施和公共服务建设需求以及地方政府债务量的激增，为了将市场机制引入基础设施建设的投融资模式之中，PPP 模式被加速提上了日程。财政部 2018 年 9 月 14 日公布的最新统计数据显示，截至 2018 年 7 月底，全国 PPP 综合信息平台项目库累计入库项目 7867 个，投资额 11.8 万亿元。其中，已经签约落地的项目 3812 个，投资额 6.1 万亿元；已开工项目 1762 个，投资额 2.5 万亿元。

　　"一带一路"（The Belt and Road，缩写 B&R）是"丝绸之路经济带"和"21 世纪海上丝绸之路"的简称，中国国家主席习近平于 2013 年 9 月和 10 月分别提出建设"新丝绸之路经济带"和"21 世纪海上丝绸之路"的合作倡议。依靠中国与有关国家既有的双多边机制，借助既有的、行之有效的区域合作平台，"一带一路"旨在借用古代丝绸之路的历史符号，高举和平发展的旗帜，积极发展与沿线国家的经济合作伙伴关系，共同打造政治互信、经济融合、文化包容的利益共同体、命运共同体和责任共同体。

2015 年 3 月 28 日，国家发展改革委、外交部、商务部联合发布了《推动共建丝绸之路经济带和 21 世纪海上丝绸之路的愿景与行动》。2016 年 6 月底，中欧班列累计开行 1881 列，其中回程 502 列，实现进出口贸易总额 170 亿美元。2019 年 3 月 23 日，中意签署"一带一路"合作文件。截至 2020 年年底，面对新冠肺炎疫情的严重冲击，中欧班列发挥国际铁路联运独特优势，大力承接海运、空运转移货物，全年开行 12406 列，同比增长 50%，首次突破万列大关。特别是 2020 年下半年月开行量保持在 1200 列左右，连续 10 个月实现同比两位数增长、8 个月单月开行千列以上。2020 年中欧班列运输货物货值达 500 亿美元。[①]

"一带一路"相关国家普遍面临着基础设施薄弱的问题，并且很多国家还普遍存在建设能力不够、技术水平落后、管理水平和运营能力不足等问题。PPP 模式作为一种市场化、社会化的供给公共产品和服务的创新方式，能够在过去主要由政府主导的基础设施领域实现"引资、引技、引智"，并构建起政府和社会资本稳固的合作伙伴关系。从这一角度看，用 PPP 模式支持"一带一路"相关国家的基础设施建设，有很大的发展空间和前景。

"一带一路"倡议中基础设施的互联互通是优先发展的领域。作为主要做基础设施投资和建设的行业，我国"走出去"的企业面临着千载难逢的好机会。2015 年，中国以 PPP 模式运作的市场规模约 7500 亿元至 8000 亿元，而"一带一路"经济区开放后，我国承包的工程项目突破 3000 个。我国企业共对"一带一路"相关的 49 个国家进行了直接投资，投资额同比增长 18.2%。据统计，2020 年 1 月，我国境内投资者共对全球 137 个国家和地区的 1117 家境外企业进行了非金融类直接投资，累计实现投资 575.7 亿元人民币，同比下降 7.7%；对外承包工程新签合同额 1082.5 亿元人民币，同比增长 74.2%；对外劳务合作派出各类劳务人员 1.9 万人，1 月末在

---

① 《中欧班列全年开行 12406 列》，载《人民日报（海外版）》2020 年 1 月 20 日，https://m.gmw.cn/baijia/2021-01/20/34556830.html.

外各类劳务人员 97.2 万人。其中，对"一带一路"国家投资合作实现较快增长。我国企业对"一带一路"沿线的 47 个国家非金融类直接投资 15.9 亿美元，同比增长 19.5%。在"一带一路"沿线国家新签对外承包工程合同额 92.3 亿美元，占同期总额的 59%，同比增长 123.5%。①

以 PPP 为代表的"一带一路"建设模式，有望进一步为各国私营资本拓展更大的投资空间。"一带一路"建设无疑是一项伟大的工程，而一项现代化的伟大工程，离不开现代化的金融体系支撑。"一带一路"倡议覆盖的地域宽广，而大多数沿线国家的基础设施发展严重滞后，改善基础设施所需要的资金量异常庞大。随着亚投行、丝路基金等为中国企业提供资金支持，中国企业在海外市场将面临更多的发展机遇。以亚洲为例，根据亚洲开发银行 2017 年的预测，到 2030 年，亚洲基础设施投资总额需 22.6 万亿美元，即平均每年需投入 1.7 万亿美元，而当前的融资渠道每年只能提供约 4000 亿美元。即便是通过亚投行等渠道全球合作帮助开发，仍然需要补充广泛的民间资本。同时，有效地引入民间资本、地方资本，可以减少工程施工当中可能遇到的问题，也会更好地惠及本地企业。从某种意义上讲，PPP 模式的成功与否，将直接影响"一带一路"倡议的推进。

当前，在我国大力发展混合所有制经济的前提下，大力推广 PPP 模式，使得社会资本尤其是民营小微企业有了参与国有经济发展与基础设施建设的两大机会，当然，也包括参与"一带一路"建设。

2014 年 9 月份以来，国家发展改革委、财政部等两部委接连发布多项鼓励 PPP 模式的政策文件，如国家发展改革委印发的《基础设施和公用事业特许经营管理办法》《关于推进开发性金融支持政府和社会资本合作有关工作的通知》《关于进一步做好政府和社会资本合作项目推介工作的通知》《关于开展政府和社会资本合作的指导意见》等文件，财政部发布的

---

① 《中国企业对"一带一路"国家投资合作较快增长》，载《人民日报（海外版）》2020 年 2 月 26 日，http://www.gov.cn/xinwen/2020-02-26/content_5483342.htm.

《关于印发政府和社会资本合作模式操作指南(试行)的通知》《关于推广运用政府和社会资本合作模式有关问题的通知》《财政部、交通运输部关于在收费公路领域推广运用政府和社会资本合作模式的实施意见》等多项文件,明确要求在公共租赁住房、水污染防治领域以及收费公路领域等方面推进 PPP 模式,同时还成立了 PPP 工作领导小组。这一系列的举措都体现出了我国政府层面对 PPP 模式的重视。

虽然 PPP 模式拥有众多益处,能为项目融资和社会资本提供有政府信用保障的投资收益渠道,能够更高效地为社会提供公共产品或服务,但从目前一些 PPP 项目的运行情况来看,问题和纠纷仍旧无法避免。例如,在国际上,20 世纪 90 年代,为鼓励私人部门参与提供公共产品,哥伦比亚政府为多个机场和收费公路项目的收入提供担保,并与独立发电商签订长期购电协议,承诺公用事业付款。到 2005 年,由于项目收入低于预期,哥伦比亚政府已经向私人部门支付了 20 亿美元,许多项目的运营期限长达 30~50 年,令政府的"担保之路"漫长,财政不堪重负。墨西哥政府为促成 PPP 项目,强迫国有商业银行向收费公路项目提供融资,结果由于公路收益低于预期而利率上升,政府不得不接管这些项目,并承担了近 100 亿美元的债务。葡萄牙政府在国际金融危机爆发后通过滥用 PPP 模式变相举债,直接引发了 2011 年的葡萄牙财政危机,遭到欧盟的严厉警告。2002 年伊始,土耳其政府通过基础设施与公共工程的私有化加速国家的市场化。2009 年,共有 6 个港口、8 条收费高速公路、2 座跨海大桥、数家大型电厂、多家公立医院及国家电信陆续被卖给包括跨国公司在内的私人部门。对私人部门的涨价冲动,政府通过向居民发放"生活直补"来解决。然而,缺乏监管的基础设施垄断成风,"生活直补"跟不上收费涨价,财政被企业"牵着鼻子走",加之垄断带来的寻租与贫富分化,民众怨声四起,终于酿成 2011 年的全国性骚乱。我国某污水处理厂采用 BOT 融资模式,原先计划于 2002 年开工,但由于 2002 年 9 月《国务院办公厅关于妥善处理现有保证外方投资固定回报项目有关问题的通知》的发布，项目公司被迫与政府重新就投资回报率进行谈判。某垃圾焚烧发电厂项目中，政府提供了许多激励措施，约定如果由于部分规定原因导致项目收益不足，政府承诺提供补贴。但是政府所承诺的补贴数量没有明确定义，项目公司就承担了市场收益不足的风险。另外，某高速公路建成之初，由于相邻的辅路不收费，致使较长一段时间内所建高速公路的车流量不足，也出现了项目收益不足的风险。

因此，由于 PPP 模式现阶段存在诸多缺陷，并未充分发挥其优势，其中存在的风险和问题，也让诸多社会资本对 PPP 项目的投资保持观望、审慎的态度，使得 PPP 项目的整体发展不尽如人意。

本书分六章分别对国际 PPP 项目的起源与基本内涵，国际 PPP 项目分类、模式和范围进行了详细论述，对国际 PPP 项目法律风险识别进行了深入剖析，对国际 PPP 项目法律实务主要问题进行了全面阐述，对国际 PPP 项目法律实务案例进行了分类分析，并对"一带一路"PPP 项目法律风险防控做了阐析。

本书旨在追溯 PPP 的起源和内涵，结合不同国家的环境背景，了解 PPP 项目的分类、采用模式和适用范围，论述 PPP 项目形成的原理，探索 PPP 项目法律风险的识别，阐述国际 PPP 项目法律实务问题适用的法律和政策，借鉴不同国家国际 PPP 项目案例经验，为我国企业参与国际 PPP 项目投资建设，尤其是"一带一路"倡议中基础设施的互联互通贡献一份力量。

本书是西南政法大学国际法学院主持编写的"'一带一路'建设中国际贸易和投资风险防控法律实务丛书"之一，由西南政法大学、泰和泰律师事务所等从事财务、投资、法律理论与实务方面的人员共同编写，是各位作者个人研究和合作的成果，具体撰稿人员及分工如下（以撰写章节先后为顺序）：

第一章、第二章：刘建民（西南政法大学）；

第三章、第四章和附录：刘星兰（重庆科技学院）、于雪（北京中伦律师事务所）；

第五章、第六章：李锦南（泰和泰律师事务所）、张敬茹（泰和泰律师事务所）、李瑞雪（泰和泰律师事务所）。

全书由西南政法大学商学院刘建民教授统稿和审定，泰和泰律师事务所高级合伙人、西南政法大学硕士研究生兼职导师李锦南进行初审。协作单位泰和泰律师事务所给予大力支持，提供了国际 PPP 项目法律实务全部案例，厦门大学出版社李宁编辑做了大量耐心细致的工作，在此致以真诚的感谢。

在撰写过程中，各章作者参阅了国内外大量研究成果，为本书的编写提供了重要的支持，在此向他们表示衷心的感谢！由于作者理论研究水平不足和法律实务能力水平的限制，书中难免存在错误之处，敬请读者批评指正。

《"一带一路"PPP 项目风险防控法律实务》编写组

2021 年 9 月

目录

第一章

国际 PPP 项目的起源与基本内涵

引　言

在国际上，大家习惯性将 Public-Private Partnership 简称为 PPP 模式，翻译成中文可以将其称为"公私合作或者公私合营"。该经营模式最早在 20 世纪90 年代发源于英国，从广义的角度来分析该经营的方式主要指的是各种社会资本和各级政府机构之间以合作的方式进行某一项目的经营。该经营模式在中国被国家认可的翻译名称是"政府和社会资本合作"。这种经营的方式主要是用在公共服务产品的生产、制造、供应等各个领域，从而打破了原有的经营模式，引入各种社会资本一起加入公共服务产品的生产、制造、供应的各环节中，从而缓解政府的压力，为公众提供更好的社会服务机制。PPP 模式主要采用的形式是通过合同，就某一特定的目的将中标的单位和公共机构联合在一起，共同成立一个新的公司来承担相应的融资职能、建设职能、经营职能等，从而实现中标单位和公共机构这两者的特定目标。

英国是 PPP 模式的倡导者和促进者，其私人供水已有 400 多年的历史，经历了私营到国营再到私营的过程。自英国最早开始使用 PPP 项目开发城市公共基础设施建设后，澳大利亚、美国、日本、加拿大等国家也在摸索中建立了适合本国的 PPP 模式，但大体上仍和英国的 PPP 模式相似。

我国对 PPP 模式的探索起源于 20 世纪 80 年代，直到 2013 年，我国才开始大力推广 PPP 模式在基础设施建设方面的应用。PPP 这一术语进入大众视野至今，世界各国不同机构、专家学者等从不同的角度对其进行了定义，本节将从世界各国角度对 PPP 的起源进行阐述,力求对 PPP 项目的概念和基本内涵有进一步的理解和认识。

【内容摘要】

本章主要针对国际 PPP 项目的起源、基本内涵以及国际 PPP 项目的主要特征、优势和问题展开讨论。

第一节　国际 PPP 项目的起源

【知识背景/学习要点】

在大多数国家,提供基础设施及公共产品或服务被认为是政府的职责,并由政府垄断或受特殊法律规制,以实现公共产品或服务的无差别化供给。公私合作的起源因国家、社会、经济背景不同而具有差异。起源于经济危机的英国、基于减税需求的美国以及政府推动下的印度都是 PPP 起源的代表性国家。PPP 构建有限政府、自由市场,以人为本,注重公共利益的巨大价值及效用,推动社会的发展前进。

一、欧洲 PPP 项目的起源

在 17 世纪,英国政府就开始采取授权私人建造灯塔并向过往船只收费的做法,将私人资本引入公共产品或服务供给领域;在欧洲范围内,政府通过授权经营的方式广泛地利用私人部门提供供电、供水、道路、隧道、下水道、桥梁等各个领域所需要的各种配套的基础公共设施、产品、服务等,已有几百年的历史。上述授权在各国有不同的称谓,例如"特许经营"(concession)、"专营"(franchise)、"许可"(license)等,授权的具体方式及内容亦有所区别。

随着国家治理理论的发展，私人部门参与基础设施及公共产品或服务供给的方式不断演变，20 世纪八九十年代，出现了土耳其前总理奥扎尔首次提出的"建设—经营—移交"（Build-Operate-Transfer，简称 BOT）方式、首先经由英国提出的私人融资计划（Private Finance Initiative，简称 PFI），以及如今国际社会普遍认同的 PPP 等概念。

目前，普遍认为特许经营、BOT、PFI 等均属于广义 PPP 的模式之一。英国、加拿大等国家及地区已发展出较为成熟的 PPP 制度及市场，越来越多的政府机构将 PPP 这一经营模式作为其提高当地基础配套公共设施、产品、服务质量、效率、水平的一种有效方式和理念。

（一）英国

在 20 世纪 80 年代之前，英国的电信、城市供水、交通运输、能源等各个领域所需的基础配套公共设施的建设主要都通过有关政府机构的投资来进行相应的公共设施项目建设以及后期的运营管理工作。撒切尔夫人担任英国的首相以来，开始将一些现金流相对稳定的基础公共设施的建设项目用私有化这一方式在市场中进行公开竞标。自 1990 年开始，英国政府部门在社会中那些公益性的、收费难的基础配套公共设施项目上采用 PFI 经营的模式，通过购买服务的方式，将私人资本引入社会基础配套公共设施的项目经营中来。该 PPP 经营方式成为当时英国政府最常用的一种经营方式。

1. 在供水方面

伦敦早在 400 多年以前就开始采用私企供水的公共服务模式了，而且当地的政府机构对私企进入社会基础公共供水服务几乎没有额外的限制。各私企之间通过竞争的方式获取进入市场的机会，在竞争的过程中，不断增加了社会中基础配套公共供水服务设施的投资额、产品质量、服务质量以及用水的线路等，并与时俱进地不断进行改革创新，为当地居民提供更加优质的用水服务。到 19 世纪，伦敦供水系统所覆盖的面积和欧洲其他国家相比，已经非常广泛，而且供水的服务质量也非常高，从而使伦敦成为欧洲居住环境最好、健康状况最佳的各大城市中的一个。根据世界银行发布的《2004 年世界发展报告》，欧洲大部分城市的人口增长率不断降低时，伦敦当地的人口却呈持续增长的状态，其出生率高出死亡率 1800 个点。

据有关数据报告，英国在 20 世纪 70 年代末开始在其国内大力推行民营化的经营方式，到 1980 年又开始恢复私营化的供水模式。[①] 由此可见，英国称得上是世界各国中最早开始进行 PPP 这一经营模式实践的国家，尤其是在供水方面，从最开始的政府负责供水，到私人竞争供水，再到民营供水，最后又到私人竞争供水，英国在这一循环的过程中，将 PPP 经营的理论知识与实际案例进行了有机融合，从而使英国成为世界各个国家中成功将 PPP 模式运用到实践活动中的楷模。尤其是在供水方面，英国已经有了 400 多年的私企供水经验，在这 400 多年的历史发展过程中，英国的供水机制经历了国营化、私营化、民营化、私营化等一系列的变革，可以名副其实地讲，英国已经是 PPP 经营模式的先驱者。在英国的大力倡导和推动下，PPP 这一特殊的经营方式在世界各个国家得到了广泛的认可和应用。尤其是撒切尔夫人自 1979 年执政以来，更是将 PPP 模式的推广做到了极致。

2. 在交通基础设施方面

自 1281 年开始，英国著名的伦敦桥就开始实行收费制，无论是经过该桥的行人、车辆还是船只，都需要向有关机构缴纳过桥费方可获取通行的资格。自 1706 年开始，英国政府根据各公路、桥等费用管理的需求，专门设立了一个信托机构来负责那些需要缴纳过路费方可通行的公路的各项筹资事宜、公路建设、公路维护、公路日常经营等。到了 18 世纪初，英国政府才逐步把管辖公路的权力下放给地方的各专属机构，并且由使用公路的人来承担相应的养护公路的成本，从而打破了原来一直由国家买单的惯例。从 1706 年到 1707 年，英国终于成功设立了首个收费公路信托机构。该机构的成功设立带动了一系列法案的出台，并迅速扩散，覆盖到英格兰的各个角落。

---

① 世界银行：《2004 年世界发展报告》，中国财政经济出版社 2004 年版。

截止到 1820 年，英国的收费公路总里程为 3200 公里左右，每年收取的过路费金额有 125 万英镑左右。虽然英格兰在 1364 年才通过法律的允许首次设立公路收费站，但是一直到 1663 年英格兰才成功建设完成其首条需要收费的公路。亨廷顿、赫特福德尔以及英国剑桥有关的法官向议会提出申请，请求其批准有关法案的内容，允许当地的收费公路通过募资的方式来筹措资金，进行道路的维护、修缮，并对横向贯穿三个郡的大北路（Great Northern Road）这一段路进行修缮。按照相关法案中的条款规定，负责公路管理的机构有权在相应的路段分别设置三个收费站，对通过该路段的车辆、牲畜等收取相应的费用，并且享有 21 年的收费时限。如果按照这样的收费方案去执行，预计其经过 21 年的努力可以把所有的债务偿还完，接下来，该路段将对过往的车辆、牲畜不再收取任何费用，免费开放。①

到了 1840 年，在英国当地政府的议会、制造商、地主、商人、农民以及养护某段公路的个人等各方力量的共同推动下，已经有将近 1000 个有关公路收费的法案被通过并在实施的过程中产生法律的效力。因为当时负责收费公路管理的各信托公司受资金不足等因素的影响，其有权管理的路段只有 10～20 英里那么长，所以经常会出现某段收费的公路无法通行的情况，从而限制了过往的长途车辆正常运输通行，进而也导致这些车辆在运营的过程中只敢承运一部分旅客或者价值高、批量小的货物。

（二）法国

法国 PPP 模式主要包括特许经营和合伙合同（Contract of Partnership，CP）两大类，是在借鉴英国的基础上提出的政府付费类 PPP 模式。针对以特许经营为主、CP 为辅的 PPP 情况，法国建立了有别于他国的 PPP 宏观管理体制。

1.法国的供水服务

法国从 17 世纪中期开始就一直实行以地方为单位的私人供水机制，虽然

---

①　Arthur Cossons, The Turnpike Roads of Nottinghamshire, Geography, 1934, Vol. 19, No. 4, pp.20-22.

历经了各种各样的租借合同、管理模式，但是最终在供水方面的服务机制采用的还是在公有制基础上的私人供水机制。[①]因为认识方面的不同，所以，在法国，人们并没有觉得公私合伙与以往的经营观念相比有什么大的创新，由于很早之前他们就接触到特殊经营这一理念，所以对公私合伙也算是有了一定的了解。尤其是法国早在 100 多年以前在实际的生活实践活动中就接触到了像社会经济混合体（Socio-economic Mixture）、特许经营等形式的 PPP 模式，就目前来看，法国在很多基础公共设施的建设、管理过程中采用最多的经营模式仍然是特许经营这一制度。截止到 1995 年，据有关数据统计分析可知，法国采用 PPP 经营合同的方式提供的供水服务设施已经覆盖到法国 75% 的人口。

早先的苏伊士里昂水务集团、威望迪集团系巴黎大区的供水服务商，这两家通过 PPP 合同进行合作的供水商管控着法国境内供水、污水处理、市中心供热、垃圾处理、电缆运营、垃圾收集等，各方面的份额比例分别占其总比例的 62%、36%、75%、60%、55%、36%。据有关数据的不完全统计可知，法国境内大多数的铁路、供水、道路照明等方面的基础配套网络、公共设施等建设、管理也都是通过 PPP 这一经营模式发展壮大的。[②]法国在供水服务方面所采用的 PPP 模式的经营管理经验在世界各国都是非常出名的，且有着丰富的项目实施管理经验。21 世纪早期，法国著名的威望迪企业用 20 亿元左右的人民币获取了我国上海浦东自来水厂 50 年的经营权和一般的股权。从交通这一领域来看，法国著名的苏伊士运河所采用的特许经营方式对世界各国来说也是非常著名的一个 PPP 经营的典型案例。自 1854 年开始，法国从当时埃及的统治者土耳其总督那里获取了该运河 99 年的特许经营权，自 1869 年该运河正式竣工并投入使用之日起开始计算这一期限（但是，埃及政府在 1956 年采用国有化的方式进行苏伊士运河企业的管理，从而终止了该企业的特许经营权）。

---

① 世界银行编著：《2004 年世界发展报告 让服务惠及穷人》，本报告翻译组译，中国财政经济出版社 2004 年版，第 120~125 页。

② 贾康、孙洁：《公私伙伴关系（PPP）的概念、起源、特征与功能》，载《财政研究》2009 年第 10 期。

2.基础设施和公共服务方面

法国在公共基础配套服务设施方面采用的制度主要有下面这两种：一种是由政府进行直接管理的制度，另一种是在 PPP 这一经营模式的基础上由私人进行特许经营的制度（法国当地将这种制度称之为公共服务的委托制）。在第一种制度的管理下，各项公共服务、基础配套服务设施等的建设、运营、管理、日常维护等工作都是通过国有部门、公共机构来进行直接管理的。随着特许经营合同的出现，很多基础设施的经营权被授予一些具有特殊经营目的的企业来进行公共服务、基础设施的建设和运营管理工作。比如：1950 年法国成立的特许经营控股企业展开了对法国当地高速公路的网络开发。当时该特许经营企业的股本资金主要是由公共信贷部门、当地政府等机构来提供的，从而规避了中央政府机构对预算的管制。但是，在这些收费公路实际投入使用的过程中，收费的时候还是需要受到中央政府机构的管制，从而使其费用增长的比率和通货膨胀的比率失衡，导致企业的利益受损，进而出现财务危机，最终很多这些出现财务危机的企业不得不由政府来接替管理。①

自 1990 年开始，PPP 模式在基础设施的融资、设计方面的应用得到了大力推广，法国很多从事公共事业服务的企业紧跟时代潮流发展的趋势，将 PPP 模式在其项目融资、设计中进行了有效的应用。比如：法国著名的威望迪集团、布依格集团、苏伊士里昂水务、万喜建筑公司、索迪斯集团、SAUR、康运思公司等。法国的政府部门也逐步将连接菲格拉斯（Figureras）和佩皮尼昂（Perpignan）的高速公路、米拉（Millau）高架桥以及 A19、A86、A28 等高速公路的几个路段项目向一些具有特许经营权的私人开放。从地方的公共服务、基础设施的运营方面来看，该方面的项目几乎全都允许特许经营者介入。比如：垃圾的收集和管理，污水的处理，城市的交通、电缆，学校的餐饮、供水、体育运动的配套设施，殡仪服务等各个项目都采用委托管理的方式来进行建设、管理、

---

① 贾康、孙洁：《公私伙伴关系（PPP）的概念、起源、特征与功能》，载《财政研究》2009 年第 10 期。

运营等。①由此可见，法国在公共服务、基础设施等方面一直以来主要是采用特许经营这种 PPP 模式。

(三)荷兰

纵观荷兰的悠久历史可知，在这个国家的教育、基础设施、劳动关系、社会福利等各个领域中公共配套设施、政策的发展、执行都是通过公共、私人、社会团体等各方面力量的共同合作来实现的。

1.荷兰的供水服务

1853—1920 年，荷兰主要采用私企供水的服务机制，随着当地政府机构逐步介入这些私企，它们通过政府合并的方式转变私企供水的经营模式，成为从事公共服务的事业性单位。在这一合并的过程中，荷兰中央政府机构所颁布的法令起到了主要的参照作用，当地市政府起到了积极的推动作用。荷兰实施这一合并运营的目的主要还是借助企业的力量为当地居民，尤其是农村区域的居民提供区域化的供水服务，从此，荷兰政府开始对供水机制采取市场化的经营模式。荷兰供水服务系统采用的行业准则是向服务的对象收取费用，这一特点使得供水服务商和当地政府在充分合作的同时为客户提供了更高质量的服务。②

2.荷兰基础设施领域

1986 年，荷兰的各政党发出了联合声明，提出在荷兰实行新公私合作这一合作关系，通过私人投资的方式为公共基础配套设施的建设、管理募集资金。在多项政府文件中也提出了通过 PPP 或者私人融资的方式来进行公共基础配套设施的建设，具体项目涉及 4 条供机动车通行的隧道：1 条高速通行的客运铁路（由荷兰通往法国）、1 条货运铁路（由荷兰通往德国，也就是著名的贝提沃铁路，Betuwe Line）、2 条公路隧道（1996 年竣工的外哥尔苏隧道、1992 年竣工的北河河下隧道）。以上这些项目，荷兰政府都是通过私人银行筹集到了

---

① 贾康、孙洁:《公私伙伴关系（PPP）的概念、起源、特征与功能》,载《财政研究》2009 年第 10 期。
② 贾康、孙洁:《公私伙伴关系（PPP）的概念、起源、特征与功能》,载《财政研究》2009 年第 10 期。

相应的建设资金。其实,以上这些项目和之前的合同模式不同的是:其加入了企业联盟,在合作的基础上从银行获取相应的资金需求。该企业联盟主要通过 Shadow Toll 系统,也就是影子收费模式获取利润,具体来讲,就是荷兰政府在与企业合作的 30 年内按照汽车通过相应隧道的总数量向企业联盟支付相应的费用。

在 1998 年,荷兰自由保守党、社会民主党所成立的联合政府在有关的协议中重新提出了 PPP 模式。其通过对其他实行 PPP 模式的国家进行研究并分析其成功的经验,归纳总结出成功实施 PPP 模式所需要具备的条件。其在有关的报告中提出了 Low Hanging Fruit(低挂果实)这一类型适合私企参与的建设项目,比如斯希丹(Schiedam)往返代尔夫特(Delft)的 A4 高速公路、贝提沃铁路、荷兰到巴黎的高铁、扩建鹿特丹港以及建设各高铁站等项目。同时,私企也提到了一些可实施 PPP 的项目,比如第二个国家机场 Schiphol Airport(史基浦机场)的建设项目、磁悬浮列车项目、阿尔斯梅尔(Aalsmeer)鲜花拍卖市场地下的物流网。该报告除了关注融资的工具、合同的安排,还特别重视合作的过程管理。财政部在接下来有关 PPP 项目的发展方向的宣传中没有提到有关 PPP 项目的 Soft Side,也就是软的方面的内容。根据有关的报告可知,荷兰在 1999 年成立的 PPP 知识中心归财务部管辖。该中心的主要职责是向荷兰的政府机构提供发展 PPP 项目的有关政策建议、合同标准、开发工具等,从而巩固、支持 PPP 项目的有序进行。

代尔夫兰(Delfland)在 2002 年签订了有关污水净化的 PPP 经营合同。[①] 自 2004 年起,荷兰政府机构尝试着在交通、水利公用建筑等公共基础配套设施方面大力推行 PPP 项目运营模式。很多机构设立专门的中心按照 PPP 项目的标准进行运营管理,有一些甚至通过强制手段在有关的项目中实行 PPC(公私部门的比较值,Public Private Comparator,一种事前评估工具)等做法,这些都是将合同式 PPP 制度化的尝试。

---

① 贾康、孙洁:《公私伙伴关系(PPP)的概念、起源、特征与功能》,载《财政研究》2009 年第 10 期。

二、美国 PPP 项目的起源

美国 PPP 宏观管理体制充分体现了联邦制的性质，各州拥有较大的 PPP 立法权和自治权。在美国，PPP 项目中的大部分是设计、建设项目，也称之为 DB 项目，在美国 PPP 项目的总数中所占的比例为 67%，在美国 PPP 项目的总投入中所占的比例为 52%；这些年来，设计（D）、建设（B）、融资（F）、运营（O）、维护（M）这一 DBFOM 模式在美国发展得非常快，在美国 PPP 项目的总数中所占的比例为 12%，在美国 PPP 项目的总投入中所占的比例为 24%。按照美国行业的分布情况来看，在美国 PPP 项目的总数中有 32% 的比例为公路交通项目，使用 PPP 模式的总共有 100 多个公路项目，覆盖到美国境内的 24 个州；紧接着所占比例比较大的分别是铁路、机场等项目。

（一）美国水务

1800—1900 年，美国自来水厂增长的速度惊人。最开始占优势地位的是私企，但是截止到 1900 年有 50% 的自来水厂都被公有化了。导致这一现象发生的主要原因是美国政府机构和有关私企在消防用水方面就合约问题意见不一致。随着美国城市化进程的不断发展，政府机构和私企之间越来越难达成一致的合约，因为美国好多城市都有发生大型火灾的经历，这为政府机构、私企提供了重谈合约的机会。

（二）美国交通

美国的道路也采用收费的相关制度。美国在 1974 年通过私人投资修建完成了第一条道路，位于宾夕法尼亚州。和英国所制定的道路收费制度一样，在美国有一些人享有免费通行权，比如美国有关的地方性政府法案中有提到军人、去教堂祷告的基督教徒、在收费站管辖范围内的商人等享有免费通行权。美国公路的年资本回报率/年分红最高是 8%，大多数的年收益率是 3%。在美国，引起投资者兴趣的不是该新建线路的盈利性，而是该投资项目潜在的收益。[①] 目前，在美国允许通过公私合营的方式建设高速公路的州已经有 19 个，在项目合作的过程中政府和私企这两者之间的权责划分主要以合同的方式来进行明确。其中，政府机构对交通设施拥有所有权，私企则只能拥有像服务区、交通管理系统等某些部分的所有权，并获取收益。在美国，私企通过特许经营的方式获取的最长租赁期限正常为 99 年，实际上，很多收费的公路还没有到租赁合同约定的期限就被转让或者废弃掉了。截止到 20 世纪末，美国的高速公路都回归到受国家管控的范围。

三、中国 PPP 项目的起源

随着改革开放的推进，中国的公共事业、基础设施等领域向社会资本，特别是民营资本开放的时间已经超过 30 年。自 2014 年开始，中国在全国范围内大力地推行 PPP 这一模式。

（一）电厂建设

在 1980 年之前，中国的公共事业、基础设施等领域正常都是通过政府机构或者政府批准的公共部门负责相关的投资事项，可以说，当时的这些领域都被政府、公共机构完全垄断了，采用计划经济这一僵化而又单一的机制来进行投资、融资等各项资本活动。从 1978 年开始，随着中国推行改革开放的步伐不断深入，全国掀起了向世界各国学习基础设施建设市场化的先进经验的热潮，从而打破了之前政府垄断的局面。当时，中国的一些沿海城市由于其地理优势，无论是在经济方面还是在改革创新方面，和国内其他内陆区域相比都处于领先的位置。比如：广东省著名的沙角 B 电厂就是以特许经营（BOT）的方式兴建的国内首家电厂项目。该项目总共投入了资金 40 亿港元左右。自 1985 年开工以来，其先后在 1987 年的 4 月份、7 月份投入 2 台发电机组，最后在 1999 年成功实现 BOT 项目的移交。这一项目在引入外资等私人资本融入公共产品的供给方面对国内其他项目的开展起到了积极的探索、示范、引导作用。但是，该

---

① 贾康、孙洁：《公私伙伴关系（PPP）的概念、起源、特征与功能》，载《财政研究》2009 年第 10 期。

项目由于受到地方区域局限性的影响，并不是直接由中央政府批准执行的改革创新项目。

我国第一个由中央政府批准的 PPP 项目是广西来宾 B 电厂——1988 年由当时的国家计委批复。1995 年，广西壮族自治区政府向中央申请 BOT 试点，1996 年完成招标。该项目拥有 18 年的特许经营期限（其中，有 2 年 9 个月为建设的工期，15 年 3 个月为运营的期限）。特许经营的期限到了之后该项目将移交自治区政府，并履行移交后 12 个月的质量保证义务。该项目的投资额总共为 6.16 亿美元，其中，股东总共投入的资金为 1.54 亿美元，占总投资额的 25%，分别是由来自法国的电力企业与阿尔斯通企业按照 6：4 的比例出资作为项目公司注册资本；其余 75% 由法国东方汇理银行、英国汇丰投资银行、巴克莱银行联合承销。

我国中央政府机构从 1994 年开始大力推行 PPP 的试点项目，上文中所提到的广西来宾 B 电厂就是典型的试点项目。经过这一时期的试点探索，到了 1997 年我国实施的 PPP 项目越来越多。

（二）公共设施建设

1. 北京地铁 4 号线

该项目是我国在城市轨道交通这一领域中实施的第一个 PPP 试点项目。这一项目的实施方主要是北京市基础设施投资有限公司。该地铁线路从南到北先后经过北京市的丰台区、西城区、海淀区，全长近 30 公里，全线总共设置了 24 个车站，是贯穿北京市南北方向的主要交通干线。该项目投入资金的总预算超过 150 亿元，从 2004 年 8 月份正式动工，到 2009 年 9 月份投入使用，目前该线路每天承载的客流量高达 100 万人次。

该项目在具体的投资方面细分成 A 和 B 两个部分，其中 A 部分主要是土建工程，包括车站、洞体等，主要由国家控股的 4 号线企业负责相应的投资事宜，总投入资金大概为 107 亿元人民币，在项目的总投入资金中所占的比例大约为 70%；B 部分主要是设备方面，包括信号、车辆等，是以 PPP 经营模式为主的京港地铁负责相应的投资事宜,总投入资金大概为 46 亿元人民币,在项目的总投入资金中所占的比例大约为 30%。京港地铁的全称为北京市京港地铁有限公司,该企业主要是按照北京市基础设施投资有限公司出资 2%、香港地铁出资 49%、首创集团出资 49% 这样的出资比例构建而成的。

2. 合肥市王小郢污水处理厂

该项目是安徽省首个专门处理城市污水的大型工厂,项目中所使用的氧化沟污水处理工艺在当时中国各地同行业中算得上是规模第一大的。该项目的建设分两期进行,每天能够处理的污水量高达 30 万吨,总共投入的建设资金约 302 亿元人民币。该项目是亚洲开发银行在我国进行投资的试点项目,其投入使用,对缓解我国巢湖的污染治理问题起到了积极的推动作用。

在 2004 年,合肥市政府通过公开竞标的方式确定了最终拥有该项目特许经营权的企业,并以签订特许权协议的方式确定特许经营的期限为 23 年。接着,政府通过签订资产转让协议、污水处理服务协议等方式来确定各项资产、费用的转让移交事宜。

3. 大理市垃圾焚烧发电厂

大理市在 2010 年通过 BOT 方式在引入 4.2 亿元重庆三峰环境产业集团的投资下完成了大理市垃圾焚烧发电厂这一项目的建设,该项目采用的主要是来自德国的 SITY2000 马丁斜式炉排炉这一焚烧发电工艺。大理市在 2012 年采用公开竞标的方式引进了 1.1 亿元来自重庆耐德新明和企业的投资,完成了 10 个用来中转垃圾的大型压缩站。同时,大理市当地的各个区域也通过租赁、承包等方式进行城市、乡村有关生活垃圾的收集、清理、运输工作的市场竞标。

大理市将其管辖范围内的所有城市、乡村的生活垃圾统一按照"收集—转运—处理"这样的处置流程来进行规整。其中,各个区、镇主要负责垃圾的收集、清理、运输工作,垃圾中转站负责垃圾的压缩工作,垃圾焚烧发电厂负责垃圾的最终处理工作。

总之,1995 年至 2003 年是"摸着石头过河"的探索期;2004 年至 2013

年是"不管是黑猫还是白猫抓着老鼠就是好猫"的尝试期，除了国家计划部门，国家建设部门、环境保护部门、交通部门、国资委等各部门都加入大力推广 PPP 这一经营模式的队伍中。随着 PPP 模式在中国的发展推进，我国出现了一些不合常理的竞标现象，导致很多民营资本退出 PPP 项目、国家资本进入 PPP 项目的反常现象发生。

从中国的实际情况来看，由于我国社会资本的性质、利益存在差异，不同地方的政府在实行政策方面的喜好不同，从而很容易导致前述情况的发生。另外，2004 年到 2013 年是 PPP 模式在中国发展壮大的一个重要时期。2014 年伊始为规范化阶段，PPP 模式立法的三个时间段和上文所提到的发展期是前后呼应的。PPP 模式立法的有关工作在中国也历经了 3 个时间段，而且在每一个时间段内都具有其各自时代的不同特点。

第二节　国际 PPP 项目的基本内涵

【知识背景 / 学习要点】

虽然各个国际组织、地区对 PPP 的理解和定义各不相同，但是 PPP 最根本的内容已经得到了广泛的认可。

总的来说，PPP 主要指的是政府部门或者经过政府部门许可的主体和私人主体之间针对长期提供公共及基础设施服务、产品的项目合作。实施 PPP 这一经营模式的目的主要是提高公共及基础设施服务、产品的质量和供给的效率。

一、各国的定义

（一）国外的定义

"PPP"一词是由英国经济学界于 1997 年在联合国可持续发展的项目管理（SPM）这一会议中提出的。这一词概括了 TOT、BOT 等享有政府部门的特许经营权和各种社会资本进行合作的运营模式，是开放性的合作政策，是未来项目发展的方向，是原则，至今未形成一个统一、明确的概念。其中，"BOT"一词是由 1984 年时任土耳其总理的土格脱·奥扎尔（Turgut Ozal）提出的，是政府和社会资本合作模式中的基本方式。

联合国发展计划署认为，PPP 主要指的是政府部门、营利或非营利性的企业组织在某一个项目中建立起来的互相合作、实现共赢的关系。各方通过合作可以获得比某一个体独自行动更加突显的效果，在这一项目合作的过程中，参与各方之间一起承担融资的风险和各项责任，政府和其他参与者之间的关系是平等的、互惠互利的。

亚洲开发银行认为，PPP 主要指的是公共、私营机构在某一基础设施以及公共产品、服务供给项目中所建立起来的合作关系。其主要的特点是：政府许可、制定制度、监督管理，私营机构投入资金、提供运营服务，在项目合作的过程中风险共担。

欧盟认为，PPP 主要指的是公共、私营机构之间建立的合作关系。参与各方按照自身的优势承担共同的责任、风险，通过传统承包、开发经营、合作开发等不同的项目形式来提供原来主要由政府公共部门承担的公共服务、项目等。

加拿大的 PPP 委员会认为，PPP 主要指的是公共、私营机构结合各自擅长的领域而建立起来的合作关系。其通过对资源的合理分配、风险的合理分担、利益的共享等，实现公共服务、产品的供给需求，具体有 BOO、BTO、BBO、DBFO、BOOT、DB、O&M 等模式。

美国的 PPP 委员会认为，PPP 主要指的是在私有化和外包这两者之间的一种特有的供给基础设施、公共服务和产品的方式。该项目合作的基础是在私人自愿的前提下，进行基础公共设施的设计、投资、建设、运营、维护等各项活动，从而满足社会中的各项公共产品、服务的需求。

在澳大利亚，PPP 主要指的是政府、私营机构之间建立的长期的基础公共设施供给服务合作。在这一项目合作的过程中，私营机构主要负责基础设施的建设;政府机构主要负责协助私营机构,并承担政府机构对应的公共服务职能。

在英国,PPP主要指的是两个及两个以上主体在共同的目标基础上建立起的合作。所有参与各方之间按照协议的规定共享对应的责任、权利,风险共担、利益共享。

综上所述,通过分析国外对PPP的定义可以归纳出,所谓PPP,主要指的是政府授权、规制和监管,与私人投资公司合作,长期利益共享,风险合理分担(谁最能承担原则),标的是基础设施和公用事业,公共产品和服务是一个包含的定义。PPP不是一个新的独立的模式,需要与具体的BOT、TOT、BOO、BTO等结合起来。

(二)我国的定义

我国财政部门在发布的《关于推广运用政府和社会资本合作模式有关问题的通知》(财金〔2014〕76号)中针对PPP的定义进行了详细的阐述:所谓PPP,英文全称为Public-Private Partnership,翻译成中文可以称之为政府和社会资本合作模式,主要指的是政府部门和社会资本在基础设施及公共服务建立的一种长期合作关系。正常情况下,在公共服务、基础设施等项目的合作中,主要由社会资本来负责项目的设计、建设、运营、维护基础设施的大部分工作;

同时,社会资本可以通过政府或者使用者支付费用的方式取得相应的投资收益。

国家发展改革委在发布的《关于开展政府和社会资本合作的指导意见》(发改投资〔2014〕2724号)中定义:"政府和社会资本合作(PPP)模式是指政府机构为增强公共产品和服务供给能力、提高供给效率,通过特许经营、购买服务、股权合作等方式,与社会资本建立的利益共享、风险分担及长期合作关系。

《基础设施和公用事业特许经营管理办法》这一文件中所提到的公用事业、基础设施特许经营,主要指的是政府机构通过依法公平竞争的方式,授予中国境内、境外的组织、法人通过签订协议的方式享有公共使用、基础设施的特许经营权,在协议中将明文规定参与各方需要承担的权利、义务以及各自分担的风险等。

可以看出，PPP 从大的方面来讲主要指的是政府机构和社会资本这两者之间为提供基础设施、公共服务、公共产品而建立起来的各种形式的合作。从小的方面来讲，PPP 具体指的是 TOT、DBFO、BOT 等不同合作形式的统称。

我国香港特别行政区的效率委员会认为，所谓 PPP 主要指的是由多个参与方共同进行公共产品供给或者项目实施的合作。参与各方根据其各自的优势，享有相应的权利，承担相应的责任，具体的合作方式有合伙经营、合伙投资、特许经营、组成公司、私营部门投资等。

二、学术界的定义

首先，我们从广义的角度来分析可以将 PPP 理解成：公共、私营机构一起参与物品、服务的生产，以及供给项目中的各种工作安排；其次，可以将其理解成是以民营化的方式由多方参与并实施的基础设施合作项目[①]；最后，可以将其理解成企业家、地方政府负责人、社会优秀人士在提高城市水平这一共同目标下而达成的一种相对正式的合作。

PPP 主要指的是公共、私人等各机构之间在目标一致的基础上达成的合作协议，共享信息、承担义务、一起经营维护。

PPP 模式的特征主要有下面这几点：第一，公共机构将基础设施移交给私营机构，并根据实际的情况决定是否需要支付相应的费用；第二，私营机构主要负责基础设施项目的建设、重建、扩建等各项工作；第三，公共、私营机构共同决定基础设施项目的运营方式；第四，私营机构在约定的时间范围内享有为基础设施的服务或者产品定价以及制定运营方式的权利，并为社会提供相应的公共产品或者服务；第五，当协议期满后，私营机构需要将基础设施移交给公共机构，并根据实际情况决定是否需要支付相应的费用。[②]

---

① ［美］E.S. 萨瓦斯：《民营化与公私部门的伙伴关系》，中国人民大学出版社 2002 年版，第 255 页。
② 贾康、孙洁：《公私伙伴关系（PPP）的概念、起源、特征与功能》，载《财政研究》2009 年第 10 期。

PPP 是涵盖了联合、协作活动、协议合作、合同安排等各方面的一种合作关系,通过该合作可以对政府机构各项政策、规划的执行起到积极的推动作用,并且为政府机构提供更加有效的服务和计划。[①]

PPP 主要指的是两个及以上各实体间通过协议的方式达成的合作,在这一合作过程中,参与各方实体的目标一致,享有协议中各自对应的权利,承担各自对应的义务,风险共担,资源共享,实现共赢。

通过上文中学术界各领域的学术研究者对 PPP 的不同理解和定义可知,虽然众口不一,但是这些观念还是存在着一定的共同点:第一,公共、私营机构是在合作这一前提下建立关系的;第二,将提供公共服务、公共产品、基础设施等作为其合作的首要目标;第三,公共、私营机构合作的前提是共享利益,实现共赢;第四,合作各方共同承担风险。通过以上这些共同点的分析可以发现,构成 PPP 的要素主要有下面这些:一起合作、共享利益、共担风险、公共服务或产品的供给。众所周知,竞争的方式有很多种,可以是正面的积极的竞争,也可能是消极的反面的竞争。很多实际案例证明,和竞争相比,合作相对来说创造的价值更大。著名的经济学家马歇尔所编著的《经济学原理》这本书中曾写道:和竞争相比,合作显得更加重要。PPP 实际上就是以合作作为其最终目标,竞争仅仅是其合作实施过程中选择的一种方式。

---

① Armstrong, Public-private Partnerships: Consultation, Cooperation and Collusion, *Journal of Public Affairs*, 2003, Vol.3, No.3, pp.273-278.

第三节　国际 PPP 项目的重要特征、优势与问题

PPP 在公共服务、基础设施供给方面相对传统的供给方式来说是一种全新的尝试和改革创新。PPP 通过对公共、私营机构各自所擅长的工作进行了资源整合，成为世界各个地区、国家政府机构在环境、能源、交通、医疗、教育等基础设施提供上的优先选择。这种新的项目提供机制具有如下特点：风险分配合理、结构设计精巧、开发周期较长，涵盖了投资、融资、建设、经营、管理等各个环节，远比我国承包商以前熟悉的施工分包、工程总承包来得复杂。

本节着重介绍国际 PPP 项目的重要特征、主要优势和存在的问题。

一、国际 PPP 项目的重要特征

（一）伙伴关系：项目的目标一致

PPP 的首要特点就是伙伴关系，这一特点是 PPP 项目成功实施的基本前提条件。政府征税、收缴罚款、购买服务和商品、赋予权利等各项事务并不代表政府和这些合作对象之间有真实的伙伴关系。例如：虽然政府机构每天都找同一商家采购物品，但是这并不代表该政府机构和这一商家之间存在着伙伴关系。和其他各种关系不同的是，PPP 项目中民营机构和政府公共机构之间的伙伴关系存在着一致的项目实施目标。公共机构和民营机构建立伙伴合作关系的根源就是这两者之间有着同样的目标：以最低的资源投入获取某一项目中最大的服务或者产品回报。民营机构主要是通过这一目标来获取利益的最大化，公共机构主要是通过这一目标来为社会公众创造更佳的公共产品和服务质量、效率。

伙伴关系想要实现稳定、可靠、长久的发展，除了需要具备一致的项目实施目标之外，还需要具备下面这两点：共享利益、共担风险。

（二）共享利益

共享利益是PPP项目的第二个重要特征。在公共、民营机构的合作关系中，各机构所获取的利润是受控制的，尤其是对民营机构来说，不允许该机构有超额利润的出现。这样操作的原因主要是所有的PPP项目都是在公益的基础上开展的非营利性的项目。如果参与各方将利益作为其合作的首要目的，随意地将价格抬高，会严重影响社会公众的广大利益，从而扰乱社会的稳定秩序，违背了基础设施、公共服务、公共产品供给的基本原则。这里所谓的共享利益主要指的是私营、民营机构通过与公共机构合作项目，从中分享其应得的投资收益和社会成果。

共享利益的存在可以保障PPP项目中参与各方的伙伴关系能够更加持久稳定。

（三）共担风险

共担风险是PPP项目的第三个重要特征。在公共、民营机构的合作关系中，参与各方可以共享利益，同时也需要共同来承担风险，这样其合作伙伴的关系才能够更加稳定持久。

无论是计划经济还是市场经济，是公共机构还是私人机构，是企业还是个人，风险都是被排斥的。就算是喜欢从事冒险活动的人对风险也有一定的提防心理，会做很多准备活动以规避风险的发生。在PPP项目中，风险共担这一特点是区分公共、民营机构和其他各种交易模式的主要特征。比如：为什么政府一直从某一供应商处采购物品，但是政府和该供应商之间没有形成合作伙伴关系呢？其主要原因就是在这一交易的过程中，交易双方都尽量降低各自的风险。但是在PPP项目的合作过程中，参与各方都会尽力发挥各自的优势来规避对方所需要承担的各种潜在风险。比如：在桥梁、隧道、公路等项目的建设过程中，假如由于没有充足的车流量来确保民营机构的预期最低收益，公共机构将会通过现金流量的方式来给予民营机构相应的补贴，从而分担民营机构需要承担的风险。同样，民营机构也会充分发挥其经验丰富的管理优势来帮助公共机构规避各部门管理者可能会出现的各种道德风险。

由此可见，在 PPP 项目的合作过程中，如果参与各方都充分发挥其优势，帮助对方取长补短，从而将合作项目的整体风险降到最低，将有利于提高合作项目的整体效益。

二、国际 PPP 项目的主要优势

这几年，世界各国采用的 PPP 形式越来越多样化，从整体上看，私营机构在基础设施、公共服务方面的投资呈不断上涨的趋势。通过研究分析世界各国实施 PPP 项目的实际案例可知，PPP 项目的主要优点如下。

（一）有助于缓解财政约束

采用 PPP 这一经营模式可以通过私人投入资本，来分担政府机构投入基础公共设施建设领域的资金，政府机构还可以将空余出来的资金投入其他多个基础公共配套服务设施建设项目中，从而整体提高基础公共设施建设的效率。另外，PPP 这一模式中有关基础建设的项目通常不被纳入政府的工作报告中，运营、融资、维护等方面的费用也不像之前那样需要通过政府机构来直接支付，这就降低了政府的长期负债增长率。最后，和之前所采用的基础建设方式不同的是，政府机构可以将延长工期、超值预算等各种风险转移到私营机构，而且可以提高政府机构的债务可控性。

（二）有助于提高服务质量

私营机构通过 PPP 这一经营模式，可以有更多的机会参与项目的投资、融资、设计、建设、运营、维护等各个环节，从而充分利用丰富的经验和技术；对政府机构来说，这些私营机构所擅长的工作恰巧是政府机构的短板，通过 PPP 合作的方式，参与各方可以做到有效的取长补短，发挥各自优势，让专业的机构去做专业的事。政府机构可以把更多的精力用在制定合理有效的政策方针，进行质量、安全的监督管理，协调各项行政事务性工作等方面。另外，国际 PPP 模式在允许私人投资的同时，也需要面对市场的约束作用，比如：投资方多半会比较重视其投资的回报率,因此对信息的披露要求比较高;股东会因各自的利益而加强对管理层的监管;项目企业会重视市场的供求情况,根据用户的需求、反馈意见不断提高其服务的质量。据2008年英国有关审计部门调查的PFI模式情况,最终客户对PPP项目做出的评价中,有34%的客户给出了"非常好"的评价,57%的客户给出了"很好"的评价,9%的客户给出了"一般"的评价。假如这些公共服务、公共产品、基础设施等项目仅靠公共机构的力量来独自完成,公共机构将会因其自身的项目管理经验欠缺、在供给服务的过程中缺乏监督者,而导致其项目实施的效果大打折扣。

(三)能够通过优化风险分担来降低建设成本

国际PPP模式最主要的特点就是可以根据参与各方各自的优势情况,将风险进行合理的有效分配,从而降低参与各方的潜在风险,提高项目整体的实施效率。具体的风险分配方式主要从下面这几个方面来操作:第一,把建设、运营、维护等方面的风险分配给私营机构,由于在PPP这一经营模式的实施过程中,只有项目完成时政府机构才会支付相应的费用,只有投入使用时才可以向用户收取相应的使用费,从而保障私营机构的资金投入可以获取相应的投资收益,因此,私营机构会尽最大力量去保障工期,避免原有模式下经常会出现的预算超支、工期超时等各方面的问题;第二,因为在PPP模式下,私营机构将要承担预算超支的部分成本,因此,为了确保其利益不受损,私营机构会想方设法地对风险进行管控,并积极想办法降低成本;第三,因为在PPP模式下,私营机构还需要负责运营、维护等工作,所以,私营机构也会加强对工程质量的监督和管理;第四,在PPP项目中,通常情况下会通过优先债务的方式来融资,这些机构的规模相对较大,在进行融资前多半会安排专业的尽职调查人员对项目的情况进行了解,并提出有效的改善建议,协助项目其他参与方进行成本、风险的管控。

(四)有助于促进经济增长与市场化改革

国际PPP项目所采用的融资方式主要是在基础公共设施项目的建设中引入大量的来自社会的私人投资,这样可以在短时间内为基础公共设施项目的建设募集到更加充足的资金，从而带动整个社会经济的快速发展；从长远的角度来分析，社会资本的介入可以提高基础公共设施的整体建设水平、建设质量和建设效率，从而带动整个社会生产率的不断提高。而且，在实施 PPP 项目的各个环节中还涉及金融、法律、建筑、物业管理、咨询等不同行业的介入，从而为各行业之间创造了取长补短的互相交流学习的机会，推动了整个社会中不同产业之间的协调发展。另外，在实施 PPP 项目的过程中，我们从全局出发，在充分发挥项目参与各方优势的前提下，将市场、政府等各机构之间的职能进行了重新分配，私人机构负责其擅长领域范围内的工作，市场承担其对应的职能，政府机构负责相应的行政事务，由此将各部门之间的功能进行合理的分配，从而提高了项目整体的工作效率和质量。

（五）可以提高公共部门和私营机构的财务稳健性

首先，政府机构通过转移风险、责任的方式，将项目实施过程中涉及的成本预算、工期、项目运营等各项工作在政府、私营机构之间进行合理分配，从而降低了政府机构需要独自承担的风险。其次，PPP 项目的融资计划不会因为政府周期性的预算调整而受到影响，从而确保了项目资金的稳定性以及政府机构财务的稳健性。

（六）有助于公共、私人部门制定长远规划

和政府传统的项目分包模式不同的是，实施 PPP 项目的过程中，各参与者之间的目标是统一的，利益是共享的，所以，其合作的关系也是相对稳定可靠的。而且，私人机构在其整体利益的驱动下，也会从项目设施的长期价值去思考问题，采用更加合理的项目实施方案，以最低的成本获取最大的收益回报。

（七）有助于公共部门树立新形象

在 PPP 项目实施的过程中，对其项目的工期、质量、预算成本等各方面的管控都非常严格，这提高了公共服务、基础设施供给的整体服务质量和效率，有利于树立政府机构在广大人民群众心目中的良好形象，有助于政府机构更加顺利地开展财政工作。

（八）通过推广 PPP 模式，可以使私人机构得到稳定发展

私人机构在与政府签订协议的基础上参与 PPP 项目，不仅可以降低其长期投资的风险，而且可以使其现金流更加稳定，从而实现可持续性稳定发展，同时也为当地提供更多的工作岗位。

三、国际 PPP 项目存在的问题

世界各个国家在实施 PPP 项目的实践过程中，也暴露出了不少问题。国际 PPP 项目由于牵涉主体众多，涉及环节复杂，且具有无法将个案复制的特点，定制化、个性化是操作国际 PPP 项目的必然要求，但从共性上看，国际 PPP 项目存在的重点问题可以归纳为以下几点。

（一）私人机构融资成本显著高于政府举债成本

在国际上有一些 PPP 项目的实施过程中，私人机构的收益非常高。英国曼彻斯特大学著名的 JeanShaoul 针对英国当地 12 家最早使用 PFI 这一经营模式的项目进行了调查、研究、分析，发现这些医院股权平均收益率比英国发行国债的收益率还要高，达到了 58%。这一点成为反对者抨击 PPP 的主要理由。

与公共机构不同的是，私人机构被金融市场认可的信用度要低很多，从而造成私人机构在融资的过程中需要承担比公共机构高出很多的成本。

据我国有关部门的研究，从 2015 年开始，社会资本进行融资的成本无论是从绝对值来分析还是从其和地方政府债、国债之间的差距来看，都呈不断递减的趋势。

（二）前期招投标耗时长、手续费高

和传统的经营模式相比，PPP 模式项目合作的前期，无论是政府机构还是私人机构都需要花费更多的时间和精力去进行调研、咨询等各项工作，从而增加了该项目交易的成本。

（三）可能加重纳税人的长期负担

据英国财政部的有关数据汇总分析可知，2015—2049 年英国所实施的 PFI

项目总共需要政府承担的使用费为 2222 亿英镑，如果将这笔费用细分到英国所有的家庭中，将是平均 12208 英镑／户，但是，PFI 项目总的资本额也只有 566 亿英镑。

（四）合同周期长，可能导致灵活性不足

随着当今时代社会经济的快速发展和变化，政府受到 PPP 项目中长期合同的制约，降低了对基础设施、公共服务的管控力，无法根据公众不断变化的需求实时做出灵活的应对，从而使公众的利益受到损失。

（五）双方存在的机会主义倾向导致项目面临失败的风险

政府机构通过降低门槛的方式吸引更多的私人资本加入基础设施、公共服务项目的竞标中，但是通常在招标结束后，政府机构会对项目的标准做出新的调整，从而引起私人机构的不满。同样，很多私人机构一开始也是放宽了条件去争取项目，等到正式开工之后却选择和政府机构重谈条件。以上这些项目参与各方前后不一的做法都会严重影响 PPP 项目的可持续性健康稳定发展。

（六）可能引发私有化疑问

虽然从学术研究的角度来看，很多研究学者都将 PPP 和私有化区别对待，但是从媒体的角度来看，他们总是喜欢将 PPP 和私有化搅和在一起谈论，从而阻碍了 PPP 项目的快速推广。

综上所述，由于受到各个国家自身特殊国情的影响，以及 PPP 自身问题的限制，国际 PPP 项目在不同的国家不同的领域的具体实施模式会有所不同，需要具体问题具体分析，有针对性地去制定项目的实施方案，从而真正发挥 PPP 模式的融资功能、管理功能，不断推动整体社会经济的可持续性健康稳定发展。

第二章

国际 PPP 项目分类、
模式和范围

引 言

纵观不同组织、国家及地区对 PPP 具体模式的不同分类，我们可以发现不同的分类标准，如按照项目的投资机制（例如分为政府投资、用户投资，或分为按使用量投资、按可用性投资）分类、按照 PPP 项目所涉资产的类型（例如分为新建资产、存量资产）分类、按照私人部门在项目实施过程中的职能（比如设计、融资、建设、运营、维护等）分类、按照政府及私人的合作形式（合同性安排、合资性安排）分类等，加之不同组织、国家及地区对 PPP 的性质、模式及相关术语的理解不同，PPP 的范围及类型化至今没有定论，甚至引起了诸多困惑。

另外，我们按照项目不同的收入渠道可以将 PPP 项目细分成营利性、非营利性的项目，其中营利性的项目主要是通过向用户收取使用费的方式来获取收益，非营利性的项目主要指的是由政府出资来确保私人机构的收益。还有一种介于营利性和非营利性之间的项目，被称为准营利性项目，该项目的特点是私人机构主要是通过向用户收取使用费以及从政府机构获取财政补贴的方式取得收益。

【内容摘要】

本章针对国际 PPP 项目分类、模式及主要特征、适用范围等展开讨论。

第一节　国际 PPP 项目分类

【知识背景 / 学习要点】

PPP 模式所涵盖的范围非常广泛，有几十种实施的方式。世界上的很多国际性的机构都有对 PPP 模式展开具体的研究和分类。在中国，各学术研究者根据中国特殊的国情将 PPP 项目细分成外包、特许经营、私有化这三大类。其中，各大类的项目实施方式各不相同。国际 PPP 项目不同的分类方式决定了该类项目具体的实施方式各不相同。大家需要根据各自项目的实际情况来挑选合适的 PPP 模式。

一、按照广义 PPP 项目分类

通过参照加拿大 PPP 委员会、世界银行等机构对 PPP 的分类，综合考虑 PPP 在中国的应用情况，我们可把 PPP 项目分为外包、特许经营和私有化三大类项目。按照广义的分类方式，PPP 项目的具体分类见图 2-1。

（一）外包类 PPP 项目

所谓外包，主要指的是 PPP 项目的投资方为政府机构，而私人机构可以通过政府机构的许可获取该项目的某一项或多项承包权。比如：有的私人机构承包该项目的建设工作，有的私人机构承包该项目的设施维护、管理等工作，该项目的收益来源主要是政府投资。在这一类型的 PPP 项目里，私人机构担负的风险要小很多。

（二）特许经营类PPP项目

所谓特许经营，主要指的是私人机构参与了PPP项目的全部或者部分的投资，并和公共机构一起承担项目中的各项风险、利益共享。公共机构会按照项目的具体收益状况，向具备特许经营权的私人机构收取相应的费用，这就要求公共机构能够妥善处理好和私人机构之间的利润分配关系。由此可见，政府机构管理能力的高低直接决定着特许经营类的PPP项目是否能够成功实施。由于该类项目具有一定的合同约定期限，所以当项目合作到期的时候，私人机构需要将其特许经营权归还给公共机构。

（三）私有化类PPP项目

所谓私有化，主要指的是在PPP项目中其投资额全部由私人机构承担，政府主要负责监督管理的工作，并向使用者收取相应的使用费，从而实现项目投资收益。因为该类项目中私人机构拥有永久性的所有权，且没有有限追索权，所以在该类项目中私人机构需要承担最大的风险。

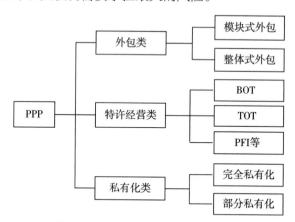

图2-1 广义PPP项目三级结构分类图

通过图2-1可知，上文中所提到的PPP项目的三个大类在实际的实施过程中又可以细分成更多的合作模式，比如特许经营类可以细分成BOT、TOT、PFI等多种形式。

二、按照 PPP 项目收入来源分类

PPP 项目根据其是否收取费用可以细分成营利性项目、非营利性项目、准营利性项目这三种不同的项目类型。

（一）营利性 PPP 项目

该类型项目的收费范围非常广，甚至可以通过收取费用将投入的成本收回。比如，高速收费公路、供水、供热、供电等盈利高的项目。

（二）非营利性 PPP 项目

该类型项目不向使用者收取任何费用，其投资的成本主要是通过政府机构的付费来收回。比如，市政道路、排涝防洪、城市绿化等项目。

（三）准营利性 PPP 项目

该类型项目的成本投入主要是通过向使用者收取费用，并由政府来支付差额部分费用的方式来回收。污水处理等类型的项目就是典型的准营利性 PPP 项目。

三、按照 PPP 项目作用分类

我们也可以按照其参与各方的职能、重要性将 PPP 项目分成政府主导、共同协商、私人主导这三大类。

（一）政府主导型 PPP 项目

该类型的项目主要指的是 PPP 项目在政府、社会资本这两方的共同参与下，在市场机制的基础上通过合作的方式提供基础设施、公共服务、公共产品。而像基础设施等公共产品是有形的，其涵盖了投资、建设、运营等环节，涉及投资、融资、设计、建造、移交、运营、维护等各方面。政府主导性 PPP 项目主要有 DB（设计—建设）、O&M（运营和维护）等各种外包类模式。

（二）共同协商型 PPP 项目

政府方和社会资本方围绕上述内容展开合作，并结合其具体的合作项目挑

选最佳的项目实施形式。其一般以 BOT（建设—运营—移交）这一形式为基础，进而演变成 DBFO（设计—建设—融资—运营）、DBOT（设计—建设—运营—移交）、BFOT（建设—融资—运营—移交）、BLT（建设—租赁—移交）以及 BT（建设—移交）等不同的实施方式。

在具体挑选上面所提到的各种各样的实施方式时，可以根据项目合作的具体内容来决定。

（三）私人主导型 PPP 项目

私人主导型 PPP 项目主要有 PUO（购买—更新—运营）和 BOO（建设—拥有—运营）模式。这里的项目主要指的是私人机构在政府机构的监管下开展项目的建造、管理、运营等各项工作。私人机构最终享有项目的长期所有权，但是私人机构需要承担的风险也非常高。

四、按照 PPP 项目适用对象分类

（一）已有设施 PPP 项目

已有的设施项目和扩建、新建的项目有很大的不同，这些项目要么是需要扩建、改建的项目，要么是因出卖资产等需要建设的项目。

对于存量项目，其通常采取服务外包、管理外包、O&M（运营和维护）等 PPP 项目的实施方式，一般以 TOT（转让—运营—转让）这一形式为基础，进而演变成 OT（运营—移交）、DOT（发展—运营—移交）、ROT（改建—运营—移交）、O&M（委托经营）、MC（管理合同）等运作方式。

（二）扩建已有设施 PPP 项目

私人机构更新、购买、租赁现有的基础公共设施，通过一番扩建、更新之后对该基础公共设施进行经营活动，在合同约定期限满之后将其所有权归还给公共机构。具体的方式主要有 LUOT（租赁—更新—运营—移交）、PUOT（购买—更新—运营—移交）和 PUO（购买—更新—运营）。

（三）新建设施 PPP 项目

新建项目是从无到有的项目，必然涉及项目的设计和建设内容。新建项目的运作方式，可根据合作内容的不同进行设计。主要模式有 DB（设计—建设）、DBMM（设计—建设—主要维护）、DBO［设计—建设—运营（交钥匙）］、DBFO（设计—建设—投资—运营）、DBTO（设计—建设—移交—运营）、BOOT（建设—拥有—运营—移交）和 BOO（建设—拥有—运营）。

五、各类 PPP 项目模式比较

上述的不同分类模式容易引起混淆，接下来主要从建设、投资、所有权、经营这几个方面对不同的模式进行对比分析，详见表 2-1 中所示。

表 2-1　容易混淆的几种 PPP 项目模式对比分析表

PPP 模式特征比较项		DBO	DBTO	DBFO	BLOT	BOOT	BOO
投资	私人负责投资			√	√	√	√
	通过向用户收费收回投资		√		√	√	√
	通过政府付费收回投资	√		√			
建设	私人部门建设工程	√	√	√	√	√	√
运营	私人部门提供服务	√	√	√	√	√	√
拥有	公共部门永久拥有	√	√	视合同定	√		
	合同期间私人拥有					√	
	私人部门永久拥有						√

从表 2-1 中的对比分析可知，以上模式都是由私人机构来负责建设、运营公共设施项目，但是在投资、所有权这两点上各种模式的具体合作关系有所不同。

第二节　国际 PPP 项目模式特征

【知识背景 / 学习要点】

国际 PPP 模式有广义和狭义之分：广义的 PPP 模式泛指公共机构与私人部门为了提供公共产品或服务而建立的合作关系；狭义的 PPP 模式是国际项目开展模式的统称，由公共机构与私人部门共同参与生产或提供产品与服务，通常采用由公共机构与私人部门组成新主体的形式。国际 PPP 模式可以细分为多种不同类型的模式，而不同类型的模式又各自对应着不同的契约形式。

本节针对三种国际 PPP 项目模式，阐述其主要特征。

一、外包类 PPP 项目的主要特征

在该类型项目的各个环节中，起主导作用的都是政府机构，私人机构仅负责其承包的整个项目中的某一项或者多项工作，比如工程的建设、运营、管理、维护等。在该类型项目中，私人机构的收益主要是通过政府的承包费用支付，因此，其无法充分调动私人机构的积极性，而且私人机构要面对的风险也不高。

一般外包类的 PPP 项目主要可以细分成模块外包、整体外包这两种。

（一）模块外包

该类型外包形式可细分成服务、管理这两种。

1.服务外包

一般政府机构按照相应的外包费将某一部分公共服务供给权转让给私人机构，比如维修设备、打扫办公室等。正常情况下，服务外包有 1 年到 3 年的承包期限。

2.管理外包

一般政府机构按照相应的外包费将某一部分公共服务或者基础设施的管理权转让给私人机构，比如处理城市的垃圾等。正常情况下，管理外包有 3 年到 5 年的承包期限。

（二）整体外包

该类型的外包形式可以细分成 DB、DBMM、O&M、DBO 等不同的形式。

1.DB（设计—建设）

一般私人机构根据公共机构所制定的项目标准，按照协商一致的成本预算进行基础设施的设计、建设工作，并担负因项目的预算超支、工期延长等带来的风险。所以，私人机构需要不断提高其专业技能、管理水平来达到政府所制定的项目标准。DB 的合约期通常是不固定的。

2.DBMM（设计—建设—主要维护）

在 DBMM 模式中，一般主要由公共机构负责基础设施的运营管理，由私人机构负责日常维护。DBMM 的合约期通常是不固定的。

3.O&M（运营和维护）

一般私人机构是通过和公共机构签合同的方式，获取基础设施的经营、维护权，政府机构需要支付相应的费用给私人机构，比如处理垃圾、供应城市的自来水等。O&M 的合约期通常是 5 年到 8 年。

4.DBO（设计—建造—运营）

一般私人机构不仅需要负责 DB、DBMM 这两种模式中的各项职能，还需要承担基础设施的经营职能，但是公共机构拥有各环节中的资产。DBO 的合约期一般不确定。

二、特许经营类 PPP 项目的主要特征

该类型的 PPP 项目在实施的过程中，其投资额需要全部或者部分由私人机构承担，而且公共机构会通过合同的方式与私人机构共享收益、共担风险。按

照具体的项目收益状况,公共机构会给予享有特许经营权的企业相应的补偿或者收取相应的费用,因此,该类型项目是否能够成功实施,政府机构的管理协调能力的高低起着关键性作用。政府机构通过制定合理的监督管理机制,充分利用该项目中参与各方的优势,提高整体项目的建设、经营效益。公共机构最终拥有该项目的各项资产,所以,正常情况下,合同到期时,私人机构需要将其拥有的使用权、所有权归还给公共机构。

特许经营类 PPP 项目的主要实施形式有 BOT、TOT 两种。此外,通过和 DB 外包模式结合,我们又可以将其细分成 DBFO、DBTO 等不同的类型。按照实施的不同途径,我们可以将 TOT 这一形式细分成 PUOT、LUOT 这两类,将 BOT 这一形式细分成 BLOT、BOOT 这两类,具体分类主要看该项目完工之后是采用租赁的方式还是其他特殊的方式取得项目的经营权。该类型项目的特征主要有下面这几点:

(一) TOT 模式

移交—运营—移交(Transfer-Operate-Transfer,简称 TOT),一般指的是政府机构或者国企通过有偿转让的方式将已完工的项目在某一时间段内的经营权、产权移交给投资方负责运营和管理;投资方在合约期内通过有效合理的经营获取相应的投资收益,待合约到期时,投资方将其经营权、产权归还政府机构或者该项目原属的国企。

具体来说,TOT 模式就是通过签订协议的方式,允许投资方享有某已完成的基础设施项目的特许经营权,并根据该项目在合约期内的预算收益,向投资者一次性收取相应的资金,从而投入其他各基础设施的工程建设中。待合约期满,投资者需要无偿地归还基础设施。

目前,TOT 模式是国际上较为流行的一种项目融资方式。

1. PUOT(购买—更新—运营—移交)

私人机构通过购买的方式获取基础公共设施的所有权、经营权,通过一番扩建、更新之后对该设施进行经营。合约期满后,私人机构需要把该基础公共设施的所有权、使用权归还给公共机构。正常情况下，该合约期为 8 年到 15 年。

2.LUOT（租赁—更新—经营—转让）

私人机构通过租赁的方式获取基础公共设施的经营权，通过一番扩建、更新之后对该设施进行经营。合约期满后，私人机构需要把该基础公共设施的使用权归还给公共机构。正常情况下，该合约期为 8 年到 15 年。

政府机构通过 TOT 模式可以为其基础公共设施项目募集到充足的资金，从而为政府机构节省开支，同时也提高了基础公共设施项目的整体建设质量和效率。但是这一方式也存在一定的弊端。首先，原有的合同中没有涉及更新之后的设施，这就增加了建设、运营新增设施的工作量；其次，合约变更会增加费用、成本；最后，政府机构进行合同管理的流程非常繁杂。

（二）BOT 模式

建设—运营—移交（Build-Operate-Transfer，简称 BOT），主要是指政府机构或者经政府机构许可的企业通过签订合同的方式将某一计划建设的基础公共设施项目授权给其他投资方来进行投资、融资、建设、运营、维护等工作。该投资方通过合理经营的方式在合约期内取得投资收益，并担负合约期以内该项目的各项风险。政府机构或者经政府机构许可的企业享有监督、管控该项目的权利。待合约期满，投资方需要把该项目归还给政府机构或者经政府机构许可的企业。人们通常所说的 BOT 主要是从广义的角度来定义的。BOT 其实是在政府、私人这两个机构间签订协议的基础上，进行投资、建设、经营基础公共设施的一种形式。

BOT 模式根据不同的情况可以演变出不同的形式，比如建设—拥有—运营—移交（Build-Own-Operate-Transfer，简称 BOOT）建设—拥有—运营（Build-Own-Operate，简称 BOO）建设—租赁—移交（Build-Lease-Transfer，简称 BLT）移交—运营—移交（Transfer-Operate-Transfer，简称 TOT）等。

1.BLOT（建设—租赁—运营—移交）

私人机构通过和公共机构签订租赁合约的方式获得基础设施的长期投资、

建造、经营权，并在合约期内向使用者收取费用，获取投资收益。合约期满，私人机构需要将该基础设施移交给公共机构。正常合约期长达 25 年到 30 年。

2. BOOT（建设—拥有—运营—移交）

BOOT 主要是指私人机构为基础设施项目的建设融资，完工之后，私人机构享有该基础设施约定期限的经营权、所有权，并通过收取使用费获得投资收益，但是合约期满，要把该项目移交给政府机构。正常合约期限长达 25 年到 30 年。

3. BT（建设—移交）

BT 主要指的是项目企业负责该项目的整体承包、建造、融资等各项事宜，项目验收通过之后将其有偿转交给公共机构，从而获取项目投资收益。比如：非营利性的学校、公路、监狱、桥梁等项目的实施通常都采用该模式。

由于在实施过程中存在种种弊端，BT 饱受各方诟病。

虽然该模式在轨道交通等项目的建设方面有着明显的优势，能够为政府机构引入大量的私人资本，降低了政府机构的投入成本和风险，但是这一模式和环境、规划等出现冲突的时候，就会增加该设施的运营成本，而此时将项目移交给政府机构，无疑增加了政府机构对该项目的管控难度和成本。

（三）特许经营类与外包类相结合的 PFI 模式

PFI（Private Finance Initiate）模式在英国 PPP 项目中使用得尤为广泛。在这一模式的项目中，私人机构从规划入手，不断提高该项目的可实施性。同时，该模式比较重视对利益、风险的分配管理，虽然私人机构主要负责项目建设、运营过程的各项风险，但是，当由于政策性限价、限流等原因导致的风险发生时，公共机构需要通过优惠或者补贴等方式来确保私人机构的最低收益。

1. DBTO（设计—建设—移交—运营）

首先由私人机构融资进行基础设施的建设，待竣工验收通过之后将该项目按照事先协议的价格转让给公共机构，接着公共机构按照对应的租赁费用将该基础设施租赁给私人机构，并由其进行设施的经营。私人机构如此操作的原因主要是为了规避因享有该项目的所有权而需面对的繁杂责任、问题等。该模式的合约期一般为 25 年到 30 年。

2.DBFO（设计—建设—投资—运营）

在该模式项目的实施过程中，公共基础设施建设资金主要来自私人机构，其所有权也归私人机构。公共机构按照合同规定以付费的方式获取该公共基础设施的使用权，并由公共机构提供相应的关键性公共服务，私人机构仅负责协助。比如：在某一医院项目中，其建筑物的建造主要由私人机构负责，其核心公共服务则由通过付费获取使用权的公共机构来负责，像卫生、餐饮等辅助性的配套服务则由私人机构来负责。该模式的合约期通常是 25 年到 30 年。

综上所述，特许经营类的 PPP 项目在中国受到了各产业的大力推行。该模式所特有的共享利益、共担风险等特征，有利于政府机构对各项公共基础设施项目的管控，而且可以确保私人机构的投资收益，所以，该模式受到私人机构和政府机构的大力重视。

三、私有化类 PPP 项目的主要特征

PPP 项目中的私有化主要指的是其全部的项目资金都来自私人机构的投资，政府主要起到监督管理的作用，私人机构通过收取使用费获取投资收益。因为私人享有该类型项目的永久所有权，且不能在一定的期限内享有追索权，所以在该类型的项目中私人机构需要承担非常大的风险。

我们按照不同的私有化情况又可以将该类型的项目细分成部分、完全这两种不同的私有化模式。按照实施的不同途径，我们可以将完全的私有化项目细分成 BOO、PUO 这两种形式；对于部分的私有化来说，可以采用转让股权等手段来明确其私有化的程度。

私有化这一类型的 PPP 项目的特征主要有下面这几点。

（一）完全私有化

1. PUO（购买—更新—运营）模式

私人机构通过购买的方式获取已有公共基础设施的永久产权，对其进行扩建、更新并运营。其通过签订合同的方式与公共机构达成确保公益性的协议并受到政府机构的监督、管理。该模式的合约期通常是永久的。

2. BOO（建设—拥有—运营）模式

BOO 主要指的是私人投资方按照政府特许的权力对基础设施进行建设、运营。简单来说，BOO 模式就是承包商对某一项目的建造、经营是以政府特许批准为前提的，但是承包商不用将该基础设施转给公共机构。

私人机构通过投资的方式获取某一公共基础设施的永久建设、经营权，通过签订合同的方式与公共机构达成确保公益性的协议并受到政府机构的管理和监督。该模式的合同期限一般为永久。

（二）部分私有化

1. 股权转让

公共机构将现有设施的一部分所有权转让给私人机构，但控股权仍归公共机构所有，私人、公共这两种机构共担风险。合同期限一般为永久。

在私有化类型 PPP 模式中，因为面临对公共基础设施控制权的丧失，因此，在轨道交通中进行完全私有化目前在中国依然有很长的路要走；但在城市轨道交通中实现部分私有化，不仅可以缓解政府的财政压力，而且可以发挥私人机构的技术及资金优势，这在轨道交通的建设中有着很大的操作空间。

2. 合资新建

公共机构与私人机构共同出资兴建公共设施，私人机构通过持股方式拥有公共设施，并通过选举董事会成员来管理公共基础设施，通常情况下控股权归公共机构所有，私人、公共这两种机构共担风险。合同期限一般为永久。

如通过与私人机构合资兴建城市轨道交通线路，公共机构可以利用私人机构的技术、资金优势，还可以从私人机构那里获得建设和运营的先进经验，对于公共机构来说，这无疑具有很大的诱惑力。但因为部分私有化一般要求政府处于控股地位，难免在实际的运营过程中影响城市轨道交通中的决策效率，进而影响其服务水平和经营效率。

第三节　国际 PPP 项目模式适用案例

【知识背景 / 学习要点】

　　PPP 模式主要指的是政府机构和私人机构这两者之间通过签订特许合同的方式，针对某一基础设施、公共服务、公共产品等项目的建设、运营而达成一种合作伙伴的关系。项目参与各方的权责划分将在合同中标注清楚，从而保障项目合作的效果。PPP 模式的结构主要是：政府机构通过公开竞标的方式和中标的企业之间针对某一特定的目标而成立一个新公司，并由该新公司负责项目的投资、融资、建设、运营等各项工作。该新公司通常由竞标成功的经营服务企业、建筑企业或者第三方投资企业构成。

　　PPP 模式从广义的角度来分析，其应用的范围非常广泛，从短期的简单管理协议到长久合作，涵盖规划、投资、建造、维护、经营、剥离资产等各个方面。

　　以下列举近年来实施国际 PPP 项目的情况，主要是广义范畴 PPP 项目不同模式应用的案例。

一、PPP 项目用于电力、供水基础设施建设

（一）BOT

　　建设—运营—移交（Build-Operate-Transfer，简称 BOT）模式是投资、建造、经营基础设施的一种形式，私人机构主要是在和政府机构之间签订合同的基础上，取得政府批准的特许经营权，开展基础设施项目的筹资、建设、经营等

各项工作。

【案例分析】

案例 1：广西来宾电厂项目

该项目是我国在 1995 年经国务院批准建设的首个 PPP 项目，拥有 18 年的特许经营期限（其中，有 2 年 9 个月为建设的工期，15 年 3 个月为运营的期限）。特许经营的期限到了之后，该项目将移交给广西壮族自治区政府，并履行移交后 12 个月的质量保证义务。该项目的投资额总共为 6.16 亿美元，其中，股东总共投入的资金为 1.54 亿美元，占总投资额的 25%，分别是由来自法国的电力企业与阿尔斯通企业按照 6：4 的比例出资作为项目公司注册资本；其余 75% 由法国东方汇理银行、英国汇丰投资银行、巴克莱银行联合承销。该项目装机的规模是 72 万千瓦，有两台进口的 36 千瓦的燃煤机。项目企业在该项目的建设、经营的合同期内需要按照合同规定向广西壮族自治区政府缴纳 3000 万美元的保证金，广西电力企业负责每一年度从该项目企业采购 5000 小时合计 3535 亿千瓦时的电量，供广西国家电网使用。同时，该项目的燃煤由广西壮族自治区建设燃料公司从贵州盘江的煤矿区采购而来。

案例 2：成都市自来水六厂项目

该项目主要采用的 PPP 模式为 BOT 形式，是我国第一个由国家计划委员会审批的 BOT 城市供水项目的试点。成都政府机构在 1999 年和成都通用水务丸红供水企业签订了特许经营合同，授权该供水企业享有 18 年的特许经营权，全权负责该项目在合约期内的融资、规划、设计、建造、运营、维护等各项工作，合约期满之后，该供水企业需要将该项目无偿归还给成都政府机构。该项目总共投入资金大约为 8.8 亿元人民币，取水工程规模为每日 80 万吨，净水量为每日 40 万立方米，供水量在全市总的用水量中所占比例大约为三分之一。在该项目的投资构成中，有 30% 直接来自项目企业的股东，70% 来自贷款，其中供水企业的股东投资有 60% 来自法国的通用水务，40% 来自日本的丸红株式会社。

（二）BOO

建设—拥有—运营（Build-Own-Operate，简称 BOO），主要指的是承包商按照其获取的特许经营权，对某一基础设施项目进行融资、建造、经营。承包商可以通过向用户收取使用费来获得投资收益。

【案例分析】

案例：新加坡海水淡化厂

2003 年 1 月，新加坡公用事业局（PUB）与 Sing Sprint（项目公司）签订了 BOO 海水淡化厂的协议，该公司是由凯发有限公司（70%）和昂帝欧水务（30%）组成的联合体。特许经营期限是 20 年，淡水产量每天在 13.638 万立方米以上。这是新加坡在水务行业的第一个 PPP 项目。该项目满足了新加坡 10% 的用水需求。大士海水淡化厂是世界上最高效的海水反渗透（SWRO）工厂，耗能只有 4.2 千瓦时，预期第一年的水价为每立方米 49 美分——这是世界上同等规模项目的最低价。

二、PPP 项目用于交通基础设施建设

（一）DBFO

设计—建设—融资—运营（Design-Build-Finance-Operate，简称 DBFO），主要指的是私人机构通过租赁的方式获取对某一基础设施项目的设计、建设、融资及长期运营、维护权，当租赁期限届满，私营机构需要将该项目无偿归还给公共机构。

【案例分析】

案例：北威尔士道路（A55）的建设项目

威尔士政府在 A55 道路建设这一项目中采用了 DBFO 的模式将设计、建

造、融资、运营的工作通过签订合作协议的方式转交给私营机构负责。私营机构在 30 年的协议期内可以拥有该道路的建设、经营等权力。其不能够按照通行车流量的预算次数找政府机构买单，从而获取投资的收益。当协议期满之后，私营机构将该道路转交给道路管理机构。

（二）BT

建设—移交（Build-Transfer，简称 BT），主要是指政府机构找政府机构以外的其他机构投资到非营利性基础设施的项目建设中的融资方式。BT 模式是 BOT 模式转变而来的，在 BT 模式中，项目企业通过承包的方式获取某一项目的融资、建造等资格，待项目验收通过之后有偿转让给业主。

【 案例分析 】

案例 1：山西阳侯高速项目

山西省中昌集团通过 BT 这一模式负责山西阳侯高速公路的投资、融资、建造、移交工作。中昌集团通过山西省道路交通管理机构的审批，按照法律的规定工商注册了负责 BOT 项目的新公司——阳侯高速公路公司作为该项目的合法业主。在新公司设立之后，其投资进行该项目的前期建设所需的勘测、设计、征迁等各项工作，同时，在山西政府机构允许的前提下，采用 BT 模式在全国范围内进行该项目的公开竞标，最终确定由中国港湾集团负责阳侯高速公路首期项目的投资、融资、建造工作，港湾集团投资总额为 15.55 亿元，建设周期为 2 年。

案例 2：北京地铁十号线项目

该项目采用公开竞标的方式最终确定中铁电气化局集团有限公司、中国铁路工程总公司、中铁三局集团有限公司这三家企业联合体为该项目的负责单位，并在这三家企业联合体的基础上成立专门的项目公司（北京中铁工程投资管理有限公司）负责该项目的资金筹集，并按照协商一致的设计方案、技术标准等进行奥运直线这一 BT 项目的建设。待该项目竣工验收通过之后，招标人按照合同签订的价格条款，通过收购股票的方式进行费用支付。该项目在 2006 年秋季完成了主体土建工程部分的建设，和预计的工期相比缩短了 33 天。而且，该项目全线的质量合格率为 100%，得到了 2008 年北京市建设委员会和工程指挥部的一致好评。

案例 3：六盘水市机场高速公路工程建设项目

葛洲坝集团第二工程有限公司于 2013 年 4 月 8 日与六盘水市交通投资开发有限责任公司签订了《六盘水市机场高速公路工程建设—移交（BT）项目建设、移交回购合同》，项目概算投资建设费用暂估价 17.77 亿元。据介绍，六盘水市机场高速公路项目位于六盘水市，起于六盘水市红山大道，止于月照机场预留机动车进出口，全长 10.865 公里，建设工期为 24 个月，以 BT 方式建设。项目采用分期货币回购的方式。六盘水市交通投资开发有限责任公司每半年向葛洲坝集团第二工程有限公司支付一次本项目工程建设期的投资回报款。自本项目工程交工验收移交使用之日起 36 个月内，六盘水市交通投资开发有限责任公司向葛洲坝集团第二工程有限公司分 4 期支付回购价款。

案例 4：南昌绕城高速公路 BT 项目

隧道股份于 2014 年 4 月 1 日晚间公告称，公司下属子公司上海基础设施建设发展有限公司与公司全资子公司上海城建市政工程（集团）有限公司组成联合体，于 2014 年 3 月上旬参与了南昌市绕城高速公路南外环（塔城至生米段）工程 BT 项目 A3 标公开招标。公司联合体收到南昌城市建设投资发展有限公司的《中标通知书》，该联合体中标，项目中标价为 13.677 亿元。南昌市绕城高速公路南外环（塔城至生米段）工程 BT 项目 A3 标，长度约 12.3 公里，计划工期 36 个月。经初步测算，该项目内部收益率预计为 8.6%。公司联合体将按照规定程序与业主方签订相关合同。

案例 5：蚌埠市南出口公路（省道 207 蚌西路）改造工程项目

省道 207 蚌西路（蚌埠市南出口公路）改造工程的起点是在燕山路和蚌西

路的交汇点，重点在京台高速公路出入蚌埠的路口。该公路是蚌埠市的"南大门"，是出入其城南区域的重要关口，而且也是蚌埠市到仁和集机场、京台高速公路的交通要道。该改造项目的总长为 9.6 公里，在原来总宽为 110 米的城市道路的基础上拓宽至双向 4 条辅车道和 8 条主车道，并建设基础配套路灯、给排水等市政设施。该项目总投入资金为 2.35 亿元人民币，总工程建设期为 9 个月。工程的主体建设在 2011 年 2 月之前完工，整体项目在 2011 年的 11 月中旬竣工。整个项目采用的建设模式为 BT 形式，主要承担建设的单位为安徽省水利股份开发有限公司。

（三）BOT

建设—经营—移交（Build-Operate-Transfer，简称 BOT）模式是投资、建造、经营基础设施的一种形式，私人机构主要是在私人和政府机构之间签订合同的基础上，获取政府批准的特许经营权，开展基础设施项目的筹资、建设、经营等各项工作。

【案例分析】

案例：马来西亚南北高速公路项目

该项目的公路总长为 800 公里，南端毗邻新加坡，北端紧接泰国，中间路段是需要收费的公路。在 United Engineer 企业的筹建下，其成立了普拉斯公司，专门负责该项目的资金筹集、设计、建设、经营等各项工作。该项目预计总投入成本为 18 亿美元，享有 30 年的特许经营权。该项目总的资金投入具体构成是：项目发起公司投入 900 万美元的股本，该公司投入 1.8 亿美元的股份资金，其他剩余部分来自银行贷款。另外，政府机构对该项目的担保非常高，给予了 2.35 亿美元的补助贷款，占该项目整体建设成本投入的 13%；该政府补助贷款的偿还期限为 25 年，享有固定 8% 的年利率。而且，政府还通过财政补贴的方式保障普拉斯企业最低的营业收益，也就是说，如果在该项目投入使用的 17 年以内因通过车辆减少而导致普拉斯企业出现流动资金紧缺问题，政府机构将会通过财政补贴的方式给予补偿。马来西亚当地的政府机构通过合同的方式和普拉斯企业确定了该项目的总承包价格，接着普拉斯企业有权和其他各分包商再签订项目细分合同确定分包价格。通过该收费公路的费率主要由普拉斯企业和马来西亚的政府机构一起制定，并随着马来西亚当地的物价变化而做出相应的调整。在筹资方面，该项目采用权益、负债资本等形式的传统结构。普拉斯企业分别从伦敦、新加坡、中国香港筹资 9 亿美元。此外，政府机构还给予了普拉斯企业 2.35 亿美元的补助贷款。普拉斯企业为了有效缓解该项目实施过程中的资金不足问题，在和分包商签订支付费用合同时提出，合同款中的 87% 需要采用现金的方式进行支付，剩余 13% 的合同款将作为入股该项目的资金，在大概 7 年该项目正式完工之后方可转让给分包商。如此操作，普拉斯企业有效地将其需要应对的资金权益风险分摊给了各分包商。

三、PPP 项目用于污水（废物）处理基础设施建设

（一）DBO

设计—建设—运营（Design-Build-Operate，简称 DBO），主要指的是承包商对基础设施、公共设施等项目不仅具备设计、建设等职责，还需要承担其经营的职责，严格按照公共机构的运营标准在承包期内进行该项目的经营。同时，承包商还需要负责维护、保养、更换协议期内过期的设施。待合约期满，承包商需要将该项目的所有权转移给公共机构。

【案例分析】

案例：汉沽营城污水处理厂项目

天津滨海新区在 2008 年年初采用 DBO 模式建设的汉沽营城污水处理厂项目是我国第一家使用 DBO 模式进行公开竞标的项目，最后创业环保企业获取了该项目的建设权。该项目的建设规模非常大，涉及一座每天能够处理 10 万吨污水的污水处理厂、一座每日可以生产 5 万吨水的水厂、七座配套的泵站、

52公里配套的厂外管网等。该项目总投入的资金为3.61亿元人民币,主要是通过向世界银行贷款获取。

(二)BTO

建设—移交—运营(Build-Transfer-Operate,简称BTO),首先由民营机构融资进行基础设施的建设,待竣工验收通过之后将该项目按照事先协议的价格转让给政府机构,接着政府机构按照对应的租赁费用将该基础设施租赁给民营机构,并由其进行设施的经营。民营机构可以通过向使用者收取费用获得投资的收益。

【案例分析】

案例:竹园污水处理厂项目

在2002年年中,拥有85%某一资本的上海友联联合体和当地水务局管辖的水务资产经发企业就竹园污水处理厂这一项目签订了合作协议,约定由上海友联联合体负责该项目的投资、建造、经营等各项工作。该项目总投入的资本为人民币8.7亿元,采用的项目模式为BTO,合同期限为20年,该项目每日处理污水的最大量为170万吨。该BTO项目的成功实施意味着我国的水务市场正式对民营资本开放了。

(三)TOT

移交—运营—移交(Transfer-Operate-Transfer,简称TOT),一般指的是政府机构或者国企通过有偿转让的方式将已完工的项目在某一时间段内的经营权、产权移交给投资方负责运营和管理;投资方在合约期内通过有效合理的经营获取相应的投资收益,待合约到期时,投资方将其经营权、产权归还政府机构或者该项目原属的国企。具体来说,就是通过签订协议的方式,允许投资方享有某已完成的基础设施项目的特许经营权,并根据该项目在合约期内的预算收益,向投资者一次性地收取相应的资金,从而投入其他各基础设施的工程建设中;待合约期满,投资者需要无偿地将基础设施归还。

【案例分析】

案例：合肥王小郢污水处理厂项目

安徽省合肥市的王小郢污水处理厂在 2004 年的 7 月份正式签订了转让资产的协议。来自德国柏林的水务国际集团和东华集团共同获得了该项目的经营权，总投入资本为 4.8 亿元人民币，合同期限为 23 年。该项目的建设资金主要是通过找澳大利亚政府、亚洲开发银行申请贷款以及申请国债的方式获得。该项目采用的主要工艺是活性污泥法（具有除磷脱氮的功能），每日可以处理 30 万吨污水，大概可以为 100 万户居民提供处理污水的服务。

（四）DBFO

设计—建造—融资—运营（Design-Build-Finance-Operate，简称 DBFO），其主要运营的方式是由私营团队来负责基础设施的设计、融资以及建造，待其完工后，再以长期租赁的方式，对其进行运营并维护；待租赁到期，则转交给公共部门负责。

【案例分析】

案例：天津危险废物综合处理中心项目

天津危险废物综合处理中心位于天津市津南区，年处理能力为 3.7 万吨，由威立雅环境服务联合 3 家合作伙伴按照国际标准投资、设计、建设并运营，是国内首个集焚烧、化学处理、安全填埋、资源化为一体的现代化危险废物处理处置基地，2004 年 2 月正式投产。天津危险废物综合处理中心的处置设施和技术在国内同行业处于领先水平，解决了天津市企业产生的危险废物的安全处理处置问题；中心被国家发改委和环境保护部认定为全国示范基地，获得了多项荣誉。

四、PPP 项目用于医疗、教育和园区设施建设

（一）PFI

建设—经营—转让（Private-Finance-Initiative，简称 PFI），主要指的是私人融资计划。其运营的方式就是对 BOT 的进一步优化发展，即由政府认证的私营部门对政府部门提出的为满足社会基建的项目进行建造及运营，一般协议的年限为 30 年。到期限时，私营部门需将此项目归还给当地政府，无损坏，无债务，私营团队可以通过收取费用来回收成本。

【案例分析】

案例 1：格林尼治镇伊丽莎白女王医院建设项目

SRW 公司是专业的建筑机电安装公司，全资隶属于世界著名的建筑公司瑞典 Skanska AB 英国分公司，公司年营业收入为 2 亿英镑，其中来自设施管理服务的收入占四分之一。SRW 和其他公司联合组成项目联合体，于 1994 年受邀参加位于伦敦东南方向的格林尼治镇伊丽莎白女王医院建设项目，该项目为当时第一个 PFI 项目。1995 年，项目联合体成功中标，英国政府特许运作时间为 30 年。2000 年 10 月，该项目正式完工。SRW 的工作分为两部分：先作为机电安装承包商负责女王医院的机电设施计划以及地板、墙体的采购、安装；医院正式运营后，SRW 将为其提供 30 年的设施维护与运行服务（项目联合体的另一成员公司则负责医院的清洁、餐饮、保安、运送、接待方面的服务）。

案例 2：公立医院的停车场项目

威尔士大学医院的原有停车场很狭窄，职员、患者、探访人员均深感不便。为了改变这种状况，国民保险事业托拉斯决定建设容纳 1100 台车辆的多层停车场和通往主干道路的线路。根据 VFW 的观点来判断是由公共部门进行建设、运营还是委托给私营部门，从 5 家企业中选择 1 家签订合约，于 1997 年实施。停车场的建设费为 650 万英镑，国民保险事业托拉斯将停车场的建设委托给私

营企业,运营 20 年后停车场引渡给国民保险事业托拉斯。为了顺利地过渡,其对停车费用前 3 年设定上限,到了第 4 年根据市场行情和通货膨胀率,私营企业可调整停车费用。私营企业通过收取停车费用回收建设及运营成本。

案例 3:贵阳金石产业园项目

贵阳金石产业园规划占地总面积 5 平方公里,地处贵阳花溪区石板镇,处于小河区金竹街道办事处辖区内,由石材生产加工区、石材机械辅材制造、石材仓储物流区、服务中心等构成。2015 年,贵阳金石产业园建成后年总产值已达 150 亿元。其中,由石材加工厂房和石材原材料展示交易区组成的园区一期项目计划建设面积 6.6 万平方米,年销售石材原材料 20 万立方米,销售额 5 亿元。贵阳金石产业园前期采取公司市场化运作,由贵阳市石材加工龙头企业黔源矿业与合朋经济开发有限公司组建贵州金石英钟联创工业地产投资发展有限公司作为该园一期项目投资主体,贵阳金石产业园固定资产投入资金约 5.6 亿元。一期项目建成后采取"工业超市"(即股东自带石材加工设备进厂生产,可自产自销,也可几家联合销售)的形式生产加工。加工种类包括花岗石、大理石、石雕、砂岩、文化石、人造石等。贵阳金石产业园为贵州填补了专业石材产业的空白,成为经济发展推广园。

(二)BOOT

建设—拥有—运营—移交(Build-Own-Operate-Transfer,简称 BOOT),其主要运营的方式是通过签订承包协议将基建项目交给承包方来筹资建设,并获得承包年限内的经营权、所有权,待合同期满后移交给发包方。

【案例分析】

案例:南开大学深圳金融工程学院项目

南开大学深圳金融工程学院项目就属于这类融资模式的典范。在特许权期限内项目由参与方共同经营,由政府牵头,学校和承建公司一起组建管理委员会,并聘请专业团队对学院的运营进行管理。预计金融工程学院 3000 名学生,每年的学费为 6000 万元。如果按照三七的比例分成,投资方将获得数倍的投资总收益,学校也可获得自身发展的经费支出。待 30 年的合作期满后,整个学院的产权将归学校所有。

(三)ROT

改建—运营—移交(Reconstruction-Operate-Transfer,简称 ROT),其主要运营方式是民营机构通过签订合同的方式获取已有基础设施的运营权,并对其进行改造、扩建等各项工作,待合同期满后,其项目的全部设施将通过无偿的方式转交给政府部门。

【案例分析】

案例:莲潭国际会馆项目

莲潭国际会馆项目作为高雄市的政府公务人员教育培训基地,附属于人力发展局,位于高雄市左营区。其因年久失修、人员匮乏等成为当地政府一大负担。在 2004 年,当地政府为让其摆脱窘境决定以 ROT 的模式进行公开招标。最终台湾首府大学获得了其 30 年以上的经营权,大力投资改建,并与福华酒店管理公司合作,进行过全新升级改造后的会馆成为亚洲最大、最优秀的教学会馆。整个改造项目历时 5 年,在 2009 正式营业,其华丽蜕变被社会各界肯定,荣获了金擘奖,成为两岸名人沟通的首选。

(四)BOO

建设—拥有—经营(Build-Own-Operate,简称 BOO),其主要的经营方式是承包方通过签订承包合同的方式从发包方获取承建某一基础设施项目的建设权,当该基础设施建成后通过有偿转让的方式将该项目转交发包方并收取相应费用的方式。

【案例分析】

案例：国基大学城生活园区项目

国基大学城生活园区项目是一个完全后勤社会化的大学生活园区，该项目从无到有，从设计到建成，所有的细节都是自负盈亏的，只有学生的入住归学校安排，园区管理处独立收费，独立管理。其为覆盖的中州大、郑师专以及艺术院校的学生提供了饮食、住宿、购物、娱乐等生活保障。其特点主要有下面这几点：第一，有相对较大的市场；第二，有相对封闭的市场；第三，有相对保障的盈利。

第三章

国际 PPP 项目法律风险识别

引 言

由投资带动建设已成当今实施国际 PPP 项目的主要模式。资金从何而来？政府口袋里的余粮也不够啊，还有民生、军费、教育等开支等着呢，于是，各国政府都力推 PPP 模式，把社会资本拽进来。在这种合作法律关系中，社会公共部门把投资、建设和 / 或运营公共设施的权利在一定的期限内，一般采用签订特许经营协议的方式，通过公开、透明的方式，有条件地让渡给非公共经济组织。

在国际实施的 PPP 项目中，因项目本身跨越不同国界、不同文化、不同法律制度、不同政治体系，时间特别长，存在着巨大的风险隐患。因此，国际 PPP 项目的成功完成，前提必须是项目参与各方都能在参与过程中获得应有的利益。项目的风险必须分配给最能控制该风险的一方来承担。

【内容摘要】

本章首先针对国际 PPP 项目的风险特征进行阐述和讨论，并对国际 PPP 项目立项之后的计划设计阶段风险、建设阶段风险和运行移交阶段风险进行讨论。

第一节　国际 PPP 项目风险特征

【知识背景 / 学习要点】

在讨论 PPP 项目风险特征时，我们有必要对风险及风险管理进行了解。风险管理的基本目标是创造价值，保护和维护价值，帮助提高绩效，激发创新并支持其实现预期目标。了解风险意识和风险管理至关重要。风险管理具有非常强大和全面的特性，需要明确的原则，建立框架和实施流程。可以说风险管理原则，风险管理框架和风险管理过程并不相同。PPP 项目风险管理的不同阶段面临着不同的风险，并应预期实现不同的目标。

一、国际 PPP 项目风险概述

（一）风险的概念

我们通常所说的"风险"，主要是指一定条件背景下，对某一事件的预期和实际结果之间产生了差异。简而言之，它就是指损失的不确定性。风险存在于人类的一切社会活动之中，风险存在的原因是人们对任何未来的结果不可能完全预料。

由此可见，不确定性是风险的主要特征。而具体到对实际风险的影响，不确定性又可进行大小划分。小的不确定性可能会造成某一项目的覆灭，而大的不确定性却可能导致参与企业破产等无法挽回的风险。

风险在 PPP 项目中具体是指项目运作过程中损失发生的不确定性，一般是指在项目招商、融资、建设、运营和移交等各个阶段，实际结果与预期结果之间的差异。具体地讲，PPP 项目的运作风险，是指 PPP 项目在其设计计划、投资建设、运营移交的过程中，由于某些不确定因素的发生，从而导致该项目受到损失。我们通常所说的一般性项目风险，它们具有客观性、危害性、潜在性、相对性以及可测性等特征；但是，PPP项目因其具有资金投入量大、建设周期长、项目结构复杂等特点，使其风险表现出了复杂性、偶然性、阶段性以及渐进性等独有的特征。

（二）风险组成部分

通常来讲，一个项目的风险主要由因素、事件和结果组成。

1. 风险因素

风险要素，在这里主要是指那些能够导致或极具风险事件产生的诱因或情形。按照不同的标准，风险因素也可以区分为不同类目。具体来讲，风险因素根据其性质标准可分为主观性风险和客观性风险；根据项目环境可分为外部环境风险和内部机制风险；根据导致其产生的来源可分为天然风险、政治风险、操作风险、财务风险等；按照与项目关联程度可分为系统性风险和非系统性风险。

2. 风险事件

风险事件主要是指导致风险结果的直接性诱因和条件，也可以称为风险事故。风险事件通常是造成人身和财产等伤害的直接原因，也是促成风险事故产生的必然条件。风险通常只是潜在的风险，并未造成实际影响，然而，风险事件的出现则导致之前潜在的风险成为真正的损失。因此，从这个角度来看，风险事件是导致损失产生的手段。风险事故意味着风险的可能性成为现实。

关于风险事故和风险因素，我们可通过判断其是否具有直接性而对两者进行划分。简单来讲，针对某一特定时间，若其造成损失产生的是直接性原因，则可判定其形成风险事故；而若其仅仅是造成损失的间接原因，则可判定其仅为风险因素。具体来讲，若在下雪天，路边较滑，导致车辆无法及时刹车，最终撞伤行人，在这一特定情境下，下雪天路滑是间接原因，即风险因素；车祸是造成行人受伤的直接原因，因此，车祸是风险事故。

对于PPP项目，可能影响项目目标实现的可能发生的事件，如不明地质条件、通货膨胀等。

3. 风险后果

风险后果是指风险事件发生对项目目标实现造成的影响。PPP 项目风险事件的后果是项目投资者最终可能无法收回投资或无法按照计划发挥投资资金的效益。

（三）风险管控的技术

常用的风险管控技术有两种：一种是具有较强控制特征的风险管理技术，另一种是具有明显财务特征的风险管理技术。

1. 具有较强控制特征的风险管理技术

具有较强控制特征的风险管理技术最重要的特征即在风险分析的基础上采用控制技术，减少风险事故的发生频率，降低损失的程度。最主要的关注点集中在天然灾害、突发事故和扩大损失的改变。其主要表现是：减少事故发生前的事故概率；发生事故时最大限度地降低损坏程度。

控制型风险管理技术主要包括下列方法：（1）避免。避免是指设法回避损失发生的可能性，即从根本上消除特定的风险单位和中途放弃某些既存的风险单位，采取主动放弃或改变该项活动的方式。避免风险的方法一般是在某特定风险所致损失频率和损失程度相当高或处理风险的成本大于其产生的效益时采用。它是一种最彻底、最简单的方法，但也是一种消极的方法。避免风险的方法有时意味着丧失利润，且避免方法的采用通常会受到限制。此外，采取避免方法有时在经济上是不适当的，或者避免了某一种风险，却有可能产生新风险。（2）预防。损失预防是指在风险事故发生前，为了消除或减少可能引起损失的各种因素而采取的处理风险的具体措施，其目的在于通过消除或减少风险因素而降低损失发生的频率。这是事前的措施，即所谓的"防患于未然"。（3）抵制。损失抵制是指在损失发生时或损失发生之后为降低损失程度而采取的各项措施，它是处理风险的有效技术。

2. 财务型风险管理技术

由于受种种因素的制约，人们对风险的预测不可能绝对准确，而防范风险的各项措施都具有一定的局限性,所以,某些风险事故的损失后果是不可避免的。财务型风险管理技术是以提供基金的方式,降低发生损失的成本,即通过事故发生前的财务安排,来解除事故发生后给人们造成的经济困难和精神忧虑,为恢复企业生产、维持家庭正常生活等提供财务支持。

财务型风险管理技术主要包括以下方法:(1)自留风险。自留风险是指对风险的自我承担,即企业或单位自我承受风险损害后果的方法。自留风险是一种非常重要的财务型风险管理技术。自留风险有主动自留和被动自留之分。自留风险的成本低,方便有效,可减少潜在损失,节省费用。但自留风险有时会因风险单位数量的限制或自我承受能力的限制,而无法实现其处理风险的效果,导致财务安排上的困难而失去作用。(2)转移风险。转移风险是指一些单位或个人为避免承担损失,而有意识地将损失或与损失有关的财务后果转嫁给另一些单位或个人去承担的一种风险管理方式。转移风险又有财务型非保险转移和财务型保险转移两种方法。财务型非保险转移风险是指单位或个人通过经济合同,将损失或与损失有关的财务后果,转移给另一些单位或个人去承担。财务型保险转移风险是指单位或个人通过订立保险合同,将其面临的财产风险、人身风险和责任风险等转嫁给保险人的一种风险管理技术。

保险作为风险转移方式之一,有很多优越之处,是进行风险管理最有效的方法之一。

总之,在控制型风险管理技术中,风险规避是风险应对的一种重要方法,是指通过计划的变更来消除风险或风险发生的条件,保护目标免受风险的影响。风险规避并不意味着完全消除风险,我们所要规避的是风险可能给我们造成的损失。一是降低损失发生的概率,这主要是采取事先控制措施;二是降低损失程度,这主要包括事先控制、事后补救两个方面。

在财务型风险管理技术中,着重转移风险,即将自身可能要面临的潜在损失以一定的方式转移给对方或第三方。同时,其也可自留风险,可以是被动的,也可以是主动的;可以是无意识的,也可以是有意识的。因为有时完全回避风险是不可能或明显不利的,这种采取有计划的风险自留不失为一种规避风险的方式。

(四)风险分配原则

1. 风险与控制力相对称的原则

风险与控制力相对称的原则,即风险应该由最有控制力或控制该风险承担的成本最低的一方承担。如果双方均无控制力或无法确定承担方的风险则由双方共同承担。如非系统性风险与项目直接有关,如招标风险、完工风险、经营风险等,对于这类风险,公司最具有控制力,因此主要由项目公司承担风险。

除此之外,我们还可以看到,系统性风险大多与项目之间存在的关系是间接的,例如,通货膨胀风险、可转换货币风险和利率风险等。针对前述这些风险,在进行项目设计和规划时公司往往无法具有较强的控制力,有些因素甚至不是企业自身可以克服和解决的。因此,针对这一类特色风险,为了加强控制,政府对风险负有首要责任。

2. 风险与收益相对称的原则

风险与收益相对称的原则,即谁获取收益,谁就承担风险。谁获取的收益高,谁就承担较高的风险。

对于经营性较强的项目,政府应该只承担制度性风险。只有在项目迫在眉睫,政府的综合补偿水平受到制约的时候,政府才会想到来增加一部分非制度性的风险,从而增加社会上投资者对其回报和收益的预期。对于低回报和具有公共利益的项目,政府可以通过综合补偿措施提高项目盈利能力,如汇集和财务利息折扣。

(五)国际风险管理经验 [①]

风险管理是一个旨在为识别、分析潜在风险,减少风险影响,监测措施效果提供一个结构性方法的过程。对于不同的利益相关者,风险管理的意义是

---

① 何春丽:《PPP 示范案例的机理分析与法律适用(含国际 PPP 经验借鉴)》,法律出版社 2016 年版,第 133～143 页。

不同的。对于公共部门，风险管理是指保留和转移风险的识别、评估、评价，制定减轻风险的策略。对于负责建设和运营的特殊目的公司（Special Purpose Vehicle, 简称 SPV），风险管理是指评估和评价被分配给它的风险以便确定管理这些风险的成本。对于融资方，风险管理是指拖欠贷款风险的识别、评估和评价，制定风险减轻的策略，通常以利率为条件，限制借款人使贷款免遭损害。

对风险进行管理，通常可以从如下几方面着手，即对风险的辨识、对风险的评估、对风险的转移和分配、对风险的处理以及对风险进行监测和风险审查构成。可能影响 PPP 项目目标的事件被识别为风险。通过检验这些风险对项目目标产生的可能性和结果，分析和评价风险的程度。对这些项目风险制定适当的措施以减少发生的可能性和影响的严重性。PPP 项目中，风险管理的关键特性是风险在公共部门和社会资本之间明晰的分配，遵循谁管理这些风险最有效率，每一方对分配给它的风险负责对待。进行风险监测和审查以确保被建议的措施是有效的，制定新的措施管理 PPP 项目过程中的新风险。

风险管理从可行性阶段的项目识别开始，然后进行风险评估、风险处理。这个过程需要连续不断地被贯穿于整个 PPP 项目。

1. 风险识别

风险识别涉及识别产生于项目的风险。任何对达到项目目标有不利影响的事件应被看作风险。例如，在选择评价阶段，任何对净现值有不利影响的事件应当被看作风险。在采购阶段，任何对物有所值有不利影响的事件应当被看作风险。在施工阶段，任何对工期、成本和质量有不利影响的事件都应被看作风险。

风险识别是一个周期性的过程，风险识别贯穿于整个项目。无论风险识别有多严格，随着项目的进行，新的风险产生是不可避免的。项目的不同阶段采用不同的风险识别方法。在项目开始前，采用前置风险识别方法，识别将来可能涉及的潜在地影响项目目标实现的事件。随着项目的进行，对项目目标有负面影响的未预料的事件也可能会发生。实际损失发生后涉及风险识别的后审风险识别方法就会被采用。

（1）前置风险识别法（Proactive Risk Identification Methods）。风险识别的普遍方法包括头脑风暴法、会谈法、列表法、调查法。Hillson 提出了额外三种方法。每种方法不比其他方法好，但在适当的时候，可以联合使用。参加风险识别的专业人员应该具有国际 PPP 项目经验，通常是代表公共部门和私人部门的利益相关者，他们之前应从事过 PPP 项目，代表利益相关者的外部专家很有必要。

（2）核对一览表（Checklist）。核对一览表由一系列来源于以前的 PPP 项目被识别的风险组成。它经常被用来帮助产生关于目前项目可能存在哪些风险的想法。尤其是在风险识别开始，基于核对的一览表，利益相关者凭借他们的经验和判断评价包括在一览表中的风险对目前项目适合性和包括一览表中没有包括的风险。由于本质上的简明，核对一览表法是施工中最常见的风险识别方法。

（3）头脑风暴法（Brainstorming）。头脑风暴法最初是从商业管理中借来的解决问题的方法。它涉及重新定义的问题，产生想法，找到可能的解决方法，开发被选择的可行的方法并进行评价。头脑风暴法被看作是风险工作室，在风险工作室中，主要的项目参与人一起识别将来影响项目的风险和相应的影响。利害关系人聚在一起的优点是可以在短时间内利用集体智慧思考产生大量的有用信息。

头脑风暴法由一个人帮助提供服务，帮助者管理风险识别过程。帮助者要求利害相关者匿名在一张纸上对当前的项目列出潜在的风险。对于风险的可用性和归类，大家可以进行公开讨论，类似风险归为一类，没有标准的风险归为另一类，但采用的风险归类方法必须对风险、风险分配、任何管理风险有较好的理解。

2. 风险评价

风险评价是指评价风险发生的可能性、后果、发生的时间和持续的时间。

风险评价告知如何最好地管理风险，通过注意，尤其是需要仔细监测的风险因素，采用合适的风险管理措施。由于要进行风险评价，决策者被告知如何根据有限的资源优化资源。

我们在对风险进行评估或评价时，需要时刻遵循的一个根本原则就是风险发生的可能性和风险产生的实际结果是决定风险最终价值的重要因素。所谓可能性就是指风险发生的可能性。它是一个介于 0～1 的数字代表。如果风险发生的可能性是 0，则该风险不可能发生；如果该风险发生的可能性是 1，则该风险必然发生。风险后果可以检测出基本成本和风险预期后果之间的差额。

风险价值 = 可能性 × 结果

3. 风险分配

风险评价后，采取什么样的行动对应该风险就应被识别。每一方都应负责对待被分配给它的风险。在制定风险处理计划之前，公共部门应该决定什么样的风险转移出去，什么样的风险自留。与传统采购方式不同，PPP 项目遵循最佳效果的风险分配机制。有人认为，对风险进行分配所达到的最佳效果即风险结果只能由最有能力对该风险进行控制的那人来承担，同时又要充分考虑公共利益。

管理风险是有成本的，由处于最佳位置的一方管理风险能做到成本最低。转移给私人部门且私人部门有能力管理风险，私人部门管理该风险会比公共部门管理该风险成本低。如果转移给私人部门的风险超出其能力，则私人部门或者拒绝，或者索要高额费用以弥补额外的任务。这将增加 PPP 项目的综合成本。

决定将风险转移给私人部门时，公共部门应考虑私人部门的能力、处理风险的资源、承担风险的喜好。一般，公共部门仅应该转移他们过去管得不好，或几乎没有管理经验的风险，公共部门应该保留过去管理得好的风险，有管理经验的风险。还有一些风险不应由任何一方承担，而应该由各方分担，包括：任何一方都不能控制的风险，如不可抗力；超过任何一方控制能力的风险，如物价变动、汇率变动；事前很难预料或后果很难测量的风险。

（1）标准风险分配模型（Standardized Risk Allocation Matrix）。风险分配通过各方的能力、与被识别风险有关的先前的经验，替代公共部门依靠标准的风险分配模型。风险分配模型基于先前的 PPP 项目获得的风险管理信息形成，它识别以前的 PPP 项目普通的被保留的风险和被转移的风险。使用风险分配模型的优点是简化投标过程和投标成本。模型中的风险分配仅仅代表公共部门的爱好，不代表最终的风险分配状态。私人部门将评估风险分配模型，表明是否接受该想法。通常，私人部门有机会与公共部门谈判，直至双方就风险分配达成一致。

（2）风险列表（Risk Matrix）。在最后确定风险分配后，当前 PPP 项目的风险列表就形成了。这个风险列表是双方同意的风险分配结果，还包括风险处理方法、每个风险的描述、重要性和发生的可能性。该列表也是提交给相关部门审批的重要文件。风险列表是非常重要的管理风险的有用工具。在预投标和投标阶段，风险列表帮助公共部门定义相关风险和被建议的风险分配方案。在谈判阶段，风险列表作为核对的列表保证所有风险被说明。合同签订后，风险列表是风险分配的概括总结。风险列表的价值和用途直接与风险处理方式有关。

4.风险的处理

当风险发生后，各方应当考虑如何处理或应对该风险，这里有多重方式和手段可以选择。

基于最后的风险分配列表，各方将负责处理分配其承担的风险大小或强弱。在抉择适用何种风险处理方式时，各方应当秉持风险的处理在于降低风险产生的概率和影响这一理念。风险识别无论多么充分，在项目进行过程中都会发生预料不到或新发生的风险。风险发生后进行风险处理的目标是减少财务损耗和流失。通常来讲，将风险进行转移、降低风险发生的概率、接受内化风险、对风险加以预防都被称作是风险处理的多种方式。

5. 风险监测与复查

随着 PPP 项目的进行，被识别的风险会发生变化，新的风险将出现。被建议的减少风险的控制措施可能变得不充分。监测和复审的目的是监测风险措施的有效性，识别新的风险，制定相应的风险处理措施。

6. 风险管理计划

风险管理计划列出了减少和控制风险的措施、程序、日期，包括已经认识的风险、已经被预防的风险。风险处理的行为和结果应分别进行登记。风险登记时应确定风险复审和报告的管理工具。

通常，风险管理计划应该包括：被识别的风险、处理风险采取的行动和详细措施、处理风险行动的成本、关键日期、处理风险的责任人。

（六）国际 PPP 项目风险管理

对于 PPP 项目的风险性，加拿大国家 PPP 委员会曾经给出过一个极为清醒的基本判断，即 PPP 就是"一个建立在每一方都具备专业技能，并通过合理分配资源、风险和回报，而满足明确、具体定义的公共需求基础上的，介于公共部门和私人部门之间的合作风险体"。世界银行 2015 年的统计报告佐证了这一判断：1990 年至 2014 年，包括中国在内的 194 个低收入以及中等收入国家采用 PPP 模式进行交通基础设施建设运营的投资总额达 2564.5 亿美元，其中被取消或已陷入困境的 PPP 项目 118 个，总投资额 324.64 亿美元。因此，无论是源于理性的抽象判断，还是基于现实的客观总结，PPP 模式都极具风险性。

从国际到国内案例来看，近年来，PPP 这种新兴的融资和建设形式被越来越多的人所接受，也在基础设施建设过程中被频繁使用，越来越多的基础设施建设都引入了 PPP 项目概念，PPP 项目也迅速成长起来，在全球施工工程建设与实施方面呈现出雨后春笋般的增长趋势。但与此同时，伴随着 PPP 项目的诸多益处，其特有的风险也在实施过程中暴露出来。显而易见，归咎于 PPP 项目独特的投资周期长、涉及利害关系方众多、组织关系繁杂，这就导致了在具体项目的实际施工过程中存在着极大的不确定性。此外，由于 PPP 项目签订双方的国家在社会制度、文化习俗、政策制度方面截然不同,导致投资者会投放大量的时间、金钱和精力对项目进行观察和确认,这就会进一步加大双方的成本。尽管如此,如果项目选择不正确,该项目投资者除需面临金钱和时间的考验外,可能多方的努力也会付诸东流,面临许多棘手而又严峻的问题和难题,甚至最终致使项目彻底失败。例如,我们熟知的英法海峡隧道、墨西哥国家电信公司、伦敦地铁项目、美国马萨诸塞州 3 号公路北段修缮扩建等项目。在这些项目中,由于当局政府审批效率低下、监管力度不够、延迟发放经营许可证等风险的发生,导致 PPP 项目难以进行下去。

众所周知,PPP 项目的整个实施过程主要可以分为三个阶段:一是项目初始阶段的设计,二是项目运营过程中的建设,三是项目完成之后的转移。可以看到,项目各个阶段都具有其独特性,这也使得同一 PPP 项目不同阶段面临的风险也是不同的,不能一概而论。所以,国内企业打算到别国进行 PPP 项目的投资和运营前,应当仔细分析和考虑各个阶段可能面临的不同风险和挑战,在项目选择、项目投标、项目实施过程中处理好不同的风险问题。

风险的程度,或者说风险的大小会对国际 PPP 项目的合理性和可操作性产生重要且直接的影响。所以,任何 PPP 项目均不能轻率行之,要在项目运营之前就进行充分的考察和分析,对可能出现的各种风险、各类情况加以妥善研究,切实提高 PPP 项目的可行性和成功率。

具体来讲,国际层面 PPP 项目的风险可以从以下几点展开并有针对性地进行防范。其一是风险的辨别,或者可以说是风险的具体识别,不对项目面临的风险进行识别就不会也不可能对项目风险进行控制。多数成功实施的国际 PPP 项目,其关键之处就在于准确且及时地对项目风险进行辨别,并进一步加以合理分配。其二是对风险的证实和评估,这二者可以看作是最终所作的风险应对对策的依据和赖以存在的前提。其三是风险的承担。PPP 项目十分强调对风险的合理承担和合理分配。其四是风险的预防和防范规则。是否有效地对可能面临的风险加以防范,是一个项目成功与失败的绝对影响因素。其五是风险必然会同利益衔接,在遭受风险的时候也必然伴随着获益。其六是风险防范的监控体制。除了生产建设技术规范外,各方应当从多方面多角度对某一项目的风险防范机制进行监督和检查。PPP 项目的一个非常明显的特征就是由其所引发的风险是双方或多方共同承担的。风险分担的前提是进行充分的风险识别,在此基础上进行风险分配和处置。PPP 项目涉及领域广泛、参与主体多、交易结构复杂,风险识别和分担要求丰富的行业知识和专业知识、经验。

二、国际 PPP 项目风险种类

当前,PPP 风险可按项目运行状态划分为全过程风险和阶段性风险两类。除了对政府、社会投资人产生直接影响外,这些风险还可能传导至财政、金融系统,影响国家经济运行和发展。因此,我们有必要系统梳理这些风险,并有针对性地进行预先防范。

(一)全流程风险

全流程风险,指的是在 PPP 项目从开始到建成的整个过程中都可能会存在的风险。详细来讲,它可以划分为以下几点:(1)大多数认知风险是由于对项目合作、政府支付、互利和风险承担以及地方政府和项目发起人的操作程序等因素的不准确把握,从而进一步使得风险扩张造成的。(2)政治风险,这些因素包括政府信贷风险(国有化)、政府权力超越其本身权利的风险、政府决策和批复延迟的风险以及公众反对风险。(3)PPP 的相关法律制度目前来讲仍然不够完善,现行法律法规不一致,法律适用不确定,不能辅助 PPP 项目的运作。(4)政治风险。风险是国家和地方政策调整不一致的结果。一般来说,综合框架项目的周期较长。而在这样一个漫长时间段内,当权者的更迭以及经济和社会环境的改变都将对项目产生影响。(5)契约风险。由于合同条款没有标准化和严格化,双方的权利和义务不明确。(6)财产风险。为了避免这种风险的发生,政府可能有义务签发按契约履行约定的承诺书,或者免除项目公司对违反合同的责任。(7)不可抗力的风险。其主要是天然风险(不可抗力事件,而非人力所为）和社会风险（政治性不可抗力事件，如罢工等）。解决这些风险的方法是：对受保物品进行保险；对受保物品，协议明确规定了自然保护的种类。

（二）特定过程的风险

特定过程的风险，是指那些仅存在于项目运行的某一阶段，不适用于其他运营方式或运营过程的风险。这类风险主要可以涵盖下列几种类型：一是在项目正式建设阶段产生的风险，这多为项目建设所带来的环境保护、文物管理、技术安全性等。二是 PPP 市场及市场运营方面的风险，这一风险只会存在于项目正式运营实施的过程中。在这一阶段，竞争风险、市场变化风险、项目成本与利润合理分配风险等成为主流。三是在项目完成后的转移和移交阶段，针对该项目所有权而产生的风险，这里主要包含两点，即涉及残值风险和回购风险。残值主要发生在项目运营和建设完工后，具体项目的所有权在当地政府和项目承包商之间流转，此时的残余货物应当由资产所有者来买单。由此可见，各方在拟定 PPP 协议时必须对转移时的资产状况、资产是否达标、资产的具体使用年限等问题进行明确规定。回购风险主要需要政府在 PPP 协议中约定回购阶段对项目建设进行标准和技术的审查与评估，并且还可以凭其实际评估的价格对项目资产进行回购。

（三）PPP 项目在风险方面的主要分类

1. 立项风险

国际 PPP 项目中，在融资开始前，各项目发起人（sponsors）需要投入大量人力、物力、财力对 PPP 项目进行论证，项目立项阶段是从跟进项目到融资机构介入并提供融资为止。

2. 完工风险

一般而言，国际 PPP 项目公司在签订特许经营协议后，会用公开招标的方式（也可以是邀请招标的方式）将项目施工用 EPC（Engineering Procurement and Construction，设计、采购、施工总承包，简称"国际工程承包"）的方式发包给项目发起人中的一方或第三方，从而使项目完工风险完全落到 EPC 总承包人身上。

EPC 合同占据了 PPP 项目合同的绝大部分资金，因此，控制好项目完工风险是控制 PPP 项目风险的主要部分，其中包括了建设风险、试运行风险和工期风险。

3. 汇兑风险

国际 PPP 项目投资人，包括项目融资人的回报，须在项目完工后正常运行的过程中，用产生的现金流作为项目还款和回报保障。项目产生的现金流在项目所在国，因此，项目发起人所在国与项目所在国之间的汇率与汇兑，也成为国际 PPP 项目风险之一。

在国际 PPP 项目实施过程中，项目所在国的经济通货膨胀对项目营利会产生较大程度的影响。在项目实施过程中，通胀带来的直接影响就是项目运行原材料涨价、劳动力和能源的涨价，甚至建设成本的增加、运营维护成本的增加，从而导致 PPP 项目现金流的降低，增加项目发起人和融资人的投融资风险。

4. 运营与维护风险

国际 PPP 项目公司一般会选择有丰富运营相似项目经验的运营商来运营、管理和维护 PPP 项目下的公共设施，从而使该项目达到最佳设计目的，为投资者赚回预期利益，为项目所在国提供公共服务。但在 PPP 项目的长期协议下，社会环境、人力资源、技术熟练程度、原材料价格、零部件的价格等都在发生变化，因此，在 PPP 项目下，运营与维护又是另外一大项目风险。选择优秀的有丰富经验的运营商，可以很大程度上降低运营风险。

5. 市场风险

在国际 PPP 项目下，投资人的回报基本靠项目市场运行而产生的现金流来保障。国际 PPP 项目运营原材料投入的价格、劳动力和能源的价格、生产成品的价格完成取决于市场供求关系，因此，项目发起人选择有经验的咨询公司提供全面的可行性研究分析，是预防项目市场风险的一种重要路径。

6.政治风险

在实施国际 PPP 项目的过程中,政治风险是不可避免的,各方必须给予充分重视。其包括:内乱或战争、合法授权、国有化、税法变化、项目中技术要求变化的风险、主权豁免问题、政治风险保险、适用法律和司法管辖等政治风险。

在国际 PPP 项目中,因为涉及非常多的合同关系,每个合同关系都会涉及适用法律的问题和司法管辖的问题。一般而言,特许经营协议适用项目所在国的行政法(每个国家都不同,需要研究其特许经营法),这样一来,国际 PPP 项目公司与当地政府之间的关系,由当地的行政法来调整。

但国际 PPP 项目贷款协议所产生的法律关系,是融资机构与项目公司之间形成的商业法律关系。在这一法律关系中,金融机构需要当地政府提供一定的担保,如非国有化,这又是一个商事行为。因此,EPC 合同、运行与维护合同、银团贷款协议,可选择不同的适用法律和司法管辖方式。

三、国际 PPP 项目风险特征

国际 PPP 项目由于政府参与、投资大、时间长、契约繁杂、专业细节多、多种税收方式和体制等方面的因素,也导致 PPP 项目风险同样具有多样性和复杂性。各方应当根据实际涉及的项目情况来分配风险和明确风险涉及的主体。

(一)与政府的密切合作关系——政府更迭、战乱、政府违约

基于国际 PPP 项目的独有特点,政府在 PPP 项目中的影响非常大,可以说其贯穿于确定项目、招标、特许权协议的签订、法律法规的制定、税收外汇政策的调整、政治风险的避免等多方面,甚至可以说一个 PPP 项目的成败在很大程度上取决于政府的支持程度。

在现代民主政治体制中,政府选举换届与组织人事变化将会影响到 PPP 长期合作关系中政府方内部组成的稳定性,进而 PPP 项目的流程推进与运营稳定也可能基于由此产生的政策动向转变或决策意志变化而受到某种程度的干扰。特别是在两党及多党执政的国家,一旦作为执政党之抽象"反对派"的在野党

通过大选组建新一届政府,则既往政府的某些施政重点就可能成为首选的"改革"重点,从而使PPP项目流程的推进出现谈判障碍,甚至面临被终止、撤销的风险。

作为项目的重要主体之一,政府经营涉及公共秩序、政府公共基金和政府监督,PPP项目的建立和运作一般会受到较大的影响。然而,政府在经营该项目时必然会遇到许多问题,如官僚机构和官僚制度的蔓延、非标准化决策程序、早期评估错误、政府关于PPP项目的实操不够、缺乏业务能力以及易于解决的广泛授权程序,这些都会导致国际PPP项目不合规。

(二)建设周期长,收益回报周期长且不稳定——投入超过预估风险、环境风险

项目建设周期是指投资论证阶段、规划设计阶段、施工阶段和竣工验收交付使用阶段所消耗的时间总和。各阶段工作持续时间的延长或缩短,将直接影响项目投资费用和效益。一般PPP项目投资动辄数亿元,许多超过10亿元。项目投资回收期超过10年以上,有些甚至达到20年,需要通过特许经营权、收费权等方式逐步收回。PPP项目建设周期长,市场需求不断变化,宏观环境的变化可能导致市场需求急剧下跌,致使项目失败,而同质项目的竞争也会影响项目。运营阶段中的运营成本和市场收益等都对项目产生了不同程度的影响。

由于PPP项目主要是以基础设施建设为目标,因此,该项目大多会依赖国家政策和公共利益,这也是国际购买力平价项目通常持续几年甚至十年的原因。至于资金回流的原因,由于项目具有周期性,进度缓慢,存在许多隐患。此外,不仅政府和私营部门参与了国际购买力平价项目,还有其他各方也参与了。特别是在国际购买力平价项目中,还有一些辅助机构,如金融机构、担保机构、评估机构和法律咨询机构。这些机构与主要缔约方构成了其他复杂合同关系的合作协议。

（三）标的额大——主权信用风险

大多数 PPP 项目主要是基础设施项目，寻求的金额往往非常高。该项目的建设关系到公众的切身利益。就项目而言，政府不仅是参与者和项目领导者，也是公共利益的捍卫者，国际购买力平价项目的投资者很容易受到国家信用风险的影响。在这一巨大目标下，许多国家的 PPP 项目仍处于发展阶段，其法律制度不完善，也没有具体的 PPP 法律制度。根据购买力平价模型，投资者依靠政府补贴或项目运营收入来收回投资并产生回报，如果出现其他竞争产品，需求明显低于预期，投资将减少投资收益，甚至会带来巨大的损失。

同时，国际 PPP 项目由于涉及境外战略机构投资者的参与和项目本身的成本，其规模和投资数额也往往远远超出一般的建设工程项目。例如，前文提到的 20 世纪 80 年代至 90 年代建设的英法海底隧道，就是典型的国际 PPP 项目。该项目仅在初期阶段的初始投资预算就高达 60.23 亿英镑，而最后实际耗费的成本更是达到了近 105 亿英镑。此外，在国际 PPP 项目中涉及的因素众多，影响项目盈利的可能性更是无法穷尽。因此，其前期预期的投资回报率的计算是十分困难的，仅能在初始模型中得到一个大概的比例。在项目进行中，由于各种风险及突发性事件的不可控性，导致项目预期投资回报率会来回变动。这也是许多国际投资者往往选择避免投资国际 PPP 项目的原因之一。

第二节 计划设计阶段风险

【知识背景 / 学习要点】

计划设计阶段风险是指国际 PPP 项目正式确立之后，真正开始工作前可能面临的风险。该风险主要涉及政府违约风险，如项目工程突然被取消或者改变的风险；环境风险，如与环境或其他许可有关的风险；当地民众反对风险等。

一、政府违约风险：工程被取消或者改变的风险

政府违约风险是指政府部门不履行或违反事先约定的或签订协议中的责任和义务，擅自取消或改变项目工程，从而使得国际 PPP 项目投资方的利益受损，给 PPP 项目造成直接或间接的损失。政府信用的缺失导致的后果比私人之间的信用缺失更为严重，比如，在项目进行到半途时，政府突然终止了私人投资者的特许经营权，这不仅会让 PPP 项目夭折，也会让承建该国际 PPP 项目的企业利益受到严重损害。但更严重的是，前述政府违约的危害并不局限于该 PPP 项目，因为政府信用的缺失会让其他承担 PPP 项目的私人投资者犹疑不定，甚至会影响国家推广国际 PPP 模式的行动。

在国际 PPP 项目的合作关系中，享有天然优势地位的政府是否能够恪守其在合作协议中作出的信用承诺，是决定 PPP 项目合作成败的关键因素，同时也是 PPP 市场投资者必须考量的重要风险。倘若政府缺乏真正的契约精神，消极履行或拒绝履行合同规定的责任与义务，国际 PPP 项目合作便将遭受或直接，或间接的巨大打击，直至彻底失败。有学者认为，90% 的企业家、70% 的民企最大的顾虑是地方政府不守信用，缺乏明确的法律保障。在合作过程中，政府部门要求确保自己在国际 PPP 项目中的控股权，保证在决策上"独断专行"以维持自己的强势地位，这导致许多社会资本对 PPP 项目望而却步。"PPP 模式不仅是引入社会资本，也是引入更多的市场意识和现代管理理念。社会资本如果不能控股，也许就不能形成合理的公司架构，效率低下，无法有效运作。"[①] 政府方之所以要求掌握控股权，多数情况下是希望能够在项目各个阶段进行有效的风险控制，在社会资本出现机会主义行为时能够有效地防止不利结果的发生，以保证社会利益的实现。但是，也有许多失败的项目案例表明，政府在 PPP 项目中掌握控股权未必能够真正起到风险控制的目的。

---

① 任鹏飞、强勇、夏军等：《社会资本参与公用事业"受尽欺负"》，http://finance.people.com.cn/n/2015/0127/c1004-26454610.html，下载日期：2020 年 4 月 27 日。

　　除了政府因缺乏信任而主动违约外，由于政府缺乏对国际 PPP 项目的实际管理经验及能力、前期的准备不足、信息不对称以及操作审批过程复杂等，也会造成项目工期延长与成本的直接或间接提高。因为 PPP 项目一般都是公共基础设施，其投资收益不会太高，甚至是比较低的。外部投资者承担 PPP 项目是为能够获得正常收益，而政府部门则是为了实现其公共管理职能。但政府部门是由各种人组成的，也会存在各种非理性因素。特别是当政府部门在 PPP 项目中获益较少，或者根本不获益时，项目参与方中的政府部门人员就很可能因激励不足，怠慢决策，或者没有动力去改进本不合理的决策与审批流程。国际 PPP 项目涉及各种原材料的采购、人力成本的谈判等问题，面对瞬息万变的市场环境，最佳决策时机稍纵即逝，政府决策与审批延误是一种不合理的存在。

二、环境风险：与环境或其他许可有关的风险

　　环境风险，是指实施 PPP 项目造成的环境影响，或 PPP 项目建设和运营环境保护条件增大的风险\成本增大或项目中止的风险。它是政府当局和社会机构要求 PPP 项目的环境标准而导致项目实施成本增加的风险。如果项目不符合环境标准，基于以下描述的环境风险中可能归因于环境的问题，以及施工期间的风险和已完成的项目，会造成额外成本的产生。如果项目改造后不能满足环境保护的要求，项目将被废弃或舍弃，这不仅会影响合作伙伴的利益，也会造成社会物资的浪费。

　　环境风险在近几年越来越受到重视，是往后几年具有国家安全性质的重要战略关注点。国际 PPP 环境风险的特殊性体现为破坏社会公共领域、公权力因素显著、影响投融资格局等。作为新型风险，环境风险也有其自身固有的特点。第一，不确定性。"科学不确定性是环境政策的决定性特征"，环境风险是不确定的。所谓的"风险"就是指发生的概率、发生的可能性。环境风险可能会产生，也可能根本不会发生；其可能会立刻当下发生，也可能会潜伏一段时间后再发生，这一切都是不可准确预料的。第二，潜伏性。环境风险通常是一个可以

逐渐积累的过程，而不是一个大而明显的变化，然而，一旦发现了环境风险，它必定是一个非常严重的时刻，会产生难以想象的结果。第三，长期性。与潜伏性相适应，环境风险更容易在长期发展之后出现，而不是立即爆发。因此，环境风险会威胁到当代的人们，伤害到后代。从另一个角度来看，我们现在不仅要处理环境问题，也要应对上一代积累到现在的环境风险。第四，不可逆性。一旦环境风险产生，我们通常很难有效地管理它们，甚至会产生毁灭性的后果。即使可以管理，也很难重新确立原有的地位，这会导致长久性的损害，这也就解释了为何国际 PPP 项目中要特别注重环境风险。

从风险影响的范围划分，环境风险包括宏观环境风险、中观环境风险与微观环境风险。其中，宏观环境风险包括全球性环境风险（如全球性气候变化）、洲际环境风险（如南极冰雪融化）、国家环境风险（如小岛屿国家被海水淹没）；中观环境风险是指具体城市、具体地区、具体行业的环境风险；微观环境风险主要是指某个企业、项目、村落等的环境风险，如 PPP 环境风险。环境保护风险，指的是迫于环境保护立法而造成的生产效率降低、环境保护投入加大，甚至造成项目停工或禁止运营等情况。例如，在某一地区具体实施 PPP 建设项目时，由于在基础开挖过程中发现了古城遗址，致使项目废止，给项目各方都造成了严重的经济损失。

三、当地民众反对风险

对于社会大众而言，获得与经济社会发展水平相适应的公共服务，既是其作为社会财富创造者所应充分享有的基本权利，也是政府作为行政权力拥有者所应切实承担的基本义务，更是实现经济社会稳定、良性、可持续发展的必要基础。作为 PPP 项目的具体服务对象，社会大众在 PPP 合作中的利益诉求较为简单而纯粹——他们作为项目产出内容的终端消费者，其实并不在意公共服务的供给过程究竟是以何种模式完成的，他们所关注的利益主要集中于是否可以获得与其客观需求相符合，与其支付能力相对称的充足、优质的公共服务。而从抽象的角度来看，社会大众的 PPP 利益诉求具有客观性、多样性、普惠性、优质性、均等性、民主性、动态性的基本特征，具体利益诉求的内涵极其丰富。

国际 PPP 模式下的项目具有较强的敏感性，因此，在民众反对等不可抗力影响下极容易受到攻击，外国私人投资者面临的风险也相对较大。同时，民众的态度也会影响到有偿缴费制项目的运营价格，这也是另外一种风险。所以，私人投资者在特许权协议中就该风险进行规避异常重要，尤其是在政治不稳定的国家。

由于海外企业与不同国别、不同背景、不同水文地理环境、不同种族以及不同信仰的经济主体进行经营活动，国际 PPP 项目在其实施过程中，难免会因道德行为变化，导致投资者被所在国的政府、投资者、媒体、雇员、媒体所怀疑，这都会对企业海外 PPP 项目投资产生不利影响，造成损失。尤其是就中国企业来说，目前，中国海外基础设施企业在扩张的过程中，与发达国家企业明显的文化差异加大了整合难度，因此，文化差异是海外基础设施投资一定要克服的主要因素。

在实践中，项目实施的某些措施危害或破坏公共利益，造成政治甚至公众反对项目建设或增加成本。例如，由于公众和环境保护的压力，制定保护策略，导致环境保护设计发生变化、增加投资或公众恢复力的变化，即使影响太大，公众也不愿意妥协，这意味着应明确政治或公众反对的项目不一定对公众有用，一切都有其优缺点。项目参与者和公众可能对自己的问题有不同的看法，并且对他们的利益有各自主观的看法。每个人都较为容易关注自己的私人利益，很难看到项目的整体效益，也很难看到项目的社会层面利益。此外，公众对项目是否造成损害的判定也很主观。这些都是实施 PPP 项目时必须考虑的风险。

我们熟知的北京奥运会场馆鸟巢就受到了当地民众反对风险的影响。导致该 PPP 项目失败的风险因素主要是公众对项目的态度。在项目中，各方没有合理应对和处理公众反对的风险。根据协议，在奥运结束后项目公司可将鸟巢的冠名权予以出售。然而，公众认为国家体育场是代表国家管理的非营利组织，项目公司因公众抵抗而无法正常出售。公众对国家体育场的高昂费用以及其他支持的实施成本非常不满，并质疑其公益性，管理权的收回是面临的主要问题。

第三节　建设阶段风险

【知识背景/学习要点】

建设阶段风险主要是指在具体实施和施工过程中可能会产生的风险。其大多表现为政府征收风险、违背契约风险、特定资产管理风险、主权信用风险等。

一、政府征收风险

征收风险也就是政府的国有化征收，是指东道国政府在特许经营期间强制撤销特许经营权或收购PPP项下基础设施的项目。

在国际PPP模式下，所谓国家征收风险是指东道国对项目的财产、权利、股份等以带有争议的、不公平的方式进行国有化，并且没有支付合理的补偿。由于国际PPP项目的重点是基础设施和公用事业，这一领域的建设对于基础设施建设和东道国的国家安全至关重要。因此，此类项目通常涉及国有化或收购的可能性。在这种情况下，私营公司很难与国家权力对抗，甚至项目投资也很难恢复。由于国际PPP项目的建设和运营周期较长，这种风险将逐渐增加。鉴于这一因素，国际投资者应反复主张并要求通过合同保证其特许经营权，并且政府应保证不过分提高特许经营权。然而，在政权更迭的情况下，即使已达成此类担保或协议，也无法保证什么，政治环境和国家贷款的混乱使得风险仍然难以有效控制。

二、合同违约风险

违约风险是指项目合同参与者的权利和义务的不合理或不明确的分配。因此，各方在 PPP 项目实施过程中根本没有达成具体协议，或者争议无法及时有效地解决，导致项目受损。如果国际 PPP 项目的参与者拒绝遵守或未能完全履行各自合同规定的义务，并拒绝承担相应的责任，将对项目造成严重损害。与项目参与方的合作协议是违约风险的先决条件，因此，各方有必要确定协议的内容。违约风险存在于 PPP 项目参与者签署的各类合同中，重点是项目失败导致的经营损失和责任。国际 PPP 项目的主要参与者是：公共行政和政府投资机构的代表；与国家批准的投资机构共同组建的社会资本投资者和项目公司；其他利益集团，包括设计单位、工程办公室、供应商和金融机构等。

PPP 项目实施过程中涉及的合同可分为两大类：一类是特定的民商事合同，主要包括政府授权机构与社会投资者为成立 PPP 项目公司而签订的协议，项目公司与工程设计、产品供应、项目融资经营承包方等签订的商业合同；另一类为特许经营合同，主要是政府部门与项目投资方、项目公司之间签订的法律文件，通常涵盖合作期限、合作条件以及退出机制等重要事项的约定。

违约风险是合同不履行和不适当履行的法律后果或法律责任。为了避免或减少违约纠纷，项目合同当事人应当遵守诚实信用和全面履行原则，认真履行合同义务。实践中，各地方政府签订的 PPP 合同，常见的违约责任方式有：对一般违约行为，可以采取恢复原状、停止违约行为、赔偿实际损失等补救措施；在违约方采取了补救措施后，违约方应继续履行合同；合同中约定了惩罚性违约金条款，用以规范双方行为。

国际 PPP 项目中的合同违约分为两种，即该项目的政府方违约或者项目公司违约。

具体来说，政府方违约主要包括以下几点原因：第一，因国家法律法规、政策变化引起的纠纷及防范在 PPP 合同签订后,国家法律法规或政策变化与 PPP 合同条款出现矛盾,引发纠纷。例如:长春汇律污水处理厂 PPP 项目,项目伊始,香港汇律公司和长春市排水公司合作融洽。但 2002 年以后,国家出台文件要求清理"固定回报"条款。长春市政府开始拖欠并停止向项目公司支付污水处理费。最后,经过诉讼程序,项目被迫终止。第二,政府方违反唯一性条款引发纠纷及防范政府授予 SPV 特许经营权后,又允许其他公司开展类似项目。这就违反了"唯一性"条款。因此,国际 PPP 项目合同一定要将"唯一性"条款编入合同,决不能相信政府的口头承诺。第三,政府方征收征用引发纠纷及预防《物权法》赋予政府拥有征收征用权,这就给 PPP 项目的投资人带来了风险。为防范政府征收征用的风险,在签订合同前,双方应在合同中明确约定政府征收、征用项目资产、股份条款。政府违约时,须赔偿项目公司的损失、应得利益及约定的违约金等。

三、主权信用风险:政府贷款涉及融资方面

主权信用风险,是指在运营的过程中,由于有关政府对运营、经营、维护等阶段没有给予足够的重视以及有关政府的信誉和契约精神不强导致在合同方面的失信,从而致使后期信用风险的存在,进而造成了运营风险。

主权信用风险中最典型的即融资风险。融资风险主要是指因融资结构不合理、金融市场不完善、融资目标难以达成等因素引发的各种风险的总称,这与 PPP 项目招投标阶段若在给定期间内未完成融资即被取消中标资格并没收其保证金的特点是紧密相连的。融资出现困境,就会导致市场条件受限、竞争力低,难以达到预期的最大收益。融资风险包括不能及时融到资金的风险和所得资金成本超过预期的风险。如果不能及时获得建设资金,项目就无法正常启动和继续进行;如果获得的资金成本过高,则会导致项目的收益降低;如果项目贷款方或其他出资方不能按照合同规定足额按时地提供资金,则会造成项目延误或停止的风险。其中,利率变化、汇率变动、通货膨胀以及某些方面的资金是否能

及时到位等，一些项目发起人所不能控制的可能变化对项目的负面影响都可能导致融资风险的出现。

　　成功实施 PPP 项目的一个关键因素是有足够的资源。作为由政府机构和社会资本共同管理的项目，它面临着特定的融资风险。PPP 模型显示 PPP 项目的运营组织是由政府机构和社会资本共同资助的项目公司（SPV）。由于 PPP 项目资金需求旺盛，在政府和社会资本的资金流不足时，社会资本作为主要出资方，理所当然地成为资金融通方。作为一个特殊的临时公司，政府部门和社会部门不会提供金额担保，一旦项目失败，金融机构便面临融资风险。此外，一些 PPP 项目建设周期较长，而项目公司的融资周期较短，这也使得 PPP 项目将面临再融资风险。PPP 项目的投资额很高，资金需求巨大。庞大的投资也带来了相当大的财务压力。对于国家和许多投资者来说，尤其是非上市公司，传统商业银行贷款和私人贷款是较为熟悉的贷款渠道，但传统商业银行贷款的融资要求和融资成本高，私人贷款的成本更高。当然，社会资本会试图将融资成本转移到供应上，这将不可避免地增加 PPP 的成本。此外，商业银行对信贷融资的严格要求，如承诺授权，也可能增加主权债务风险，从而增加 PPP 项目融资的风险。PPP 项目融资困难的现状客观上增加了 PPP 项目的投融资风险，也导致 PPP 项目落地困难。"融资协议"与"PPP 项目合同"之间的内容冲突。一般而言，融资协议涵盖的范围较广，但是，此处的"融资协议"不是指项目公司与银行的贷款协议，而是财务投资人与社会资本方之间的融资协议，法律、法规、规章都要求社会资本方参与 PPP 项目时，必须至少有 20%～30% 的项目资本金作为项目的自有资金，其余项目资金可以向银行借款。但是，实践中一些社会资本方的项目资本金也可能是融资而来的，只不过融资主体不是 PPP 项目公司而是社会资本方。为了融到资金，社会资本方可能与财务投资人签署一系列复杂的融资协议（如对赌协议等），以便财务投资人能够合法合规地实现其商业目的。这些协议不是直接和政府签署的，却对 PPP 项目合同体系产生了很大影响：比如，融资协议中关于融资成本的限制性要求，往往规定财务投资人享有责任豁免，但是，到了项目公司层面，这些责任又不能豁免。两者发生冲突，直接影响是后续资金不能到位，项目操作难以进行。而此时，项目前期的投入已经很大，融资成本也上升到高位，追究谁的违约责任都不会令项目顺利进行，政府和 PPP 项目都会陷入一种尴尬的境地。

融资风险是私人合作伙伴和项目公司的责任，这就是为什么政府有义务直接提供履约担保，或排除项目公司违约的责任。与之对应，对于政府一方而言，其应根据具体项目判断能否做出相关承诺或担保，并准备备用的信贷方案。

第四节　运营移交阶段风险

【知识背景 / 学习要点】

运营阶段风险主要是指在国际 PPP 项目运营阶段可能发生的风险；移交阶段风险主要是指国际 PPP 项目建设完工且合同期满后，私人部门将其所有权和经营权有偿或无偿地交还政府部门的过程中所产生的风险。该风险主要包括合同风险，如与合同有关的续期和延长风险；资产转移风险；处置资产风险，即弃置资产风险。实践中普遍存在的"重施工建设，轻项目运营"的现象是管理风险中的典型问题。实践中，一些在论证期为优质的项目进入运营阶段反而连年亏损，主要是管理水平与运营风险所致。

一、合同风险：与合同有关的续期和延长风险

合同风险是指 PPP 项目因国际 PPP 项目参与者签署的合同义务定义不明确或合同关系的合法保证变更而产生的风险。这些风险主要表现在合同本身的非标准、不精确和不完整的条款，导致双方的权利和义务不明确，以及模糊的风险共担和其他业绩风险。风险目标不仅包括私人合作伙伴和项目公司，还包括

政府机构。避免合同风险的主要对策是通过合同条款来解决含糊不清、不完整和无效规定以保护 PPP 项目。合同内容应详细、清晰，对于国际 PPP 项目的联合建筑合同，各方应注意确保出价不使用陷阱来操作隐藏的文字游戏欺诈，以及不可通过不可抗力条款设置陷阱。

此外，社会资本参与 PPP 项目是为了获利，当不合规成本低于合规成本时，社会资本方很容易选择不遵守合同。波斯纳在其名著《法律的经济分析》中指出："在有些情况下，一方当事人可能会仅仅由于违约的收益将超出他履约的预期收益而去冒违约的风险。如果他的违约收益也将超过他方履约的预期收益，并且对预期收益损失的损害赔偿是有限的，那就有违约的激励了。效率违约的直接后果是项目停滞或终止，将导致政府提供公共产品的目的落空。"

二、资产转移风险

项目的运营阶段多是项目建设完成后投入使用的阶段，不论回报机制是使用者付费、政府付费还是可行性缺口补助，此阶段是社会资本获得回报的阶段，易出现技术风险和管理风险等资产转移风险。技术风险主要是指运营期间可能出现的技术故障，如果承接项目的公司不能解决技术故障，会直接影响项目的持续运营；管理风险是指在运营中因管理不善导致的项目亏损，管理风险可大可小，属于可控风险，有效的监管可将管理风险降低到较低水平。项目移交阶段主要的任务是对完工项目进行性能测试，保证项目质量符合合同约定的标准，既不能破坏当地的环境又要符合当地公众的需求，因此可能也存在项目质量风险和环保风险。同时，对完工项目的总成本进行核算，在项目执行阶段可能是因对成本的把控力度不够或是由于通货膨胀。

PPP 项目在运营期满后，若无法延续经营，则必须移交给政府，相应的风险也就大部分转移给了政府。项目在合同期结束或者提前终止时，如果项目的价值低于政府原先估计的，且私营机构同意以此价值移交给政府，则相应地产生了残值风险。残值风险主要来源于合同条款不完善、项目的价值评估产生分歧、项目移交的标准不明确等方面。

三、处置资产风险（弃置资产风险）

若国际PPP项目无法按时、按质地完成，则会产生工期拖延、项目投产后的效果达不到预期目标，项目甚至不能启动或中途夭折的后果。处置资产风险是损害比较大的风险，其影响不仅仅是项目本身，因为如果项目不能按照原定计划建成投产，整个项目的生存基础就遭到了破坏，项目的预期现金流就会大大减少甚至中断，最终导致项目投入资金无法偿还、人员报酬无法发放。

国际PPP项目不允许固定回报的存在，承担市场风险的社会资本要实现其预期的投资收益，必须具备优质的运营能力和资产处置能力。但在社会资本的采购实践中，政府的择优标准通常聚焦于竞标者的融资能力与建设能力，处置资产的水平考查则相对不受重视，由此使得一些项目虽能较好地完成投资建设的任务，但后续的运营移交因运营者的能力不足与经验缺乏而陷于困境。

第四章

国际 PPP 项目法律
实务分析

引　言

当前，世界各国，尤其是"一带一路"沿线国家开展 PPP 模式，主要是为了解决庞大的资金需求，但世界各国，尤其是"一带一路"沿线国家不同的法律体系和市场规范则给参与 PPP 项目的不同国家的企业带来了诸多法律风险，如法律环境调查风险、知识产权侵权风险和涉外法律适用风险。国际 PPP 项目实施过程包含了从项目识别阶段、准备阶段、采购阶段到项目执行直至移交的生命全周期，在国际 PPP 项目履约的过程中，项目主体之间，对中标社会资本和项目公司的履约行为进行监督管理，并通过各种管理措施确保其履约行为符合约定的过程。

【内容摘要】

本章主要介绍参与国际 PPP 项目的主体及其法律关系，分析国际 PPP 项目实施过程中的法律实务问题，以我国国际 PPP 项目实施法律问题，提出应该对东道国作全面尽职的法律调查，保护知识产权，加强国际司法协助，构建法律安全体系，推进"一带一路"沿线国家 PPP 模式的合作。

第一节　国际 PPP 项目主体及其法律关系

【知识背景 / 学习要点】

从 PPP 模式的本质来看，属于政府向社会资本采购公共服务的民事法律行为，政府和社会资本双方之间应该构成民事法律关系。同时，政府作为公共事务的管理者，在履行 PPP 项目的管理、监督等行政职能时，与社会资本之间又构成行政法律关系。PPP 项目合同通常被认为具有民事和行政双重法律关系，或具有行政性质。由于行政行为具有强制性，以国家强制力保障实施，行政相对方必须服从并配合行政行为，所以行政合同签约主体之间是不平等的。政府作为公共事务的管理者，在 PPP 项目执行过程中需要行使的行政职能，是法律赋予其不同于其他社会组织的特定社会职能，不应因项目合同的约定而发生任何改变或灭失。在 PPP 项目合同中，作为一方当事人，应该着重强调政府在项目全生命周期中作为公共产品或服务的购买者（或者购买者的代理人），与项目公司（社会资本）之间构成平等的民事主体关系，需要也必须按照合同的约定行使权利、履行义务。

一、国际 PPP 项目主体的相关规定

国际 PPP 项目的参与主体，包括政府、社会资本方、融资方、承包商和分包商、原料供应商、专业运营商、保险公司以及专业机构等。以下将重点针对以上参与主体的相关规定进行阐释。

（一）政府

《PPP 项目合同指南（试行）》（财金〔2014〕156 号）规定："根据 PPP 项目运作方式和社会资本参与程度的不同，政府在 PPP 项目中所承担的具体职责也不同。总体来讲，在 PPP 项目中，政府需要同时扮演以下两种角色：

（1）作为公共事务的管理者，政府负有向公众提供优质且价格合理的公共产品和服务的义务，承担 PPP 项目的规划、采购、管理、监督等行政管理职能，并在行使上述行政管理职能时形成与项目公司（或社会资本）之间的行政法律关系；（2）作为公共产品或服务的购买者（或者购买者的代理人），政府基于 PPP 项目合同形成与项目公司（或社会资本）之间的平等民事主体关系，按照 PPP 项目合同的约定行使权利、履行义务。"财政部《关于印发政府和社会资本合作模式操作指南（试行）的通知》（财金〔2014〕113 号）第 10 条规定："县级（含）以上地方人民政府可建立专门协调机制，主要负责项目评审、组织协调和检查督导等工作，实现简化审批流程、提高工作效率的目的。"

由此可见，政府在 PPP 项目中的角色定位为两种：（1）公共事务的管理者。《PPP 项目合同指南（试行）》中规定，"建立履约管理、行政监管和社会监督'三位一体'的监管架构，优先保障公共安全和公共利益。PPP 项目合同中除应规定社会资本方的绩效监测和质量控制等义务外，还应保证政府方合理的监督权和介入权，以加强对社会资本的履约管理。与此同时，政府还应依法严格履行行政管理职能，建立健全及时有效的项目信息公开和公众监督机制。"（2）作为公共产品或服务的购买者（或者购买者的代理人）。财政部《关于印发政府和社会资本合作模式操作指南（试行）的通知》第 10 条规定，"政府或其指定的有关职能部门或事业单位可作为项目实施机构，负责项目准备、采购、监管和移交等工作"。国家发展和改革委员会在《关于开展政府和社会资本合作的指导意见》（发改投资〔2014〕2724 号）中规定，"明确相应的行业管理部门、事业单位、行业运营公司或其他相关机构，作为政府授权的项目实施机构，在授权范围内负责 PPP 项目的前期评估论证、实施方案编制、合作伙伴选择、项目合同签订、项目组织实施以及合作期满移交等工作"。

（二）社会资本方

在我国目前出台的相关政策文件中，在 PPP 项目中与政府的合作方都称为"社会资本"。根据国务院办公厅转发的《财政部、发展改革委、人民银行关于在公共服务领域推广政府和社会资本合作模式指导意见的通知》（国办发〔2015〕42 号）中的规定："作为社会资本的境内外企业、社会组织和中介机构承担公共服务涉及的设计、建设、投资、融资运营和维护等责任。"根据财政部《关于印发政府和社会资本合作模式操作指南（试行）的通知》的规定，社会资本还可以项目建议书的方式向财政部门（政府和社会资本合作中心）推荐潜在的政府和社会资本合作项目。

根据《PPP 项目合同指南（试行）》中的规定，"社会资本方是指与政府方签署 PPP 项目合同的社会资本或项目公司"，其中，"社会资本是指依法设立且有效存续的具有法人资格的企业，包括民营企业、国有企业、外国企业和外商投资企业。但本级人民政府下属的政府融资平台公司及其控股的其他国有企业（上市公司除外）不得作为社会资本方参与本级政府辖区内的 PPP 项目。社会资本是 PPP 项目的实际投资人"。财政部《关于印发政府和社会资本合作模式操作指南（试行）的通知》第 2 条也将社会资本定义为"已建立现代企业制度的境内外企业法人，但不包括本级政府所属融资平台公司及其他控股国有企业"。《PPP 项目合同指南（试行）》中也有类似的规定。之所以将本级政府所属融资平台公司及其他控股国有企业排除在社会资本的范围之外，主要是因为这与 PPP 模式的精神相契合，避免政府和与其关联度较高的企业合作，从而使得合作流于形式，丧失公平，这也不利于实现政府职能的转变。但需注意的是，《财政部、发展改革委、人民银行关于在公共服务领域推广政府和社会资本合作模式指导意见的通知》第 13 条规定："大力推动融资平台公司与政府脱钩，进行市场化改制，健全完善公司治理结构，对已经建立现代企业制度实现市场化运营的，在其承担的地方政府债务已纳入政府财政预算、得到妥善处置并明确公告今后不再承担地方政府举债融资职能的前提下，可作为社会资本参与当地政府和社会资本合作项目，通过与政府签订合同的方式，明确责任权利关系。"由此可见，完成市场化改制后的政府融资平台公司可以作为社会资本参与 PPP 项目。另外，《PPP 项目合同指南（试行）》中还指出，社会资本可以是一家企业也可以是多家企业组成的联合体。实践中，联合体一般是由建设方、融资方、运营方和材料供应商等组成。

（三）项目公司

项目公司通常是由社会资本设立的，作为专门针对某一 PPP 项目的特殊目的公司（SPV），是 PPP 项目合同和项目其他相关合同的签约主体，负责项目的具体实施。财政部《关于印发政府和社会资本合作模式操作指南（试行）的通知》第 23 条规定，"社会资本可依法设立项目公司。政府可指定相关机构依法参股项目公司。项目实施机构和财政部门（政府和社会资本合作中心）应监督社会资本按照采购文件和项目合同约定，按时足额出资设立项目公司"。在 PPP 的实践中，社会资本通常不会直接作为 PPP 项目的实施主体，而是采用设立项目公司的形式。这样做不仅可以以项目公司的名义吸引投资，而且还为投资人实现了风险的隔离，由项目公司直接承担相关风险。

项目公司是依法设立的自主运营、自负盈亏的具有独立法人资格的经营实体，可以由社会资本（可以是一家企业，也可以是多家企业组成的联合体）出资设立，也可以由政府和社会资本共同出资设立。但政府在项目公司中的持股比例应当低于 50%，且不具有实际控制力及管理权。这点与《PPP 项目合同指南（试行）》中的规定相一致。

（四）融资方

《PPP 项目合同指南（试行）》规定，"PPP 项目的融资方通常有商业银行、出口信贷机构、多边金融机构（如世界银行、亚洲开发银行等）以及非银行金融机构（如信托公司）等。根据项目规模和融资需求的不同，融资方可以是一两家金融机构，也可以是由多家银行或机构组成的银团，具体的债权融资方式除贷款外，也包括债券、资产证券化等"。另外，根据国务院发布的《关于创新重点领域投融资机制鼓励社会投资的指导意见》（国发〔2014〕60 号）的规定，"政府投资优先支持引入社会资本的项目，根据不同项目情况，通过投资补助、基金注资、担保补贴、贷款贴息等方式，支持社会资本域开发、战略性新兴产业、先进制造业等领域的产业投资基金。政府可以使用包括中央预算内投资在内的财政性资金,通过认购基金份额的方式予以支持"。

(五)承包商和分包商

《PPP 项目合同指南(试行)》规定,"在 PPP 项目中,承包商和分包商的选择是影响工程技术成败的关键因素,其技术水平、资历、信誉以及财务能力在很大程度上会影响贷款人对项目的商业评估和风险判断,是项目能否获得贷款的一个重要因素。承包商主要负责项目的建设,通常与项目公司签订固定价格、固定工期的工程总承包合同。一般而言,承包商要承担工期延误、工程质量不合格和成本超支等风险。对于规模较大的项目,承包商可能会与分包商签订分包合同,把部分工作分包给专业分包商。根据具体项目的不同情况,分包商从事的具体工作可能包括设计、部分非主体工程的施工、提供技术服务以及供应工程所需的货物、材料、设备等。承包商负责管理和协调分包商的工作。"

(六)专业运营商(部分项目适用)

《PPP 项目合同指南(试行)》规定,"根据不同 PPP 项目运作方式的特点,项目公司有时会将项目部分的运营和维护事务交给专业运营商负责。但根据项目性质、风险分配以及运营商资质能力等的不同,专业运营商在不同项目中所承担的工作范围和风险也会不同。例如,在一些采用政府付费机制的项目中,项目公司不承担需求风险或仅承担有限需求风险的,可能会将大部分的运营事务交由专业运营商负责;而在一些采用使用者付费机制的项目中,由于存在较大的需求风险,项目公司可能仅仅会将部分非核心的日常运营管理事务交由专业运营商负责。"

(七)原料供应商(部分项目适用)

《PPP 项目合同指南(试行)》规定,"在一些 PPP 项目中,原料的及时、充足、稳定供应对于项目的平稳运营至关重要,因此,原料供应商也是这类项目的重要参与方之一。"

（八）产品或服务购买方（部分项目适用）

《PPP 项目合同指南（试行）》规定，"在包含运营内容的 PPP 项目中，项目公司通常通过项目建成后的运营收入来回收成本并获取利润。为了降低市场风险，在项目谈判阶段，项目公司以及融资方通常都会要求确定项目产品或服务的购买方，并由购买方与项目公司签订长期购销合同以保证项目未来的稳定收益。"

（九）保险公司

《PPP 项目合同指南（试行）》规定，"由于 PPP 项目通常资金规模大、生命周期长，在项目建设和运营期间面临着诸多难以预料的各类风险，因此项目公司以及项目的承包商、分包商、供应商、运营商等通常均会就其面临的各类风险向保险公司进行投保，以进一步分散和转移风险。同时，由于项目风险一旦发生就有可能造成严重的经济损失，因此，PPP 项目对保险公司的资信有较高要求。"

（十）其他参与方

除了上述参与方外，PPP 项目往往还需要律师事务所、会计师事务所和评估公司等咨询机构的专业技术力量。

二、国际 PPP 项目中的基本法律关系

从法律角度来分析，PPP 模式是以政府部门和私人部门签订的 PPP 协议为基础，并根据项目实施的需要，与其他相关主体签订工程承包、运营服务、原材料供应、融资、保险等合同，形成了 PPP 模式下的合同体系，各方根据合同规定行使权利、履行义务、承担责任。下面根据《PPP 项目合同指南（试行）》中的规定，将 PPP 项目中的合同关系列举如下：

（一）政府方和社会资本方或项目公司之间的法律关系

在项目初期阶段，项目公司尚未成立之时，政府方会先与社会资本（即项目投资人）签订意向书、备忘录或者框架协议，以明确双方的合作意向，详细约定

双方有关项目开发的关键权利义务。若政府和社会资本决定设立项目公司负责项目的实施，待项目公司成立后，由项目公司与政府方重新签署正式 PPP 项目合同，或者签署关于承继上述协议的补充合同。政府方与项目公司签订的 PPP 项目合同是其他合同产生的基础，同时也是整个 PPP 项目合同体系的核心。若政府和社会资本决定不设立项目公司，那么则由政府和社会资本签订 PPP 项目合同，约定事项与之前的意向书、备忘录等不一致的，以 PPP 项目合同为准。各方在 PPP 项目合同中通常也会对 PPP 项目合同生效后政府方与项目公司及其母公司之前就本项目所达成的协议是否会继续存续进行约定。

（二）社会资本方与项目公司之间的法律关系

社会资本方作为项目公司的股东，通过与其他希望参与项目建设、运营的承包商、原材料供应商、运营商、融资方等签订股东协议的方式，在股东之间建立长期且有约束力的合同关系。社会资本方与项目公司之间便形成了股东与公司的关系。在某些情况下，为了更直接地参与项目的重大决策、掌握项目实施情况，政府也可能通过直接参股的方式成为项目公司的股东，但政府在项目公司中的持股比例应低于 50%。政府与其他股东共同享有作为股东的基本权益，同时也需履行股东的相关义务。

（三）项目公司与其他参与者之间的法律关系

1.项目公司与工程承包商之间的法律关系

项目公司一般只作为融资主体和项目运营管理者而存在，本身不一定具备自行设计、采购、建设项目的条件，因此可能会将部分或全部设计、采购、建设工作委托给工程承包商，签订工程承包合同。项目公司可以与单一承包商签订总承包合同，也可以分别与不同承包商签订合同。

咨询服务合同会因工程承包合同的履行情况而直接影响 PPP 项目合同的履行，进而影响项目的贷款偿还和收益情况。因此，为了有效转移项目建设期间的风险，项目公司通常会与承包商签订一个固定价格、固定工期的"交钥匙"合同，将工程费用超支、工期延误、工程质量不合格等风险全部转移给承包商。

此外，工程承包合同中通常还会包括履约担保和违约金条款，进一步约束承包商妥善履行合同义务。

2.项目公司与专业运营商之间的法律关系

根据 PPP 项目运营内容和项目公司管理能力的不同，项目公司有时会考虑将项目全部或部分的运营和维护事务外包给有经验的专业运营商，并与其签订运营服务合同。在个案中，运营维护事务的外包可能需要事先取得政府的同意。但是，PPP 项目合同中约定的项目公司的运营和维护义务并不因项目公司将全部或部分运营维护事务分包给其他运营商实施而豁免或解除。

由于 PPP 项目的期限通常较长，在项目的运营维护过程中存在较大的管理风险，可能会因项目公司或运营商管理不善而导致项目亏损，因此，项目公司应优先选择资信状况良好、管理经验丰富的运营商，并通过在运营服务合同中预先约定风险分配机制或者投保相关保险来转移风险，确保项目平稳运营并获得稳定收益。

3.项目公司与原材料供应商之间的法律关系

有些 PPP 项目在运营阶段对原料的需求量很大，原料成本在整个项目运营成本中占比较大，同时受价格波动、市场供给不足等影响，又无法保证能够随时在公开市场上以平稳价格获取，继而可能会影响整个项目的持续稳定运营。例如，燃煤电厂项目中的煤炭。因此，为了防控原料供应风险，项目公司通常会与原料的主要供应商签订长期原料供应合同，并且约定一个相对稳定的原料价格。

在原料供应合同中，一般会包括以下条款：交货地点和供货期限、供货要求和价格、质量标准和验收、结算和支付、合同双方的权利义务、违约责任、不可抗力、争议解决等。除上述一般性条款外，原料供应合同通常还会包括"照供不误"条款，即要求供应商以稳定的价格、稳定的质量品质为项目提供长期、稳定的原料。

4.项目公司与产品或服务的购买者之间的法律关系

在PPP项目中,项目公司的主要投资收益来源于项目提供的产品或服务的销售收入,因此保证项目产品或服务有稳定的销售对象,对项目公司而言十分重要。根据PPP项目付费机制的不同,项目产品或服务的购买者可能是政府,也可能是最终使用者。以政府付费的供电项目为例,政府的电力主管部门或国有电力公司通常会事先与项目公司签订电力购买协议,约定双方的购电和供电义务。

此外,一些产品购买合同中,还会包括"照付不议"条款,即项目公司与产品的购买者约定一个最低采购量,只要项目公司按照最低采购量供应产品,不论购买者是否需要采购该产品,均应按照最低采购量支付相应价款。

(四)融资法律关系

从广义上讲,融资合同可能包括项目公司与融资方签订的项目贷款合同、担保人就项目贷款与融资方签订的担保合同、政府与融资方和项目公司签订的直接介入协议等多个合同。其中,项目贷款合同是最主要的融资合同。

项目贷款合同中一般包括以下条款:陈述与保证、前提条件、偿还贷款、担保与保障、抵销、违约、适用法律与争议解决等。同时,出于贷款安全性的考虑,贷款方往往要求项目公司以其财产或其他权益作为抵押或质押,或由其母公司提供某种形式的担保或由政府作出某种承诺,这些融资保障措施通常会在担保合同、直接介入协议以及PPP项目合同中具体体现。

PPP项目的融资安排是PPP项目实施的关键环节,鼓励融资方式多元化、引导融资方式创新、落实融资保障措施,对于增强投资者信心、维护投资者权益以及保障PPP项目的成功实施至关重要。

(五)保险法律关系

由于PPP项目通常资金规模大、生命周期长,负责项目实施的项目公司及其他相关参与方通常需要对项目融资、建设、运营等不同阶段的不同类型的风险分别进行投保。通常可能涉及的保险种类包括货物运输险、建筑工程险、针对设计或其他专业服务的专业保障险、针对间接损失的保险、第三人责任险、政治风险保险等。

（六）其他法律关系

PPP 项目还可能会涉及其他的合同，例如，与专业中介机构签署的投资、法律、技术、财务、税务等方面的。这些都是在 PPP 项目中形成法律关系的基础。

第二节　各国 PPP 项目实施法律实务

【知识背景 / 学习要点 】

国际 PPP 模式有广义和狭义之分，广义的 PPP 模式泛指公共机构与私人部门为了提供公共产品或服务而建立的合作关系，狭义的 PPP 模式是国际项目开展模式的统称，由公共机构与私人部门共同参与生产或提供产品与服务，通常采用由公共机构与私人部门组成新主体的形式。国际 PPP 模式可以细分为多种不同类型的模式，而不同类型的模式又各自对应着不同的契约形式。

本节针对三种国际 PPP 项目模式，阐述其主要特征。

一、英国

英国是全球范围内最早实施 PPP 的国家之一，且处于世界领先地位。英国的 PPP 发展始于 1992 年，截止到 2012 年，是英国 PPP 发展的第一个阶段：PFI 阶段。其主要特点是：首次提出私人融资政策，允许私人部门参与到公共设施的设计、建造、投融资和运营环节。其后，英国财政部于 2011 年启动 PFI 改革，并于 2012 年 12 月正式推出 PF2，即英国从 2012 年起至今，PPP 发展进入第二个阶段：PF2 阶段。相较于 PFI 的主要区别在于，政府部门持有一定的股权，参与投资项目，以减少私人投资者的担忧。政府资本的参与不仅提供了政治方面的支持，同时能减少私人投资者的担忧，在不影响私人资本专业能动性的前提下,还能有效解决私人部门单独融资困难的问题。

（一）立法方面

英国作为普通法系国家,没有就 PPP 专门制定法律,但是有《公共合同法》《公用事业单位合同法》《政府采购法》等通用法律来管理 PPP 模式的运营,同时,出台了相关的规范性文件:《PFI:应对投资风险》(2003)、《PFI:强化长期伙伴关系》(2006)、《基础设施采购:实现长期价值》、《关于公私伙伴关系新模式》和《私人融资（2）标准化合同指引》(2008),此外还颁布了《标准化 PFI 合同》,历经四版,现为 2007 年颁布的通用版本。以上法律和指导文件、合同,不仅对 PPP 的概念、操作流程作了较明确的规定,还涵盖了争议解决等核心要素。

（二）实施机构方面

英国主要从融资、专业管理及咨询方面设立专门的机构予以顺利推行 PPP 项目。在融资方面,英国财政部设立基础设施融资中心,有效地促进 PPP 项目融资的完成;财政部下属的英国基础设施局(Infrastructure UK,IUK)全面负责 PPP 工作,提供 PPP 的专业管理;英国政府牵头成立专门的机构——英国合作伙伴关系组织(Partnership UK,PUK),主要从事 PPP 项目管理、咨询等业务,PUK 以公司模式运营,股权结构为:市场投资占 51% 的股份,公共管理部门占 49% 的股份;基础设施局与重大项目机构(Major Projects Authority)合并为基础设施和项目管理局(Infrastructure and Projects Authority,IPA),主要负责大型基础设施项目和重大转型项目各个阶段的实施及保障工作。

（三）监管方面

英国在专门的实施机构之上逐步形成了相对完整的监管体系。首先,在中央层面设立全国统一的监管机构,主要包括基础设施和项目管理局和国家审计署,其中基础设施和项目管理局如（二）中所述之功能和职责,居于 PPP 监管的核心地位,国家审计署主要负责 PPP 项目的事前、事中和事后审计,保障项目运行的合法合规性;其次,在地方政府层面,其具有一定的政策自主权,在一定范围内制定 PPP 政策；最后，中央和地方的交叉方面，英国财政部与地方政府协会联合成立了地方合作伙伴关系组织（Local Partnerships），按公司化运营，以市场化方式对项目和公司进行投资，协助地方政府把控 PPP 项目准备、采购、执行等工作的开展。

（四）争端解决方面

由于文化背景、制度设计及 PPP 项目具体实施的方式不同，导致各国政府与社会资本间的争端解决机制有所差异。英国作为现代 PPP 的起源地，在 PPP 项目的立法、实施和监管方面都形成了较为完善的体系，在争端解决方面也有较成熟的机制。2007 年颁布的第四版《标准化 PFI 合同》第 28 章，对争端解决作了详细的规定：按照争端的轻重程度，分为协商解决、专家建议解决、仲裁和判决。其中，仲裁和判决是解决争端的最后手段，若采用仲裁方式，政府公共部门和私人部门是以平等的民事主体身份参与。

二、加拿大

加拿大从 2003 年开始推广使用 PPP 模式，截止到 2013 年，全国共实施了206 个项目，涉及交通、医疗、司法、文化、住房、环境和国防等多个领域。无论是从市场活跃度还是发展模式看，加拿大都是国际公认的 PPP 项目实施最好的国家之一。

（一）立法方面

加拿大关于 PPP 模式的法律规范较为丰富，主要分为全国性立法、地方性立法和相关政策三大类。全国性的法律主要是 2002 年颁布的《加拿大战略基础设施资金法案》。各个地方政府根据实际情况分别制定了地方性法律，典型代表有：英属哥伦比亚 2008 年制定的《交通投资修正案》，魁北克 2010 年制定的《魁北克基础设施法》，安大略 2011 年制定的《基础设施项目公司法》。政策类主要代表有：《应对公共部门成本——加拿大最佳实践指引》《PPP 公共部门物有所值评估指引》，埃德蒙顿 PPP 政策（2010 年），亚伯达 PPP 框架 & 指南(2011年),圣阿尔伯特PPP政策(2012年),渥太华PPP政策(2013年)。[①]

(二)管理机构方面

加拿大在PPP项目的管理机构设置方面,与英国相似,分为联邦和省级两个层面。联邦层面,设有联邦PPP中心,即加拿大中心,成立于2009年,其实质是加拿大财政部下属的国有企业,由一个董事会和四个部门构成,分别为战略与组织开发部、项目开发部、投资部和融资、风险与管理部,各司其职,负责协助政府推广和宣传PPP模式,参与具体PPP项目的开发和实施。地方层面,阿尔伯达、安大略、魁北克、卑诗、纽宾士域、萨斯瓦彻温六省设立了省级PPP中心,在加拿大PPP中心的指导下,负责本省内PPP项目的实施。

(三)政务公开方面

加拿大的电子政务非常先进,通过网络基本可以实现所有的社会服务。因此,加拿大充分发挥其先进的电子政务技术,公布PPP项目的各项具体情况,方便私人部门了解PPP项目的具体内容,例如,在项目采购阶段、招投标阶段,通过网络发布项目内容,不仅有利于私人部门根据自己的实际情况作出判断和选择,还有助于政府找到最合适的合作伙伴。此外,政务公开使得项目的透明度增加,便于社会公众对项目进行监督,保障项目的顺利运营。

(四)项目实施方面

为了规范PPP模式的适用,加拿大政府制定了详细的操作规则,为政府和私人部门提供政策支持。如加拿大安大略省重大项目署制定的《基础设施建设项目PPP指南》中,为PPP项目的选择和运营提供了具体的标准和方法;又如英属哥伦比亚制定的《交通投资修正案》中,规定了针对PPP模式在交通运输基础设施建设领域中可以适用的情形,以及PPP模式在各个具体阶段的实施细则。

---

① 裴俊魏:《国外PPP立法特点与经验借鉴》,载《中国财政》2016年第12期。

三、澳大利亚

澳大利亚在运用 PPP 模式建设基础设施项目方面经验丰富,走在世界前列。纵观澳大利亚 PPP 模式发展,其大致可以分为三个阶段。第一阶段,在 20 世纪 80 年代,澳大利亚政府财政资金不足,便尝试在基础建设领域引入 PPP 模式。第二阶段,80 年代末,随着政府财政收入的改善,澳大利亚的 PPP 运营取得了显著成效,为了促进经济发展,提高基础设施服务水平,政府继续大力推广 PPP 模式,并把更多的项目风险转移给私人部门,到 90 年代末,私人部门负担太重,导致部分 PPP 项目失败。第三阶段,2000 年以后,政府吸取经验教训,采用 PPP 模式不再是为了减少政府财政支出或转移投资风险,而是充分发挥政府和私人部门各自的优势,有效结合政府的统一协调和规划能力与私人部门的管理水平、先进技术,从而实现共赢。

截止到 2009 年年底,约有价值 920 亿澳元的 PPP 项目,遍布国防、医疗、教育、交通、司法等领域,并从"硬经济"领域(公路、铁路、隧道、桥梁、机场、通信、电力)和"硬社会"领域(医院、学校、住宅、供水、污水处理、监狱、城市改造),扩展到"软经济"领域(研究开发、技术转移、职业培训、囚犯改造)和"软社会"领域(社区服务、社会福利、安全保障、环境规划)等所有基础设施领域。其建成了诸如悉尼海湾隧道、墨尔本皇家医院、维多利亚监狱等极具参考价值的经典 PPP 项目。

(一)立法方面

澳大利亚与英国同属于普通法系国家,与英国一样,没有就 PPP 专门制定法律,但是所有的 PPP 项目都是在立法框架下进行运作,如《合同法》《政府铁路法》《海湾保护法》等都涵盖了 PPP 项目的各个阶段。同时,澳大利亚出台了各种政策、指南,如《国家 PPP 政策框架》、《国家 PPP 指南概览》和《国家 PPP 指南细则》,这是由澳大利亚联邦政府发布的政策性文件,用于指导全国 PPP 项目的开展。此外,澳大利亚还会根据一重大基础设施项目的情况,对现行法律进行修改或者制定某项特别法律。在地方层面,各个州也会根据本州PPP项目开展的具体情况制定和发布相关的政策指南,如维多利亚州政府出台的《维多利亚合作伙伴政策》《合同管理政策》《政府公示政策》,被称为澳大利亚PPP模式发展的标杆。

(二)管理机构方面

在管理机构方面,澳大利亚联邦政府和各个州政府都设有自己专门的PPP管理机构。

2008年,澳大利亚联邦政府设立了基础设施建设局(Infrastructure Australia, IAU),为全国性的PPP管理部门,负责全国各级政府基础设施建设需求和政策,但业务不局限于PPP项目,其通过向议会提交年度报告的方式,向政府汇报PPP运行情况,统筹规划全国范围内PPP项目的发展。在地方层面,部分州政府设立了自己的基础设施建设局,负责管理本州的PPP项目发展的具体情况。IAU会同澳大利亚全国PPP论坛在2008年制定了全国性的PPP政策框架和标准,地方州政府则在该框架下根据本州具体情况制定本地PPP项目的指南。

(三)责任归属方面

在PPP项目中,往往在合同中会明确规定政府和私人部门各自享有的权利和承担的义务,以及明确各自的责任。澳大利亚政府尤为重视这一方面的工作,在与私人部门签订PPP项目前,会对可能出现的各种风险进行研究分析,然后进行责任划分。一般来说,私人部门主要负责项目的建设、运营、收费和维护等,如果违反合同规定,政府部门可以寻求法律救济,要求其承担责任,同时因为声誉受损会直接失去以后参与其他项目的机会。作为政府部门,主要负责项目的监督和管理,只要私人部门按照政府的要求完成项目工作,并达到相关的服务标准,政府就应该履行合同中的付费义务。

(四)审计评价方面

澳大利亚政府为了对PPP项目的运行情况进行评估,设立了一套严格的审计和绩效评价机制。政府部门针对 PPP 项目制定了一套专门的会计核算制度，要求每个 PPP 项目都必须让项目每年的支出与收益等运营情况体现在资产负债表中，编制成年度会计报告提交政府财政部门。同时，政府与私人部门在签订的 PPP 项目合同中还会规定项目的主要绩效指标，审计部门在对项目进行审计时，则会重点对项目是否符合法律规定，是否满足公共利益需要，是否实现绩效目标等方面做出评价，并将结果上报审计署。

第三节　我国 PPP 项目实施法律实务

【知识背景 / 学习要点】

　　PPP 模式主要指的是政府机构和私人机构这两者之间通过签订特许合同的方式。针对某一基础设施、公共服务、公共产品等项目的建设、经营而达成的一种合作伙伴的关系。项目参与各方的权责划分将在合同中标准清楚，从而保障项目合作的效果。PPP 模式的结构主要是：政府机构通过公开竞标的方式和中标的企业之间针对某一特定的目标而成立一个新公司，并有该新公司负责项目的投资、融资、建造、经营等各项工作。该新公司通常都是竞标成功的经营服务企业、建筑企业或者第三方投资企业构成。

　　PPP 模式从广义的角度来分析其应用的范围非常广泛，从短期的简单管理协议到长久合作，涵盖到规划、投资、建造、维护、经营、剥离资产等各个方面。

　　以下列举近年来实施国际 PPP 项目情况，主要是广义范畴 PPP 项目不同模式应用的案例。

一、我国 PPP 立法现状

　　截止到目前，我国涉及 PPP 的相关法律法规主要分散在相关法律和一些部门规章之中，《政府采购法》《招标投标法》《预算法》《建筑法》属于上位法律，此外还有《建筑工程质量管理条例》《市政公用事业特许经营办理办法》《基础设施和公用事业特许经营法》等。但其针对的仅仅是 PPP 的某一方面，具体规定少，且没有体现 PPP 模式的特点，很难指导形式多样的 PPP 项目。

国家发改委于 2014 年 6 月印发了《关于进一步做好政府和社会资本合作项目推介工作的通知》，本次发布的 PPP 项目范围涵盖农业、水利设施、交通设施、市政设施、公共服务、生态环境等，其指出了部分地方推介效果质量不高、涉及领域不广、宣传工作不到位、后续跟进不及时等问题，要求各省（区、市）发展改革委要搭建省级信息发布平台，积极开展 PPP 项目推介工作。国务院于 2014 年 11 月颁布《关于创新重点领域投融资机制鼓励社会投资的指导意见》，宗旨为推进经济结构战略性调整，加强薄弱环节建设，促进经济持续健康发展，迫切需要在公共服务、资源环境、生态建设、基础设施等重点领域进一步创新投融资机制，充分发挥社会资本特别是民间资本的积极作用。其明确提出要建立健全政府和社会资本合作机制，创新融资方式，拓宽融资渠道。这表明 PPP 模式的普遍适用及其法律规范的制定已经得到了国家的高度重视。财政部于 2015 年 1 月发布《关于规范政府和社会资本合作合同管理工作的通知》以及《PPP 项目合同指南》，其中说明了 PPP 模式中民事法律关系与行政法律关系并存的事实，且明确了民事法律关系存在于公共服务的购买环节，政府的行政行为、监管等属于行政法律关系，并指出 PPP 项目合同产生的合同争议，应当属于平等的民事主体之间的争议，适用民事救济程序。2015 年 5 月，国务院财政部、发展改革委以及人民银行共同发布《关于在公共服务领域推广政府和社会资本合作模式的指导意见》。

地方政府的规章或其他政策性法律文件大多颁布于 2010 年之后，如北京市政府出台《北京市城市基础设施特许经营办法》，上海市政府出台《上海市延安高架路专营管理办法》，成都市政府出台《成都市人民政府特许经营管理规定》，深圳市人大常委通过《深圳市公用事业特许经营条例》等。

总体而言，我国目前在国家层面还未颁布有关 PPP 的法律、行政法规，在现行的 PPP 项目实务中，PPP 的规范性文件和已生效的法律、行政法规冲突的问题给 PPP 模式的推广和操作带来了一定的障碍。

二、我国国际 PPP 项目主要法律风险——以"一带一路"倡议下我国 PPP 项目实施为例

2015 年 3 月 1 日，中国公布了"一带一路"倡议的愿景和合作计划。该倡议由"丝绸之路经济带"和"21 世纪海上丝绸之路"组成。"丝绸之路经济带"被认为是从中亚和南亚，横贯西亚一路到达欧洲。"21 世纪海上丝绸之路"是从中国沿海到欧洲通过南海和印度洋，这是一条路线；通过中国南海海岸到南太平洋，这是另一条路线。"一带一路"倡议是宏伟的，占全球人口的 63%，占世界经济总量的 29%，占商品和服务全球出口的 23.9%。其旨在加强亚洲、欧洲和非洲大陆及邻近海域的互联互通，促进经济要素的自由流动，有效地配置资源，深度整合市场。企业"走出去"，在采取某种形式与东道国政府或企业合作的过程中，以 BOT、TOT 等模式最为常见。而国际 PPP 模式不仅包括 BOT、TOT、BOO 等模式，还赋予了公私合营模式新的内容。

我们在以往的 BOT 模式的研究中就将风险分为政治风险、经济风险、法律风险、不可抗力风险、投资风险、运营风险和其他风险。我国企业在与"一带一路"沿线国家的政府合作过程中，PPP 模式是 BOT 模式的拓展，自然也会存在上述风险，且有过之而无不及。

（一）法律变更风险

在国际 PPP 项目中，与前章所述一样，其涉及政府方和社会资本方或项目公司之间的法律关系、社会资本方与项目公司之间的法律关系、项目公司与其他参与者之间的法律关系、融资法律关系、保险法律关系，以及其他的合同关系，如与专业中介机构签署的投资、法律、技术、财务、税务等方面的。在这些法律关系的背后，我们依赖对应的法律法规予以确定和保护。"一带一路"沿线 65 个国家，以发展中国家为主，并处于不同发展阶段，整体的经济基础薄弱，其政治、文化背景各异。例如：中线的阿富汗和伊朗地缘政治复杂，战乱频发；中

线国家多信奉伊斯兰教,南线和北线国家多信奉基督教。沿线各国的政治、宗教、文化、经济等差异导致各国的法律环境有所区别,主要体现在法律制度的差别上。如上所述,国家的政权更迭会伴随着法律法规的更改,不确定的法律制度使得外国投资者的利益无法得到确定及稳定的保障。

(二)法律监管风险

监管风险是一种内在风险,本质上是合法的,是由于监管的作为或不作为造成的。参与项目融资的私人投资者在执行项目合同中商定的提高费率时通常会面临这种情况。基础结构项目的条例通常在采购公共实体和私营公司之间的特许权或其他关键合同中述及。这就是所谓的合同管理。另外,这里还存在监管过度的风险,即政府认为应以牺牲有关基础设施项目的利益为代价来保护合法的公共利益。一般而言,这项政策涉及视情况需要保护消费者或顾客;阻止和制裁不健康的做法,并促进管辖范围内所有企业的公平竞争。然而,这种政策可能会给项目融资各方带来意想不到的法律风险。

(三)知识产权侵权风险

知识产权包括著作权、商标权和专利权三大块。"一带一路"倡议下的企业多是参与建设投资,特别是基础设施项目,在大多数情况下需要根据专利、版权、商标和外观设计等知识产权适用新的或先进的技术。外国投资者作为新的或先进的技术或开发原创的解决办法的输出者,必须考虑知识产权的保护问题。同时,基于专利和商标的排他性和地域性特征,在一国国内因为地域之别通常也会有不知情的善意和知情的恶意侵权情况发生,更何况全球范围内,相同的商标名称、专利技术申请时间先后,都有可能发生冲突。更鉴于"一带一路"沿线国家对知识产权的保护程度不同,在知识产权法律制度上存在较大差异,我国企业在域外很有可能面临知识产权被侵权的风险,也可能发生我国企业侵犯沿线国家的知识产权的情形。

(四)司法系统风险

在司法系统上,国际PPP项目作为一种商业活动,当事人之间难免会产生误解和法律纠纷。因此，争议解决机制在一个国家的法律和司法制度中至关重要，尤其是在商事争议的当事人之一是外国投资者的情况下。因此，对国外投资者而言，一个关键问题就是法院是否有能力公正、迅速和一致地提供商业司法。在 2018 年 12 月 10 日至 11 日，在上海政法学院—香港大学司法圆桌会议上，尼泊尔最高法院法官伊什沃·普拉萨德·哈提瓦达法官，他结合东南亚地区法律上的观点就司法独立性与问责制问题发表了自己的看法。通过斯里兰卡最高法院 2018 年 11 月 13 日否决了总统西里塞纳解散议会的命令事件引发争议、马尔代夫最高院大法官 2018 年 3 月被投监狱等案例指出，法官在受到政治上的威胁时会对司法独立性产生影响。他表示，谈到问责制，司法体系独立性不应该受到影响。问责就是指要让责任担当维持下去，而不能让二者形成冲突。他认为，应该形成一种对司法体制的强硬监管，对于这一机制的建立，尼泊尔司法部门希望与全球法官进行沟通与交流。[①] 因此，"一带一路"沿线国家可能遇到的法院商业诉讼中的腐败问题，是外国投资者在东道国进行投资时所需要考虑的司法风险。

（五）涉外法律适用风险

在国际 PPP 项目的各个阶段必然面临着违约或争议等各种纠纷，此时，就需要法律上的争端解决机制，除上述（四）中所述司法系统风险之外，涉外法律适用风险也不可忽视，主要体现在管辖、准据法选择、判决或裁定的承认与执行中。东道国政府出于对本国利益的保护，不论是在案件的管辖还是准据法的选择上，自然是倾向于由本国法院管辖，并且尽可能地适用本国法。但对外国投资者而言，他们很难相信其公正性，以中国投资者为例，其更偏向于选择国际仲裁或者提交解决投资争端国际中心（ICSID），同时选择对自己有利的法律作为准据法予以适用，而"一带一路"倡议沿线国家并非所有国家都是 WTO 成员方，很多国家也并未参加 ICSID，更未与我国签署双边或多边协定。因此，管辖和

---

① 律新社：《法律如何为"一带一路"发展保驾护航？ 80 多位国内外资深法官、专家学者提了这些建议！》，http://www.shupl.edu.cn/2018/1214/c1170a51995/page.htm，下载日期：2020 年 7 月 10 日。

准据法的选择必然会产生冲突,判决或裁定的承认与执行更是一大难题。

三、国际 PPP 项目法律风险防范措施

一般来说,有两种主要的方法来减轻上述法律风险。风险要么通过项目合同、政府支持协议等合同来承保,要么通过利用风险缓解工具或信用增级策略(如担保或保险)来承保。

一种办法是与所在国政府签订类似联系的项目协议或政府资助协议,专门针对所提到的法律风险等具体风险提供保障。例如,项目协议或政府资助协议可能有一项非歧视性条款,根据该条款,东道国同意不通过任何具体歧视项目公司的立法或采取其他行动。项目融资中有不同种类的项目合同或协议,其中包括虽然不是详尽无遗的组织协议,如伙伴关系、联合企业协议或股东协议;与东道国政府签订的协议,如特许权、公私伙伴关系协议、主权担保和执行协议;不动产协议,如所有权文件、租赁、地役权和建筑布局;建筑合同;承购收入协议,如生产销售协议和能源销售协议;融资协议,如贷款协议、债权人间协议和附属担保协议;保险协议。

另外,东道国的商事法律制度不完善和司法系统运行上的不足构成解决商业纠纷的重要法律风险,可以通过在东道国以外订立仲裁纠纷的协议来减轻。东道国现行法律也需要进行相应的完善。

强制执行合同也可用于减轻法律风险。强制执行合同是项目发起人与所在国政府之间的一项合同,意在"减少风险,提高当事人的履约意识",并处理诸如主权担保、征用、立法保护、经营授权和对项目成功至关重要的其他问题。

在主权担保下,东道国政府控制范围内的某些法律风险可能会得到解决和减轻。在这里,所在国政府可以向项目公司保证,在某些事件发生或不发生时,项目公司将得到补偿。霍夫曼认为,主权担保可以采取各种形式,包括承诺改革法律和规章,以支持私营部门在基础设施发展方面的主动行动,例如,确定允许收回成本和许多其他成本的关税。

另一种办法还包括利用双边投资条约减轻风险。双边投资条约旨在规定缔约双方国民在各自国家进行投资的规则,让双方在别人的领地会受到保护。一般来说,双边投资条约是在临时的基础上制定的,可以以适合当事各方共同利益的方式进行谈判。同时,国家之间通过充分的交流和协商后签订司法合作协议,东道国政府需要明确放弃司法管辖豁免和执行豁免权,加强国际私法协助,司法协助的范围包括代为送达诉讼文书、代为调查取证、提供法律资料和文件、承认和执行外国法院或仲裁机构的生效判决和裁决。

第五章

国际 PPP 项目法律实务案例

引 言

建立健全 PPP 宏观管理体制对充分激活社会资本特别是民间资本的活力、保障一国 PPP 模式的可持续发展有着深远影响。"一带一路"是中国为推动经济全球化深入发展而提出的国际区域经济合作新模式，但沿线国家的基础设施建设与升级改造项目的资金面临巨大的缺口，传统的融资模式已不能满足项目的需求，这使得 PPP 的公私合营模式在引进后便得到了迅速而广泛的应用。但"一带一路"沿线国家不同的政治环境、宗教信仰，使 PPP 模式在"一带一路"倡议下的跨境应用面临着更为复杂和严峻的投资环境，使项目的成功实施面临着巨大的考验。

国际 PPP 模式的引进为解决这些问题提供了新的途径，其在引进资本的同时也引进了私营部门的管理和技术优势，实现了风险分担、互利共赢。但由于巨额的资金投入，较长的建设期限，还要面临着政治、经济、文化均与国内存在巨大差异的投资环境，我国企业参与"一带一路"下的 PPP 项目面临着巨大的风险，能否合理地分担这些风险、制定恰当的风险应对策略直接影响甚至决定着项目最终能否成功。

【内容摘要】

为更好学习、借鉴国外的经验和做法，本章介绍了金砖国家、东盟国家和英美国家 PPP 项目法律实务，从 PPP 立法、组织机构设置、部门分工、操作流程、PPP 模式应用领域等方面对案例国家的 PPP 宏观管理体制和过程进行了分析。众所周知，英国是最早提出私人融资计划（PFI）的国家，是在基础设施领域应用特许经营模式最为广泛的国家之一，其 PPP 模式在全球的影响力均很大，是许多国家重点学习的对象。美国作为世界经济强国，在经济发展过程中一直注重使用各种形式的私人部门资金，特别是 20 世纪 90 年代以来，结合自身不同的国情，积极推广应用 PPP 模式，形成了独具特色的 PPP 宏观管理体制。

从全球范围看，英美国家的 PPP 发展情况较具代表性，其 PPP 宏观管理体制也具有较强的借鉴意义；金砖国家是新兴市场发展的代表，东盟国家则十分需要 PPP 项目的引进。

第一节　金砖国家 PPP 项目法律实务——以印度为例

【知识背景 / 学习要点】

2017 年 9 月 4 日，金砖国家领导人在中国厦门举行第九次会晤。会上，金砖国家协商一致通过了《金砖国家领导人厦门宣言》（以下简称《宣言》）。《宣言》强调了金砖国家加强财经合作的重要性，以更好地服务实体经济，满足金砖国家发展需要，认可金砖国家财政部长和央行行长就 PPP 合作达成的两项共识：分享 PPP 经验，开展金砖国家 PPP 框架良好实践；金砖国家成立临时工作组，就通过多种途径开展 PPP 合作进行技术性讨论，包括如何根据各国经验利用多边开发银行现有资源、探讨成立一个新的 PPP 项目准备基金的可能性等。PPP 领域的合作也是未来推动金砖国家合作的重要方式。

亚洲开发银行发布的《满足亚洲基础设施建设需求》报告指出，到 2030 年，其基础设施建设需求总计将超过 22.6 万亿美元（每年 1.5 万亿美元）。若将气候变化减缓及适应成本考虑在内，此预测数据将提高到 26 万亿美元（每年 1.7 万亿美元）。

本节就金砖国家印度实施的 PPP 项目案例进行分析。

一、概况

印度是金砖国家中 PPP 发展较为健全的国家，有近 1500 个 PPP 项目处于不同的实施阶段。2015 年，《经济学人》发布的《2014 年亚太地区公私伙伴关系（PPPs）的环境评估》中，印度在 PPP 项目的"运营成熟度"中排名第一，在次国家（sub-national）PPP 项目中排名第三，在"最理想 PPP 投资环境"中排名第五。据印度公私合作审批委员会（Public Private Partnership Approval Committee，简称 PPPAC）统计，从 2005 年 12 月至 2017 年 9 月，PPPAC 作为典型案例推荐的 PPP 数量达到 312 个，总投资高达 367014 亿卢比（约合人民币 36084.358 亿元），其中，道路建设和港口建设占比最高，分别高达 82.39%和 13.26%，其余则主要分散在房屋建设、铁路建设、旅游建设等项目中。

印度对 PPP 模式的应用主要分为以下三个阶段：

第一阶段为 1991 年至 2006 年，期间并未有关于 PPP 的系统性规定，同时一些邦政府陆续开展零星的 PPP 业务。

第二阶段为 2006 年至 2011 年，中央政府着手起草了《国家 PPP 政策（草案）》，其中主要规定了：①PPP 项目公司是非政府控股的，社会资本需要占项目公司 51% 以上的股份；②EPC 或 BT 不作为 PPP 模式；③根据 PPP 项目的经营性区分付费方式等原则。但是截至目前，该文件并未正式生效。同时，其设立了 PPPAC 作为审批 PPP 项目的专门委员会，规定少于 100 亿卢比的项目和超过 100 亿卢比的项目根据不同的程序批准进行。

第三阶段为 2011 年至今，印度中央政府发布了一系列指导手册，包括财政部经济事务司（Ministry of Finance, Department of Economic Affairs）于 2016

年 4 月发布的《PPP 参与者指导手册》(Guide for Practitioners), 主要规定了以下内容: ①将 PPP 项目的实施分为五个阶段——准备阶段(Project Preparation Stage)、开发期(Development Period)、建设期(Construction Period)、运营和维护期(Operations & Maintenance Period)、移交阶段(Handover Stage); ②指出关键参与人(Key Stakeholders), 包括政府和社会资本方、特殊目的公司(Special Purpose Vehicle)、交易顾问(Transction Advisor)、牵头银行(Lead Bank) 等; ③指出 PPP 项目涉及的主要合同, 包括管理合同(management contract)、租赁合同(lease contract)、建设—移交合同(build-operate-transfer contract); ④说明了 PPP 的主要模式, 包括但不限于 BOT、DBO、DBFOT、BOOT、DBOOT、BOO 等。2017 年 9 月, 财政部经济事务司再次发布了《基础设施建设地方政府债券的使用指南》(Guidance on Use of Municipal Bond Financing for Infrastructure Projects)和《健康行业绿皮书》(Green Books on Health Sector), 其不仅对 PPP 作出了市场细分并根据不同的市场作出相应的指导, 还为 PPP 的融资提供了财政政策支持, 期间 PPP 的项目和数量开始大量增长。

印度作为联邦制国家, 中央政府和邦政府均享有立法权, 邦政府立法中以哈里亚纳邦的《PPP 政策》(Public Private Partnership in Haryana)为代表; 关于 PPP 的立法也体现在各个基础设施行业如《电力法》《港口法》《道路法》中。由于以上原因, 加之中央政府层面的 PPP 规定迟迟未出台, 导致印度的 PPP 立法呈现出分散化、行业区别明显的特点。在这种大背景下, 2015 年财政部经济事务司于 2015 年 11 月发布了《重提和振兴公私合作模式(PPP)委员会的报告》(Report of the Committee On Revisiting And Revitalising Public Private Partnership Model of Infrastructure)。该报告对在印度实施 PPP 过程中产生的问题进行了总结, 并提出了以下建议: ①建议设立国家级机构统一监管全国 PPP 事务; ②要求平衡风险承担比例、重塑合同程序; ③要求加强财政的支持力度; ④提出加强政策和机构治理能力; ⑤关注 PPP 公共服务功能而非融资作用，建立多学科专家体制，构建 PPP 项目审查委员会；⑥颁布 PPP 模式指南，提供各阶段的合同框架。

此外，为了解决 PPP 项目中的难点——融资困难的问题，印度支持发行债券作为 PPP 的融资方式，《基础设施建设地方政府债券的使用指南》中将绿色债券分为 Revenue Bonds 和 General Obligation Bonds，并新推出了一项绿色债券（Green Bonds），详述了发行规模、评级办法，以及为 PPP 基础设施建设发行债券的支持力度。不仅如此，印度政府还设立了其他融资机制，包括①建立和执行 PPP 项目适应性缺口补偿基金（Viability Gap Fund，简称 VGF）；②成立专门为 PPP 项目提供贷款的印度基础设施金融有限公司（Indian Infrastructure Finance Company Limited，简称 IIFCL）和印度基础设施项目发展基金（Indian Infrastructure Projects Development Fund，简称 IIPDF）；③设立印度基金公司债务基金（Infrastrucrture Debt Funds，简称 IDFs）以促进 PPP 长期债务的流动；④构建基础设施投资信托，帮助 PPP 项目实现股债分离。

值得一提的是，在传统的基础设施建设领域之外，印度还在健康行业广泛推广 PPP，主要包括建设诊断中心（Diagnostic Centre）、绿地医院（Greenfield Hospital）、棕地医院（Brownfield Hospital）、初级医疗保健（Primary Healthcare），并针对以上项目制定了详细的操作手册，方便投资者使用。

总体而言，在金砖国家中，印度的 PPP 较为成熟、完备，对印度的基础设施建设功不可没。印度政府在总结先前 PPP 经验的基础上，还开拓了除基础设施以外的其他市场，提供了较多的融资渠道，值得我们学习借鉴。

二、典型案例分析

（一）托尼—阿纳卡帕尔莱年金道路项目（Tuni-Anakapalli Annuity Road Project）

1. 项目简述

托尼 - 阿纳卡帕尔莱年金道路项目是由印度高速公路管理局（National

Highway Administration of India，简称 NHAI）承建的道路扩建项目，且被纳入了"黄金四边形计划"。该项目的目的是将在托尼（Tuni）和阿纳卡帕尔莱（Anakapalli）之间的道路拓宽成长达 59 千米的四车双车道的高速公路。考虑到收费高速公路缺乏投资，印度高速公路管理局决定采用 BOT（Build-Own-Transfer）年金模式开展此项目。GMR 集团与马来西亚的 UEM 公司签约了项目合同成为社会资本方，创建了"托尼—阿纳卡帕尔莱高速公路有限责任公司"为 SPV，建设期间为 2002 年 3 月至 2004 年 12 月，2004 年 1 月移交给印度高速公路管理局，项目总投资为 295 亿卢比。印度高速公路管理局每半年（从 2005 年 5 月 9 日至 2019 年 11 月 9 日）向社会资本方支付固定年金 29.48 亿卢比。

（1）PPP 结构

年金模型：在特许期间，由印度高速公路管理局向社会资本方支付固定的半年度款项，以补偿社会资本方的项目运营和维护成本。如果由于社会资本方的过失导致在任何年金支付期间实际可用的行车道小于保证的可用性，则年金按比例减少。在整个运营期间，印度高速公路管理局通过从银行获得循环信用证的方式来保证年金的支付。GMR 集团（占股 74%）和 UEM 集团（占股 26%）负责项目的建设开发（两年半）、运营和未来 17 年半的道路维护，SPV 负责项目的执行。

SPV 参与了一项国家支持计划——国家对 SPV 授予行政许可并给予与项目有关的其他行政支持，包括行政许可、警务人员协助、公路巡逻等。SPV 是无权征税、收费的，而上述权利属于印度高速公路管理局。社会资本方的唯一收入为项目年金。SPV 与 UME 集团签订了一项运营与维护协议，由 SPV 承担所有项目风险，UME 公司每月向 SPV 支付 0.125 亿卢比，此外，SPV 还将收取定期费用 7.5 亿卢比。在 2014 年至 2015 年期间，上述两笔费用将增加至每月 3.28 亿卢比和 30 亿卢比。至 2019 年 11 月，社会资本方无任何附加费用地将项目移交印度高速公路管理局。

（2）融资方式

该项目总投资为 315 亿卢比,2002 年 6 月,该项目完成了财务结算,负债率为 33.33%,贷款部分为 154 亿卢比,不可转换债券部分为 82 亿卢比,所有者权益部分为 78.69 亿卢比。ICICI 银行是牵头银行(lead bank),其他贷款人为其他国有银行(包括 SBI 银行、UBI 银行、IOB 银行等),而年利率为 12.5%～12.75%,贷款年限为 13 年半(包括建设期间的两年半)。该项目的股权融资主要是通过发行优先股进行的。2005 年 3 月,SPV 通过其对印度高速公路管理局的应收账款进行资产证券化获得 372 亿卢比的贷款,该笔贷款的成本比之前还低 3 个百分点,并用于该项目债务的预付款。

2.过程分析

（1）源起

该项目由印度高速公路管理局承建,目的是将双车道结构改为四车道。当时,管理当局考虑了多种 PPP 模式,例如,直接收费模式和间接收费模式。直接收费模式由于缺乏可变性和有效的控制途径,在许多国家都不被高速公路开发商所采纳;而间接收费模式在刚开始就被重点考虑,且该项目曾被作为间接收费模式的试点项目。然而,间接收费模式由于缺乏示范性协议最终被搁浅。最终,印度高速公路管理局决定采用 BOT 的模式开展该项目。

（2）采购

投标程序分为两个阶段:第一阶段为根据投标人的技术经验和财力先筛选出合格的投标人,第二阶段为根据筛选出的合格投标人的报价选出最终的投标人,最终报价中报价最低的获得该项目。该项目最后由 GMR 集团与 UEM 公司获得,合同签订时间为 2001 年 10 月。

（3）开发

SPV 与项目承建方签订了"交钥匙工程合同"。该项目的建筑期间起始于 2002 年 3 月,终于 2004 年 12 月,于 2005 年 1 月该项目移交印度高速公路管理局。根据特许经营协议,印度高速公路管理局同意在生效日期后延长 46 天,以弥补项目土地延迟交接的时间损失。与最初估计的 315 亿卢比相较，最终项目成本降低到了 295 亿卢比。

（4）移交

该项目于 2004 年 12 月开始商业运营。从运营阶段开始，项目进展顺利，没有任何法律或运营上的问题。截至 2015 年，该项目没有计划扩建项目或增加车道。如果在特许经营期有任何容量增加的要求，印度高速公路管理局都可以选择邀请包括当前特许经营方在内的其他公司进行投标。在经过投标程序后，若当前的特许经营方不是报价最低的一方，则印度高速公路管理局有权利拒绝，或者从中标者那里获得终止付款。

（5）退出

特许经营的期限止于 2019 年 11 月，届时特许经营方将会无任何附加费用地将项目移交印度高速公路管理局。在移交之前，独立工程师将检查确认道路质量，必要时，独立工程师将向特许经营方提供一份工程清单，以确保该道路符合移交标准。

（6）风险分配框架

对 PPP 项目风险进行逐一识别，要在风险分配原则的指导下，综合考虑项目类型与特点、项目对社会资本的吸引力、各主体的风险承担意愿等因素，将已识别的风险在各承担主体间进行合理分配，是为 PPP 项目风险分配机制的核心内容。

托尼—阿纳卡帕尔莱年金道路项目风险分配框架见表 5-1。

表 5-1　项目风险分配框架

风险类型	风险程度	风险期间	风险承担方	评论
前期风险				
征地延误	低	0～1 年	印度高速公路管理局	征地责任归属于印度高速公路管理局。土地虽然已经获得环保影响评价和其他许可，但是由于建设迟延了一个月还是会导致项目略微迟延。

续表

风险类型	风险程度	风险期间	风险承担方	评论
融资风险	低	0～2 年	特许经营方	虽然由特许经营方承担融资风险, 但由于其可以获得印度高速公路管理局的年金使得融资相对容易。此外, 印度高速公路管理局还要提供不可撤销的、价值 29.48 亿卢比的循环信用证, 这增强了贷款方的信心。
获批风险	低	0～2 年	特许经营方	虽然由特许经营方承担风险, 但印度高速公路管理局和联邦政府支持协议的存在确保了项目的获批速度。
社会风险	低	0～2 年	特许经营方	由于该项目建立在已建设好的道路基础上而不会移址, 故该风险很低。
设计风险	低	0～2 年	特许经营方	
建设期间风险				
设计风险	低	0～2 年	特许经营方	道路的设计必须被印度高速公路管理局通过且被独立工程师审核, 另外, 设计需以印度道路委员会和地面运输部的设定标准为基础。
建设风险	低	0～2 年	特许经营方	特许经营协议清楚地规定了完工标准, 且随后将由独立工程师确保该标准的执行。特许经营方需提供 6.58 亿卢比的履约保证金, 另外, 在整个特许期间, 原始特许公司在 SPV 中保留最低股权 (26%) 的条款使印度高速公路管理局更有保障。
延误工时风险	高	0～2 年	特许经营方	提前完工产生奖励, 而延误工时会导致惩罚。此外, 特许经营期包括建设期, 鼓励特许经营方尽早完工。
操作风险				
运营维护风险	低	整个期间	印度高速公路管理局	特许经营协议规定了对不遵守 O&M 标准的处罚, 包括由于特许经营方的原因没有达到车道可用度标准导致的年金减少或不支付年金。此外, 如果特许经营方未能按照规定的条件维护道路或未能按照印度高速公路管理局的指示达到运营和维护的标准, 印度高速公路管理局将进行维修并让特许经营方偿还这些费用。

续表

风险类型	风险程度	风险期间	风险承担方	评论
市场风险	没有			年薪的支付与交通或其他与市场相关的因素无关,不存在市场风险。
支付风险	低	整个期间	特许经营方	印度高速公路管理局向特许经营方支付的年金由不可撤销的循环信用证支持,金额为整个特许经营期间 29.48 亿卢比。此信用证的存在可降低年金支付违约的风险。
移交风险				
移交风险	低	17~18 年	特许经营方	特许经营协议确定了项目移交标准,独立工程师确定项目完工质量,印度高速公路管理局通过保留一笔金额为 7.4 亿卢比的年金,确保在交接前由特许经营方进行必要的维修。
特许经营取消风险	低	整个期间	特许经营方	印度高速公路管理局有权终止合同并支付特许经营方项目资产账面价值 70% 的金额。
其他风险				
法律变化	中等	整个期间	特许经营方 / 印度高速公路管理局	如果由于法律变更导致资本支出或运营成本或税收增加,特许经营方将面临风险,但特许经营方的责任仅限于 6 亿卢比(经营支出的部分仅限于 1 亿卢比),超出的部分由印度高速公路管理局承担。

3. 主要优点

由于公共领域的财务信息有限,该项目主要是以之前的基于该项目收益的定性分析开展的。该项目的主要优点是:

(1)发展速度和规模

"黄金四边形项目"是印度政府最早实施现代化和改善印度道路质量的举措之一。印度高速公路管理局有责任以限定的时间改进这些延伸线路。由于私营部门的存在不仅提高了建筑和现代技术的效率,缩短了施工时间,还拥有操作和维护道路的技能和资源,所以,PPP 模式是更好满足限定的时间进度且给使用者提供优质设施的最可行的选择。

（2）社会资本方效率高

特许经营商不但设法在既定工期内完成项目（因印度高速公路管理局的征地迟延而略有一个月延迟），而且还以较低的项目成本完成了建设。此外，其引入了年金证券化等创新融资措施，降低了项目资金的总成本。

（3）向私营部门转嫁风险

年金模型确保政府不必对项目进行前期投资，并且对项目有一个固定的预计的年度流出量。因此，公共采购的时间和成本的超支风险因年金模式而转移到私营部门。

（4）示范作用

本项目是采用 BOT（年金）模型的第一批项目，迄今为止，该项目进展顺利，并对类似项目起到了示范作用。

4.值得学习的经验

该项目给 PPP 模式带来了诸多的思考：

（1）通过证券化创新融资模式

在运营阶段，SPV 通过将年金证券化取得了非常低的举债成本，这种融资方式使特许经营方能够提前偿还定期贷款，并获得相对较低的资金成本。

（2）风险转移

GMR 集团通过与其自身的财团合作伙伴签订长期的运营和维护合同而转移了风险。

（3）激励工程开发方按进度完工

提早完工奖励、延误工时罚款的制度激励了工程开发方有动力提前完工。

（二）卡纳塔克邦城市供水改造项目（Karnataka Urban Water Supply Improvement Project）

1.项目简述

2005 年，卡纳塔克邦政府（Government of Karnataka，简称 GOK）启动

了由地方一级私人部门参与的改善供水服务的项目。该项目属于由卡纳塔克邦政府开发的另一个大项目的一部分，该项目通过向该州的所有城市地方机构（Urban Local Bodies，简称 ULB）提供高质量和持续的供水服务来改善城市供水状况。该项目由世界银行向卡纳塔克邦城市基础设施发展和金融公司（Karnataka Urban Infrastructure Development and Finance Company，简称 KUIDFC）进行资金援助，而该公司是卡纳塔克邦利用外部资助项目的节点机构。这些项目包括了旨在加强卡纳塔克邦供水和卫生部门的改革计划以及提高 ULB 水资源可用性和供水服务水平的具体项目。

在地方政府层面，其最后选定 3 个 ULB 来实施项目，分别是贝尔高姆（Belgaum），现在称为 Belagavi；古尔伯加（Gulbarga），现在称为 Kalaburagi；胡布利（Hubli），现在称为 Hubballi。这些项目将通过 PPP 的合作方式在特定的项目区域提供 7 天 24 小时的水供应来实现增加散装水供应和改善配水系统的目标。

其在卡纳塔克邦选定的三个市政公司、五个示范区进行了试点。项目内容是对三个城市的特定机构中的五个示范区的现有输水网络进行整修和修复，并在 PPP 基础上对这些区域的供水系统进行运行和管理。

该项目的设计结构是由一个社会资本方按照运营和维护的标准进行修缮工程，并承担合同期间配电网的运行和维护的责任。该项目的复兴工程所需的资本金由世界银行通过 KUIDFC 进行补偿，同时社会资本方将收到一笔费用用于项目运行。包括输水网络的修复工程以及配电系统的运行和维护时间在内，该项目计划的总时间为 3 年 6 个月。

（1）PPP 结构

合同当事人包括：①受益人：三个 ULB 即 Belgaum、Gulbarga 和 Hubli-Dharwad；②项目发起人：KUIDFC、卡纳塔克邦城市供水和排水委员会（Karnataka Urban Water Supply and Drainage Board，简称 KUWSDB），以上两个公司都是卡纳塔克邦政府下属实体；③开发商：负责重建和运营的社会资本方(或称"私人开发商")。

在 PPP 结构下,社会资本方的责任包括更换输水管道、安装散装水表和消费仪表,以及建立计算机计费系统。社会资本方的修复活动由 KUIDFC 补贴资本金,金额为 4.2 亿卢比。

该项目的 PPP 结构如图 5-1 所示:

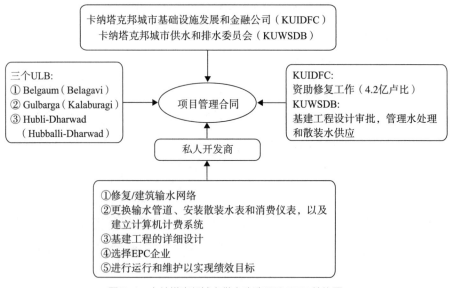

图 5-1 卡纳塔克邦城市供水改造项目 PPP 结构图

基本建设工程的具体设计由社会资本方负责。这些设计必须在实施之前得到 KUIDFC 和 KUWSDB 批准。社会资本方在实施该工程时所要达到的性能指标,亦由 KUIDFC 在合同中列出。

社会资本方首先需负责通过竞争性投标确定合适的 EPC 公司,随后,他们需要负责项目的运行和维护,并在示范区演示性能指标的实现。原水供应、水处理以及处理过的水输送到分配节点等事宜均由 KUWSDB 负责管理。ULB 与 KUIDFC、KUWSDB 协商制定水费结构并负责征收水费。

在项目的运营和维护阶段,社会资本方需要满足以下要求:①确保示范区内所有房屋都能连接到供水系统;②向所有用户供应经过处理的水;③确保按既定目标减少输送过程中的损耗；④根据 ULB 设定的水费标准，向用户发出供水账单，具体费用由 ULB 负责征收。

在合同期内，社会资本方将收到管理费作为补偿，包括 60% 的固定成本和 40% 的可变成本，后者基于是否达到预计的性能指标而定。除此之外，该项目还向社会资本方提供进一步的激励：如果项目性能指标优于一定水平，在管理费之外还将获得额外的报酬。

在合同期内，管道、阀门和仪表在内的现存资产和已修复资产的所有权完全保留在各自的 ULB 中。在修复期后，社会资本方只拥有运营和维护设施的权利。在合同期届满时，输水网络将移交给各自的 ULB 进行运营和维护。

（2）现状

该合同于 2005 年授予法国巴黎的通用公司［Compangnie Generale des Eaux，现称威立雅水务公司（Veolia Water）］，该公司将承担 3 个 ULB 中指定区域的输水网络的重建和维护工作。输水网络修复工作于 2008 年 4 月完成，运行维护合同在重建工作完成后生效，有效期至 2010 年 3 月。之后与威立雅水务公司签订的运营和维修合同延续了 2 年，直到 2012 年 3 月。在 2012—2014 年期间，示范区 24×7 供水的运营和维修合同也由威立雅供水服务公司续签。

供水系统所服务的家庭数量从 2010 年的 25383 户增加至 2015 年 4 月期间的 28951 户。所有的性能指标要求，如减少输送损耗、100% 覆盖率、供应常态化等，均在运营维修阶段得以实现。五个区域均满足连续水供应的目标，并且连接率增加了 50%。总体而言，账单收入增加了五倍，实际收入增加了约七倍。

（3）融资信息

重建和修复的总成本上限被设定为 4.2 亿卢比。实际发生的总成本约为 3.2 亿卢比。ULB 不承担建设资金的债务成本。在发生输水网络基础设施工程支出和建设期间融资成本时，社会资本方通过卡纳塔克邦城市基础设施发展和金融公司从 KUWASIP 基金中获得补偿。22 亿卢比的运营费来自 ULB 收取的用户费，然而，项目在实施过程中出现了一些延误，导致 KUIDFC 向运营商支付的费用增加，运营商费用将增加到 28 亿卢比。项目的财务指标信息见表 5-2。

表 5-2　项目财务指标值

详情	
项目内部收益率	14%
资产负债率	80∶20
净现值	2.57 亿卢比

在预计的 6.2 亿卢比项目成本中，世界银行对该项目的贷款援助为 4.5 亿卢比。

为了激励社会资本方有效执行修复和运营管理活动，该项目也向社会资本方提供了一定财务上的激励，最高允许奖金设定为所确定报酬的 25%（最初确定为 2.2 亿卢比，后来修订为 2.8 亿卢比）。

最终确定的建设阶段和运营阶段的激励结构如表 5-3 所列。

表 5-3　建设阶段和运营阶段的激励结构表

序号	组　　成	目标	奖金的百分比比例
1	节省资本支出总额	达到 25% >25%	3.75% 10%
2	节省的运行和维护费用	达到 25% >25%	15% 40%
3	减少实际损失	15%~20% <15%	20% 30%
4	增加散装供水量与基本供水量的百分比	达到 25% >25%	12% 30%

2.项目实施过程

（1）项目的提出

卡纳塔克邦政府在世界银行的协助下，启动了城市供水和卫生部门改革进程，项目由此诞生。项目的目标之一是对 Belgaum、Gulbarga 和 Hubli-Dharwad 3 个 ULB 的供水系统进行初步改进。为了进一步实现这一目标，其确定了实施 7 天 24 小时供水系统的 5 个示范区。这 3 个 ULB 之前的供水能力都很差，供水时间不稳定，管道漏水情况严重。

（2）筹备阶段

作为筹备活动的第一阶段，塔塔咨询工程公司（Tata Consultancy Engineering，简称 TCE）对项目区进行了评估，以确定项目区供水服务水平的情况。评估结果显示，3 个 ULB 的供水服务水平都很差。例如，Hubli-Dharwad 的供水频率为 7 天一次，Gulbarga 为 2 天一次，Belgaum 为 2 天一次。

之后其对项目所需投资进行了评估，审查了三家市政公司的财务状况和财务能力。鉴于这三家公司的财务维持能力比较低，所以它将从 KUWASIP 基金中为恢复工作提供资金。

最终其准备以公私合营模式实施在示范区重建、运行和维护 24×7 供水系统的项目，其目标如下：①评估恢复和重建工作的可行性，即 24×7 供水系统是否可以在特定区域内有效运行；②确定重建的成本；③评估项目是否可以在其他领域推行实施；④确定项目的社会经济效益。

（3）采购阶段

采购分为两个招标阶段来实施，即资格申请阶段和方案征集阶段。在资格申请阶段，大约有 30 个国内和国际公司的投标人对该项目感兴趣。在 30 名竞标者中，有 7 名被选中并邀请他们提交方案。资格申请文件中关于资格条件的规定最终使得只有在水务领域有丰富经验的国际公司才有资格参与该项目。大多数印度公司由于缺乏足够的经验而无法取得资格，但可与有资格的国际投标者组成投标联合体，共同进行投标。财务评判标准是投标人对经营和维修活动的财务报价最低者中标。威立雅水务公司以最低报价（22 亿卢比），成为竞标者。财务报价包括固定薪酬部分，以及基于社会资本方的业绩目标确定的浮动部分。

（4）开发阶段

该项目分三个阶段进行，具体如下：

第一阶段：预计期限为 6 个月。在此期间，社会资本方必须首先对 3 个 ULB 区域的现有供水系统进行评估。在评估的基础上，私人开发商需要准备投资需求草案，还需要获得 KUIDFC 和 KUWSDB 对提交的设计的批准。

第二阶段：预计期限为 9 个月。在此阶段，在投资需求草案被批准后，社会资本方必须对投资金额作出安排。如前所述，这笔投资额上限为 42 亿卢比。在收到批准后，开发商必须开始进行修复和翻新工程。社会资本方需要负责招投标活动、选择承建商及监督修复工程。在建筑活动期间，社会资本方有责任维持现有的供水服务水平。在修复阶段，社会资本方通过现有的线路或平行线路将水提供给所有区域。在此期间，社会资本方还需要管理所有安装工作，为客户提供高效的经过 UBL 批准的连接服务。该系统由独立工程师进行审核，经审核后允许由社会资本方接管该项目的运行和维护。值得注意的是，在此阶段，社会资本方还需进行消费者调查，以确定要提供连接的数量和类型。

第三阶段：本阶段，社会资本方需在未来 2 年间负责输水系统的运营和维护，包括提供 25000 个住房的连接服务，在设定的压力水平下提供 7 天 24 小时连续的水供应，减少渗漏和减少消费者投诉等。

上述 3 个阶段总共为 42 个月。在项目的实施和恢复工作中，由于其他公用事业部门的许可证、挖掘和施工延误，以及 3 个 ULB 在信息共享方面的合作有限或合作不佳、施工阶段的不利气候条件等原因导致建设的延误。在示范运行阶段发生的延误主要原因是 KUWSDB 未能按计划提供大量供水。此外，在运行和维护阶段，社会资本方要求 ULB 提供相关协助以改善工程和提供所有连接，但是 ULB 没有及时提供，这也导致了延误。

基于上述原因，项目用时延长了 17 个月，与投资需求草案预计时间 42 个月相比，总时间增加到 59 个月。根据合同，社会资本方必须遵守设定的绩效目标，任何违规行为都将导致合同终止。协议没有单独的罚金条款。然而，

KUIDFC 指出，延误主要是由于客户方的延迟，即来自 ULB 和 KUWSDB 的延误，因此并未要求社会资本方支付罚金。此外，在延期期间，KUIDFC 补偿了社会资本方因项目拖期而产生的额外费用。因此，运营商费用从 22 亿卢比增加到 28 亿卢比是延长期限的超支成本。

（5）移交

在修复工程完成后，其将在 104 周内进行运营和维护活动。社会资本方应当达到的性能指标包括以下内容：①为连接的每个房屋提供持续的压力供水；②紧急停工减少至每年最多 4 次，全年少于 12 小时；③减少客户投诉；④每个月查阅所有的客户电表，并根据这些容积读数开具水费账单，在获得 ULB 事先的批准后每个月发给相关物业。

（6）主要挑战

该项目面临着若干挑战，包括：①改善示范区和城镇的大规模供水是提高服务水平的必要条件，延迟完成这类工作会产生严重的影响；②由于公众对示范区的关注，政府推迟了实施按供水量计收水费的制度；③为了抑制政治阶层和公众对计量水表计费和使用的焦虑情绪，ULB 采取了 6 个月的平价收费政策，使消费者能够调节自己的消费，并适应新的计费系统；④花了很大精力获得地方政府支持，将未经授权的连接合法化，同时按照国家的扶贫政策为贫民窟居民提供新的连接；⑥社会中介和沟通团队被战略性地安排在正确的时间发布正确的信息。

（7）退出

由社会资本方管理的运营维护活动于 2010 年 3 月完成。但是在 2010 年 4 月，运营维护合同又临时续期至 2012 年 3 月。合同结束后，整个输水系统（包括社会资本方创造的资产）将移交给相关的 ULB 进行运营维护活动。作为退出活动的一部分，社会资本方为 3 个 ULB 的现有员工提供了关于如何操作系统的培训，以便在合同终止后 ULB 有能力有效地管理系统。

（8）风险分配

卡纳塔克邦城市供水改造项目项目风险分配框架见表 5-4。

表 5-4　项目风险分配

风险类型	敏感度	风险期	主要风险承担者	注　释
获得许可证延迟	高	0～3个月	社会资本方	社会资本方负责取得修复工程的许可证。由于需要从几个部门获得许可证，存在一定困难，即各部门之间缺乏协调，导致许可证延迟。但是，由于 3 个 ULB 是项目的利益相关者，最终获得了许可证。
设计风险	高		社会资本方	这 3 家 ULB 没有资产清单，也没有实物资产的详细图纸。系统的设计将由社会资本方完全根据他们自己对输水系统的评估而开发。项目实施后，未出现设计相关问题。
施工风险	高	0～2年	社会资本方	社会资本方被允许分包，并充分管理整个过程。建设期超出了预计期限导致了延误，主要归因于缺乏信息分享和协助。
建筑成本过高	高	0～2年	社会资本方	建筑成本上限是预先确定的上限。如果费用超过规定的限额，政府方有权终止合同。然而，该项目在限制范围内得到了很好的实施。
运行和维护管理建设与启动过渡阶段的绩效风险范围变更	低	0～3年	社会资本方	社会资本方在移交系统时，须符合相应的性能指标。
市场风险		2年	政府	社会资本方将获得 22 亿卢比的固定薪酬作为运营商费用。由于政府方面的拖延，这笔费用增加到 28 亿卢比。
操作风险	高	2年	社会资本方	向社会资本方发放运营商费用是基于业绩目标的实现。然而，尽管社会资本方达到了性能目标，但在运营商费用的支付方面，ULB 方面有很长的时间延迟。在某些情况下，这些延迟从 3 个月到几乎 1 年不等。

续表

风险类型	敏感度	风险期	主要风险承担者	注　　释
经济风险	高	0~4年	社会资本方	社会资本方需准备一份重建工程的资本投资计划，并在限定的 4.2 亿卢比的限额内进行建造。任何高于上述数额的增量支出，都将导致社会资本方承担相同的费用，或者在不遵守合同的情况下将导致合同的终止。
不可抗力			社会资本方和政府	如果社会资本方因不可抗力事件不能履行职责，政府将提供允许的延期，并将继续对社会资本方进行偿付。

（9）主要优点

该项目的优点主要体现在以下几方面：

①从项目的最终结果来看，使用 PPP 方式来实施项目是合适的。该项目在建设阶段与运营和维护阶段均表现出很好的效率，例如重建工作的预算上限是 4.2 亿卢比。尽管重建工作的主体部分在建设期已经完成，仍然有许多建设工作正在进行。到 2010 年 3 月合同结束时止，重建工程的 4.2 亿卢比的预算中社会资本方实际大概使用了 3.2 亿卢比用于项目建设。可以看出，社会资本方显著地节约了项目成本。在运营和维护阶段，通过有效地掌握能量消耗，社会资本方再一次减少了项目运营与维护成本。此外，社会资本方努力达到业绩目标，以获得运营维护费用之外的额外财务奖励。

②值得一提的是，由于该项目能够快速显示预期的效果，因此，尽管很小部分消费者在一开始抵制，但最终都得到了有效解决。此外，卡纳塔克邦也尝试复制该项目在卡纳塔克邦其他城市地区进行推广。

③居住在示范区的人们乐于支付水费，表明他们对 7 天 24 小时供水服务的认可和接受程度很高。

④该项目带来了良好的经济效益和社会效果，也帮助人们解决了健康问题。据报道，项目实施后，项目区水源性疾病数量出现大幅下降。根据卫生

检查员对该地区的研究,项目实施前后,相关疾病的数量已从 400 例减少到 80 例。

3.值得学习的经验

(1)项目前期评估至关重要。在正式开展项目之前,政府对项目区进行服务评估非常重要。该评估应该能够指出基础设施的状态和服务交付差距,然后在评估的基础上,确定所需的恢复工作和所需的投资。这样的评估让政府和投标者了解了实际情况。因此,ULB 必须进行以下基础研究:①水情况研究;②能源情况研究;③消费者调查;④可行性研究。

(2)政府采取有效措施促进项目实施。由 KUIDFC 发起的"消费者意识活动"旨在使消费者熟悉拟议的项目。此外,活动汇集了若干非政府组织,以促进项目的有效实施。项目还包含了项目准备和实施阶段的战略性沟通,即常见问题到户分发,建立公共信息中心以便向所有公民提供透明的信息获取渠道,建立媒体参观制度便于与媒体定期共享信息等。在沟通过程中,非政府组织扮演了重要角色,因此,当地消费者对 7 天 24 小时供水系统中的项目方法、项目进度、计费和定价安排、申诉补救安排以及用户责任有了清晰的认识。

(3)政府需要在各阶段与社会资本方开展充分合作。社会资本方需要政府在项目实施方面提供最大程度的合作。据观察,由于 KUWSDB 无法提供大量的供水,项目试运行阶段出现了延误。此外,ULB 没有提供足够和及时的信息,也没有按时向社会资本方发放付款(而这些款项原本应当按时支付),在获得行政许可方面也存在延误。这些都导致了项目的延误。

(4)在不同阶段进行适当的时间分配:社会资本方必须有合理的时间来完成项目每个阶段所列的各项任务。例如,项目的准备期为 6 个月,在此期间,社会资本方需要对项目区进行详细评估,并在此基础上开发设计。在 ULB 对现有基础设施级别和服务交付状态的信息基础了解较差的情况下,其必须提供足够的时间进行详细评估,以便进行准确分析。

（三）乌贾因粮食仓库开发项目（Development Of Grain Silo In Ujjain）

1. 项目简介

在 2009 年到 2012 年期间，印度中央邦（Madhya Pradesh）的小麦产量、Mandi（农产品市场）小麦到货量和小麦的采购量呈上升趋势。2012 年 9 月，该州的总储存容量为 8741846 吨，而同期的小麦所需要的总储存量为 21746374 吨。这表明：该州的储存容量仅为储存生产和采购的小麦所需总容量的 40%。因此，其有必要为小麦修建额外的储存设施。为了推动中央邦成为"仓储物流中心"，并通过社会资本方增加该州的储藏能力，该州政府制定了 2012 年仓储与物流政策。2012 年 2 月，州内阁就同一事项通过了内阁命令。

根据该项政策，收割后的储存设施可以根据适应性缺口补偿基金（VGF）体系下的 PPP 项目融资计划获得融资。中央邦仓储物流公司（MPWLC）作为节点性机构，通过"设计、建造、融资、运营和转移（DBFOT）"模式的 PPP 项目，在中央邦 10 个地点开展了小麦仓储设施的开发建设活动。这些地点包括塞霍尔、德威斯、毗底沙、博帕尔、印多尔、乌贾因、萨特纳、赫尔达和霍申加巴德。上述所有位置都有类似的项目设计和结构。本案例研究的重点是乌贾因正在开发的粮食仓库项目。

中央邦仓储物流公司建议以钢筒仓作为储存设施的形式。筒仓被认为是大量储备粮食的更好的选择，因为它有许多优点：如粮食保质期可长达 2~3 年，更容易管理粮食，与传统仓库相比，土地需求较少（可节约达 1/3 的土地），并且可以减少被偷窃的风险。

（1）PPP 结构

粮仓建设项目的公私伙伴合作（PPP）是以设计、建造、融资、运营和转移（DBFOT）模式来实施的。对该项目的土地，邦政府提供了 30 年的用地许可。该项目由 VGF 计划提供资助，在该计划下，印度政府（GoI）将提供 20% VGF，除此之外，邦政府将根据印度政府 VGF 政策的指导方针在必要的时候提供最多 20% 的 VGF 支持。该项目通过公开招标程序最终授权阿达尼米企业实施。

该项目的工程造价为 3.055 亿卢比,用于开发 50000 吨的钢筒仓,每箱容量至少为 12500 吨。大约 7 英亩的土地被邦政府分配给社会资本方用于建设该设施。

中央邦仓储物流公司在该项目中的作用是:①通过透明的招投标流程选择社会资本方;②项目的土地分配;③按照要求提供 VGF 支持(邦政府也会视情况调整参与份额);④提供商业担保(保证筒仓设施在前 10 年的使用和费用的支付);⑤获得与环境保护以及森林砍伐相关的所有许可证。

社会资本方在项目中的角色是:①项目融资;②建造储存设施;③存储设施的运营和维护;④科学地储存、保存、管理和处理粮食。

(2)现状

乌贾因粮食筒仓项目的特许权协议于 2014 年 6 月签署。该项目拟建工期为 1 年。根据特许经销权的分阶段完工条款,对于已批准的 5 万吨的容量,其中 25000 吨的容量将于 2015 年 4 月 1 日投入运营。

(3)财务信息

乌贾因粮食储存设施的建设成本为 3.055 亿卢比。财务详情(包括 VGF 的详细信息),见表 5-5。项目成本的分段分解见表 5-6。

表 5-5　项目资金来源信息

资金来源	具体细节
项目总成本	3.055 亿卢比
社会资本方的投资	所有者权益(项目成本的 30%)和金融机构的债务
VGF 数量	2.41 千万卢比(占项目总成本的 7.88%)

表 5-6　项目成本的分段分解

编号	组成部分描述	总计金额(千万卢比)
1	土地与场地开发	0.007
2	建筑与土木工程	14.456

续表

编号	组成部分描述	总计金额（千万卢比）
3	工厂与机械	9.669
4	电气自动化和其他公用事业	2.875
5	前期费用	2.187
6	偶然事件	1.350
总计		30546

表 5-7 中提供了有关项目财务的信息，如净现值（NPV）、内部收益率（IRR）和债务权益比率（DER）等。

表 5-7　项目财务指标信息

编号	名称	价值
1	项目内部收益率	14.90%
2	所有者权益内部收益率	16.95%
3	债务权益比率	85∶15
4	净现值	70.56 千万卢比

2.过程分析

（1）项目源起

因乌贾因地区小麦产量日益增加，需要新建谷物的储存设施，储存设施容量要大，同时占地面积要小，并且要能够通过机械方式处理粮食，而筒仓正好能够满足这些需求。

筒仓主要是由钢或混凝土制成的大型罐式储存设施，用于储存粮食或其他材料，谷物可以大量储存其中。筒仓需要机械化上货和卸货装置。乌贾因是一个内陆城市，选择建设钢筒仓，是因为它们具有成本效益且易于建造。因此，钢筒仓需要 10~12 个月的施工时间，而混凝土筒仓需要 14 个月。

该项目的可行性研究评估了各种存储技术并对选址进行了分析。考虑到大量储存的需要、建筑材料和施工时间等因素，中央邦仓储物流公司最终决定在乌贾因采用钢筒仓。

（2）存储技术

该项目分析了三种类型的存储技术，不同存储类型的对比见表 5-8。

表 5-8　不同存储类型的比较

因素	筒仓	覆盖区底座类仓库（CAP）	常规有盖仓库
保质期	保质期长达 2 年。谷物用机械处理。	储存中谷物的保质期取决于谷物的管理和保存情况，因此没有固定的时期。通常，谷物在 CAP 储存中保持完全安全的标准时间约为 6 个月。	仓库中谷物的保质期取决于谷物的管理和保存，因此没有固定的时期。通常，谷物可以安全地保存在仓库中大约 16～18 个月。
土地需求	5 万吨的容量筒仓，需要 7 英亩的土地。	CAP 存储器是水平结构，与筒仓相比需要更大的陆地面积。由于没有周边结构，土地需求量小于常规有盖仓库。	常规有盖仓库是水平结构，与其他两种选择相比，需要更大的土地面积。据估计，一个 5 万吨的常规有盖仓库需要占地约 18～20 英亩的土地。
易于施工和维护的程度	钢筒仓的建造可在 10 个月内完成，包括进口钢材料的时间。安装时间为 2～3 个月。钢筒仓易于维护。混凝土筒仓则需要相对较长的施工时间。	印度食品公司（FCI）已经对 CAP 的构建和维护进行了标准化。CAP 容易在短时间内构建。因为在几天内可以在当地获得材料和技术知识。	FCI 已经对仓库的建设和维护进行了标准化。仓库可以在 3～4 个月内轻松建成，因为在当地可以获得材料和技术知识。
是否适用于多种商品存储	由于筒仓适用于大容量存储，所以两种商品不能保存在同一筒仓内，甚至不能保存在不同的箱中。	CAP 是袋装存储，因此，储存设备能容纳多种商品。	仓库有袋装存储，因此可以容纳多种商品。FCI 和其他采购机构主要是将小麦和大米一起储存在现有仓库中。

（3）选址分析

因为存储的商品来自多个地区，所以仓库选址的交通便利性是一个重要考虑因素。最终确定的乌贾因谷仓距离最近的铁路轨道约 6 公里，离连接博帕尔和印多尔的国道距离约 8 公里。从供应链和物流需求角度来看，所选地址的位置非常理想。

（4）容量和技术细节

筒仓由螺栓波纹镀锌钢制成。该设施设计用于储存 50000 吨谷物。每个地点都要开发 4 个筒仓。筒仓的每日摄入量最低为 150 吨/小时或 1500 吨/天。该系统设计的清洁能力为 150 MT/小时，处理能力为 60 MT/小时，并且设计了专门区域可以储存 200 MT 的袋装食用谷物。

（5）流程设计

该项目是在该区域存储容量不足的前提下通过在该州设计建设额外的存储设施来解决这一问题。中央邦是一个分散采购制度邦（DCP），为公共分配系统（PDS）消费而采购粮食谷物，在保留足够库存用于本邦消费之后，剩余的谷物运送到印度食品公司（FCI）。粮食库存的处理流程如图 5-2。

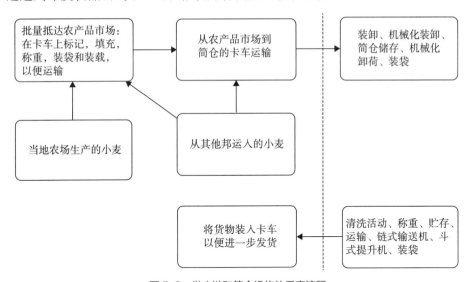

图 5-2　供应链和筒仓设施的示意流程

散装或袋装的谷物：谷物从运输工具上卸下（或直接拆解）后装入卸料斗中。在卸载时，我们通过与实验室相连的管道系统对小麦籽粒进行取样检查。根据取样结果，临时存储料斗将小麦送到传送带，进行清除异物颗粒和称重等预清洗活动。一旦进入储存箱，小麦谷物就需要定期通风。我们可通过探头对通风系统进行恒温控制，以保护谷物的质量。为了使谷物免受污染，当它们通过装载输送机时，将被使用喷雾进行清洗。在传送过程中，谷物将通过位于箱子下方的通道中的链式输送机从每个箱子中取出。斗式提升机将连接到链式输送机，将谷物运送到装袋设备。在该过程中累积的废物将通过单独的传送箱输送到垃圾箱，以便在当地排放。

（6）性能衡量

评估存储设施性能的指标包括：①可用性：在特许期的任何会计年度，不少于 96% 的存储容量可用于存储；②可靠性：每个季度强制关闭不超过 2 次；③短缺：每 3 个月进行一次检查，以确定是否短缺；④ ISO 认证：在开始商业运营日（COD）后的 6 个月内获得 ISO 认证并在特许期内保持认证的有效；⑤在储存到筒仓之前，应对谷物进行筛选和清洁；⑥在运营期间，应随时备有 200 公吨袋装粮食的现成库存以备发运；⑦应根据要求定期对筒仓进行熏蒸。特许公司需提交具有详细性能指标数据的月度报告。特许经营者应该在每月结束后的 7 天内提交报告。

（7）盈利模式

建设阶段：社会资本方将在建设期间得到来自于 VGF 的资金支持。

运营阶段：在此阶段，社会资本方的收入来源主要是粮食（主要是小麦）的处理和储存。对粮食的处理作业包括装卸、测试、称重、装袋、去皮。储存费用包括固定费用和可变费用。在特许权期内，无论实际处理的粮食数量如何，都将支付固定费用，而可变费用直接与实际储存的粮食数量挂钩。

根据特许合同，社会资本方可以收取的粮食处理和储存费用如下：

①固定费用：按每月的存储容量计算：每月 5.75 卢比 / 公担，每年都会修改。

②可变费用：按实际储存容量，每月应支付 0.50 卢比 / 公担，并将每年修订以反映批发物价指数（WPI）的变化。

③服务费：提供卸货、去皮、清洁、烘干、装袋和装载等服务的费用。

（8）采购

中央邦仓储物流公司通过两个阶段的招投标流程来选择社会资本方。

在资格阶段，其采用以下标准来筛选潜在投资人：

①社会资本方的财产实力：上一年度财政结束时的最低净值为 3 亿卢比。

②社会资本方的技术能力：承接过资本性投资超过 6000 万卢比的 PPP 项目（I 类和 II 类）；或者承包过承包费用不少于 6000 万卢比的 EPC 项目（第 III 类和第 IV 类）：

　a. 第 I 类：仓库 / 储存行业的 PPP 项目；

　b. 第 II 类：核心行业的 PPP 项目；

　c. 第 III 类：仓库 / 储存行业的 EPC 项目；

　d. 第 IV 类：核心行业的 EPC 项目。

根据资质标准，4 家投标人被列入候选短名单。2014 年 3 月，特许权人印度阿达尼企业有限公司获得特许权授予书。特许协议于 2014 年 6 月签订，租期为 30 年，其中包括 1 年的建设期间。

（9）风险分配结构

与项目相关的各种问题和各项风险见表 5-9。

表 5-9　项目相关的各种问题和各项风险

风险类型	受影响程度	存续期间	主要承担方	意见
获得审查许可和许可证时延误	低	0～6 月	中央邦仓储物流公司	中央邦仓储物流公司负责取得所有与环境保护和森林保护有关的许可证。涉及土地属于州政府，该区域既不在森林区域也不在森林区域的缓冲区，因此，环境风险的影响较小。
工程风险	低	0～1 年	特许权人	项目建设工程不涉及任何复杂技术，简仓建造方法简单，验收后符合标准。项目施工风险低，中央邦仓储物流公司提供土地及通往该场地的道路。

续表

风险类型	受影响程度	存续期间	主要承担方	意见
财务风险	中等	全程	特许权人	项目采取"设计、建设、融资、运营和转移(DBFOT)"模式。在施工期间,政府给予特许权适用方 VGF。
收益风险	中等	1～30 年	特许权人	存储费用将在头 10 年内按照 100% 的使用率向特许权人支付:政府方面会创建一个托管账户,以便每月将固定的费用支付给特许权人。当局还将提供相当于每月最低付款金额的信用证,特许权人可以利用该信用证来支付每月发票中的任何欠款。因此,收益风险的主要部分具有保障。
运营、维护风险	中等	0～30 年	特许权人	特许权人的任务是在整个运营和维护期间遵守关键性能参数(KPI)。性能参数包括存储容量的可用性、运营可靠性、中央邦仓储物流公司季度检查时的短缺指标、对关键性能指标进行月度报告以及获得和维护 ISO 认证。如果特许权人无法满足关键性能指标,则其有义务支付特许权协议中规定的损害赔偿金。
不可抗力因素		全程	特许权人 / 邦政府	"不可抗力"条款在特许协议中有足够详细的说明。协议中有详尽的条款规定,在不可抗力情形下,当局应当向贷款人和特许公司支付终止款项。

通过 PPP 模式建设筒仓,可以充分利用社会资本方的资源和效率。项目准备阶段的工作帮助中央邦仓储物流公司找出建设项目可以采用的最佳技术,即钢管仓储技术。钢管仓储技术虽此前尚未广泛应用,但在功能、结构以及耗资方面,都要优于传统的存储技术。政府为该项目提供了关键性的支持:土地分配、扫清审批障碍、提供交通便利等。此外,政府还为特许权使用企业提供 VGF,从而确保社会资本方的建造成果符合制定的关键性能参数。政府还通过 VGF 和保证担保提供支持,以确保社会资本方在达到指定的关键性能指标时能

够获得相应的回报。该项目是在谷物储存领域采用 PPP 项目模式可借鉴的模板，可以复制到其他邦推行。

3. 值得学习的经验

（1）政府提供建设土地和审查许可：该项目的土地由政府提供，且该地点在移交给社会资本方前已经建造了进场道路。邦政府提供项目最初 10 年的商业保证（保证仓库的使用率和支付储存费用）。邦政府提供的一系列便利和支持确保了项目的顺利实施。

（2）技术选择：中央邦仓储物流公司选择钢制贮仓而不是覆盖区底座和有盖仓库等传统技术。钢筒仓的建造可在 10 个月内完成，包括进口钢材料的时间，安装时间约为 2～3 个月。 混凝土筒仓需要相对较长的时间来建造，并被认为在沿海地区更有利。钢筒仓也更容易维护。考虑到所有这些因素，与其他谷物储存方法相比，使用钢筒仓的运行成本和时间以及长期运行和维护所带来的风险最小。与覆盖区底座和传统的有盖仓库相比，在项目地点建造钢筒仓的优点使得施工更快更经济。在项目准备阶段，选择正确的技术或操作方法非常重要，因此对现有技术进行成本效益分析可能对项目有很大的帮助。

（3）采用节点性机构（Nodal Agency）能更好地促进项目实施：中央邦仓储物流公司在构思项目和开展适当的项目准备活动中发挥了关键作用。与环境清理保护和森林清除有关的相关许可也是由中央邦仓储物流公司负责取得的。在项目准备和政府批准的过程中，引入公共部门机构的充分参与，可以使项目准备做得更好，并最大限度地减少项目执行的延误。

第二节 东盟国家 PPP 法律实务案例

【知识背景／学习要点】

"一带一路"倡议为我国企业对东盟的基础设施投资提供了新的机遇。在这一背景下，我国针对其进行基础设施投资提出了推进海上基础设施投资，完善评估和监管机制，充分利用新融资渠道并以差异性投资规避投资风险等对策建议。PPP 模式的基础设施建设项目通常所需资金金额庞大，建设期长，不确定性较大。而"一带一路"沿线国家的发展较为落后，收入水平较低，同时缺乏有效的资金融通渠道和监管保障体制，项目融资阶段即面临巨大的风险。目前，PPP 项目运用较为广泛的是 BOT 模式，建设期结束后，涉及较长的经营维护期，但未来的不确定性较大，国内外经营模式存在差异。同时，经营受当地未来政策影响，能否实现项目的建设初衷，并且收回项目前期的巨额投入是存在风险的。

本节通过对东盟有关国家实施 PPP 项目的案例进行分析，为我国企业在"一带一路"倡议指引下，有效参与东盟国家 PPP 项目，提供经验参考。

一、概况

（一）菲律宾

在东盟诸多国家中，菲律宾的 PPP 立法相对完善，走在了东盟国家的前列。2014 年，在经济学人发布的《关于亚太地区 PPP 的环境的评估》（Evaluating the Environment for Public Private Partnerships in Asia-Pacific）中，菲律宾在总得分榜居第七位，规章制度完善榜位列第四位，组织机构完善度排名第四位，投资环境榜位列第七位，融资机制榜位列第八位，以上排名均位于东盟国家第一位，是东盟国家中当之无愧的领军人。1994 年，菲律宾发布了第 7718 号法令《菲律宾 BOT 法》(*The Philippine Bot Law*),规定了招投标政策、提案方式、合同的直接谈判程序、合同终止、投资激励等程序事项,决定设立 BOT 中心推动 PPP 的发展,并定义了 BOT、BT、BLT、BOO、BTO、CAO、DOT、ROT 等多种 PPP 模式,还对国家级项目(national projects)和地方项目(local projects)作出了不同的程序规定。随后,其又针对该文件发布了一系列执行规则和条例(implementing rules and regulations),补充说明了可用的项目类型,列出优先项目清单。2010 年 5 月,《第 8 号执行令》(Executive Order No. 8)生效,决定将"BOT 中心"更名为"PPP 中心",规定了"PPP 中心"的功能和作用。2015 年 3 月,《PPP 管理委员会政策通告》(Public Private Partnership Governing Board Policy Circular, 2015-02)说明了 PPP 项目的种类、优先级,提出了使用"MCA 法则"(MCA Screen)对备选项目是否可用 PPP 模式进行筛选;针对不同部门的 PPP 项目规定了不同的流程。2016 年 3 月,菲律宾发布了新一版本的《PPP 管理委员会政策通告》(Public Private Partnership Governing Board Policy Circular, 2016-09),详细说明了"物有所值评估"(value for money)的目标任务、适用方法、适用原则等。《第 78 号执行令》(Executive Order No.78)提出了 ADR 机制可以作为 PPP 流程的补充工具。

(二)印度尼西亚

印度尼西亚在《关于亚太地区 PPP 的环境的评估》中总得分位列第九位,在东盟国家中仅次于菲律宾。印度尼西亚政府预计 2015—2020 年在基础设施领域每年都有 600 亿美元的资金缺口,所以将鼓励 PPP 模式的政策作为本国五年计划的一部分。印度尼西亚也为 PPP 在本国的发展积极进行框架设计。2010 年 11 月,印度尼西亚发布了《2010 年第 78 号总统令》(Presidential Regulation No.78.2010),规定了要为政府与社会资本合作提供基础设施保障。2015 年 11 月,印度尼西亚发布了《关于基础设施供应中政府与企业合作的规定》(Presidential Regulation Concerning Cooperation Between Government And Business Entities In Infrastructure Provision),明确 PPP 的目的是"通过使用私人资金,以可持续的方式满足基础设施规定的资金需求",并提出 PPP 的原则在于"合作、互惠、竞争、效率、风险控制";提出了合作类型包括交通设施、道路建设、供水与灌溉、废水处理、电力设施等内容;提出设立 Government Contracting Agency(GCA)作为 PPP 管理的主要政府机构;确定了回报机制,包括资金成本、运营成本和项目实施中产生的利润。

(三)泰国

根据泰国的《PPP 战略计划(2017—2021)》[Public Private Partnership Strategic Plan B.E. 2560-2564(2017—2021)],泰国将在 2021 年之前通过 PPP 完成 55 个项目,预计总投约为 16172.26 亿泰铢,其中,私人投资占37.79%,涵盖了机场建设、铁路交通、为弱势群体服务的收容所、数字经济基础设施(digital economy infrastructure)、医疗设备、公共卫生基础设施、公共教育基础设施、水利灌溉等多个领域。与之相应的,泰国的 PPP 法规也在逐步发展完善中。在税收方面,泰国也给予社会资本方税收优惠,比如:任意地区免征机器进口税,任意地区提供 8 年企业所得税免税期,交通运输、电力与水利供应费用加倍扣除,用于生产或出口的原始研究材料免征进口税,安装或建设设施的费用按 25% 加计扣除等。2013 年,泰国颁布了《国家事业私人投资法案》(Private Investments in State Undertakings Act),决定设立国家事业私人投资委员会(Private Investments in State Undertakings Policy Committee)并规定其组成人员的设置;明确了国家事业私人投资委员会需制定相应的战略性计划(strategic plan);规定了项目的提案阶段和执行阶段的具体流程等。同年,泰国颁布了《关于私营部门参与运作国家活动的法案》(Act Governing Private Sector Participation in Operation of the State Activities),对《国家事业私人投资法案》的内容进行了补充说明,其中提到的战略性计划包括:各部门的国家活动投资政策,私营部门参与投资的目标以及国家和私营部门的投资估算;内阁和委员会必须遵守战略计划,作为审议项目批准的基础;此外,还详细规定了项目的执行过程,见图 5-3。

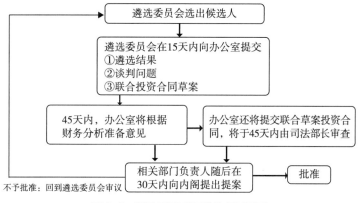

图 5-3 泰国 PPP 项目的执行过程图

（四）马来西亚和新加坡

马来西亚和新加坡目前尚无关于 PPP 的统一立法，但都发布了指导手册用以指导国内的 PPP 项目。马来西亚发布了《PPP 指导手册》（Public Private Partnership Guideline）用以指导国内 PPP 的开展。首先，指出 PPP 的原则是"注重经济社会影响""注重物有所值评价和为政府节约成本""快速交付项目和提高公共服务水平""执行问责制，提高行政效率"；指出了 PPP 提案必须包含的信息、政府方和社会资本方的各自权益义务等。其次，在税收方面给予了 PPP 丰富的优惠，提供了基础设施免税额、工业建筑物免税额以及印花税减免，以增强社会资本方的投资积极性。新加坡财政部于 2012 年也发布了《PPP 指南》（Public Private Partnership Handbook），强调了 PPP 在公共基础设施建设中的重要作用。

二、案例分析

（一）马尼拉供水服务 PPP 项目

1. 项目简介

在 20 世纪 90 年代早期，马尼拉被陈旧低效的供水系统所困扰。在马尼拉东部，四分之三的房屋没有 24 小时供水服务，只有 8% 的家庭有污水处理设施。而几乎三分之二的家庭用水因泄漏、测量不严和非法连接等原因流失。此外，负责向居民提供供水和污水处理的政府系统（Metropolitan Waterworks and Sweage System，简称 MWSS）已负债累累，无法实现对供水系统的必要维修和服务。

1995 年，上述情况促使菲律宾政府颁布了《国家水危机法》，而该法案的制定也使得政府部门发生了根本变化。政府的战略核心是将城市供水和污水处理系统的业务私有化，改善供水和卫生服务的质量并扩大服务覆盖范围，提高供水系统的运营效率，消除资本支出的财政负担。政府决定划分两个独立的区域让社会资本方实施城市供水和污水处理系统：东部 40% 的人口由马尼拉供水公司（Manila Water Company）提供供水服务，西部 60% 的人口由马尼拉德供水公司（Maynilad Water Service）提供。划分该区域将有助于政府机构监管上述区域并进行比较。然而，由于还需要考虑供水管道相连等问题，这种地域划分使操作变得更加复杂。

（1）特许经营权的条款

根据特许经营合约的条款，两家社会资本方负责有关地区的供水和污水处理服务。他们有权收取水费，但必须支付运营成本、投资费用以及政府的特许费（主要用于偿还供水公司的历史债务）。与此同时，他们扩大了供水范围以实现原定供水服务的目标，包括：①将水压提升至每平方 16 升；②5 年内不间断 24 小时供水服务，必须遵守菲律宾国家饮用水安全和污水标准；③在 10 年内实现全面供水覆盖，在 25 年内实现 83% 的污水和卫生覆盖；④为了实现这些目标，在合同期限内，估计需要投资 70 亿美元。根据特许经营合约，净资产由城市供水和污水处理系统所有，特许投资人的所有额外资产将在特许经营期限届满后移交管理城市供水和污水处理系统的政府部门（这是一种预见性质的补偿）。

（2）水费定价程序

特许经营权授予后，城市供水和污水处理系统委员会在其监管办公室的建议下确定了水费价格。除此之外，特许权合同中还规定了水费调整程序，包括针对通货膨胀的年度调整，以及不可抗力情况下的临时调整。此外，还有一个为期五年的重调制度（rebasing system），以确保特许权者能获得一定的回报。这种制度实际上是根据由城市供水和污水处理系统监管办公室确定的"适当贴现率"（类似基础设施项目的通常回报率）来对特许权人获得的报酬进行调整。

（3）效率提升

为了评估采用 PPP 模式是否实现了效率提升，这里有两个关键问题：一是性能是否提高，二是社会资本方进入后水费是否下降。

2. 性能水平

由于供水服务业务私有化的主要原因是为了改善供水服务的质量，因此需要考虑的是，自获得特许权以来，供水服务的水平是否有所改善。

首先，供水服务覆盖范围方面，由于两个特许经营公司都大大增加了供水服务的连接数量（1997 年至 2013 年间连接数量几乎增加了两倍），服务覆盖范围得到了显著扩大。目前，马尼拉供水服务公司为其服务区 99% 的人口提供 24 小时的供水服务，约有 97.8% 的客户享受 24 小时不间断供水。

其次，自 1997 年以来，水流失的情况就有了显著改善：马尼拉东区的水流失从 45% 降至 12%，西区的水流失从 66% 降至 39%（2013 年数据）。当然，进展的速度要比计划慢一些，因为大多数的水流失减少情况是近几年才实现的。

最后，水价的变化情况。项目的预期是效率的提升能够带来水价的降低。下面我们看看马尼拉水价是如何随着时间的推移而变化的。

为了提高引进社会资本方后水价的折扣率，在招标阶段之前马尼拉就对很久未变动的水价进行了调整（水价提高了 38%），以确保引进社会资本方会被公众接受。投标结果远远超出了预期，因为其中一位投标人提出的基准费率仅为招标时 MWSS 水价的四分之一，见表 5-10。

表 5-10　水价的平均基价（比索 / 立方米）

私有化前的水价	8.56
西区：马尼拉德供水公司竞标水价	4.97
东区：马尼拉供水公司竞标水价	2.32

　　然而，这些非常低的报价引发了一些疑虑，即投标者是否采用了"低价竞争"战略（即私营企业提供极具竞争力的投标以确保中标，之后在项目执行中重新谈判以增加水价来收回短期损失）。对拉丁美洲和加勒比地区的 1000 例特许经营的研究表明，重新谈判在招投标中非常常见，且中标者通常会在中标后很快就提出重新谈判。对于供水和卫生部门来说尤其如此，所研究的 74% 的特许经营权项目都平均在中标的 1.6 年后进行了重新谈判。马尼拉项目也不例外。

　　受亚洲金融危机的影响，政府在授予特许权后，很快出现了财务困难。比索的贬值更使特许经营公司承担的以美元计价的城市供水和污水处理系统项目的债务几乎翻了一番。为了缓解这些压力，2001 年 10 月菲律宾政府通过了一项合同修正案，以便在汇率波动后更快地调整水费，从此以后，水费开始加速增长。按实际水费价格来看，其已开始超过特许经营前的水平（西区从 2002 年开始，东区从 2005 年开始，见图 5-4）。2012 年的水费，与特许经营之前相比，已高出了约 50% 和 100%。

图 5-4　水价变化趋势图

　　这说明效率的提高并未带来更便宜的服务。如果不实行私有化是否能够避免水价增长这一点尚无定论。世界银行以发展中国家近千家公共和私营供水服务为样本的研究发现，供水项目采取公私合营模式与政府部门管理模式的平均水价水平没有差异。就马尼拉供水项目而言，有人认为，如果不将水价提高到相应价格（或接受公共补贴），两个社会资本方提供的城市供水和污水处理服务很可能达不到规定的水平。其中一个原因是城市供水和污水处理的生产力水平低于特许公司所达到的水平。例如，在引入社会资本方之前，城市供水和污水处理系统的工作人员过多，以至于每 1000 个连接点就有 13 名员工，比该地区的类似供水服务公司多 2～5 倍。社会资本方通过减少员工和扩大客户基数来提高服务水平。到 2010 年，马尼拉供水服务公司的员工为每 1000 个连接点 1.4 个人。

3. 结论

我们基本可以得出这样一个结论：马尼拉的供水因为使用了 PPP 模式而有了重大进展。而从城市供水和污水处理系统的运营记录中也可以看出，没有社会资本方的加入，效率提升可能无法实现。

该项目也遇到了各种困难：投资商中标后必须快速地修订水价公式；污水处理服务的进展比预计缓慢；价格在初期下降后就一直处于上升状态。其中一个特许经营公司（Maynilad）甚至破产了，在找到新的私人运营商之前，政府必须一直投入公共财政拨款来填补缺口以确保供水服务的连续性。除了上述问题，公正地说，引进社会资本方可以提高效率。而这一结论也与其他国家的研究结论相一致。

（二）曼谷 BTS 空铁项目

1. 项目简介

目前，有关交通预测的理论研究和实践经验非常丰富，但学界对于交通预测的精确程度以及因预测错误产生的后果的关注度仍有待提高。研究表明，交通部门在交通预测上错误百出。罗伯特·贝恩所著的《收费公路交通预测的失误与策略性高估》指出：在欧洲投资银行资助的 PPP 项目中，出现问题的主要原因,都是高估了道路的交通性能。

相较于免费公路,收费公路更常出现交通预测的错误,并且政府部门会更加频繁地高估道路的性能。一般情况下,这些不实预测的原因包括:①项目的复杂程度;②对交通流量提升的难度和所需时间估计不足;③高估了时间的价值;④对外界的宏观经济预测过于信赖。

本案例将介绍曼谷空铁项目的情况,从而进一步探究该问题如何影响 PPP 项目。

曼谷占地约 606 平方英里,人口密度大。从 20 世纪 90 年代起,曼谷的交通状况已经呈现出紧张的状态。随后 10 年,道路流动车辆增加到此前的两倍以上。道路上密集的公共汽车、私家车、摩托车使曼谷成为世界上道路最拥挤、空气污染最严重的城市之一。

在亚太经合成员国的支持下,曼谷政府开展了多方考察、全面研究,最终决定建设轨道交通系统,从而便于开发曼谷市中心以外的区域,进而缓解市中心交通严重堵塞的状况。然而,经初步估算,建立轨道交通系统的成本将超过 10 亿美元,这远远超过了政府在该项目中能投入的资金。因此,政府决定通过为期 30 年的 BOT 方式建设一套高架轨道交通系统(即曼谷空铁项目)。

(1)融资方案

曼谷空铁项目的预计总成本为 555 亿泰铢(14 亿美元),建造资金来自股权融资和债务融资。其中,债务和股权的比率以 2∶1 确定。债务融资来自国际金融公司(IFC)、德国开发银行(KfW)以及泰国银行。

这 3 家银行在设计项目融资结构时达成了以下 3 个原则:①大部分贷款需来自当地银行,进而保护项目免受政治干预,同时降低外汇风险;②施工方应分担初始运营的风险,以确保按时和高质量地完成施工;③包括贷款在内的整体融资方案需要满足预期的资金流支出,从而弥补项目启动初期的资金不足。

(2)PPP 结构

在该 PPP 项目的初始合作关系中,政府方面是该市的地方政府即曼谷市政府（Bangkok Metropolitan Administration，简称 BMA），曼谷市政府的数个相关机构参与了该 PPP 项目。私人方的合作伙伴是曼谷运输系统公司（Bangkok Transist System Corporation，简称 BTSC），该公司是 1992 年为了实施曼谷空铁项目专门成立的，经曼谷市政府允许，BTSC 将保留 30 年的列车运营收入。

（3）票价

以单人为计算标准，曼谷运输系统公司的车票价格低于出租车的价格，但明显高于公交车类的公共交通。由于曼谷运输系统公司未能将空铁与其他公共交通恰当衔接，实际运营的乘客量受到了负面影响（数据表明，最初的乘客量仅为预测水平的 25%）。

根据特许权合同的条款，曼谷运输系统公司在调整列车票价前需要综合考虑通货膨胀、利率、电价以及曼谷市政府的其他重大投资等因素，并经过曼谷市政府的批准。目前，该列车的收费标准为按区间计价，乘客也可以购买月票。

（4）风险和收益分配

1992 年，曼谷运输系统公司与曼谷市政府签署了 BOT 协议。其中，曼谷运输系统公司负责该项目全部的设计、融资、建设和运营，并保障建设和运营安全。同时，曼谷市政府需要给予曼谷运输系统公司相应的权利（即特许使用权），并协助曼谷运输系统公司在施工期间沿空铁线路安置公共设施。根据合同协议，曼谷运输系统公司的所有收入来源于列车票价，政府不向曼谷运输系统公司提供运营空铁的资金（这种模式也称为"净成本"模式）。但是，曼谷运输系统公司可以保留所有广告收入和列车车票的收入。并且，曼谷运输系统公司在协议生效的前 10 年也无需向曼谷市政府支付许可费。基于上述合同条款和政府预计的乘客量，曼谷运输系统公司预计能在运营后的前 10 年以 16% 的回报率收回成本。

（5）预计乘客量

尽管政府部门预测列车初运营时每天能有 600000 名乘客，但实际上的初始乘客量为 150000（仅为预测值的 25%）。截止到 2006 年，每天的乘客人数增加到 380000 名,但仍远低于预期水平。

远低于预期乘客量的原因如下:

①未能与其他公共交通方式的恰当衔接造成的交通不便导致乘客量低。

②在设计过程中未充分考虑列车站的可访问性。比如列车线路未能直接进入商场或缺少自动扶梯。如果列车站能够安装自动扶梯和建造侧桥,乘客人数就会增加。

③列车线路辐射范围过小。起初,空铁项目是以曼谷市中心为起点向外延伸的两条线路,仅长 23.5 公里,无法满足许多潜在乘客的需求。

④票价略高:在泰国,富裕人群往往使用私家车,因此,空铁面向的对象往往是普通或低收入人群。由于列车票价高于公共汽车或政府补贴的普通列车类的其他公共交通工具,乘客量受到了明显影响。

⑤缺乏参考基准:由于泰国此前没有大规模的快速交通系统可作参考,曼谷空铁项目的交通模型来源于其他国家。而其他国家的例子忽略了泰国当地的特点。例如,曼谷的天气多雨、积水较多,而每个列车站的集水区域有限。

在实践中,交通预测的不准确性并非曼谷空铁项目所特有的,曼谷的另一个大规模快速交通项目——捷运蓝线(MRT Blue Line)也面临着同样的问题。该项目是 2004 年开通的地铁线,但截至 2013 年,该项目的每日实际乘客数量仅达最初预测的 30%。

(6)财务影响

这种不准确的交通预测直接给空铁项目和曼谷运输系统公司带来了严峻的财务困难。加之 1997 年泰铢的大幅度贬值加重了曼谷运输系统公司的债务负担,曼谷运输系统公司身处更加艰难的处境。截至 2002 年,曼谷运输系统公司开始债务违约,不得不与债权人探讨债务重组安排。2006 年,由于债务仍没有丝毫起色,曼谷运输系统公司于 2006 年 2 月 20 日向破产法院提出业务重组申请,并于 2007 年 1 月 31 日获得法院批准。由此,曼谷运输系统公司将大部分债务转为股权(杠杆率从 2∶1 下降到小于 0.3∶1),并且核销了大量的股权和债务。

2008 年 10 月 29 日，曼谷运输系统公司走出业务重组，并获得了第一笔利润。不久后，空铁项目得益于两次线路延长（2009 年线路延长 2.2 公里，2011 年延长线路 5.5 公里），乘客量激增。与初始线路的建设不同，这两次线路延长的建设资金来源于曼谷市政府。

2013 年 4 月，曼谷交通系统轨道交通基础设施成长基金（BTSGIF）在其首次股份公开发行中筹集了约 2.13 亿美元的资金，是泰国历史上金额最大的一次 IPO。募集的资金用于购买曼谷运输系统公司在剩余特许经营年度内的净收益权，其中，净收益的计算方法为：净收益 = 车票收入 - 运营成本和资本支出。然而，在 PPP 关系中，曼谷运输系统公司仍然是独家特许权人、独家运营商。此外，曼谷运输系统公司的主要股东曼谷运输系统集团还持有 BTSGIF 三分之一的股份。而 BTSGIF 则意欲为未来新的大型公共交通运输项目提供资金支持。

2. 结论

从运营角度来看，曼谷空铁项目是一个成功的项目。它既缓解了曼谷市中心的交通拥堵，又在短短九年内从最初的概念设计阶段实现了商业运营，这在同类项目中是相当神速的。政府对项目的投资也相当受限，只为最初的路网提供了土地。与此相比，在捷运蓝线项目中，政府不仅提供了道路通行权，还为土建工程提供资金，项目总成本 85% 的资金都是政府提供的。

然而，对投资人和融资方而言，很难说曼谷空铁项目是一个成功的项目。对将来乘客量的不准确预估直接导致曼谷空铁项目和曼谷运输系统公司陷入财务困境，投资人和融资方的股权和债权也在项目公司重组的过程中大幅缩水。这很可能促使私人投资者不愿意投资于类似的收益基于将来用户需求的项目，从而对曼谷未来大规模快速交通项目的融资产生负面影响。私人投资者的缺乏也解释了为什么政府在建设下一条捷运线（MRT Line）时选择"总成本"特许权模式的融资方式。在"总成本"特许权模式下，项目收益归政府所有，在特许权人满足协议约定服务标准的前提下，政府向特许权人支付其成本和约定利润。这表明私人运营商的收益不再与实际的乘客水平相关联，相应的，运营商在提高乘客量方面的积极性也不会太高。

总而言之,曼谷空铁案例说明了在不准确的预测的前提下将需求风险转移给私人合作伙伴将遇到的困难。然而,政府保留需求风险又会产生其他问题,例如激励不足。在这方面,政府可以考虑混合两种风险承担模式,比如,形成改良版"总成本"特许权模式:特许权人完成一定目标后,政府向其支付额外的奖金。由此可见,在风险分配中找到合适的平衡点对 PPP 项目的成功至关重要。

(三)新加坡海水淡化 PPP 项目

1. 项目简介

对新加坡而言,水资源极为珍贵,因此,新加坡政府更要策略性地对水资源进行开发利用。建造淡化海水厂是新加坡通过 PPP 项目生产安全可靠和持续供水的尝试。新加坡的大士是新加坡第一个海水淡化 PPP 项目,该项目被新加坡作为政府、贷款机构和私营企业合作的试点项目。下面对新加坡开发海水淡化项目融资情况进行相关分析,进而揭示海水淡化项目融资成功的关键点。

新加坡通过构建 PPP 建成大士海水淡化项目表明:新加坡政府有信心成为东南亚第一个采纳 PPP 模式发展基础设施建设的国家。目前,包括体育中心、大学校园和 IT 项目在内的新项目正在筹备中。2005 年,海水淡化项目开始商业化,当时它的公私伙伴关系还处于私营企业自主建造自负盈亏的结构中。现如今,海水反渗透的技术被公认为是最具前景的海水淡化技术。

(1)背景

当时,新加坡正在致力于将国内的水库流域面积从国土面积的一半扩大到三分之二。1961 年至 1962 年,为保证供水充足,马来西亚同意新加坡从马来西亚引进水源,引进有效期分别到 2011 年和 2061 年。这一举措满足了新加坡一半的日常用水需求。新加坡政府为减少对马来西亚的依赖,进而提出海水淡化的提议。由此,新加坡海水淡化工程开始起步,其中,大士海水淡化项目则是这类工程中的第一个建成项目。据估计,截至 2011 年,海水淡化项目能够满足新加坡每天用水需求的 30%(新加坡日用水需求约 8800 万加仑)。大士海水淡化项目是新加坡第一个 PPP 项目。该项目对水资源紧缺的国家具有重要的战略意义。

（2）项目描述

2003 年 1 月，新加坡公用事业局（Public Utilities Bureau，简称 PUB）与 SingSpring（SPV）签订了海水淡化厂的 BOO 协议，该公司是由凯发有限公司（70%）和昂帝欧水务（30%）组成的联合体。特许经营期限是 20 年，淡水产量每天 13.638 万立方米以上。这是新加坡在水务行业的第一个 PPP 项目。该项目满足了新加坡 10% 的用水需求。大士海水淡化厂是世界上最高效的海水反渗透（SWRO）工厂，耗能只有 4.2kWhr/m³，预计第一年的水价为 49 美分每立方米——这是世界上类似项目的最低价。这反映出了大士海水淡化厂主要的特征，见表 5-11。

表 5-11　新加坡海水淡化 PPP 项目的主要特征值

项目特色	新加坡大士海水淡化项目
生产能力	136.380 立方米 / 天
技术类型	海水反渗透（SWRO）
建设成本	1.17 亿美元
特许期	20 年
合同到期时间	2025 年
合同类型	建设—拥有—运营（BOO）
招标方式	公开竞争招标
项目融资类型	有限追索权
水价费率（第一年水价）	49 美分 / 立方米
项目贡献	满足该国 10% 的饮用水需求
项目融资	在当地融资

续表

融资	股权融资：由凯发有限公司（70%）和昂帝欧水务（30%）投资，共2047万美元 债务融资：四家涉及债务融资的银行为新加坡发展银行（DBS）、联合标准渣打银行、比利时联合银行（KBC）和荷兰国际集团（ING），融资总额为9653万美元
债务组成	10065万美元的定期贷款；400万美元的备用贷款，用于覆盖70%的成本超支

（3）主权信用评级及次主权风险

评级机构对政府、市政当局或水务公司的内部融资或外部融资能力极具影响力。对同一国家，评级机构会就本国货币评级和外汇评级使用不同的标准。银行把主权风险视为新兴市场水务融资的主要风险。优良的主权信用评级可以帮助项目获得更多的债务融资途径。对于主权信用评级高的国家，项目一般由当地商业银行融资。此外，新加坡享有稳定的主权信用评级，相较于其他的国家更适合投资。由于拥有稳定的投资等级，新加坡能够吸引到国际融资机构、多边组织、私人离岸银行等投资者。反映新加坡的主权信用评级见表5-12。

表5-12　新加坡的主权信用评级

国家	当地货币（长期）	展望	外币（长期）	展望
新加坡	AAA	稳定	AAA	稳定

大士海水淡化项目融资采用银团贷款的方式：由新加坡发展银行（DBS）牵头，参贷行包括联合渣打银行、比利时联合银行（KBC）和荷兰国际集团（ING）。该项目属于有限追索融资，追索权主要来自对服务购买方（即购买水的新加坡公用事业局）支付义务的担保。因为新加坡公用事业局是垄断的购买方，对投资者而言，他们更注重这类公用事业单位的财务状况。鉴于新加坡公用事业局有良好的财务记录，因此，新加坡公用事业局为该项目提供的担保信誉度极高，从而降低了支付风险。有AAA级信用等级的新加坡政府为新加坡公用事业局提供担保，最终获得了80%的杠杆融资。可见，在大士海水淡化项

目中,主权信用评级高和次主权风险低为项目融资打下了坚实的基础。

（4）融资的来源和方式

大士海水淡化项目的全部资金都是在国内筹集,且权益投资者和债权人均来自当地。其中,海水淡化项目的主要股权投资人为经新加坡政府认可的国内企业,即新加坡凯发。在大士海水淡化项目中,凯发占 70% 的股权。这家新加坡公司此前已在水利行业做出了令人印象深刻的成绩,为工业客户、市政客户设计、建设、供应、经营和维护水务设备。

新加坡有着发达的国内债券市场和长期债务融资市场。在海水淡化项目中使用国内债务融资,不仅可以避免外汇风险,也为项目的成功争取到贷款银行的支持。同时,在当地筹集资金也减少了政治风险。在大士海水淡化项目融资期间,新加坡有不少银行愿意参与项目融资。他们在项目融资领域相当活跃,并为 PPP 项目提供合理的融资期限。由新加坡发展银行牵头的银团为 SingSpring（项目公司）提供融资 1.065 亿美元,使得大士海水淡化厂项目的融资方式成为当地债务融资的范例。该项目的债务期限为 18 年,是新加坡债务融资历史上年限极长的第一例。

（5）新加坡政府在 PPP 关系中的地位以及对 PPP 项目的支持力度

大士海水淡化项目得到了新加坡政府和其他利益相关机构的大力支持。新加坡公用事业局的人员配备齐全:该团队拥有财务、法律和技术专家,有助于制定特许协议。新加坡公用事业局除聘用受过专门培训的 PPP 专业人员外,还邀请具备专业资格的独立顾问对该项目提出建议,并监督该项目。大士海水淡化项目中政府的技术是 Fichtner 和 Black,而发起人的技术顾问是 Veatch。

①招标程序

在大士海水淡化项目中,采购机构遵循公开透明的招标原则。该项目的竞标者包括 SingSpring、SembCorp、Tuas Power 和 Keppel Infrastructure。由于 SingSpring 表示在保证技术达标的情况下,能够提供最低成本,因此,它成为此次招标的中标者。此外,新加坡政府还提高了招标程序和评标期间的透明度。

由于新加坡政府迫切希望大士海水淡化项目作为新加坡第一个 PPP 项目能够取得圆满成功，大士海水淡化项目的资格预审、投标和评标过程持续了 18 个月。在保证技术规范符合标准的前提下，政府招标时允许投标者选择最创新和最具成本效益的方案。

②保障措施与激励措施

尽管政府不向大士海水淡化项目提供贷款或者进行投资，却以其他形式保障该项目的顺利进行：①政府协助及时发放许可证和其他授权许可书；②新加坡政府通过租赁新加坡裕廊集团（JTC）的土地，从而提供建造海水淡化厂的土地使用权；③新加坡政府还保证了最低购水量；④准许项目有调整水价的自由，水价的变动与新加坡消费者物价指数（CPI）相关联。

（6）能源供应协议

对海水淡化项目而言，海水淡化极度依赖电力，因此，成本投入和电力供应也是融资的关注点之一。据统计，日产量为 5000 万加仑淡水的海水淡化工厂消耗约 35 兆瓦的电力，且海水淡化项目的运营成本中能源成本的比重较大。在大士海水淡化项目中，SingSpring 与塞拉亚能源（Seraya Energy）于 2004 年和 2006 年分别签订了初始能源供应协议和补充能源供应协议，约定塞拉亚能源（Seraya Energy）为海水淡化厂商业运营提供电力至 2008 年 12 月。此后，SingSpring 又以招标的方式签订了一份新的能源供应协议。尽管如此，能源成本仍是 SingSpring 年度运营成本的重要组成部分。这种成本易受燃料价格的影响。为了更好地管理燃料价格风险，SingSpring 已经根据预期的产能需求进行了燃料掉期安排，以抵消这一风险。

（7）风险分配与管理

实施可盈利商业结构的关键是承购协议以及项目的风险水平。并且，公平分担风险是一切 PPP 项目的基础。因此，科学的风险分配是最优价格和服务的基础。表 5-13 显示了大士海水淡化项目管理风险的情况。

表 5-13 新加坡大士海水淡化项目管理风险表

风险种类	新加坡大士海水淡化项目
履行合同风险	SingSpring 协议规定，如果业绩不好而导致新加坡公用事业局行使介入权（step-in rights），则可以不付款。
	项目风险仍然存在。
施工风险	提名博莱克威奇作为技术合作伙伴，该公司解决复杂水务问题的经验很丰富。与 Hydrochem（EPC 承包商）合作设计膜设备。
	风险转移到承包商，承包商和咨询公司共担此风险。
操作风险	如果工厂的效能降低，则容量水费减少。如果水产量减少，则产量水费减少。此外，如果水质达不到标准，则新加坡公用事业局也没有付款义务。
需求风险	公用事业局（PUB）是淡水的唯一购买方。
价格风险	与新加坡 CPI 挂钩。
法律变更	价格相应调整。
	政府承担了这部分风险。
供给风险	能源成本的大幅变动将会显著影响 SingSpring 的材料价格。
	风险由 SingSpring 承担。
外汇风险	收入和主要的运营支出以新加坡元计价。
环境风险	在排放废水前做全面的评估，同时，确保产品达到世界卫生组织的饮用水标准。
	风险在私营部门。
不可抗力风险	允许 SingSpring 享有补救期和不作为理由。此外，在债务拖欠的情况下允许债权人介入，新加坡政府或公用事业管理局会支付容量水费。
	风险由公私部门共同分担。

在大士海水淡化项目中，项目组一开始就把注意力放在环境问题上。在大士海水淡化项目中，盐水流通过水下的排水口排放入海，排污口位置和大小都经过严格的整体评估，以减少对环境的影响。

（四）马尼拉自动售检票系统（AFCS）项目

1.背景

20 世纪 90 年代末非接触式智能卡越来越受到城市交通收费系统的青睐。非接触式智能卡通常和信用卡差不多大小，同时该智能卡带有微芯片，通过射频识别（RFID）存储和传输数据。这使得智能卡可以与有关设备（10 厘米以内）连接而无须物理接触。为了安全起见，智能卡还能够存储足够的信息来处理货币交易并描述持卡人的详细信息。通过使用这些系统，用户不再需要使用硬币、代币或纸质票据。

考虑到智能卡的诸多优点，菲律宾当局决定为马尼拉的三个城市轨道交通系统引入这项技术，这三条线路是：轻轨 1 号线（LRT 1），轻轨 2 号线（轻轨 2）和轨道交通 3 号线（MRT 3）。

所以三条线路（包括 44 个站点）一直采用磁条卡收费技术。但是，该系统的可用性已接近尾声。这主要是因为这种卡比智能卡更脆弱，容易损坏，如果划伤或弯曲则不再可读。此外，这些卡的存储容量相比智能卡明显更低，而这不仅限制了磁条卡可以记录的票证类型范围，也意味着通常无法记录持卡人的身份信息。

2.项目优点

在马尼拉，智能卡技术不仅为每天使用轻轨线路的 100 多万乘客带来了便利，同时也为运营这些线路的当局以及公众带来了重要的好处。

①为政府 / 运营商带来的好处

更高效的票价收集系统。传统上，从一个城市的多个票价收集点收取现金需要花费相当可观的成本，需要采取很多安全措施并且花费大量的人力来计算和收集硬币以及将收集的金额与行程核对。智能卡可以有效减少这些费用，同时允许检票员花更多的时间在非法或不合规使用卡频率较高的地区。除此之外，收入的准确性也将大大提高，通过自动收费系统，检票员不需要对收到的钱清点计算，并且由于每笔交易都有准确的记录，因此，收到的车费与实际行程不符的情况也会被消除。

欺诈案件也可以大大减少。英国交通部的一项研究表明，自从推出牡蛎（Oyster）卡（即伦敦的公共交通工具使用的智能卡系统）以来，不规范旅程的百分比（无票或错误票的旅程）从 2.5% 下降到了 1.5%。据估计，这种欺诈的减少意味着每年将节省高达 4000 万英镑的成本。

为交通规划提供更多可靠的信息。通常，用于制定交通政策和交通服务计划的各种数据是通过年度旅行问卷调查等形式收集的。以此方式收集数据费用昂贵，并且不可避免地只能搜集到所有旅行的一小部分样本。自动收费系统（AFCS）的数据可以取代传统的人工调查，因为在交易发生时交通数据就被系统收集，基本上不会给运输机构带来任何边际成本。自动收费系统搜集的数据也代表了乘客使用智能卡旅行的所有完整样本。

出于这些原因，自动收费系统的数据非常有价值，可以帮助政府了解乘客的出行需求，从而有助于更好地运营和规划，并实现最佳的资产利用。

更科学的需求管理。政府的主要目标是通过投资新基础设施和车辆的供应来促进公共交通的使用。实施智能卡售票为政府提供了一个机会，可以大大影响对公共交通的需求，并支持大众远离私家车。由于可以获取完整的需求侧的旅行数据，运输运营商可以在特定时间提供往返特定地点的旅行折扣，以刺激需求在整个网络中的传播，最大限度地发挥其创收潜力，并鼓励在非高峰时段增加乘客量。

②为乘客带来的好处

易用的综合售票系统。智能卡首先简单易用，允许乘客从一条线路（或运输方式）无缝换乘到另一条线路，这反过来也可以让乘客的旅行计划更加灵活。多功能卡（一张卡可乘坐多种交通工具）还可以鼓励更多人使用公共交通工具，并促进运营商和交通规划者鼓励多式联运旅行模式。旅行不再需要预先安排，并提前购买门票。"随时付费"（PAYG - pay as you go）的功能还可确保乘客所支付的费用与行程完全一致，因为在每次旅程的开始和结束时都需要刷卡。

减少行程时间。对于乘客来说,智能卡的一个关键优势是缩短旅行时间(通过更快的交易时间和更少的售票处排队排除障碍)。通常,智能卡交易只需要150毫秒就能完成,并且由于公共交通员工不再需要收取车费和发行车票,智能卡售票系统可以大大节省时间。例如,在伦敦,牡蛎卡大大减少了售票机的排队时间。尽管运营的售票处数量比之前有所减少,平均售票处排队时间仍然从使用牡蛎卡前的129秒下降至使用牡蛎卡后的78秒——减少了40%。进出车站的客流量有所改善,反过来也可以缓解拥堵,尤其是在人口稠密的城市环境中,如马尼拉,以及乘客量逐年增加的其他城市。相应地,运营商可以增加服务频率,提高运输资产的利用率。

3.PPP结构

马尼拉的自动售检票系统与新加坡和香港的自动售检票系统的不同之处在于,自动售检票系统的提供者不是公共运营商的子公司,而是一家签约公私合营合同(PPP)的私营公司。2014年1月,通过签订价值3822万美元的PPP合同,交通运输部授权太平洋地铁公司和阿亚拉公司领导的AF财团对自动售检票系统进行管理。AF财团将运行该系统10年,包括2年的开发/交付,并将负责现有轻轨和地铁3号线自动门的融资、安装、施工、翻新和维护。私营部门也将引进一个中央结算系统,对所有交易进行验证和结算。实际上,私营部门将在整个收费期间建立、运营和维护收费系统。

①公开招标。在马尼拉采购新的自动售检票系统时,菲律宾政府在招投标中引入了良性竞争,33个潜在投标人和5个预选的竞标者来竞争这一机会。大量投标人参与一方面是由于该项技术比较成熟,许多供应商已经提供过这些服务;另一方面是因为菲律宾的投资政策环境近年来有了很大的改善。2014年,经济学人"智库"(EIU)称,该国拥有"最完善的监管和体制框架"和"最完善的投资环境和金融设施"。许多竞标者,包括中标的AFCS财团,也看到了将自动售检票系统扩展到其他运输领域以及零售业的潜力。由于投标人数量众多,

运营成本在如此激烈的竞争环境中被压低了。

②收入来源。重要的是，菲律宾新的自动售检票系统不会给乘客和政府带来额外费用。政府对这个项目的投入非常有限，政府只提供轻轨系统售票服务的 5 年专营权。社会资本方将安装新的售票门并运行该系统，预计不会从票价交易中获利。实际上，中标人除了有安装和运营自动售检票系统的项目成本外，还需向政府支付 1088103900 菲律宾比索，约合 2340 万美元的溢价。

社会资本方希望可以在承接自动售检票系统后将智能卡扩展到其他领域中，从而获得适当的资本回报，如购物中心的商业支付、顾客忠诚计划等。事实上，自动售检票系统的设计不仅满足了公共交通的需要，同时也满足了其他交通方式或小额支付服务的需要。在这方面，公交卡系统庞大而广泛的用户群将使其扩展成为一个非常可行的选择。例如，香港的八达通卡，该卡最初于 1997 年推出，用于公共汽车和地铁。目前，香港 99％ 的年龄在 16 岁至 64 岁之间的公民使用八达通卡，每天交易超过 1300 万次，价值超过 1.6 亿港元。八达通卡的大部分收入来自交通运输之外的其他交易，目前该卡的系统涉及 7000 多家服务提供商。八达通卡可以用于超市和便利店等商店的支付，用于控制建筑物的出入，并作为忠诚度奖励计划的平台。

③系统实施。签署后实施的第一年至关重要，因为在此期间，PPP 将面临真正的风险。公共部门（特别是 PPP 项目的新员工）倾向于只关注交易，而一旦签署就忽略了对合同的持续性管理。然而，项目的有效实施取决于签署后管理的质量，从而使政府避免任何不必要的风险。合同签订后，高级政府官员和政策制定者在审查计划、保护消费者权益、提供信息等方面发挥着重要作用。PPP 项目的成功必须有一个共同的执行愿景、一个强有力的项目管理计划、参与各方都明确自己的角色和责任，以及公共和私营部门之间的密切合作。

由于采用了 PPP 结构，只有在系统运行时才能产生收入，所以，私营部门也有很强的动力来加速执行。

④项目推广。像马尼拉这种特别适合自动售检票系统实施的大城市拥有大

量的人员和庞大的客户基础。这些因素为项目推广提供了巨大的激励。新的马尼拉自动售检票系统计划为巴士、的士等运输方式提供服务,并成为乘客的首选付款方式。此后,新的智能卡售票系统会成为便利店里的电子小额支付方式,还将推广到停车场、小商家、自动售货机等,进而带来多种经济效益。非接触式智能卡像这样成为一个单一的集成卡,具有满足运输和零售两方面要求的特性,包括易于使用,交易快速准确,能够替换现金,安全性高和数据收集方便利于改进客户识别和服务。

4.结论

对菲律宾政府来说,引入私营企业作为伙伴来执行和运行一个新的自动售检票系统在许多方面都是非常理想的模式。第一,PPP机制是急需建设的公共基础设施项目获得投资的一种方式,既能提高效率,又不对公共预算造成过多的影响;第二,私营部门介入自动售检票系统,为政府带来了一系列好处,包括风险可以转移到私营部门、需求管理得到加强、为交通规划获得更多可靠数据和提供高效的收款方式;第三,自动售检票系统还将为乘客提供一种安全可靠的票务形式,既便于使用,又能缩短旅程时间,从而提高整体的乘客体验;第四,这些好处并不会给政府或乘客带来额外的成本,因为这个新系统的投资完全来自私营部门。

因此,马尼拉自动售检票系统是一个极好的案例,展现了私营部门投资作为政府事务替代资金来源的潜力。受该项目启发,区域内的其他国家也正在考虑采取类似的办法。例如,吉尔吉斯斯坦当局希望引入公共交通电子支付系统。该项目的预算为240万美元(目前处于可行性研究阶段),支付系统除用于共同交通电子支付外,还计划用于出租车车费、公共停车等费用的非接触式支付。

第三节 英美 PPP 项目法律实务案例

【知识背景 / 学习要点】

英国在 1980 年以前，城市供水、能源、电信、交通运输等领域的基础设施主要由政府投资建设和运营，前首相撒切尔夫人执政后，开始采用私有化方式将其中有稳定现金流的经济基础设施项目推向市场。20 世纪 90 年代以来，英国政府对于难以向使用者收费的社会基础设施大力推广 PFI 模式，通过政府购买服务引入私人部门，这成为英国最主要的 PPP 方式。从本质上看，英国的 PPP 宏观管理体制就是 PFI 宏观管理体制。美国 PPP 宏观管理体制充分体现了联邦制的性质，各州拥有较大的 PPP 立法权和自治权。这给我们的重要启示是，不宜简单效仿和照搬单个国家的做法，而应根据我国的经济社会发展阶段、体制机制改革进展、PPP 政策目标等具体情况，广泛借鉴各国有益经验和做法，健全我国 PPP 宏观管理体制，同时为准备走出去的中国企业提供良好的参与国际 PPP 项目投资建设和经营的经验。

一、概述

（一）英国

英国是世界上最早推行 PPP 模式的国家。1992 年，英国约翰·梅杰的保守党政府推出了私人融资计划（Private Finance Initiative，简称 PFI），这是第一个旨在鼓励公私合作的方案。1992 年的倡议方案侧重于减少公共部门融资的需求。至 1997 年，英国共进行了 68 个 PFI 项目，价值约 40 亿英镑。之后英国首相托尼布莱尔宣布扩大 PFI 计划，但主要是通过适当的风险分配，将重点转向实现物有所值。2008 年全球金融危机后，英国的私人资本遭到重创，大量 PFI 项目遭遇融资困难，由此英国财政部成立基础设施融资中心（Treasury

Infrastructure Finance Unit,简称 TIFU)促进项目融资。2012 年,英国又推出 PFI 的升级版——PF2,以解决 PFI 模式存在的弊端,优化招投标工作,英国的 PPP 模式由此进入全新的时代。截至 2016 年 3 月 31 日,英国共有 716 个 PF2 项目,其中 686 个项目正在运营,项目总投已达到 594 亿英镑。

英国的 PPP 主要分为两类:特许经营和 PFI\PF2,前者由使用者付费,后者 由政府付费,后者占比极大。

2014 年,在由经济学人发布的《关于亚太地区 PPP 的环境的评估》 (Evaluating the Environment for Public Private Partnerships in Asia,简称 PACIFIC)中,英国位列总得分榜第二位(第一名为澳大利亚),因拥有"强大 的政府机构、完善的监管框架和深厚的资本市场"(with strong institutions,a strong regulatory framework and deep capital markets)被评为"成熟的 PPP 市 场"(mature PPP market),英国在 PPP 的实施方面拥有强大的机构,强大的监 管框架和深厚的资本市场。

2012 年 12 月,英国财政部发布了《PPP 的新方法》(A New Approach to Public Private Partnerships),标志着 PF2 的正式出台。文中指出了 PFI 存在的 固有问题,包括:

①采购流程时间长,成本高;

②灵活度低,难以反映公共部门的服务要求;

③透明度低;

④风险分摊不合理等。

根据以上问题,英国财政部提出 PF2 的新框架,包括:

①公开 PPP 项目财务情况,提高项目透明度;

②建立项目储蓄计划以提高资金使用效率,以及物有所值评价的透明度;

③为重大项目的保证和批准引入新的安排,以加强审查和控制;

④政府在项目中承担少数股权投资者(minority equity co-investor)的 角色;

⑤在部分项目中引入"竞争性资金制度"（funding competition）促进私营部门的竞争以此降低成本。

随后，英国财政部发布了《PF2 合同标准（草案）》（Standardisation of PF2 Contracts - Draft）。为了革除 PFI 的弊端，PF2 模型包含了一系列改革措施，旨在消除浪费，提高效率并调整公共和私人激励措施。PF2 的创新点在于：①提高股权融资的比例；②提高 PPP 融资透明度，实行问责制；③通过减少私营部门提供服务的范围使其专注于项目的长期运营和维护；④更加公平地分配政府和私营部门承担的风险；⑤通过更加注重项目前期市场调研等方式，提升项目的物有所值评估水平。同年，英国基础设施部（Infrastructure UK）又发布了《PF2 使用者指南》（PF2: A User Guide），帮助投资者尽快了解 PF2。

2013 年 10 月，财政部再次发布《政府的回应：关于公共部门参与 PF2 项目的公共私营伙伴关系咨询的新方法》（Government Response to: A New Approach to Public Private Partnerships Consultation on the Terms of Public Sector Equity Participation in PF2 Projects），对 PF2 实施过程中的相关税收、财务、利益冲突等问题作出了回应。

（二）美国

作为普通法系国家，加之各州数量较多，美国联邦政府尚未制定统一的 PPP 规范，有关 PPP 的规定散见于各州和各部门制定的法律法规之中。

1998 年《运输基础设施融资和创新法案》（TIFIA）正式实施，第一次在正式文本中出现了 PPP 的身影。2007 年 6 月，美国交通部（Department Of Transportation）发布了《美国交通基础设施项目实施 PPP 使用者指南》（User Guidebook on Implementing Public-Private Partnerships for Transportation Infrastructure Projects in the United States），阐述了 PPP 项目中各方关系、实施路径、合同框架，以及在交通基础设施建设领域内的项目经验。随后，交通部发布了《物有所值评价分析》（Value For Money Analysis）、《风险评估和分担》（Risk Valuation And Allocation）等文章用以指导 PPP 的运行。2009 年，《美国

复苏和再投资法》(*The American Recovery And Reinvestment Act*)颁布,宣布要为 PPP 在基础设施领域的推广提供政策支持。该法案的颁布促进了 PPP 在美国的发展。

作为拥有众多州的联邦制国家,各州也针对 PPP 进行了区域范围内的立法。亚拉巴马州发布《第 23-1-40 号法令》(Ala. Code §§ 23-1-40),宣布设立州层面的交通管理部门(Department of Transportation),并规定其职责权限包括与公共和私人实体合作建造公共道路、桥梁和隧道的权利。阿拉斯加州发布《第 990 号法令》(Alaska Stat. §§ 19.75.011 to 990),允许 PPP 项目参与方以发行债券等方式进行融资。阿肯色州发布《第 14-305-102 号法令》(Ark. Stat. Ann. § 14-305-102),允许 PPP 用于新建道路的铺设。加利福尼亚州、科罗拉多州、康涅狄格州、佛罗里达州等地也相继发布相关条令实施 PPP。

总体而言,美国的 PPP 项目大体分为以下两种类型:绿地项目(greenfield projects),指完全新建的项目,通常不涉及政府向私人部门交付所有权;棕地项目(brownfield projects),在现有项目上进行翻新、修缮等活动,通常需要政府将所有权交付给私人部门,因此会遇到较大阻力。美国推行 PPP 的动因在于,各州的财政预算受到了严格的法律制约,而现有的基础设施建设项目的需求大大超过了其财政能力,因此,寻求私人部门的支持便成为解决这一问题的必然选择。

二、案例分析

(一)英国地铁翻新项目(Metronet PPP in the UK)

1. 项目简介

从 1997 年中期至 1999 年早期,英国政府和当时的伦敦地区交通局(London Regional Transport,简称 LRT)就针对伦敦地铁的未来规划展开了广泛的讨论。那时,主要通过传统的公共部门采购流程对伦敦地铁进行升级。公众越来越认识到,这些升级计划受到了资金不足和财务现金流的不可预测性的严重制约。1997 年，普华永道对伦敦地铁有限公司未来的融资、开发和管理方案进行了会计审查。紧接着，1999 年，伦敦地铁有限公司分立为一个运营公司和三个基础设施公司，分别为 BCV、JNP、SSL，旨在管理和翻新伦敦地铁不同部分的火车、车站、轨道和信号基础设施。

2002 年 2 月，伦敦地铁基础设施的维护和翻新工作被确定为通过由 SSL、BCV 和 JNP 三个基础设施公司参与的 3 个 PPP 合同推进。由于 PPP 模式可以在 30 年的合同期内将资金的稳定性（私人部门将筹集资金）和私人部门的管理技巧结合起来，因此被认为是实施项目的理想模式。

虽然对伦敦地铁的翻新责任由私人部门承担，但伦敦地铁的日常工作（包括车站责任、地铁运行、信号安全、服务模式和售票定价）仍然由政府部门组织伦敦地铁公司（London Underground Limited，简称 LUL）承担。

随着 PPP 合同的签订，"Tube Line"于 2002 年 12 月取代了 JNP，而"Metronet"于 2003 年 4 月取代了 BVC 和 SSL。我们这里所说的"Metronet PPP"项目，既包括"Metronet"的 PPP，又包括"Tube Line"的 PPP。

"Tube Line"的项目由三个私人部门组成联合体负责，"Metronet"的项目由五个私人部门组成联合体负责。2003 年签订合同时，仅从估值而言，该 PPP 项目是最大的 PPP 项目。2002 年，英国议会称预计在未来 15 年对 PPP 项目的投资约 160 亿英镑（按 2002 年的价值计算），其中约 85 亿英镑用于地铁和信号传输建设，约 40 亿英镑用于轨道翻新，超过 35 亿英镑用于站台建设。此外，与传统的公共部门投入资金相比，PPP 项目预计将节省 20 亿英镑，并能使英国地铁更快更安全。

在 PPP 结构下，伦敦地铁公司作为伦敦交通局的全资子公司，将继续负责运营工作和所有的工程安全标准，而 Tube Lines 和 Metronet 将在 30 年的时间内分别承担伦敦地铁线路基础设施的维护和更新。在项目运行过程中，英国交通部每年将为伦敦交通局提供 10 到 11 亿英镑，该笔款项又将支付给伦敦地铁公司，伦敦地铁公司将这笔钱作为"基础设施服务费"再支付给 3 个 Infracos（即

JNP、BVC 和 SSL)。

该笔服务费的支付标准基于 4 个主要绩效指标浮动，包括有效性，用于衡量在 Metronet 管理下地铁网络的可靠性；实用性，用于衡量在 Metronet 管理下地铁网络的实用性；环境友好性，用于衡量在 Metronet 管理下消费者对地铁设施的体验；服务检测，用于衡量各种合同义务，例如，服务过失的纠正速度。PPP 合同制定了与绩效相关的激励和惩罚机制，以便根据 Infracos 对伦敦地铁网络所做的贡献向其支付报酬。

PPP 合同为期 30 年，然而，所有合同都约定了每隔 7 年半定期审查合同的义务，因为工作计划和成本都无法提前预测。此外，由于社会需求的不断变化，伦敦地铁公司无法承诺在合同中设置 30 年不变更的固定条款。

2. PPP 结构

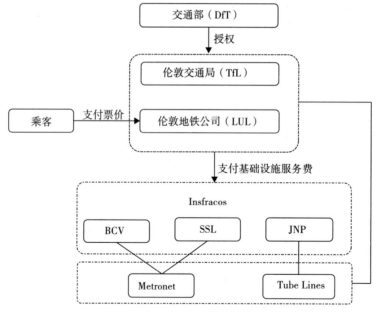

图 5-5　伦敦地铁翻新项目 PPP 结构图

伦敦地铁翻新项目 PPP 的资金结构为 85% 的债权加 15% 的股权，具体见图 5-5。Metronet 的 PPP 项目在 2003 年完成财务结算后，价值 3.5 亿英镑的股权被平均分给了 5 个股东；16 亿英镑的债务是"优先债务"，即若 PPP 项目失败，这债务将优先得到偿还。剩下的资金则主要通过普通债券融资。

然而，两个项目的合同内容存在细节性差异。虽然 Metronet PPP 项目有 3.6 亿英镑作为应急基金，但没有资金用于应对未分配的风险；而 Tube Line PPP 项目不仅有 1.35 亿英镑作为应急基金，还有 7600 万英镑用于承担未分配风险。

Metronet 和 Tube Line PPP 项目之间的另一个显著差异，在于它们各自供应链的结构和管理方式不同。在 Metronet 项目中，5 个股东与 Metronet 签订了供应合同，但缺乏清晰的管理方式安排；在 Tube Line 项目中，其通过竞争性招标签订主要供应合同，项目管理由一家私营公司负责，管理方式相对清晰。由于 Tube Line 项目通过竞争性招标签订主要供应合同，因此，这些合同约定的对价经过竞争激烈的市场调节具有高性价比的可能性更高；Metronet 项目的股东只关注供应商的财务回报，而非资源利用的有效性。

如前所述，交通部向伦敦交通局提供补助金，但更重要的是，交通部向优先债务的债权人就伦敦地铁公司履行债务提供保证，伦敦交通局向这些优先债务的债权人提供 95% 的债务担保。实际上，尽管交通部不是 PPP 合同的当事人，但其承担了 Metronet 的债务。

伦敦地铁公司每年向 BCV、SSL 支付基础设施服务费。这两个 Infracos 的股东是庞巴迪（Bombardier）、WS 阿特金斯（WS Atkins）、EDF 能源（EDF Energy）、泰晤士水务（Thames Water）、贝尔福贝蒂（Balfour Beatty），这 5 家公司不仅在 Metronet PPP 项目中持有相同的股权，同时也是 PPP 项目的主要供应商。

在 Metronet 项目中有一个重要参与方——PPP 仲裁员。PPP 仲裁员的职位是根据大伦敦政府（Greater London Authority，简称 GLA）的法案设立的。任命 PPP 仲裁员的主要原因是 PPP 协议不是固定的价格合同，合同价格分 4 期每隔 7 年半进行一次调整。因此，它会产生以下问题：如果各方在相关时间内不能达成一致,应如何设定价格。PPP 仲裁员的出现解决了伦敦地铁公司与私营公司之间信息不对称的问题。PPP 仲裁员由英国政府运输国务秘书任命,他的法定职责包括:①如果价格超过可用资金,确保伦敦地铁有机会修改 PPP 协议相关条款;②在铁路基础设施的建设、更新、改善和维护方面提高效率和经济性;③如果将回报率纳入 PPP 协议,那么更有效且经济地履行 PPP 协议义务的公司将获得该回报;④协助 Infracos 能够合理确定地规划 PPP 项目的未来绩效。

PPP 仲裁员最重要的作用是当 Metronet 和伦敦地铁公司之间发生争议时确定所提供服务的价格。如果存在额外支出,PPP 仲裁员应判断这是否为实现经济、高效所进行的支出。PPP 仲裁员可以通过年度报告定期审查或依据各方主体的申请进行特别审查。PPP 仲裁员也有权检查铁路基础设施并为争议解决做准备。这样,仲裁员有能力在一段时间内自主建立专业知识基础,而无须等待某一具体争议提交给他时再被动地考虑如何决策。

一旦 PPP 仲裁员确定了相关支出符合"经济且有效"标准,那么,该笔支出在合同中将作为一个额外部分予以列明。例如,在 Metronet 项目中每 7 年半的项目合同均约定预设 5000 万英镑的资金向 BCV 或 SSL 支付"经济且有效"的额外支出。一旦 BCV 或 SSL 的"经济且有效"的额外支出超过 5000 万英镑,Metronet 可向仲裁员申请让伦敦地铁公司将超出费用支付给 Metronet。为了全面发挥仲裁员在评估"经济且有效"支出方面的重要作用,PPP 仲裁员还需要进行成本和绩效基准测试以及从 Infracos 处获取相关信息,包括他们异议的支出金额和进行相关工作的数量、数据。

3. Metronet 项目运营风险

从 2003 年到 2008 年,伦敦地铁网在运营方面的改进有目共睹。例如,客户因地铁故障而耽误的时间降低了 20%;地铁行驶总里程增加了近 280 万公里,2007 年至 2008 年度伦敦地铁的流量相比 2003 年至 2004 年度增加了近1.25 亿。

自从 Metronet 接管 BCV 和 SSL,便成功实现了合同约定的主要的运营指标。然而,Metronet 还是面临着不能在计划时间内完成施工的延期问题以及超出合同约定成本的资金短缺问题。例如,有数据显示,截至 2005 年 3 月,Metronet PPP 项目组未完成预设修建的 8 个地铁站中的任何一个;一年后,完成度不到预期目标的三分之一,计划修建 35 个地铁站但仅建成 11 个;两年后,Metronet PPP 项目组完成度不到预期目标一半的进度,计划修建 64 个地铁站但仅建成 28 个。

其不但计划修建的地铁站工程延迟,而且还出现巨额超支的情况。2007年,以将于 2008 年 4 月完成的 31 个地铁站为样本进行估计,Metronet PPP 项目的平均成本是预算的 2.2 倍。

由于工程支出大幅增加,到 2005 年 10 月,Metronet 告知 PPP 仲裁员和国营伦敦地铁公司,其已确定前 7 年半的额外费用将高达 5.66 亿英镑,远超 PPP合同中约定的“经济且有效”额外支出的补偿金额。最终,国营伦敦地铁公司支付 4.16 亿英镑以分担“经济且有效”额外支出,另一部分用 8900 万英镑的应急资金支付。除去额外支出的补偿后,BCV 预计自行负担额外支出 2700 万英镑,而 SSL 预计自行负担额外支出 3500 万英镑。

2006 年 2 月,Metronet 升级了财务运行机制,预计在前 7.5 年将增加 12亿英镑的成本。在这种情况下,国营伦敦地铁公司委托普华永道国际会计师事务所于 2006 年 3 月对 Metronet 公司进行审计。普华永道国际会计师事务所表示因为 Metronet 公司不能提供任何普华永道要求的信息,因此,普华永道无法完成审计。

普华永道在报告中称:首先,Metronet 公司对其供应链掌握的成本信息接触有限,无法进行成本控制;其次,Metronet 管理层的注意力集中在成本控制的前提下提供合同产出;最后,Metronet 建立的风险管理流程仍然极不成熟。

截至 2007 年 2 月,在问题出现的一年间,Metronet 已经在资本支出方面支出 8.6 亿英镑,同时在运营支出方面支出 3 亿英镑。此时,伦敦市长公开要求Metronet 接受特别审查。2007 年 7 月 17 日,Metronet 宣布濒临破产并申请伦敦市长任命 PPP 项目的债权管理人。随即，Metronet BCV 和 Metronet SSL 被接管，伦敦交通局提供贷款使 Metronet 继续运营。

到 2008 年 2 月，根据交通部对 Metronet 提供的银行担保显示，交通部为伦敦交通局提供了 17 亿英镑的资金，使国营伦敦地铁公司能够偿还 Metronet 的贷款，并在接下来的 4 次贷款中再提供 6.3 亿英镑的代偿。2008 年 5 月，Metronet 完全由国营伦敦地铁公司接管。

4. 失败原因

英国国家审计署（National Audit Office，简称 NAO）的官方报告和现有的学术文献都指出，导致 Metronet PPP 项目运营失败的原因主要有如下几点：首先，政府部门和私营企业的经营目标存在冲突。伦敦交通局和国营伦敦地铁公司认为其以固定的价格签订了一份产出稳定的项目合同，Metronet 公司的 5 个平行股东则认为其签订了系列不寻常的成本加成合同。[①]由于这一认识的冲突，PPP 项目成本不断攀升，与成本加成合同相关的促进机制导致了 Metronet 公司的成本和利润呈正相关。

Metronet 公司在 PPP 协议下的大部分义务是通过与自己的股东签订合同来履行的，在第一个 7 年半周期之初，该公司近 60% 的预计资本支出流向其 5 家母公司。如项目工程大量涉及地铁车站翻新工作，则主要由另一家名为 Trans4m 的公司负责，而这家公司又为 Metronet 的 4 名股东所有；与轨道车辆和信号系统相关的工作完全由第 5 家公司——庞巴迪公司管理。[②]

由此说明，每个项目的公司股东都向 Metronet 项目提供服务。与他们的股权收益相比，关联交易让他们得以从中获得更大的利润，这反过来又减少了公平条款的规范作用。因此，Metronet PPP 项目拥有一个典型的捆绑供应链：股

---

① Vining, Aidan R., Anthony E. Boardman, The Potential Role of Public-Private Partnerships in the Upgrade of Port Infrastructure: Normative and Positive Considerations, *Maritime Policy & Management,* 2008, Vol.35, No.6, p.555.

② 周蕾：《走向破产的英国伦敦地铁——中国地铁未来发展之鉴》，载《国际工程与劳务》2014 年第 6 期。

东同时也是项目供应商,他们的工作权力让其更容易获得成本信息,他们期望通过关联交易获得额外的报酬,他们将合同看作成本加成合同。[①]事实上,国营伦敦地铁公司在不了解这样做对 PPP 项目可能造成的损害时允许这种安排,意味着其还没有完全理解在这种情况下 PPP 中的私营参与者大部分都是自私自利的。

然而,国家审计署称,此项目并非在所有方面都是亏损的,因为尽管部分支出资本的效率低下,但公共部门已获得 Metronet 公司的资本投资。

根据公共部门支出费用与所完成工作价值之间的差异,国家审计署估计纳税人的直接损失在 1.7 亿至 4.1 亿英镑(2007 年的货币价值)之间。但是伦敦市长在当时表示这个损失被低估了,他估计纳税人的直接损失高达 5.5 亿英镑。因为他认为国家审计署没有考虑 Metronet 公司当时未完成的工作,而这个问题是伦敦地铁公司之后必须解决的,或者说是伦敦地铁公司接手后需要完全解决的工作。

在这种情况下,仅在 2007 年,Metronet 和 Tube Line PPP 公司被重新划分为"公共部门"的一部分,在此之前,它们均被归类为"私人部门"。因此,在此之前,它们的财务状况不为公共部门掌握。

就 Metronet 而言,由于交通部担保了伦敦交通局的大部分债务,该私人公司所面临的风险几乎为零。换句话说,鉴于交通部对伦敦交通局的债务担保,可以确定交通部在本 PPP 项目中将承担大部分财务风险。但是,交通部却很少运用手段来管理这种风险。

为了管理风险,交通部在很大程度上依赖 PPP 项目的其他利益相关者。但是这些利益相关者并不按照交通部理想的方式行动,因为治理结构和 PPP 合同条款均没有引导他们这样做。这一结果的主要原因可简要总结如下:

第一,伦敦地铁公司和伦敦交通局计划管理与 PPP 相关的业绩和财务风

---

① 周蕾:《走向破产的英国伦敦地铁——中国地铁未来发展之鉴》,载《国际工程与劳务》2014年第 6 期。

险,但其没有足够详细的信息了解 Metronet 的财务状况或其绩效。例如,伦敦地铁公司只有 Metronet 的预算总额,却没有预算的具体明细。此外,由于合同中存在约定不明之处,伦敦地铁公司发现自己难以定义和衡量绩效,例如,关于站台翻新,没有关于"现代化"、"翻新"和"强化整修"的明确定义,这使得 Metronet 可以对它们随意解释,这导致了 Metronet 和伦敦地铁公司之间存在大量分歧。

第二,合同组合模型的选择存在问题。Gannon 解释说,PPP 合同是由地铁机车车辆和信号装置相关的合同以及轨道、车站和建筑工程相关的合同组成。相比之下,前合同运作较好,而后合同运作较差,这主要是因为轨道和车站的工作范围不断变化并且相关资产的基础状况不为人知。

第三,交通部、伦敦交通局和伦敦地铁公司预期 Metronet 的股东将监控项目的财务状况,但由于他们也是供应商,因此将产生利益冲突。股东们(供应商)的期望不是把成本保持在最低限度,而是通过公共部门支付他们上报的额外成本盈利。另外,为 PPP 项目提供大部分资金的债权人,本有望分担交通部的财务风险,但因为交通部自身对 95% 的债务进行担保,债权人只承担剩余 5%的风险,因此,债权人也没有动力监督 Metronet 的财务状况。

第四,PPP 仲裁员没有法定的保护公众利益的职责。一般而言,PPP 仲裁员没有帮助交通部监督 PPP 合同的义务。这表明,参与监督管理 PPP 合同的公共机构没有共同的议程,他们的利益与其余利益相关者(即股东和债权人)的利益错位,这意味着整个体系缺乏组织一致性。

5.项目结果

虽然 Metronet 和 Tube Line PPP 之间具有相似性,但值得注意的是,截至 2008 年,与 Metronet PPP 相比,Tube Line PPP 的运作更好。这主要是因为 Tube Line PPP 没有糟糕的公司治理结构。Tube Line PPP 项目管理仅由一家公司控制并且没有捆绑的供应链。因此,正如国家审计署所指出的那样,Tube Line 项目经营遵循了商业上更稳妥的方法。在比较两种 PPP 安排的同时,

Gannon 等人断言，Metronet 中的捆绑供应链创建了一个内向型的公司，这样的公司专注于实现财务回报而不是通过 PPP 机制收获预期得到的效率。因此，Metronet 财团的供应价格没有通过竞争激烈的市场进行调节，也无法为伦敦地铁公司提供物有所值的服务；而 Tube Line 财团则对大部分项目进行了竞争性招标。

Tube Line 通过公开竞争招标承包商，但是随着时间的推移以及经验的积累，Tube Line 也略微改变了方法以提高效率。最初，Tube Line 采取传统的设计—投标—建造模型，通常使用低价中标的承包商作为分包商。然而，他们发现如果他们使用了许多分包商，一旦问题出现，沟通成本就会增加。因此，随着时间的推移，Tube Line 采取了更有效的方法，他们在担任施工经理的同时也向不同的专业分包商发包。

此外，Tube Line 不仅严格执行自己对合同的解释并且提高了供应链的效率。一个例子可以清晰对比 Metronet 和 Tube Line 项目管理方法的区别，而这个例子与两个公司各自站点改进工程的范围和合规性有关。根据国家审计署的解释，Tube Line 迅速确定了问题的潜在影响，快速反应并在合同开始后的 6 个月内停止了其工作站的大部分工作，最终与伦敦地铁公司谈判，达成关于所有站点框架结构的合意。相反，当 Metronet 遇到同样的问题时，该公司继续工作并逐步与伦敦地铁公司一个站点一个站点地进行谈判。此外，Tube Line 还采取了卓有成效的举措，通过简化保证和合规流程来大幅减少重复程序，实现程序改进。

同样，Tube Line 也面临成本增加的难题。但是，它始终跟踪成本变化的情况，并通过他们提交的工作计划函件通知伦敦地铁公司。因此，伦敦地铁公司和 Tube Line 试图重新就 PPP 合同进行谈判，这涉及双方之间的诸多分歧，特别是在朱必利线的升级方面。

2009 年，伦敦地铁公司和 Tube Line 就第二期 7 年半的 PPP 合同价格出现分歧，该合约将于 2010 年的年中开始实施。2009 年 9 月，伦敦交通局呼吁 PPP 仲裁员为 Tube Line 的合同设定"合理价格",以便在第二个 7 年半周期升级朱必利线北线和皮卡迪利线。到该年 12 月,PPP 仲裁员估计合同价格为 44 亿英镑。 这个价格远远低于 Tube Line 最初预计的 68 亿英镑(后来修改为 57.5 亿英镑),但这个价格更接近伦敦地铁公司对合同的价格评估,即 40 亿英镑。2010 年 5 月初,伦敦交通局和 Tube Line 签订协议,随后伦敦交通局将以 3.1 亿英镑购买 Tube Line 的全部权益。一旦完成协议,英国政府伦敦地铁用户或纳税人将不必承担伦敦地铁升级产生的额外财务负担。截至 2010 年 6 月底,伦敦交通局完成了对 Tube Line 的收购,此举有效地将 Tube Line PPP 完全纳入公共部门。

6. 自 2008 年以来伦敦地铁公司的业绩

如上所述,Metronet PPP 在 2008 年被伦敦地铁公司完全收购,随后在 2010 年,Tube Line PPP 也被伦敦地铁公司完全收购。 换句话说,自 PPP 开始以来不到 10 年,它们都完全被公共部门接管。伦敦地铁公司完全负责地铁翻新工作距今已有 5 年多了。那么,伦敦地铁是在 PPP 模式下运行得更好,还是像现在完全属于公共部门时管理运行得更好呢? 此外,伦敦地铁公司的内部升级对改善服务有什么帮助呢?

首先,可用性指标可以作为 PPP 合同考察的性能指标之一。表 5-14 中列出了关于"可用性"的数据。下面以一个可用性数据为基准,来衡量以前由 Metronet 管理而 2008—2009 年度由伦敦地铁公司管理的地铁线路的顾客损失时间。

数据表明,2008 年至 2009 年,除了滑铁卢和城市线,伦敦地铁公司在客户损失时间方面的表现好于以前的所有指标,而滑铁卢和城市线比基准下降了 219%。

表 5-14　Metronet 管理地铁线时期顾客损失时间较基准的变化情况

＋表示提升　﹣表示降低

伦敦地铁线路名称	2003-04 Metronet 管理	2004-05 Metronet 管理	2005-06 Metronet 管理	2006-07 Metronet 管理	2007-08 Metronet 管理	2008-09 伦敦地铁 管理
大都会线 汉默史密斯及城市线	+21%	+50%	+39%	+37%	+44%	+48%
区域线	+43%	+35%	+16%	-19%	-53%	+14%
东伦敦线	+4%	+2%	+34%	+29%	+20%	线路关闭
贝克鲁线	+15%	+34%	+13%	-10.7%	+3%	+34%
中央线	-16%	+2%	+14%	+24%	-33%	+33%
维多利亚线	-16%	-9%	-11%	-26.7%	-40%	+23%
滑铁卢及城市线	-58%	-12%	-66%	-29.2%	-66%	-219%

　　为了比较，人们还可以参考 Tube Line PPP 模式下的伦敦地铁的性能。表 5-15 列出了由 Tube Line 管理地铁线路时期顾客损失时间相较基准的变化情况。虽然 Tube Line 因每年改善自身服务，使皮卡迪利线的指标表现稳定，但北线的指标表现仅在 2008—2009 年有所改善，这是因为 Tube Line 在 2002 年接管北线时，它处于特别不稳定的状态。正如英国下议院指出的那样，Tube line 在这两条线上的表现与 Metronet 的数据相当，但总体而言，Tube Line 在地铁日常性能维护方面的工作上表现出了更大的相容性。

　　值得注意的是，伦敦地铁公司接管 Metronet 的 PPP 项目时，还必须采取措施消除 Metronet 的一些低效做法，其中包括取消一些核心支持功能，通过减少 1000 个工作岗位来消除重复工作，重新谈判 Metronet 的主要合同，以及其他估计可节省 25 亿英镑的措施。

表 5-15　Tube Line 管理地铁线时期顾客损失时间较基准的变化情况
+表示提升　- 表示降低

伦敦地铁线名称	2003-04	2004-05	2005-06	2006-07	2007-08	2008-09
朱必利线	-33%	+1%	+8%	+20%	0%	-9%
北线	-32%	-95%	-62%	-23%	-25%	+31%
皮卡迪利线	+8%	+52%	+63%	+51%	+49%	+54%

伦敦交通局一直在发布常规性能数据，并报告与伦敦地铁公司相关的各种参数，包括伦敦地铁公司的每小时客流量，高峰期和非高峰时的运行公里数，预定列车运行百分比和超出行程时间。在 2008—2009 年度至 2014—2015 年度，伦敦交通局报告称，伦敦地铁公司在一系列绩效指标上均有所改善：客户因延误而损失的总时间减少了 43%；平均旅行时间加快 2 分钟，运送一名乘客一公里的费用从 0.25 英镑减少到接近 0.2 英镑，降低了 18%。到 2014—2015 年度，伦敦地铁公司也成为唯一能够承担所有运营成本的地铁公司。

在讨论"可用性"指标的早期示例时，我们还将考虑 2008—2009 年度至 2014—2015 年度伦敦地铁各个线路的顾客损失时间。有数据显示，贝克鲁、中央、维多利亚线在被伦敦地铁公司管理的整个期间，虽然 2008—2009 年度以及 2010—2011 年度顾客损失时间增加，但这个数据在 2010—2011 年度到 2011—2012 年度急剧下降，并在 2012—2013 年度继续下降。总体而言，从 2008—2009 年度到 2014—2015 年度，顾客损失时间总体减少了 18%。

此外，对于在此期间同样由伦敦地铁公司管理的次表面线（SSL），在 2008—2009 年度至 2009—2010 年度的顾客损失时间急剧下降。虽然该数据随后在 2010—2011 年度增加，但 2011—2012 年度再次出现大幅下滑。总体而言，从 2008—2009 年度至 2014—2015 年度，次表面线的顾客损失时间减少了 46%。

朱必利线、北线和皮卡迪利线由 Tube Line 管到 2010 年 6 月，然后由伦敦地铁公司完全接管。2009—2010年度至2010—2011年度顾客损失时间增加。随后，从2010年11月(伦敦地铁公司完全接管这些线路的那一年)到2014—2015年度，这三条线路的顾客损失时间减少了近50%。

2008年年底，伦敦交通局认识到需要更多的技术人才来支持其交付项目，特别是伦敦地铁升级项目。因此，它起草了一项为期十年的技能和就业战略书(SES)。该战略书于2009年完成，随后于2011年修订。该战略书主要侧重三个主题：第一个是员工解决方案，目标是伦敦交通局可以招募、支持和发展其员工以满足自身需求；第二个是教育，目的在于发展行业内相关部门的未来劳动力；第三个是供应链和行业解决方案。为了实施其技能和就业战略，伦敦交通局建立了一个称为"技能和就业战略治理"(SESG)的中央治理结构，以便伦敦交通局能在所有技能领域进行领导。

伦敦交通局对项目管理和商业管理的关注值得强调。根据伦敦交通局自己的分析，从2007—2008年度到2013—2014年度，在任何一个财政年度，伦敦交通局都要求至少有三分之一的行政人员具有项目管理和商业管理技能。为了提高现有员工的技能，伦敦交通局为员工们创建了四个工作流程，其中一个工作流程致力于提高员工的项目管理技能。此外，伦敦交通局还开始与相关部门合作，在工程、规划和项目管理等领域教育和发展该行业未来潜在需要的劳动技能。

7.结论

（1）尽量减少使用捆绑供应链

应避免使用股东和供应商为同一主体的捆绑供应链，因为这会导致明显的利益冲突。如果要考虑捆绑供应链，Gannon建议在评估投标阶段，应当评估公司未来在其董事会层面是否有合理的治理安排并能够跳过捆绑供应链的束缚；缔约双方必须在合同中规定治理保障措施，并通过严格的规范来约束供应链。

（2）评估 PPP 缔约方的动机

需要在 PPP 的早期阶段调查是否存在捆绑供应链。如果供应合同与股东之间存在明显的联系,则需要仔细评估合作伙伴缔约的潜在动机,并应考虑如何减轻风险。需要考虑的关键问题是,私营开发商作为合作伙伴是致力于在 PPP 项目中付出,还是希望从捆绑的供应链中赚取超额利润。如果是前者,那么就具有合作的潜力;然而,如果私营开发商只想要赚取超额利润,这种合作关系就类似于"权宜婚姻"(出于实际需要、金钱或政治原因的婚姻)。这可能更好地解释了为何在最初的采购热潮过后,项目会停滞不前:这可能是因为资本支出已经预先被用来收回投资费用。因此,缓解这一趋势应是各级政府 PPP 部门高度关注的事项。

(3)建立监控 PPP 的程序

除了明确分配风险外,还应当对风险进行适当的管理,这将有利于监测 PPP 的常规绩效数据。即使在架构 PPP 之前,也应该首先考虑规范监测信息,尤其是提供验证数据的过程。在 PPP 项目运作的同时,重视有关公共部门(或者类似 PPP 仲裁委员会的机构)获得的详细数据以及建立能够证明该数据完整和正确性的程序。如果是一个大型的 PPP 项目,涉及多个分散的单位从事类似的活动,那这些单位记录的时间以及成本也应相互印证。监测过程中获得的信息应提供给所有的利益相关者,以便在使用之前可以对其进行验证和纠正。

(4)辅助工具的管理

一个有用的管理工具就像仪表板,它通过结合可衡量的指标和定期的调查来反映项目是否达到了 PPP 合同中各方的要求。在 PPP 项目后期,也应该有一个机制来进行持续的评估和监测。该评估除了要求各种结果与实际成果保持一致外,还要求应通过定期发送数据报告,将报告中的指标与实际活动(或任务成果)相联系。协调和联系 PPP 项目的任务应由政府层面来监督。

(5)需要对创造价值和成本的影响进行评估

所有风险评估范围都应限于授权事项和其派生的活动,以符合每个事件和子事件的目标。我们应考虑扩大 PPP 仲裁员或类似机构人员的职责范围,包括在合同有效期内一直履行监督职能,特别是对风险最大的公共部门进行监督。

项目的全生命期成本(Whole-life costing)必须尽可能地采用成本加成合同。虽然永久的成本花费合同更可取,但需要认识到,合同的各个方面在 30 年(典型的 PPP 合同期限)内不可能保持不变,因此,我们有必要定期对合同进行审查。

(6)在项目规划中编入 PPP 项目失败的后果

风险框架规划时也应考虑项目失败的可能性,战略和操作层面都有可能产生严重的影响,进而导致项目失败。PPP 仲裁员的作用是使责任与权力相一致。对于城市地铁线路的公私合营关系,由 PPP 仲裁员进行成本和性能的基准测试的重要性不言而喻。效率评估需要相关的国际基准测试,但这种工作很耗时,需要相关人员长时间的投入。因此,尽早建立并维护这些基准测试的时间序列数据非常重要。而效率评估者必须由独立的第三方担任,如 PPP 仲裁员,其任务是监督 PPP 项目以确定成本和绩效基准,制定基准的过程应明确传达给参与 PPP 的公共部门和私营机构。

(7)纳入货币价值原则

成本和绩效必须与价值管理的原则相联系。具体而言,货币价值评估应衡量是否经济、高效。根据多边机构的经验,结果和目标之间,指标和措施之间,报告和审查的周期性之间的一致性,及时干预的修正应构成 PPP 项目章程的必要要素;此外,制定 PPP 章程还应结合目的、范围、交付成果和时间表。

(8)建立公共部门人员获取所需技能的培养机制

在这两个 PPP 项目被伦敦地铁公司收购并重新纳入公共部门后,伦敦交通局对技能、特别是项目管理技能的重视是值得赞扬的。它不仅有一个集中的治理结构,侧重于整个伦敦交通局现有员工的技能发展,还与相关部门合作,对整个行业的员工进行培训以提高他们的工作技能。任何组织,尤其是像城市运输和铁路这样复杂的组织,都需要重新分配和安排适合的技能人员。这反过来又要求交通局在招聘中有一定程度的自主权,但交通局仍然需要对绩效负责。

（9）政府部门的职能

①提高公共部门的项目管理能力：为了提高项目管理能力，任何参与 PPP 或其他项目的政府部门都必须参与项目的实践。英国地铁 Metronet PPP 项目的案例表明，尽管运输部在项目中面临很高的风险，但它其实并没有能力去控制这种风险，因为它太依赖他人来控制风险。这就需要制定人力资源政策，在招聘政策方面稍微松一些，以使政府组织能够培养有所需技能的相关人员。

②政府应组织协调并保持政策一致性：对于涉及关键基础设施的 PPP 项目，Dunn-Cavelty 和 Suter 认为，政府的角色不只包括指导和监督，也包括在 PPP 项目中协调各方（公共部门和私人部门），和鼓励其他私营公司来参与基础设施建设。这就需要政府财政部中的 PPP 部门（或小组）提高公共部门的项目管理能力，并协调和发布公共和私人部门的共同议程。这也可以保障政府对 PPP 事务的知情权。上述情形还需要政策协调一致，以促进项目设计、融资、实施和性价比评估等工作，此外，可能还需要会计方法、预算制度和成本计算方法保持一致性。PPP 项目的私人部门和公共部门必须就共同议程达成一致，以避免产生分歧。此外，强有力的公共部门在决策错误或失败的情况下需要发挥关键作用，及时止损。

③项目决策前应严格审查 PPP 的动因：学者认为对英国 Metronet 地铁项目和 Tube Line 地铁项目的公私合营关系的研究很重要，因为它们驳斥了人们选择 PPP 项目而不是传统公共部门投资模式的一些核心假设。这些假设包括：私营公司比公共部门更有效率；风险（以及成本）转移到私营公司；私人部门有更强的金融和商业的专业知识将确保可行和稳健的交易以及能够履行合同。这表明了在加入 PPP 之前，应严格分析"为什么要考虑这个 PPP 项目"。

④PPP 合同中的责任构建：英国地铁 PPP 案例的一个显著特点是，当 Metronet PPP 项目失败时，英国政府能够在相对较短的时间内（大约五年）改变 PPP 策略，尽管成本很高，但表现出了令人欣喜的挽救能力。这意味着政府要明确考虑到失败的可能并准备可以挽救的方案，以便在项目失败时做好

准备。

⑤理解和预估算 PPP 隐形债务：PPP 项目管理大型基础设施的风险和面临的挑战主要是因为它们涉及国有土地和其他固定资产，如电力、污水、排水、水源、废水管理系统。虽然有较多的定义和条款可以减轻金融风险，但问题的关键是，相比固定资产（其相关的所有债务实际上最终都由国家承担），PPP 项目的风险最终由公民承担。因此，从失败的 PPP 项目来看，估算隐形债务至关重要。如果项目未完成，有必要考虑对私人部门合作伙伴征收适当的与投入成本成比例的惩罚性税收。虽然使用适当的激励措施来鼓励绩效和 PPP 产出增长是有用的，但在构建公私合营关系时，最大限度地减少固定资产分配不当或利用不足的措施是必不可少的。

⑥全寿命成本计算的重要性：在 PPP 合同的制定过程中，全寿命成本计算需要更高层次的专家集中讨论。其可以由政府一级的 PPP 财政部门（或小组）进行，并利用专家的专业技能对 PPP 合同进行重新修改。此外，特定部门也可以发展自己的智库。这些智库中心可以提供专门知识并创建数据库来评估绩效。

⑦ PPP 模式是否合适取决于能否给公民提供良好的服务：没有两个完全相同的 PPP 合同。以英国地铁 Metronet PPP 项目与 Tube Line PPP 项目为例，两者都是基于相同目的实施的，但 Tube Line PPP 项目更成功。这意味着，即便是在同一领域，也很难为 PPP 项目制定"示范合同"或"蓝图"。由于不同利益相关者在每个 PPP 合同中的风险和关系都是不同的，因此"一刀切"的方法可能不太有效。PPP 是政府向公民提供服务的一种方式，而不仅仅是一种融资方式。由于公民的需求和期望随着时间的推移而变化，每一份 PPP 合同都必须有一个机制来确定和调整交付结构，这意味着这个结构在约定年限内必须具有一定的灵活性。这要求应尽量根据健全的经济原则和不同的 PPP 项目情况制定合同。

⑧加强信息和数据系统的管理：需要特别注意用于性能监测和基准测试的信息和数据系统。这不但需要在 PPP 项目实施后尽快建立这种系统，而且还需

要定期分析数据,以便在项目期间反馈给 PPP 的私人部门和公共部门。

⑨意识和责任的重要性:如果被委托承担项目责任的人没有为公民服务的意识,那么,任何方法、模式,包括 PPP,都不能实现以公民为中心的宗旨;而这需要治理体系中设有高度有效的问责机制,包括适当和迅速的司法制裁。

(二)美国 I-495 高速路项目

1.项目简介

I-495 高速公路 PPP 项目包括在 495 号州际高速公路(I-495)弗吉尼亚州内 14 英里的路段上建设两个额外的高承载专用收费车道(High-Occupancy Toll,简称 HOT)。I-495 州际高速公路环绕华盛顿特区,又被称为"首都环线"。I-495 高速公路项目也被称为"E-ZPass 快速车道",包括 I-495 高速公路在弗吉尼亚州自斯普林菲尔德交互立交至杜勒斯收费公路北部 14 公里路段的扩展部分。2005 年 4 月,弗吉尼亚运输部采购管理局(the Virginia Department of Transportation,简称 VDOT)与项目公司首都环线高速有限公司(Capital Beltway Express LLC)签订协议,项目正式启动。然而,直到 2007 年 12 月双方的资金才到位。资金到位时,项目公司的股权投资者为 Fluor Corporation 和 Transurban。

I-495 高速公路 PPP 项目在项目交付过程中存在许多挑战。通过在专项办公室协同办公、提供充足资源以满足生产高峰期的需要以及与项目公司紧密合作,双方最终克服了这些挑战,并提前完成了施工。这个项目在行业中创造出了优异的安全记录,同时预算也得到了精确控制。

(1)项目起源

21 世纪初,采购管理局开始推进传统公路扩建计划,从而解决弗吉尼亚州首都环线(I-495)日益严重的拥堵问题。该计划遭到了社区的强烈反对,认为项目方无法承担 350 多所房屋和企业搬迁的后果。2002 年,根据《公共私人交通法案》(The Public-Private Transportation Act,简称 PPTA),私营企业提出了另一项计划——建设四条新的高承载专用收费车道,包括公共汽车和拼车网络,从而扩大运输能力,提供新的出行选择。采购当局接受了这个建议。与私营企业和收费部门建立伙伴关系将有助于采购当局在支付更少税金的情况下更迅速地改进道路情况,提供新的出行选择,同时减少项目对社区和环境的影响。此外,该新方法将需要拆除的房屋数量从 350 户减少到 8 户。

采购当局为新项目开展竞争性采购、环境审查以及公众参与程序。2005年,当地领导人决定将高承载专用收费车道纳入地区长期交通计划。在 2007年,采购部门与项目公司达成了一项长期合作协议,以设计、建造、融资、运行和维护这个 20.69 亿美元的高承载专用收费车道项目。

项目公司的股权投资者在前期提供了大量的股权承诺,从而为项目建设提供资金,并通过私人活动债券(PABs)、交通基础设施融资以及创新法案(TIFIA)贷款为项目后续提供资金。私人活动债券是由地方政府或州政府发行的免税债券,该债券为符合条件的项目提供特殊的融资优惠。融资在私营企业的项目中最为常见,而政府通常不为私营企业提供信用担保。创新法案贷款项目的战略目标是通过对国家或地区重大项目直接贷款、贷款担保和备用信贷额度(而非赠款)等方式提供信贷援助,为有限的联邦资源加杠杆,从而刺激资本市场对交通基础设施的投资。这项政策使弗吉尼亚州能够利用私人资本将每 1美元的税收转化为 4 美元的交通改善资金。

根据项目网站数据,该项目提供了 31000 个工作岗位,并注入了大约 35亿美元的经济收入。项目公司将 4.9 亿美元的工作转包给弱势企业、小微企业、女性和少数族裔经营的企业,这是弗吉尼亚历史上由单一运输项目为这类企业做出的最大贡献。

(2)PPP 合同管理

①从融资到建造

项目的设计开发、设计评审和批准过程耗用的时间比预期的要长。通过运用额外的资源、改进流程等方法,政府和私营企业通力合作,最终使得项目能够如期推进。

②建造阶段

在建造期间，原有的 8 车道（单一方向有 4 车道）环线将扩展至 12 车道，包括了单一方向的 4 条通用车道和 2 条高承载专用收费车道。此外，项目计划还要求更替 50 余座立交桥，重建 10 座交互立交桥。这一项目增加了首都环线（I-495）与现有 I-95/I-395 高承载车辆（HOV）车道之间的直线联系。

该项目于 2008 年 6 月开工，并在预算内提前竣工，于 2012 年 11 月 17 日通车。项目路段允许公共汽车、摩托车和承载 3 人及以上的车辆免费使用快车道，其他车辆需支付过路费。过路费的收费标准是根据交通状况变化的，这反过来又可以通过过路费调节车流量并保持车道的高速畅通。过路费只能通过 E-ZPass 电子收费系统支付，高速上不设收费站；此外，所有使用快速通道的车辆，包括那些按照高承载车辆规定免费行驶的车辆，都必须配备转调器。

项目公司根据项目协议和已制定的项目管理计划，负责设计品质和施工质量的控制及保证。项目管理局则通过独立的核查和保证，提供合规监测，以确保合同要求得到满足。此外，采购管理局还聘任监理公司监督项目进度和合同履约情况。

采购当局和项目公司共同签署了一份风险管理议定书，主要约定财务和进度风险事宜。Primavera P6 是管理项目进度的基础软件，该软件可评估项目进度的潜在风险。此外，项目团队每周都会举行例会来解决已识别的项目风险，并审视项目更新情况。同时，各方通过风险管理议定书还可对采购管理因保留风险产生的潜在财务责任进行跟踪。

③从建造到运行

为了保证 2012 年 11 月 I-495 高速公路的顺利开通，司机上路的指导工作从 2012 年 1 月开始，并在道路开通后持续了 6 个月。项目负责方使用多种方法在整个地区开展新规则和新系统的指导工作。司机为使用系统需要购买电子转调器，他们可以挑选一款 E-ZPass Flex 转调器，当有资格免费使用道路时，可将转调器切换到 "HOV" 模式。整个系统在 2012 年 11 月提前开放，由于存在预想之外的驾驶行为，在项目开始后，其又对系统及时做出了一些调整。总体而言，运营头两年的过路费收入低于预期。

渐渐地，司机们适应了新系统。当司机们意识到这种车道带来的好处后，行为随之发生变化，他们对弗吉尼亚州这一史无前例的动态收费设施也越来越熟悉。

④付费机制

所有项目公司的收入都来自过路费。项目公司必须在采购当局的监督下对其业绩进行自我监测。这种方法的理念是通过保持道路畅通及良好的路况使项目公司持续获利，同时，司机也愿意继续使用道路并支付过路费。项目公司提供月度和季度报告，以及少数与缴费抵扣相关的业绩指标。此外，采购当局每月与项目公司会面，讨论常规运营、收费及整体业绩。

⑤变更管理

项目执行变更应符合标准。对项目范围进行的调整，主要涉及土建工程。采购当局单独或与其他机构合作资助符合标准的变动，从而适应和改善项目内外不断扩大的道路网络。这些被认为是经多年开发的大型项目发生的典型变化。

此外，采购当局设立了一个主要的项目办事处，协助管理项目变更，并协调各方当事人达成决议。设有主要项目办事处意味着采购当局有专门的工作人员可以对变更管理迅速作出响应。

（3）政府的角色

采购当局设立了一个独立项目办公室，以便在道路商业化结束后能够及时对早期设计的方案进行审查和核准。项目办公室为项目人员提供了额外的必要雇佣资源，最大限度地促进了项目团队间的协作，并确保了重点、及时的审批。此外，政府支持资源充足且以项目为中心，可迅速决断以维护合同双方的利益。

（4）采购部门与项目公司的关系

采购部门称其与项目公司的关系是合作、透明和成功的。这种积极的关系使各方得以充分利用采购部门的项目办公室,克服早期的工期延误,并在预算内以行业领先的安全记录提前竣工。

采购部门认为自己的资源和设施丰富,一旦大型项目办公室设立便能满足其需求。通常监理顾问在融资到位后将立即投入工作,并为设计审批和施工进度的监控提供支持。第三方监理顾问在融资到位和合同开发前还会为采购当局提供一些财务咨询。

在随后的两个项目中,采购部门在融资到位后没有聘请监理顾问。在随后的 PPP 项目中,采购部门能够自行在采购阶段组建一个工程监测小组,协助制定项目合同和文件,并继续协助采购部门管理合同。

2.经验总结

(1)采购管理局监管水平应与 PPP 项目的风险状况相当;采购当局或需要在生产高峰期提供额外资源,以履行合同约定的管理义务

采购管理部门需要在项目交付的各个阶段提供合理的资源,并且必须能够在生产高峰期(设计和施工期间)增加资源。现在可能存在一种误解,即采购管理局对项目监督的责任很小,这是不准确的。特别是在变更管理阶段,采购管理局在最终设计和批准计划开始后,需要通过专项办公室为项目提供专用资源,以便进行必要的审查和批准,以及其他采购管理局最适宜开展的活动。这有助于加快进度并协助其恢复进度,从而提前 45 天开放项目。

(2)早期和全面的公众参与可以为社区和项目发起人带来更好的项目

该项目的初步计划仅包括一个位于该地区最大的就业中心——泰森角(Tysons Corner)的接入点。在主要雇主、民选官员和律师早期对项目反馈之后,项目团队将项目范围改为了三个主要的入口和出口点,以便更好地服务于繁忙的商业区。通过尽早主动地邀请利益相关者在传统的公共听证程序之外参与其中,各方能够协同合作以提出改善该地区的交通拥堵情况的运输解决方案,带来更好的结果。

(3)在涉及新兴和前沿技术的收费设施开始运营之前,提前与终端用户密

切接触、传授新知识至关重要

最初的沟通工作于 2012 年 1 月开始,并为适应 2012 年 11 月 I-495 快速通道的开通,在项目开通后持续了 6 个月。为在整个地区传授设备使用的新规则、新要求以及出入口信息,项目负责方提出了多种沟通策略。I-495 快速通道设置新的入口和出口,并且在某些位置限制进入。因此,除了了解新型设备之外,客户还需要了解他们可以在新的交通网络中进出的位置,而这对出行者来说是一大障碍。沟通策略包括运用多媒体广告、道路横幅和动态消息标志,举办社区活动,发放商业简报、直邮邮件以及设置采用 E-ZPass 系统的激励机制。

(4)基于能力作出运营职责的分配

I-495 快速通道项目包括快速通道的建设以及通用车道的改进两个部分。采购主管部门将大部分营运责任和风险转移给私人部门,以获得快速通道资产以及对共有资产(如标志结构和桥梁)享有的主体职责。这需要仔细规划,以确保项目有效的协调并形成明确的职责划分。采购当局保留了 I-495 快速通道项目的除冰责任,这有利于实现规模效应和促进全区域的协同工作,最终确保整个运输网络的一致性和优先性。合伙协议提供了一个框架,确保采购管理局和项目公司都能够通力协作,以实现整个运输网络的最佳运营。

(5)确保在项目进度计划中预留足够的时间来测试和试运行复杂的收费和交通管理系统

道路开通和收费的详细规划及相关协调工作应至少从早于预计的开通日期一年开始,包括机构间的协调,与使用者沟通以及试运营阶段的规划。采购管理部门与项目公司、执法部门以及其他社区合作伙伴之间应密切协调开通计划,以确保该项目最终能够顺利安全地向使用者开放。端到端系统的广泛测试对核验收费和运营机制的准确性、可靠性以及确保付费用户的积极体验至关重要。其在开通初期设计了一个"高度关注"阶段,通过加强所有合作伙伴的资源配置,可以帮助其确定并迅速应对不可避免的初期挑战。

(6)为弱势企业提供机会,包括小微企业、女性和少数族裔运营企业,可以

帮助采购管理部门实现更广泛的政策目标

采购管理部门制定了优先照顾弱势企业、小微企业、女性和少数族裔经营企业的政策,并由建筑承包商通过各种工程分包来向这些企业提供约 4.9 亿美元的工作机会。这在当时是一个相对前沿的概念。采购管理部门在培训小企业并向其提供项目合作的机会方面发挥了重要作用。

我们从本项目中,可以吸取以下经验:

①采购当局监督的级别应与 PPP 项目的风险状况相当;

②采购当局需要在生产高峰期提供额外资源,以履行合同约定的管理义务;

③早期和全面的公众参与可以为社区和项目发起人带来更好的项目;

④在涉及新兴和前沿技术的收费设施开始运营之前,提前与终端用户密切接触、传授新知识至关重要;

⑤基于承担分配责任的能力作出运营职责分配;

⑥确保在项目进度计划中预留足够的时间来测试和试运行复杂的收费和交通管理系统;

⑦为弱势企业提供机会,包括小微企业、女性和少数族裔经营的企业,可以帮助采购管理局实现更广泛的政策目标。

(三)迈阿密港隧道项目(USA Port of Miami Tunnel)

1. 项目简介

迈阿密港隧道是佛罗里达州最早的 PPP 项目之一。迈阿密港口只有一个通向迈阿密市的通道口,这是造成该市交通拥堵的主要原因,因此急需一个解决方案将通往市中心的车辆分流出去。解决方案就是通过隧道将州际交通网与港口连接起来,这会将来自该交通网的车辆从城市分流出去。

当时作为采购管理者的佛罗里达州运输部在管理 PPP 项目合同方面没有太多的经验。该州和市无法提供项目所需的财政帮助,而联邦政府为成功实施该项目提供了支持。佛罗里达州交通部提供了管理和交付项目所需的所有技术、法律和金融专业知识。联邦公路管理局通过其《交通基础设施融资和创新法案》(TIFIA)的信贷援助计划提供了超过 3.4 亿美元的贷款。

联邦资金支持与州和市的当地经验相结合,最终确保了项目的成功。尽管要面临种种挑战,例如,因未预见的地质状况引发纠纷,该项目仍在预算范围内提前竣工。

(1)项目源起

①项目合作的目标

迈阿密港位于比斯坎湾的一个岛屿,在迈阿密市和迈阿密海滩之间。在建造迈阿密港口隧道之前,通往该港口的唯一通道是连接该岛屿和市中心商业区的一座桥。每天有超过 1.6 万辆车辆行驶在环绕港口的道路上,货运卡车的数量占比更是高达四分之一。

随着巴拿马运河扩建工程于 2015 年完工,作为"世界邮轮之都"的迈阿密港,显然需要更好的连接通道。交通拥堵会抑制港口的运营以及城市的商业发展,迈阿密的交通模式对此更是雪上加霜。在那里,不仅在工作日高峰时段交通拥堵,在晚上和周末高峰时段也是如此。其通过一条隧道直接将港口与州际交通网连接起来,每年使多达 150 万辆卡车从市中心地区分流出去。为避免导致一些司机会因过路费避开使用隧道,继续从现有桥梁路线通行,各方最终决定不对隧道收费。

实际上,早在 1982 年,该区域的规划人员就已经考虑过建设隧道,但是建设隧道隐含着极大的风险。因为隧道必须修建在海平面以下 40 米,这一区域航运繁忙且地质条件复杂、环境敏感。该项目实际上包括修建两条隧道(每个交通方向一条),以及改善连接堤道和港口道路。PPP 模式被认为是最能使国有资金保值的基础设施建设模式,因为它最能将建设风险转移给私人部门。此外,由于全球金融危机带来的经济困难,国家不愿为了向隧道建设融资而承担大量债务。

②初期的经济和政治环境

在迈阿密港隧道项目资金到位的几年前,当地县政府斥资 3.47 亿美元修建一座新的棒球场,遭到了公众的怀疑。该决策在当时和现在都极具争议,公众认为其实际成本(包括举债的成本)高于公布的成本。因此,政府在基建方面的预算会被公众更仔细地审查,尤其是像修建一条新隧道这样的大型建设项目。由此,其加强了本项目优先考虑社区参与的必要性,特别是在高风险建设阶段。

这个项目是在全球金融危机最激烈的时候招标的,佛罗里达州运输部在 2018 年选择了 Miami Access Tunnel 作为首选投标人。那一阶段主要的股权投资者是 Babcock 和 Brown,他们在项目资金到位前就破产了。Maridium 随后作为替代 Babcock 和 Brown 的主要股权投资者加入合作,2009 年项目公司 MAT Concessionaire、LLC 提供的资金到位。

(2)PPP 合同管理

①建设阶段

因迈阿密港隧道预计连接的麦克阿瑟堤道大桥无法关闭,迈阿密港口本身也需要全面开放运营,隧道的建设过程充满了挑战。这一隧道是佛罗里达第一个使用隧道掘进机(tunnel boring machine,简称 TBM)完成的隧道项目,隧道掘进机的使用大大增加了工程的前期成本。

因出现未预料到的岩土问题,第一条单边隧道花了 8 个月的时间修建完成,比预计的时间要长。岩层中大量的珊瑚石(一种类似花岗岩的坚硬材料)致使钻凿速度从一开始便放缓了。然而,更严重的是,在海平面以下 30 米处,工程承包方在施工时遇到了充满半液体状泥浆的空隙,在某些地方这种空隙的宽度如城市街区一般。承包方既不可能绕过空隙施工,也无法任由空隙充满泥浆。解决这一问题的方案是将大约 20 万立方米的混凝土泵入空隙中,使隧道掘进机能够在稳定的材料中钻凿通过。采购管理当局和项目公司预拨的应急基金被用来支付因岩土问题导致的额外工程费用。然而,政府同意补偿项目公司额外工程费用的行为引发了纠纷。因同时开放了多个工作平台,承包方能够重新安排和优化工作,缩短了由较差的地质条件造成的工期延误时间。

需要解决的最后一个隧道钻凿问题是地下水,它可能会破坏两向隧道之间的联通横道。为了避免水涌入挖凿过的地方,承包方不得不将这一区域的温度降到零下 30 摄氏度并保持 40 天,以使海水冻结。

②运营阶段

该隧道于资金到位近 5 年后,即 2014 年 8 月开始运营。每天大约有 14000 辆汽车通过这条隧道,预计其中 80 % 来往港口的卡车已经从中心商业区分流出去了。

为改善交通的流通现状和使用安全,本项目引入了若干创新措施。事故检测系统自动扫描道路上的意外事故,如抛锚的车辆,然后自动提醒工作人员。隧道内壁表面使用防火材料,并且安装了洒水系统应对火灾。隧道内还安装了传感和警报系统,包括红外扫描仪、船角号和紧急呼救信号,对超重卡车报警,禁止其进入隧道。此外,为预防风暴潮,每个入口都有闸门,可以完全封闭隧道。迄今为止,这些系统仍旧在运行。2015 年 7 月,该项目获得了国家公私合营理事会(National Council for Public-Private Partnerships,简称 NCPPP)颁发的 2015 年基础设施项目奖。

③业绩监测和关键绩效指标

本项目的关键绩效指标包括车道可用性、事故检测和响应效率、路况维护、照明、通风和安全设施。运营承包方积极参与设计开发和施工阶段,这使其能够提出改进建议并确保其提出的设计实用且符合性能标准。此外,其还从生产定额角度审查了部分关键绩效指标的实用性。运营承包商参与这一过程有利于确定各自的管理责任。

建筑性能由两个第三方顾问协助采购管理局进行监督,包括一名建设工程检验(Construction Engineering Inspection,简称 CEI)顾问和业主代表。这些顾问会每月定期提交进度报告,并参加项目公司和施工承包方定期举行的进度会议。

采购当局不具备隧道运营和维护的专业知识,因此与有关第三方签订了一项运营和维护的监测合同,以协助其完成独立的绩效监控和合同管理。采购管理局本身主要负责对性能标准、故障报告和操作控制室的工作情况进行抽查。

政府部门发现运营开始的前三个月是最具挑战性的时期,在此期间调整了许多运营程序和人员配置以适应实际情况。

④付费机制

迈阿密港隧道的付费机制分为建造阶段的按节点付费和运营阶段持续的可用性付费,两者都由采购管理局负责。可用性付费设定为每年3250万美元,其不考虑通货膨胀调整或扣减。

在建造期间,采购管理局根据业主代表合同和CEI合同雇用外部顾问。除了由CEI团队在现场独立监测工程设计、工程质量和整体进度是否合规之外,业主代表还负责向项目公司证明付费节点达成。

运营阶段的可用性付费被设置为最高年度付费。这些费用被细分为每月统一标准的可用性付费。某些关键绩效指标的减损通过计算绩效点来实现,通常与违约和合同终止相关联。

可用性付费主要包括运营维护费用,付费年限为30年,可随通货膨胀率进行调整。设置目的是确保资产状况在合同履行期内和项目回收期间都能达到要求。双方自愿分担运营和维护的保险费用,因为这些费用通常是不由双方控制的全球趋势所决定的。项目公司购买保险后产生的节余或额外费用由采购管理局共同分摊。

⑤社区参与

项目得以成功的一个关键要素是持续的社区参与。使公众可以批评的被认为是对当地居民不利的建设项目是十分重要的,但也因为这些批评,项目在市内外享有很高的知名度。

调动当地支持的重要方法是向305号地区承诺不仅从当地雇佣工作人员,

还会从当地供应商那里购买项目材料。大约 83 % 的工作人员由本地人组成，400 家当地企业参与了隧道开发。

项目公司也非常重视社区外联，与地方当局合作制定交通管理计划，以平衡当地人需求与建设施工的需求。项目公司代表访问了当地学校，协助其进行科学、技术、工程和数学（STEM）活动，并将其延续到运营阶段。 TBM 甚至被一个当地的女童子军团体以 19 世纪废奴主义者哈丽特·塔布曼（Harriet Tubman）命名为"哈丽特"。 隧道建设产生的工程废料被堆置在垃圾填埋场，用于在附近的岛屿上建造一个休闲区。各方都将对社区的持续关注视为项目成功的重要因素。

（3）政府的作用

各级政府之间的关系对于这个项目的持续运营至关重要。项目构建阶段伊始，资金来源由联邦、州、县和市提供，迈阿密市也给予了土地使用权。采购当局设立的 1.5 亿美元应急基金是由采购当局和迈阿密戴德县为应对不可预见的岩土状况引发的相关风险共同出资的。采购当局对基金持续注资的承诺对作出不征收通行费的决定至关重要。采购当局与市和县签署了融资协议，但后者对项目没有直接监督。

政府设置《交通基础设施融资与创新法案》计划是为了向美国的品质基础设施项目提供信贷援助。佛罗里达州运输部的官方说法："TIFIA 信贷计划旨在通过提供补充和附属资本来填补市场空白并激活大量私有资产共同投资。"

该计划的主要目标是通过吸引和促进私人参与来协助改善美国的交通基础设施状况并缩小地区基础设施差距。该计划不向州和市直接提供补助金，它只提供有利的信贷条件以协助采购当局从私人部门那里获得所需资金。该计划灵活的贷款偿还条款允许在项目完成后可最多延迟偿还五年。该计划还向贷款方提供信贷担保，并提供备用信贷额度以保障项目的现金流。

（4）采购部门与项目公司的关系

①团队设置和人员配备

在施工阶段，采购当局的团队在工程高峰期达到了21人，随着施工逐渐结束，减少到了6人。采购当局任命了一人来管理PPP合同，他有权灵活地调配采购当局需要的内部和外部资源。由于采购当局没有丰富的隧道项目经验，它依赖CEI顾问和业主代表提供专业知识的支持。

在项目开始运营时，当局任命了两名全职工作人员，和一名兼职工作人员组成工作团队。一旦团队更加熟悉运营工作后，团队成员就会变为一名全职员工和一名兼职员工。采购管理局的合同管理人员不会进行结构化的PPP知识培训，而是通过"边实践边学习"的实操培训获得相应的技能。

②项目各方的沟通

采购管理局和项目公司股东在施工期间的良好沟通有益于项目推进，特别是在双方发生分歧的时候。每周采购管理局、项目公司和施工承包商以及市县政府代表都将参与沟通会议，会议重点讨论项目的日常问题。这有助于采购管理局密切关注施工活动，有效缓解因纠纷和不利的岩土工程条件造成的工期延误。此外，项目公司和采购当局之间每月和每季度均会举行会议，重点讨论具有战略重要性的事项以及每周例会上提出的任何问题。在争议解决期间，市和县的代表也参加了采购当局和项目公司之间的季度会议，协助双方沟通。

③信息管理

采购当局建立了一个内部的全部门文件控制系统。PPP合同没有约定使用何种具体的信息管理系统，但业主代表推荐了一种有助于施工期间文件控制和管理的软件，改进了采购当局现有的信息管理系统。项目各方均可使用该系统提交和上传文件，供合同管理团队审批。

2.结论

（1）积极的社区外联和参与对任何重大基础设施项目的成功都至关重要

当地社区的支持对任何重大基础设施项目的成功都至关重要，尤其是在

PPP 项目可能会受到更多的公众监督并可能被视为争议项目的情况下。在迈阿密港隧道项目中，双方优先考虑让当地社区积极参与项目，并利用项目满足当地需求。双方一致认为，为了使项目取得成功，它需要产生让当地社区能够直观感受到的显著影响。因此，社区参与计划不仅仅通过媒体和公共关系，还应向当地提供真正的经济、社会和商业利益。

社区外联计划涉及三个方面：首先，尽量减少建设工程对当地社区造成的滋扰；其次，通过教育和社会活动创造社区福利；最后，在当地培训和雇用劳动力，并选择当地承包商。

随着计划的实施，项目设法解决了当地的社会和经济问题，以及他们日常生活中面临的种种问题。与迈阿密市和迈阿密海滩合作制定的综合交通计划确保将工程对通勤者的影响降至最小。当地项目（包括组织女童子军等）以及参与科学、技术、工程和数学教育指导有助于社区的改善。通过增加当地就业人员和使用当地承包商，当地社区能够共享经济利益。

（2）成功交付大型基础设施需要各级政府之间的合作

从构建到实施运作，四个不同级别（联邦、州、县和市）政府的参与对这个项目的成功至关重要。来自不同公共机构的联合资助、持续参与和政策支持有助于克服建设过程中的种种挑战，也促进了当地社区的参与。

（3）分担项目双方均无法控制的风险会对双方的工作关系产生积极影响

项目双方都认识到，该项目与运营维护保险成本变化的风险会受到他们均无法控制的全球趋势的影响。双方愿意共担保险成本的增减，从而主动解决了这一问题。这种方法确保了风险分配的公平和优化，并有益于双方之间的关系。

（4）让运营承包商参与设计和施工可以从运营角度提供帮助，以确保运营 KPIs 得到理解和实现

运营承包方应参与设计开发和施工阶段。作为在运营方面最有专长的一方，它将能够提出改进建议，从而降低整个工程成本，并帮助服务达到更高的水平。PPP 合同应激励项目公司无论如何都要实现目标，对管理机构而言，确保

这一点仍然很重要。如果运营承包方不是项目公司的股权投资者可能更有意义。否则，建筑承包商的考虑可能会超过运营需求。在这个项目中，运营承包商参与了设计和施工阶段，这使其能够足够早地发现设计缺陷，并对其纠正。

（5）早期与运营承包商讨论运营KPIs的释义及其实用性，可以使施工和运营之间的过渡更加顺利，并避免误解

各方从运营角度来理解每个关键绩效指标意味着什么并对此达成合意至关重要，通过定义关键绩效指标的协议在运营阶段尽量减少绩效评估争议十分关键。

在该项目中，运营承包商与项目公司和采购管理局合作，在运营阶段开始前一年便审查关键绩效指标，以评估其可实现性，并预测可能存在的风险。运营承包商提出的主要绩效评估问题是关于事故响应时间的。采购管理局将此作为优先指标，但根据最终设计，对此关键绩效指标可否实现存在疑问。

采购当局通过分析运营承包商在其《运营手册》中描述的情况，评估其关注的问题是否正当。采购当局认为，处理大型卡车故障的关键绩效指标过于繁重，因为很难将一定尺寸的拖车带入隧道，随后调整了这方面的时间要求，而其他关键绩效指标仍按照PPP合同的约定执行。

（6）通过预先设立应对重大建设和金融风险的应急基金，使得建设期间出现风险后能以令人满意的方式解决

虽然在许多涉及建筑工程的PPP项目中，大部分建设风险都分配给了建筑承包商，但是隧道工程因不可预见的地质条件导致工期延误，在成本增加方面有极高的风险。在这个项目中，虽然因不可预见的地质条件发生了争议，但应急基金使得双方都能接受风险解决结果并且保障项目交付成功。

（7）有些风险虽然根据PPP合同分配给项目公司，但仍需要采购当局密切管理，以免声誉受损

建筑承包商充分理解和遵守联邦法律法规，特别是劳动法方面存在的问题。采购当局必须确保项目公司及其承包商充分了解影响工程的联邦法律，这一点非常重要。无论风险分配如何，从声誉角度来看，严重违反劳动法或安全

法将对项目和所有相关方产生负面影响。如果采购当局的任何项目不符合相关法律和条例，采购当局也应承担罚款。在这个项目中，建筑承包商雇用了一家工会公司来协助它遵守联邦劳动法。

（8）双方可能需要一些时间来调整施工和运营阶段，以解决管理运营阶段的义务

采购当局发现运营阶段的前三个月是最具挑战性的，这为项目公司团队和采购当局团队提供了一个摸索阶段。在此期间，许多业务流程和人员配置都进行了调整，以适应实际情况。在行动开始时，采购当局任命了两名全职工作人员，以及一名兼职人员。而一旦团队对运营阶段更加熟悉，团队人员就会减少为一名全职员工和一名兼职员工。

（9）与所有股东的频繁会议可以协助采购管理局密切关注施工活动并管理任何潜在问题

采购当局和项目公司股东在施工期间的有效沟通对项目有利，特别是在双方产生分歧期间。每周采购管理局、项目公司和施工承包商，以及市县政府代表都将参与沟通会议，会议重点讨论项目的日常问题。这有助于采购管理局密切关注施工活动。

（10）争议解决委员会的成立成本可能很高，却是解决纠纷的有效方式，并具有降低诉讼风险的优点

为解决施工承包商在隧道施工中遇到的因岩土工程问题导致的各方之间的争议，其专门成立了争议解决委员会（Dispute Resolution Board，简称 DRB）。现在，各方仍然经常通过争议解决委员会解决纠纷。尽管设立争议解决委员会开销较大，但各方均认为它是解决纠纷的有效方式，同时它具有降低诉讼风险的优势。这类项目将争议解决委员会视为化解纠纷的常规机制，可以有效避免纠纷产生。各方定期与争议解决委员会会面，讨论可能成为纠纷的潜在问题。这些会议是项目公司和采购管理局在分歧升级为纠纷之前主动解决问题的平台。

第六章

"一带一路" PPP 项目
法律风险防控

引　言

自 20 世纪 90 年代起，PPP 模式在全世界取得了很大进展，不仅广泛应用于发达国家，在"一带一路"沿线国家，尤其是一些基础设施需求巨大的发展中国家也蓬勃发展。我国"一带一路"倡议在实施过程中所兴建的各种国际工程项目主要是由投资推动的。怎样获取基础设施建设所需的大量资金，政府部门是否可以保障基础设施建设资金，还有国家民生、军费、教育等开支都需要得到政府的资金安排，于是各国政府都力推 PPP 模式，把社会资本吸引进来。

自从我国实施"一带一路"发展倡议之后，我国对外建设呈现出良好的发展趋势，尤其是得到丝路基金和中国信贷的大力支持，从而使得我国"一带一路"朝着正轨健康正常地运转和发展，在此过程中，出现了很多跨国工程建设项目，主要是以 PPP 模式、BOO 模式等方式的投资项目为主。沿线国家不同的法律体系和市场规范则给走出去的中国企业带来了诸多法律风险，如法律环境调查风险、知识产权侵权风险和涉外法律适用风险。

国际 PPP 模式一方面可以为东道国政府减轻债务负担，缓解融资压力，并通过将部分风险转移至私营部门，从而降低政府部门承担的风险；另一方面，为中国企业参与国际公共领域项目提供了更多的机会，极大地扩展了中国企业在国际项目中的发展空间，同时还能够获取相应的利润，这对中国企业与东道国政府来说可谓是双赢。然而，在如此良好的机遇背后，国际 PPP 模式仍隐藏着诸多未知的法律风险，主要表现在法律制度不健全和差异化、法律规定发生变更、知识产权保护、争议解决因素多和周期长、税收环境复杂化、股权结构受到限制、环境保护成本上升、分担风险不合理、项目用地不落实、市场准入严苛等方面。

我国在国际上实施PPP项目的过程中,因为跨国建设项目整体来看比较复杂,并且在实施中会受到很多其他因素的影响,PPP项目建设周期相对比较长,所以在整个实施过程中面临着很多风险,其中,法律风险尤为突出。

【内容摘要】

本章主要针对"一带一路"国际PPP项目的政治、经济与法律风险的防控进行研究。

第一节 "一带一路"PPP项目风险概述

【知识背景/学习要点】

风险不仅指法律风险,还包括安全、政治、基础设施、劳动力市场、税收等,法律风险只是其中最重要的一个环节。

国际PPP项目投资从本质上来看就是一种跨境展开的经济活动,其在实施过程中主要面临的风险可以被划分为两大类:一种是商业风险,还有一种是非商业风险。所谓的商业风险主要指市场中存在不同经济因素的变化,使得国际投资的最终收益受到不利影响的风险。商业风险又可以进一步进行细分,分为经营风险和外汇风险。而非商业风险主要指代的是和商业风险无关的其他风险导致的收益减少的危险,非商业风险可以进一步细分为政治风险和法律风险。[①]

从广义的角度来分析PPP项目存在的法律风险,其主要含义:投资者主要

---

① 梁咏:《中国投资者海外投资法律保障与风险防范》,法律出版社2010年版,第11页。

是因为自身经营和管理不善等一系列行为,导致投资母国的法律适用范围和东道国法律关系相互冲突,最终产生的一系列严重后果的概率大小。从狭义的角度来分析,PPP 项目的法律风险就是外国投资者的经营管理与东道国适用法律不相匹配,使得合同约定发生较大改变带来的不利影响的可能性。本章主要是围绕着我国跨国 PPP 项目展开的,详细地剖析了跨国 PPP 项目在实施过程中面临的法律风险和保障等相关内容,是狭义的国际 PPP 项目投资法律风险。

在开展跨国 PPP 项目的过程中,我们不仅有良好的发展机遇,同时也面临着很大的压力和挑战,所以,需要良好地掌握和分析国际 PPP 项目面临的风险情况。我国实施的"一带一路"发展倡议,要积极和沿线国家展开合作,开展PPP 工程建设项目,带动"一带一路"沿线国家和地区经济实力的增长,创造更多的经济价值,维护区域和平和稳定。在实施国际 PPP 项目的过程中,我们需要严格重视政治、经济以及法律方面的风险,积极采取有效措施来进行风险管控,尽可能地把风险发生的可能性降到最低,减少经济利益的损失。[①]

一、"一带一路"国际 PPP 项目面临的政治风险分析

政治风险程度会直接影响到一个国家的发展。投资者在进行投资之前就需要对东道国的详细情况了解清楚,确保东道国能够满足国际 PPP 项目建设的条件,这才能够进一步展开投资。我国的 PPP 项目投资者需要从东道国与我国的关系、历史投资情况、当前现状、未来发展前景等多个方面对东道国进行评估,分析其资信度。当然,我们也可以委托国际上专业的机构来分析东道国整体情况,进而给出风险评估结果,为投资者的投资决策提供参考。

(一)中国和所在国的关系风险

随着经济全球化大趋势的发展,企业发展所面临的竞争环境也越来越激烈,在这样的背景环境下,企业都积极地寻求转型机会,不断地去探索新的发展

---

① 本章节部分内容参考朱中华主编:《"一带一路"国际贸易、投资、工程法律实务与纠纷解决》,法律出版社 2020 年版。

模式。经济全球化发展为中国企业开展国际业务提供了重要平台,中国和很多沿线国家之间达成合作,投资或者承接的 PPP 项目数量呈现不断增长的趋势,在这样的背景环境下,需要充分考虑我国与 PPP 项目合作国家之间的关系。通常情况下,如果 PPP 项目合作双方国家之间保持良好的关系,那么就会给 PPP 项目的顺利实施创造良好的条件。"一带一路"沿线有很多国家都和中国建立起了友好关系,也存在一些国家和我国关系紧张的问题。虽然部分国家和我国在领土所有权上存在一定的争议,但是并不意味着这些国家和我国在 PPP 项目上就不能达成合作。需要明确的是,个别国家为了其本国某些领导者的利益,仇视中国,煽动负面情绪,这对双方跨国 PPP 项目的实施效果有着直接影响,使得 PPP 项目在实施过程中,可能会面临着更多的风险。虽然我国和很多国家之间保持着友好的外交关系,但是针对 PPP 项目,还是要严格地制定合同内容,明确双方享有的权利和承担的责任。在具体实施 PPP 项目的过程中,中国企业需要始终坚持质量第一、诚实守信、实现共赢的原则,最大限度地维护双方良好的合作关系,降低风险发生的可能性,减少双方的经济损失。

(二)东道国内部战争、内乱风险

"一带一路"倡议涉及的沿线国家多达 65 个,其中有些国家曾经发生或者正在遭受战争的困扰,如常年陷入内乱战争的叙利亚、阿富汗等国家。与此同时,有很多国家也面临着恐怖主义的威胁,尤其是在中东、中亚等地区。"一带一路"沿线相邻国家中,有些国家深受恐怖主义之苦。2015 年,中铁国际的三名高层管理人员在恐怖袭击中不幸遇难,使得我国跨国 PPP 项目建设所面临的风险更加突出,所以,我国企业要保持更加谨慎的态度。"危邦不入,乱邦不居",中国在选择 PPP 跨国项目合作国家的过程中,要始终保持谨慎的态度,对项目本身进行更加全面的评估和审核,通过评估结果来判断是否应该继续进行合作。如果决定继续合作,就需要综合考虑各种风险因素,提前制定好风险预防方案,降低风险发生的可能性,最大限度地减少经济损失。

（三）国家体制风险或者政府换届风险

"一带一路"沿线国家中，一些国家实行的是君主专制政体，主要是由议会和多党通过竞选来获取掌控国家的政权，这些国家的政治风险相对比较高。而实行君主制的国家，国家政策和法律体系会受到君主自身的影响，有着比较强的随意性；而议会和多党在竞选国家政体的过程中，意见不一是非常常见的问题，这样就会直接影响决策效率，不利于国家工程项目的顺利实施，严重的话会给中国投资者带来较为严重的经济损失。

（四）国家司法环境变化风险

依据国际权威机构的数据调查报告得知，"一带一路"沿线国家中有超过70%的国家腐败相对严重，换句话说就是，这些国家的司法环境还不够健全和完善，执行力度不大，执法效率相对比较低，这种司法环境现状对于我国开展跨国PPP项目来说是比较不利的。在这样的背景环境下，中国的投资者在进行决策之前，需要综合考虑各种因素之后再谨慎做出选择，尽可能地把风险控制在最低。在这样的形势下，如果中国企业采取不正当竞争的方式，不仅会损害中国形象，中国的企业还会受到法律的严惩。通过对"一带一路"沿线国家的法治指数进行评估得知，其中有很多国家的评估分数相对较低，这就代表着这些国家在法治透明、严肃执法、公正司法上存在着比较显著的问题，司法环境的恶劣使得中国企业在进行跨国项目投资中，面临着较高的风险。

（五）政府资信和守信风险

"一带一路"沿线中的65个国家，有超过一半以上的国家，属于发展中国家，经济发展速度比较缓慢，经济实力较弱。依照2014年人均GDP平均数值来算，这仅仅达到三分之一的水平，经济规模比较小，财政支持力度也相对较小，这样会进一步导致建筑工程项目处于不稳定的政治环境当中，面临风险的可能性也更大。所以，对于PPP项目来说，其存在较高的风险，尤其是在政府出现财政资金短缺、经济危机和党政之争的状况时，无法解除合同，或者无法延迟款项的支付。2015年，某中国企业投资在国外建设的项目，因为受到政府变动的影响而被迫停止。新政府指出，项目和当地法律规定是相悖的，所以需要暂停项目来进行调查。

（六）国家征收风险[①]

从 PPP 模式角度来看，国家征收风险主要是指东道国在财产、权利、股份等方面存在较大的争议，但是没有进行合理补偿所造成的风险。例如，在 CAA 和 CGE 公司与阿根廷政府仲裁案件当中，阿根廷政府就对 CGE 公司参与的项目进行了征收。所以，在特许权协议当中，需要非常明确规定政府对项目权益征收的条件。如果出现征收情况，那么就需要严格按照国际条约来补偿被征收者。不仅如此，其还可以通过设立离岸担保账户、多边金融机构参与融资的方式来有效预防国家征收风险的发生。

国家征收风险就是东道国政府对其他国家在其本国内投资的企业资产进行没收、征用而导致的风险。此种情形下，当地政府也许会给予中国企业一定的补偿，但是补偿金额和实际损失之间存在着很大的差异，这使得中国企业面临着严重的经济损失。或者是东道国政府会直接征用企业财产，并且会采取一系列措施来阻碍中国投资人对资产的有效控制，这也是属于国家征收风险的范畴。2015 年，希腊新政府成立那一天就明确宣告停止向中国企业出售最大港口股份计划，并且决定对中远企业的购买股份协议进行重新评估。最后在各方压力下，希腊政府表示会继续执行合同。

二、"一带一路"跨国 PPP 项目遭遇的经济风险[②]

经济风险，也就是由金融市场开放程度所引起的一系列风险。东道国外汇是否自由，投资是否能够顺畅流出，这些都会直接影响到中国企业投资项目的实际运用情况。假若东道国是一个外汇管制国家，那么就意味着，需要由东道

---

① 王东：《国际 PPP 模式下特许权协议的主要条款、风险及防范》，载《建筑时报》2012 年 7 月 16 日第 3 版。

② 刘丽娟：《国内企业参与"一带一路"沿线国家 PPP 投资面临的主要风险与防范机制》，载《对外经贸实务》2018 年第 2 期。

国政府主管金融部门来承诺确保投资者的投资安全。除此之外，东道国是否对跨国 PPP 项目有税务优惠政策，中方和东道国之间有无签订避免双边重征税协定都将直接影响到 PPP 项目的实际运行情况。

（一）融资风险

我国很多企业都积极响应国家的"一带一路"发展倡议，参与跨国 PPP 项目，但是在这个过程中存在着较高的融资风险。依据我国数据调查结果显示[1]，中国企业每年都需要投入至少 8000 多亿美元，用于国际 PPP 项目的基础设施建设，然而，在对已有的融资资金进行统计的时候，我们发现实际融资金额和所需金额之间有着非常大的差距，远远达不到融资需求。依据研究学者毕马威数据预测结果可知，到 2030 年，全球各国形成的资金缺口的总额会超过 20 亿美元，中国"一带一路"国家 PPP 项目的融资需求在 2 万亿美元左右，但是实际可使用的融资资金只有所需资金的一半，这种融资缺口会严重阻碍跨国 PPP 项目的发展。不仅如此，美国著名研究机构对我国"一带一路"国家 PPP 项目的发展情况进行了分析，分析结果表明，2015 年，因为融资资金问题导致 PPP 项目难以实施的案例达到 33 起，经济损失超过了 500 亿美元，这些 PPP 项目涉及的东道国超过了 20 多个。

中国"一带一路"沿线国家投资项目较为集中的领域有能源、交通、基础设施建设等，而一般情况下，这种跨国 PPP 项目的投资周期都相对比较长，并且这些国家有着较高的负债率，国内企业在投资过程中，融资渠道会不断被压缩，由中国企业参与的 PPP 基础设施建设项目，使用的是全新债务处理方案。依据相关数据调查情况得知，2008 年至 2017 年，斯里兰卡政府向中国贷款的总额高达 33 亿美元，其中超过一半以上都是优惠贷款，贷款利率仅仅只有 2%。而 2017 年前三季度，斯里兰卡政府的外债金额总和超过了 200 亿美元，其中超过一半的都是商业贷款形成的负债。在这样的情形下，斯里兰卡的基础设施建设

---

① 毕马威：《2030 年全球基础设施资金缺口将达 20 万亿美元》，http://kuaixun.stcn.com/2016/0602/12742364.shtml，下载日期：2020 年 12 月 20 日。

项目所需的资金非常紧张,中国企业也不能够在短期内收回投资资金。通过梳理我国互联网统计数据可知,2017 年年初,我国"一带一路"沿线国家,其中的一些国家负债率超过了 70%,如印度、以色列等,在此情况下,虽然有银行提供了高额贷款,但是企业存在的资金缺口依旧是非常大的,这就使得我国企业融资渠道变得更加狭窄。

(二)汇兑风险

通过分析近些年的"一带一路"倡议发展实情可知,很多沿线国家的汇率稳定性比较差,一旦外在环境发生了改变,便会导致汇率发生较大的变化,这使得中国企业参与的跨国 PPP 项目面临着较高的汇兑风险。举例说明,我国企业在参与越南 PPP 基础项目时,受到了汇率波动的影响,通过预测方案估算的项目建设总投入资金在 7.9 亿美元左右,但是因为汇率变化,使得中国企业需要承担 0.67 亿美元的利息。在 2017 年,越南货币出现较大幅度贬值的情况,这使得投资汇兑风险发生的概率也大幅度提升。若美元贬值,并且一直保持贬值趋势,则会导致我国企业参与的国家"一带一路"PPP 项目面临着较高的汇兑风险。

在当前的发展阶段中,中国企业参与的"一带一路"PPP 项目中所面临的汇率风险,主要是因东道国内部出现通货膨胀所引起的,并且通货膨胀的情况还在不断加剧,使得汇兑风险进一步提升。2017 年,印度通货膨胀的年增长率达到了 3.93%;同年 8 月,通货膨胀率又增长了 0.32%。还有一些国家的通货膨胀率也是相对比较高的,其中菲律宾为 2.8%,孟加拉国为 5.31%,俄罗斯在2.5%～2.6%。在这样的状况下,中国企业参与的"一带一路"PPP 项目面临着较高的汇率波动风险,严重影响了中国企业的投资获益情况。中国企业参与的塔吉克斯坦 PPP 项目中,2017 年东道国有着 4.4% 的通货膨胀率,同比增长了1.9 个百分点。这使得中国企业对东道国的能源、电力等行业的投资成本大幅度上升,实际获益也被削弱。

（三）投资回报风险

我国"一带一路"沿线国家中，一部分国家经济发展缓慢，财政资金短缺，城市化发展受阻，这些导致中国企业投资回报率处在一个较低水平，投资收益率也相对比较低，并且要承担较高的投资回报风险，也就是说，一旦东道国国内出现剧烈变化，就会导致中国企业很难顺利地收回投资资金。我国企业参与的"一带一路"PPP 项目中，有四分之一属于基础设施建设项目，这种类型的 PPP 项目投资回报率非常低，平均数值仅仅只有 3%。通过数据分析得知，在中国企业参与的跨国 PPP 项目当中，基础能源商标量在 2017 年之前，一直保持着全球第一，但是在 2017 年，能源商标数量只有 30 万件，所占比例只有 1.63%，和预计申请数量相差较大。从当前中国企业参与投资的跨国 PPP 项目发展情况可知，项目投资类型主要集中在港口建设、交通道路建设，投资回报率比较低，盈利空间也相对比较小。甚至还有一些项目难以估算其盈利情况。

我国企业参与的"一带一路"PPP 项目在实际运行过程中，会遭到其他企业的恶性竞争，这主要体现在服务质量、评估标准、建筑成本等方面的压缩上。这就使得我国企业在竞争中，只得不断提升质量标准，通过价格来拉开差距，获取绝对优势。2017 年，中日两国企业共同竞标印尼的 PPP 铁路投资项目，为了更好地衡量中日企业经济实力，印尼政府委托专业人员来对中国和日本竞标企业进行评估，最终的评估结果显示，日企综合实力远远低于中方企业，但是日本企业采取了价格策略来竞争，中国企业为了竞标此项目，最终也采取低价策略拿下了印尼的高铁项目，使得投资成本提升了 15.6%。由此可知，其他国家的企业可能会通过恶性竞争来提升中国企业投资"一带一路"PPP 项目的成本。

三、"一带一路"国际 PPP 项目面临的法律风险

所谓的法律风险主要指法律制度的完善程度。如果投资国家的法律体系比较健全，法律制度比较完善，那么就会使得投资风险大大降低。我国企业在决定投资"一带一路"PPP 项目之前，需要对东道国的经济法规进行全方位的掌

握和了解,如果没有针对项目制定专门性的法律,那就需要对东道国的其他法律法规展开研究和分析,确保能够适用于整个项目的执行。

中国企业在参与"一带一路"PPP 项目过程中所面临的最大风险就是法律风险。如果开展的项目不能够与东道国的法律制度相适应,就会严重阻碍项目的运行。PPP 项目在所在国的法律风险主要表现在以下几点:

(一)对项目所在国的法律表现形式了解不够深入

全球不同国家的法律体系按照传统和表现形式的不同可以划分为不同的法系。"一带一路"沿线国家多达 65 个,这些国家所使用的法律体系不尽相同。影响力较大的法律体系分别是英美法系、大陆法系以及伊斯兰法系。这些法系的内容和规定都有很大的差异。如果不能够详细地掌握这些法律体系的特征,那很有可能会遭遇很大风险。我国"一带一路"沿线国家的民事法律也有着一定的共性,如菲律宾、新加坡、文莱等,它们原本是英国殖民地或者是英联邦国家,所以它们的法律体系与英国法更加相近。而像俄罗斯、波兰、保加利亚、匈牙利等,因为地域关系或者前身和苏联关系比较密切,使得它们的法律体系和俄罗斯法律更为相似。伊朗、叙利亚、巴基斯坦、埃及等中东或者北非国家,它们原本受到伊斯兰教的影响比较深远,所以从法律制度上来看也存在一定的共性。虽然一些国家在法律体系上比较相似,但是不同国家的发展历史和实际国情之间仍存在着较大的差异,法律体系有着显著的差异性。所以,中国企业在参与"一带一路"PPP 项目过程中,不但要对沿线国家有一个整体宏观发展情况的了解,而且还要对每个国家的法律体系展开更为细致的研究。

(二)对 PPP 项目所在国行政法法律了解不够全面

不同的国家和区域如果进行 PPP 项目建设,政府部门都需要对项目进行行政管理。所以,对于投资的 PPP 项目来说,东道国的行政法规定的内容比较重要,因为它是直接关系到 PPP 项目管理的实际依据。中国"一带一路"PPP 项目所在国家,其中有一些使用的是大陆法系,所以它们对行政法律法规有着非常明确的规定。然而,对于英美法系的国家来说,一些法律规则主要是依据案例来制定的。想要顺利地开展"一带一路"PPP 项目，中国企业就需要详细掌握和了解 PPP 所在的东道国家的行政法律。否则，项目在具体实施过程中就会遇到很多问题，这些都不利于 PPP 项目的顺利实施。以上所描述的行政法主要涉及东道国承包商、市场准入、项目规划、安全设计、质量要求、环保设计、消防等方面的法律，以及劳动法、外汇管理法、税收法等。

（三）对 PPP 项目东道国的民事法律不够了解

不仅仅是行政法，国际有关 PPP 项目合同中会涉及法律条款的选择，当事人可以选择适用法律，确保项目能够在法律保障下顺利实施，除此之外，还可以利用合同来对双方当事人承担的责任和履行的义务进行确认。很多项目在合同中都选择适用项目实施的当地法律，所以，中国企业在参与"一带一路"PPP 项目的过程中，需要详细地掌握和明确当地民事法律的有关规定。如果对当地民事法律一知半解，那么当事人的合法权益受到侵害的时候，就很难寻找到最有效的方式来解决问题，保障中国投资企业的合法权益。

（四）对有关 PPP 项目的国际条约和惯例不够熟悉

国际条约主要可以划分为两种不同类型：一种是国际多边条约，一种则是国际双边条约。如果投资项目所在国和投资国家签订了国际条约，那么就要严格依照国际条约的规定来实施项目，履行相关义务。举例说明，在 CAA 和 CGE 公司与阿根廷政府的仲裁案件当中，CAA 和 CGE 公司就依据合同中签订的国际多边条约和双边条约，很好地保障了自身利益。在这个案件中，原告表示阿根廷政府的所作所为与合同所签订的国际条约规定的内容是相悖的，并且阿根廷政府对原告投资企业的资金进行了征收，按照国际公约的规定，原告理应得到赔偿。最终 CAA 和 CGE 赢得了诉讼胜利，如若不是签订了国际条约，那就很有可能给投资企业带来不可预估的惨重损失。

在"一带一路"沿线国家投资和承包 PPP 项目还需要进一步了解有关投资和建设在实践中的常用惯例。因为跨国 PPP 项目是一项比较复杂的经济活动，不仅会受到当地法律制度的制约，还会受到国际惯例的影响。我国"一带一路"

沿线国家中有很多都签订过国际多边和双边条约,比较认同行业内国家常用的处理方法。假如能够非常熟悉地掌握和了解有关 PPP 项目的国际惯例,那么就可以让整个 PPP 项目在执行的过程中遇到更少的风险,也能够最大限度地保障自身的合法权益。与此同时,不仅中国加入了世界贸易组织,"一带一路"沿线国家中,有 51 个国家也在其中。所以,跨国投资和承接项目的过程都需要严格遵守国际世贸组织的有关规定。中国和"一带一路"沿线国家中的 12 个国家都签订了自由贸易协定,明确国家投资和承接项目中需要遵循的相关内容。国际投资和承包项目需要熟悉一些国际实践做法,与此同时,中国企业需要详细地了解国际投资使用的标准合同文本,规范合同内容,只有这样才能够最大限度地保障中国投资企业的合法权益。

(五)投资目的国和所在国法律出现变更 [1]

通常情况下,PPP 项目的规模比较大,耗费的建设时间比较长,涉及的法律关系也复杂很多,所以,项目所在国有关 PPP 项目的立法的稳定性需要满足要求。从 PPP 项目投资者的角度来分析,在签订特许权协议的时候,中国企业需要对东道国法律不稳定和不明确造成的风险有一个非常清晰明确的认识。东道国的外商投资政策法律规定、进出口关税征收法律规定、价格控制法律规定等变更都会给投资者带来较大的风险损失。2012 年,蒙古国针对外国投资者的审批,专门制定了商业实体管理法案,这给 PPP 项目投资带来了很大的影响。而我国在 2002 年对外商投资有关回报率的项目作出了一系列规定,使得一些项目无法进行,最终以政府回购收场。为了最大限度地降低风险发生的可能性,减少经济损失,个人投资者需要对东道国 PPP 项目的立法环境展开详细分析,尤其是在签订特许权协议时,最大限度地争取项目适用法律的稳定性,保障项目可以顺利进行。

国家法律通常会因为国家形式和外部环境的变化而出现变更,项目所在国

---

[1]　王东:《国际 PPP 模式下特许权协议的主要条款、风险及防范》,载《建筑时报》2012 年 7 月 16 日第 3 版。

家法律内容的变动对中国企业来说会带来比较大的风险。通常情况下,法律法规的变更对基础设施建设、公共建筑等相关项目的影响更为突出。我国"一带一路"沿线国家中,超过一半都是发展中国家,国家法治建设还需要进一步完善,经济的变化发展往往会导致法律法规的变更。而投资项目和工程建设所涉及的资金总规模比较大,并且建设时间周期也比较长,只有项目所适用的法律相对稳定,才可以确保项目在实际运行中承受的风险降到最低。如果法律法规出现变更,就会直接影响项目的建设工期和质量。所以,中国企业需要对项目所在国的法律变更情况进行充分的考虑和分析,并且针对性地采取有效措施,把风险控制在合理范围之内,确保项目能够顺利实施。

第二节　国际 PPP 项目政治、经济与法律风险防控

【知识背景／学习要点】

中国企业要借助"一带一路"国家倡议来积极和其他国家合作,参与跨国PPP 项目建设,以此促进企业的优化升级,发展国际业务,抢占更多的国际资源,提升企业的国际竞争实力,以便在竞争中始终保持优势,占据主动地位。为了实现以上目标,中国企业首先需要做的就是要处理好企业在海外所面临的政治、经济和法律等方面的风险问题,企业可以从以下几点来做好防控工作。中东国家存在的隐藏问题就是在其政治体制上,有关跨国 PPP 项目的政策法律不够完善,中国企业如果选择和这些国家进行 PPP 项目,那么面临的风险则比较大。海湾阿拉伯国家合作委员会的六大成员国和其他国家相比,有着比较显著的优势。中国企业在做出项目建设决策之前,需要对可能出现的风险进行详细分析和梳理,预估项目风险发生概率的大小,并且针对性地制定解决措施和方案,把损失降到最低。国际 PPP 项目在任何一个国家都会出现风险,所以,投资者需要做到的就是,事先对项目所在国家的情况进行大致了解,制定风险管

理方案,有效地分散风险。

一、企业应制定"走出去"战略,制定风险预防措施

"一带一路"倡议为中国企业参与跨国 PPP 项目创造了非常有利的条件。与此同时,它也为企业在资金融通、税收征收等方面提供便利,对于企业对外扩张和发展来说是有益处的。所以,企业不能够把眼光仅仅放在眼前,需要从长远发展的角度来考虑问题,需要对企业"走出去"战略进行确定,并且需要明确企业发展的长期目标、发展策略、实施步骤。企业在实行"走出去"战略的过程中,需要有敏锐的洞察力,能够及时把握住机遇,并且能够事前制定风险预防方案,以此来最大限度地降低企业所面临的风险,而不是一味地去跟风冒进,这样只会给企业自身带来严重的经济损失。企业需要做到把国家需求和自身发展的实际情况紧密结合起来,制定符合企业特征的对外发展战略,与国家发展战略保持一致。

二、构建科学合理的风险管理机制,对 PPP 项目所在国的政治风险进行明确

企业在经营过程中也面临着不同的风险,利润和风险是相互统一地存在在企业的发展过程之中的,一般情况下,利润越高,所面临的风险就越大。企业需要提高自身的观察能力和辨识能力,对可能存在的风险进行梳理和分析,针对性地制定风险管理方案,在国际 PPP 项目工程的实施过程中对风险进行控制,并且能够灵活地应对风险。需要明确的是,风险的防范不能依赖个人,需要构建一套科学合理的风险管控机制,及时帮助企业化解风险,确保 PPP 项目投资和承包建设项目可以顺利实施。

(一)企业需要构建决策前的合同风险识别和评估制度

国际 PPP 项目存在的风险主要涉及政治、经济以及法律方面的风险。企业需要在投资决策之前构建项目风险识别、分析以及管控制度。关于"走出去"业务,企业需要构建国际 PPP 项目的合同风险识别和评估机制,以此来对投资

和承包建设业务中的风险类型进行划分,并且能够有针对性地制定风险管理方案和预防措施,确保合同的合理性,降低风险发生的可能性。企业通过构建国际 PPP 项目管理、授权机制,来有效控制企业的经营风险。采用这种方式达到的效果也是相对比较显著的。企业需要不断完善国际 PPP 项目合同管理制度,对合同的管理流程进行优化,科学合理地制定合同评审机制,确保合同前、中、后各个环节都能够得到有效管理,减少不必要的风险发生。除此之外,企业还需要构建较为严格的授权管理机制,对项目授权进行分类管理,以此来约束跨国项目的签约权利,把海外项目的掌控权牢牢抓在手中。

(二)制定担保、投资等经济制度,有效控制风险

对外投资、担保是企业对外经济活动中,遭遇的法律风险比较集中的地方。这主要是因为一些企业对担保、投资没有进行一个非常明确的规划,并且也没有制定相应的风险预防措施和方案,一旦发生风险就会陷入慌乱之中,出现法律纠纷的可能性会更高,严重阻碍了企业的进一步发展。我国企业参与"一带一路"PPP 项目的过程中,因为受到各种不同因素的影响,导致风险发生的可能性变得更高,如果不制定风险管控措施,就会给企业带来严重的经济损失。所以,我国在参与"一带一路"PPP 项目的过程中,需要不断完善担保和投资等经济制度,把风险发生率降到最低。

(三)严格把控跨国 PPP 项目的政治法律风险

通常情况下,企业对合同评审活动比较重视,而忽略了合同签订之后在具体履约过程中存在的风险。通过分析很多跨国 PPP 项目合同纠纷案例可知,绝大部分的纠纷案件都是因为合同的不规范执行造成的。需要明确的是,企业签订的国内合同和国际 PPP 项目合同是存在很大差别的,国际 PPP 项目所面临的风险会更多,所以,只有严格按照合同规定内容来履行合同,才能够保障项目可以顺利实施。所以,企业需要进一步加强对合同履行过程中的风险的控制和管理。

通过汇总企业跨国 PPP 项目的成功经验可知,企业可以制定相应的法律顾

问制度来对国际PPP项目进行管理，提高合同履行质量和效率，严格管理和控制合同履行过程中出现的风险，确保合同可以顺利实施。不仅如此，企业还需要对合同签订后的分包商、供应商合作事项进行有效管理。

（四）制定合乎规范的国际PPP项目合同文本

企业除了要了解和掌握国际通用合同文本，还需要制定与自己公司有关的跨国PPP项目的合同文本，这为业务人员起草合同创造了有利条件。除此之外，这样还可以在一定程度上降低企业海外投资过程中面临的各个方面的风险。

三、要不断壮大高素质国家化跨国PPP项目管理人才

企业为了进一步发展壮大，积极推行"走出去"战略，想要在全球化竞争环境中占据优势，人才资源对企业的发展来说是至关重要的。企业参与的"一带一路"PPP项目和国内投资项目有着很大的差别，项目更加复杂，所面临的不确定因素也更多，所以，风险也就越大。在这样的背景环境下，企业急需高素质PPP项目管理人才来保障项目的顺利实施。我国企业在处理国际PPP项目中的风险问题上，一直存在很明显的问题，最为主要的原因就是人才资源比较缺乏，给企业的对外发展带来了不利影响。所以，企业需要不断壮大高素质跨国PPP项目的管理人才队伍。此外，企业还可以选择国内外法律事务所的专业法律人才来担任国际PPP项目的法律顾问。

四、需要全面考虑项目所遭遇的政治和法律问题，控制对外发展的步伐

"一带一路"沿线的65个国家的实际发展情况存在着很大的差异，在这样的背景环境下，企业应有针对性地制定发展方案。不仅如此，企业在实施"走出去"战略的过程中，还需要控制对外发展步伐，不能过快，需要保持在合理发展的进度范围内，循序渐进地推进。在近些年的发展中，中国企业在海外投资的过程中，出现了比较明显的经济效益下降的状况，这些都能够验证这些问题的

存在。所以，中国企业在实施"走出去"战略的过程中，需要把自己的承受能力和风险管理控制能力也考虑在内，制定详细的发展计划，降低企业风险发生的可能性。

五、科学合理地利用国际通用纠纷处理方法来管控风险

我国企业在参与"一带一路"PPP 项目的过程中，经常会发生纠纷案件，如果不能够寻找到合适的方法来解决，那就可能会给整个项目的发展带来不利影响，让投资者面临着巨额经济损失。如果企业可以熟练地掌握国际上解决纠纷的方法，就可以及时快速地找到纠纷处理方法，把风险控制在最低，减少经济损失。下面详细地介绍国际投资合同纠纷中三种不同的问题处理方式。

（一）友好解决方式

所谓的友好解决也就是说当事人使用友好协商的方式来处理纠纷问题。这种方式相对比较简单，并不需要寻求第三方机构的帮助，也不会对当事人双方的合作造成不利影响。所以，如果发生纠纷，当事人往往会选择友好协商的方式来解决问题。国际投资商或者承包商在采用友好解决方式的时候，需要注意以下几点问题：其一，企业需要具备较强的谈判能力，只有这样才能够保障双方在地位上保持平等，最终也能获得良好的谈判结果；其二，事前要做好充分的准备，也就是说，在谈判之前，需要详细全面地掌握谈判内容，以此来制定科学合理的解决措施和方案，组建谈判小组；其三，能够尽快把谈判结果落实在文字上，形成法律上的约束。

（二）调解方式

所谓调节方式，即双方达成一致，寻求第三方机构来进行调节，提出建议和解决方案，确保双方意见一致。在使用调解方式解决纠纷的过程中，企业需要注意以下几点问题：其一，不能够进行强制性调解，调解需要建立在双方自愿的基础之上；其二，当事人双方选择的第三方调解机构需要具备一定的权威性和专业性；其三，当通过调解意见达成一致之后，双方需要签订书面协议；其四，

如果调解失败,在仲裁过程中不能够使用调解中提到的任何意见和观点。

(三)国际仲裁

如果在国际投资中出现了工程纠纷,那么,通常情况下要选择国际仲裁方式来处理纠纷问题。这主要是因为选择这种方式所达成的结果会更加公正。选择国际仲裁的方式来解决国际投资争议需要注意下面几点:其一,选择的国际仲裁机构的声誉高;其二,要准备好仲裁条款;其三,要做好仲裁案件,选择专业性较高的律师团队。如果争议在国际投资争端解决中心的处理范围之内,那么就可以选择ICSID仲裁。ICSID仲裁需要满足以下条件:其一,争端主要是在ICSID成员国和其他国家之间产生;其二,双方的争端主要是因为投资造成的;其三,争端在"法律"争端范畴内;其四,当事人同意把争议焦点内容提交ICSID。

六、需要依据企业所在行业的特征来对"一带一路"PPP项目的政治和法律风险展开分析

我国企业参与的"一带一路"PPP项目,会和很多不同国家进行合作,这些国家的发展情况存在很大的差异,具体的需求也是不同的,所以,在项目实施过程中所遭遇的政治和法律风险也有着显著的不同。因此,中国企业需要依据不同国家的情况来针对性地制定项目管理方案,不能够一味地沿用以往的经验,也不能够把中国经验全盘复制到其他国家问题的处理上。企业需要对参与跨国PPP项目的"一带一路"沿线国家的政治和法律风险进行掌握和了解,需要从基本国情、法律制度、多边机制、法律变更等方面来具体展开研究和分析,从而制定可行的风险应对方案。不仅如此,企业还需要在实践中不断地总结成功经验,对失败之处进行深刻反省,在投资或者承接项目的过程中,依据项目对案件展开详细的分析,或委托专业律师来进行调查。

七、整合国际资源,为企业的政治法律风险管控创造条件

因为"一带一路"PPP项目和国内投资项目相比更为复杂,所面临的政治

法律风险也更为复杂,所以,企业仅仅依靠内部资源来对风险资源进行管控,最终的效果也会受到限制。在这样的背景环境下,企业需要积极地利用外部资源来强化对自身的管理,提高服务质量水平。尤其是在进行市场调研、法律法规分析、方案可行性验证、工程建设咨询等方面,企业仅仅依靠自身所具有的资源是无法完成的,所以这时候就需要利用国际资源来更加全面地了解国际市场行情,并且能够以此来最大限度地满足企业项目的发展需求,制定科学合理的项目管理措施和方案,降低风险发生的可能性,减少企业损失,为企业政治法律风险的管控创造有利条件。企业在实行"走出去"战略的过程中,需要依据自身需求,积极合理地利用外界资源,以此来实现对企业科学高效的管理,减少风险给企业造成的经济损失,进而推进我国改革开放进程,提升我国的综合实力。

第三节　国际 PPP 项目准入、运营和退出法律风险防范

【知识背景 / 学习要点】

因为"一带一路"PPP 项目涉及的经济、文化、政治等方面的内容存在较大的差异,使得整个项目在实际运行过程中会受到各种不同因素的制约和影响,进而使得项目变得更加复杂,项目所面临的风险也更高。通过梳理已经运作的一些跨国 PPP 项目可知,其普遍存在一些问题。这些问题的具体情况因为国家和区域的变化而相应地会发生改变。所以,国际 PPP 项目是一种风险较高、比较复杂的经济活动。我国政府部门对企业对外投资风险也有着较高的关注度。我国的很多企业为了进一步增强自身的经济实力,通常都会选择发展国际业务,我国企业对外投资项目的数量呈现不断增长的趋势,在这样的背景环境下,怎样做出科学合理的决策,怎样有效地控制 PPP 项目所遭遇的各种风险,这些都是中国企业需要慎重考虑的问题,同时也是政府部门、企业以及学术界关注的重点内容。

尽管项目类型有着很大的差别，并且在国际PPP项目中，东道国参与项目的具体表现也存在差异，但是，通常所说的国际PPP项目主要包括三方主体，分别是企业、政府和社会组织。在中国企业参与的国际PPP项目中，面临的风险主要可以被划分为不同的阶段，分别是准入风险、运营风险和退出风险。三大参与主体在项目运行的过程中所起到的作用也是不同的，其中企业主要是从自身角度来制定风险防范措施，而政府和社会组织，主要是为企业提供一些专业服务，以此来进一步强化企业对风险的管控。这一节主要是分析不同主体在不同阶段采取措施，相互协助，以此来确保PPP投资项目法律风险可以得到有效控制。

一、国际PPP项目准入风险管控措施

我国企业参与的"一带一路"PPP项目在准入阶段，主要的影响因素就是东道国的审查制度。不同的国家制定的审查制度也是不同的，所以，项目审查制度存在着较大的差异。一般情况下，经济发展比较靠前的国家，它们并没有对审查制度作出明确的规定，但是这并不意味着完全开放。举例说明，美国和澳大利亚等国家虽然没有明文规定限定外国投资准入领域，但是对一些敏感度比较高的企业或者安全性要求比较高的领域，则会有非常严格的限制。所以，我国企业以及政府部门需要对PPP项目准入阶段可能存在的风险进行全面分析，社会组织也可以提供专门性的咨询和评估服务。

（一）不断健全PPP项目投资准入的相关规定

虽然投资母国针对PPP项目的投资者制定了一套审批程序，但是东道国对投资者的影响更加显著。所以，关于PPP项目投资准入规定内容的调整和完善主要集中在多边协定与中外双边投资协定（Bilateral Investment Treaty，简称BIT）中。其主要涉及的内容包括以下几点：其一，需要积极地参与多边协定谈判，以此来拓展投资准入领域的范围；其二，需要积极地参考国际已有的范本，并且进一步对具体需求进行细化，这样就可以有效对非国际贸易组织成员国家

进行约束；其三，需要不断健全国内外有关 BIT 的相关规定，以此来提高规定内容的透明度和公正性；其四，不断健全有关 PPP 项目的投资准入例外规定的内容。2004 年，加拿大对其本国的投资移民计划（BIP）条例内容作出了非常清晰明确的规定，尤其是对自由化承诺保留和将来措施保留等内容专门作出了清单规定。中国企业可以在参考此范本的基础之上，依据中国企业发展实情和项目的具体需求来明确 PPP 项目准入例外条例，最大限度地保障中国企业的利益。

（二）缔结行业协会参与条约

中国在 2001 年正式加入了 WTO，这使得中国在国际上的地位得到了很大程度的提升，但是和具备比较健全的行业协会的国家相比，中国还有很大的提升空间。随着经济去全球化和一体化的不断发展，国际竞争环境变得更加激烈，在这样的形式下，行业协会的重要性不断凸显。例如，可以借助世界贸易组织的争端解决机制来帮助企业处理纠纷问题；可以帮助企业实施反倾销和反补贴措施；维护本国和行业的经贸利益，可以灵活地使用 WTO 保障条款，提供全面详细的证据，有力地证明某种产品的进口数量或者市场占有率出现异常增长，对本国同产品造成了不利影响，或者说可以证实有这种发展趋势的存在。

1.给 PPP 项目投资准入带来的影响。把行业协会纳入国际 PPP 项目投资条约中，最为主要的目的就是确保国际条约的实用性和可行性更加突出，可以实实在在地帮助企业维护其合法权益。尤其是针对 PPP 项目准入阶段，对一些国际社会中敏感度相对比较高的行业来说，行业协会需要积极发挥其重要作用，通过缔结条约来为政府部门提出争端的合理解决办法和建议，让政府部门在条约缔约之时就提前做好风险防范工作。

2.行业协会在对外投资中所具有的职能。其一，代表职能，可以代表本国行业全部企业利益。其二，沟通职能，可以作为企业和政府之间的沟通渠道，代为传达企业的设计需求，与此同时，还可以帮助政府部门来制定跨国投资项目发展规划，参与条约缔结活动。其三，监督职能，行业协会可以对本国行业之外的国外投资者的经营活动进行严格的监督。其四，公正职能，行业协会可以接受政府部门的委托，确保投资者资格审查、资料审核、资料发放、质量检验等相关工作能够按照国际公约的规定来执行。其五，统计职能，也就是对本行业对外投资基本发展情况、风险发生概率等进行统计分析。其六，研究职能，可以对本国行业国内外发展状况展开调查分析，指出行业发展存在的主要问题，并且可以针对性地提出可行性建议。其七，狭义服务职能，主要涉及对外投资信息咨询、资源咨询、展览举办等相关服务。把行业协会具备的基本职能和国际PPP 项目投资法律主体结构统一起来，积极发挥行业协会的协调作用，对我国企业参与国际 PPP 项目投资实践活动有着重要的现实意义。

（三）东道国法律及其项目的尽职调查

东道国法律及其项目的尽职调查是律师事务所和国际 PPP 项目投资服务中不可或缺的重要组成部分。中国企业在参与国际 PPP 项目投资的过程中，需要积极转变自己的思想观念，意识到律师在对外投资中发挥的重要作用。近年来，随着现代化企业不断扩展国际业务，进行跨国贸易，企业对高质素律师人才的需求也变得更加迫切。那么，在国际 PPP 项目投资中的尽职调查也是防控PPP 项目法律风险的重要手段之一。

1.尽职调查的主要内容。在项目准入阶段，尽职调查所涉及的内容主要包括以下几点：一是对项目所在国的法律环境情况展开调查，以此来评估外国投资者面临的风险情况；二是对投资项目或者交易标的适用法律文件展开详细调查。

法律尽职调查通常情况下是由国内和国际律师组成的团队进行调查工作。他们在对东道国基本情况分析的基础之上，相互协作，依据企业需求来针对性地展开调查，并且提交符合企业实际发展所需的调查报告，为企业的投资决策提供重要的数据参考。针对不同的调查项目，调查侧重点也是存在差别的，举例说明，电力、基础设施建设等国际 PPP 项目，就需要对项目所在国的经济、政治和财务环境进行全面详细的分析。

2.尽职调查的意义。一是律师对东道国的法律环境展开的调查,这样就可以有效掌握项目准入阶段可能存在的法律风险,可以针对性地制定预防措施和方案,把风险带来的负面影响降到最低。二是律师团队可以通过尽职调查参与国际 PPP 项目交易方案的设计工作,这样有利于企业提前防范投资风险,借助法律途径,最大限度地保障企业的合法权益,为之后交易文件的起草奠定基础。三是律师可以通过尽职调查来促成有利于中国企业的交易文件的形成。律师团队在尽职调查过程中,可以比较全面地掌握中国企业实际发展的需求情况,并且依据尽职调查成果来对各方需求进行有效调解,借助法律文件关联来最大限度地保障中国企业的权益。四是律师团队可以通过尽职调查,控制交易风险的外部谈判权,这样就有助于提高律师的工作效率,为合作双方的谈判提供支持,争取中国企业利益的最大化。

3.积极地借鉴成功案例经验。吉利收购沃尔沃案件,业务处理的核心律师团队为福尔德律师事务所[1],腾中收购悍马跨国并购案件则由在国际上享有盛誉的霍尼曼律师事务所办理。通过总结这些并购案件的成功经验可知,律师团队在进行尽职调查的过程中,不仅仅需要对相关文件进行审查,还需要研究分析供应链上存在的上下游关系,并且分析是否存在隐藏因素会导致企业出现财务危机。调查分析供应商替代厂家所需时间和周期问题,这些调查结果对收购方企业来说都是非常重要的,可以避免企业的风险损失。

尽职调查在 PPP 项目准入阶段有着非常重要的作用,改变了我们对尽职调查的狭义思想的理解,这些对于我们转变传统的思想观念有着积极的促进作用。

二、国际 PPP 项目运营法律风险应对措施

(一)企业需要构建透明度原则

所谓的透明度原则主要指的是世界贸易组织体制的重要构成内容。在对现

---

[1] 谢文奇、廖卫华:《吉利收购沃尔沃背后推手 跨国律师团队阵容豪华》,载《法治周末》2010 年 4 月 28 日。

代化企业进行管理的过程中,很多研究学者主要是从企业管理的角度来提出透明度原则。也就是说,在任何领域当中,透明度原则的主要表现就是公正、公平和公开。将透明度原则运用在国际 PPP 项目投资者的投资活动之中,主要目的就是提高企业在国际投资中的信任度,塑造良好的形象,大大降低因不理解造成的法律风险发生概率。

1. 对透明度原则的界定。透明度原则在跨国 PPP 项目中主要表现在:企业在对外投资中的资本准入,对运营阶段可能遭受的法律风险因素通过各种不同渠道向东道国以及相关人员进行公开,主要目的就是确保能够获得公正待遇,降低法律风险发生的可能性。

2. 透明度原则的意义所在。从企业转入和运营发展来说,透明度原则起到了举足轻重的作用。尤其是在企业的运营阶段,对反垄断、环境等一系列的法律风险的管控有着积极促进作用。其一,在跨国 PPP 项目准入阶段,可以有效避免因为项目审核所导致的法律风险。我国企业中远集团在 2000 年想要并购加州的一个港口企业,项目受到了阻挠,不能够继续进行。①美国媒体借机发表挑衅言论,认为中远集团是中国实行海外扩张的海军部队,在国际社会上制造恐慌。这种观点明显是错误的,中国建立社会主义市场经济制度的一个重要表现就是政府和企业的分离,在这之后,中远集团董事长魏家福在接受美国媒体专访时明确提出,中远集团的所有行为最为主要的目的就是获取经济利益的最大化,由此打消了被并购方的顾虑。之后,中远集团和美国企业通过合作的形式对加州港口进行了并购。中远集团主要就是借助媒体来向外界公开企业制度,这样就可以有效避免误解,降低法律风险发生的可能性,提高企业并购的成功率,减少企业的经济损失。通过以上案例的分析可以得知,中远集团是处在被动的形式下选择向东道国公开企业体制,并且最终成功完成了并购。假若企业直接在项目准入阶段就向东道国公开企业体制,便会避免很多不必要的误会,也会减少因为误解造成的法律风险。其二,在企业运营阶段,透明度原则可

① 刘俊海:《分析称美国并购并非有钱就行需评估法律风险》,载《经济参考报》2012 年 2 月 1 日。

以帮助企业有效处理劳动工问题。首先,企业需要向员工公开部分运营状况,能够让工会大致了解企业的基本发展情况,只有这样才能够进一步了解企业能够为员工提供的薪资待遇情况。其次,可以向工会和员工详细介绍中国企业员工的工作情况,以此获取工会和员工的信任。借助透明度原则可以帮助企业和工会构建良好的沟通合作关系,避免因为劳动问题造成法律风险或者经营风险,减少企业的损失。想要更加高效合理地处理企业和工会间的关系,就需要确保双方地位的平等,并且能够在此基础上加强沟通和交流,双方相互理解,建立彼此信任的合作伙伴关系。其三,企业在实际运营过程中,遵循透明度原则可以有效预防企业出现环境法律风险。企业可以积极地向当地居民介绍项目内容、环境评估结构等,以此来有效消除政府和居民对项目的误解,避免企业因环境因素的影响而引起法律风险。

综上所述,透明度原则对于提高企业可信度,塑造企业良好形象发挥着重要作用。因为不同国家在法律、道德以及文化方面存在差异,所以对企业的需求也是不同的。树立良好的正面企业形象对于中国企业参与国际PPP项目投资建设的稳定发展有着积极的推动作用。

(二)严格遵守东道国法律规定

中国企业在参与"一带一路"PPP项目过程中,想要有效预防法律风险,最主要的方法就是要比较熟悉地掌握和了解东道国的法律规定,这对企业的运营活动至关重要。中国企业在对外投资活动中,遭遇的风险类型也是多样的,常见的风险有劳工风险、反垄断风险、知识产权风险、环境风险等。企业需要对投资项目所在国家的法律体系进行分析,尤其是对与项目有关的专门性的法律内容进行了解。依据风险特征,企业需要从以下几方面来增强法律风险意识:其一,关于劳工风险,中国企业在了解东道国法律体系基本内容的基础之上,进一步对劳动政策、工会组织结构、运行模式等相关内容进行掌握。其二,依据反垄断风险,中国企业需要严格警惕有着严格反垄断法律的国家,这些国家的法律规定会给企业带来较高的风险。其三,关于知识产权风险,中国企业需要了解不同国家的有关知识产权的法律和管理机制、相关惩处规定等；中国企业需要熟悉不同国家签署的有关保护知识产权的国际条约，以及这些条约在东道国法律体系中所起到的作用。其四，关于环境风险，中国企业在实施项目的过程中，需要具备环境保护意识，依照项目所在国当地的环境标准来进行企业运作；加强对环境保护的管理，严格按照环境保护标准来进行经营活动；提高对社会环境活动的重视程度，积极参与公益活动，以此来塑造良好的环保企业形象。

除了以上所描述的相关内容外，一些志在进行海外PPP项目的中国企业需要组建自己的律师事务所，以此来为企业提供各种专业性服务，主要涉及专项问题法律意见提供、东道国法律培训服务等。这些对中国企业发展国际PPP项目有着积极的促进作用。

三、国际 PPP 项目退出风险应对措施

（一）不断健全征收和国有化补偿标准

通过梳理和分析以往的国际 PPP 项目可以得知，征收和国有化问题给外国投资者带来了较高的风险。所以，无论是经济发展比较靠前还是落后的国家，对征收和国有化问题都十分重视，这是多边投资协定和双边协定中的重要讨论内容。中国企业在参与国际 PPP 项目的过程中，需要对征收和国有化问题进行详细的掌握和了解。

1.当前发展阶段，中国所签订的双边协议中关于征收和国有化的相关规定，是中国签署的有关征收和国有化处理的合理构成要件，主要涉及公共利益、法律程序、不歧视和补偿四个方面的内容。不同的双边协议中的具体描述内容也是存在一定差别的，这些差别主要集中在公共利益和补偿价值上，通常情况下，中国签署双边协议都是借助公共利益来进行体现的。表 6-1 主要反映的是我国实行的补偿价值标准内容。

表6-1　中国签署的双边协议中有关补偿价值的规定内容统计表

BIT 名称	补偿要求	价值计算标准	不得延迟的要求（是/否）	可自由兑换货币（是/否）
中—新	有效实现	征收公开前一刻的价值	是	否
中—巴	给予补偿	按东道国的法律和法规	是	是
中—蒙	给予补偿	宣布征收时的价值	是	是
中—印	给予补偿	征收或征收公开前一刻的价值	是	是
中—哈	给予补偿	通过或宣布征收决定前一天的实际价值	是	是
中—英	合理补偿	征收或征收公开前一刻的真实价值	是	是
中—澳	合理补偿	征收公开前一刻的市场价值（以股价和公平原则补偿）	是	是

通过分析表6-1的内容可知，中国签署的双边协议中并没有涉及"充分补偿"或者"足额补偿"。除此之外，还有部分规定的有关自由兑换货币的要求是相似的。主要差别就是价值计算标准的不同。计算标准主要可以借助市场价值、适当价值、真实价值等方面来展开评估，通过评估结果来综合计算最终价值数值。

2. 补偿标准的更新变化。之前学术界对征收和国有化的研究主要集中在补偿标准上，主要坚持的是适当与合理的原则。在2003年，中国和德国签订了双边协定，明确投资者可以依据补偿标准让法院进行审查。随着中国企业在国际社会环境中地位的转变，补偿标准的更新变化对中国企业是有益处的。

（二）对间接征收引起重视

1. 当前发展阶段中，中国所签署的双边协议对间接征收问题有明确的规定。2003年，中德两国签订的双边协议中，对间接征收适用范围和情形作出了明确的规定。之后，在2006年，中印两国在签署双边协议的过程中，对间接征收的定义和标准作出了非常详细的规定。该协议内容表明，一方为了确保投资者的投资不能够先产生收益的情况下，采取一系列措施，把东道国制定的保护公共利益为核心的管制措施作为例外规定，需要明确的是，这里并不涉及资产的正式转移和间接没收。

以上协定对间接征收标准进行了规定，主要涉及以下几点内容：其一，这里所说的一系列措施的经济影响，只存在一方投资经济价值的负面影响，但是并没有实实在在地确认其已经发生了征收和国有化；其二，以上措施实施需要具备一定的条件，在合理范围之内才可以使用，主要依适用于歧视一方程度；其三，实行的一系列措施与合理投资依赖程度有关；其四，措施施行的主要目的是获取公共利益的最大化，还需要确保措施和征收目的之间存在一定的关联。中印签署的双边协议并没有对间接征收规定内容进行全面落实。

也就是说，判断东道国是否对国外投资者进行间接征收，不能够仅仅通过分析某个个案来进行确定，还需要把政府部门行为产生的经济影响考虑在内。

2.间接征收的实际应用。不断更新和健全有关间接征收的规定，对于保障中国企业的合法权益起到了积极的促进作用，不仅如此，还可以在一定程度上提高外国投资者的资金稳定安全性。随着中国的快速发展，综合实力不断提升，合理有效地提升国际 PPP 项目的投资保护水平，无论对中国企业还是外国企业都是有益处的。我国不仅要加强对 ICSID 仲裁对间接征收影响的关注，还需要积极参考和借鉴其他国家有关间接征收的经验，扩展双边协定中有关间接征收内容的适用范围。

PPP 总则性法规政策汇总

【内容摘要】

本章以时间发布先后为顺序,根据发布机关的不同,汇总有关 PPP 推动及运营的法规政策。

一、国务院及办公厅发布有关 PPP 运营的法规政策

国务院关于鼓励和引导民间投资健康发展的若干意见

国发〔2010〕13 号

各省、自治区、直辖市人民政府,国务院各部委、各直属机构:

改革开放以来,我国民间投资不断发展壮大,已经成为促进经济发展、调整产业结构、繁荣城乡市场、扩大社会就业的重要力量。在毫不动摇地巩固和发展公有制经济的同时,毫不动摇地鼓励、支持和引导非公有制经济发展,进一步鼓励和引导民间投资,有利于坚持和完善我国社会主义初级阶段基本经济制度,以现代产权制度为基础发展混合所有制经济,推动各种所有制经济平等竞争、共同发展;有利于完善社会主义市场经济体制,充分发挥市场配置资源的基础性作用,建立公平竞争的市场环境;有利于激发经济增长的内生动力,稳固可持续发展的基础,促进经济长期、平稳、较快发展;有利于扩大社会就业,增加

居民收入,拉动国内消费,促进社会和谐稳定。为此,提出以下意见:

一、进一步拓宽民间投资的领域和范围

(一)深入贯彻落实《国务院关于鼓励支持和引导个体私营等非公有制经济发展的若干意见》(国发〔2005〕3号)等一系列政策措施,鼓励和引导民间资本进入法律法规未明确禁止准入的行业和领域,规范设置投资准入门槛,创造公平竞争、平等准入的市场环境。市场准入标准和优惠扶持政策要公开透明,对各类投资主体同等对待,不得单对民间资本设置附加条件。

(二)明确界定政府投资范围。政府投资主要用于关系国家安全、市场不能有效配置资源的经济和社会领域。对于可以实行市场化运作的基础设施、市政工程和其他公共服务领域,应鼓励和支持民间资本进入。

(三)进一步调整国有经济布局和结构。国有资本要把投资重点放在不断加强和巩固关系国民经济命脉的重要行业和关键领域,在一般竞争性领域,要为民间资本营造更广阔的市场空间。

(四)积极推进医疗、教育等社会事业领域改革。将民办社会事业作为社会公共事业发展的重要补充,统筹规划,合理布局,加快培育形成政府投入为主、民间投资为辅的公共服务体系。

二、鼓励和引导民间资本进入基础产业和基础设施领域

(五)鼓励民间资本参与交通运输建设。鼓励民间资本以独资、控股、参股等方式投资建设公路、水运、港口码头、民用机场、通用航空设施等项目。抓紧研究制定铁路体制改革方案,引入市场竞争,推进投资主体多元化,鼓励民间资本参与铁路干线、铁路支线、铁路轮渡以及站场设施的建设,允许民间资本参股建设煤运通道、客运专线、城际轨道交通等项目。探索建立铁路产业投资基金,积极支持铁路企业加快股改上市,拓宽民间资本进入铁路建设领域的渠道和途径。

(六)鼓励民间资本参与水利工程建设。建立收费补偿机制,实行政府补贴,通过业主招标、承包租赁等方式,吸引民间资本投资建设农田水利、跨流域调水、水资源综合利用、水土保持等水利项目。

（七）鼓励民间资本参与电力建设。鼓励民间资本参与风能、太阳能、地热能、生物质能等新能源产业建设。支持民间资本以独资、控股或参股形式参与水电站、火电站建设，参股建设核电站。进一步放开电力市场，积极推进电价改革，加快推行竞价上网，推行项目业主招标，完善电力监管制度，为民营发电企业平等参与竞争创造良好环境。

（八）鼓励民间资本参与石油天然气建设。支持民间资本进入油气勘探开发领域，与国有石油企业合作开展油气勘探开发。支持民间资本参股建设原油、天然气、成品油的储运和管道输送设施及网络。

（九）鼓励民间资本参与电信建设。鼓励民间资本以参股方式进入基础电信运营市场。支持民间资本开展增值电信业务。加强对电信领域垄断和不正当竞争行为的监管，促进公平竞争，推动资源共享。

（十）鼓励民间资本参与土地整治和矿产资源勘探开发。积极引导民间资本通过招标投标形式参与土地整理、复垦等工程建设，鼓励和引导民间资本投资矿山地质环境恢复治理，坚持矿业权市场全面向民间资本开放。

三、鼓励和引导民间资本进入市政公用事业和政策性住房建设领域

（十一）鼓励民间资本参与市政公用事业建设。支持民间资本进入城市供水、供气、供热、污水和垃圾处理、公共交通、城市园林绿化等领域。鼓励民间资本积极参与市政公用企事业单位的改组改制，具备条件的市政公用事业项目可以采取市场化的经营方式，向民间资本转让产权或经营权。

（十二）进一步深化市政公用事业体制改革。积极引入市场竞争机制，大力推行市政公用事业的投资主体、运营主体招标制度，建立健全市政公用事业特许经营制度。改进和完善政府采购制度，建立规范的政府监管和财政补贴机制，加快推进市政公用产品价格和收费制度改革，为鼓励和引导民间资本进入市政公用事业领域创造良好的制度环境。

（十三）鼓励民间资本参与政策性住房建设。支持和引导民间资本投资建

设经济适用住房、公共租赁住房等政策性住房,参与棚户区改造,享受相应的政策性住房建设政策。

四、鼓励和引导民间资本进入社会事业领域

(十四)鼓励民间资本参与发展医疗事业。支持民间资本兴办各类医院、社区卫生服务机构、疗养院、门诊部、诊所、卫生所(室)等医疗机构,参与公立医院转制改组。支持民营医疗机构承担公共卫生服务、基本医疗服务和医疗保险定点服务。切实落实非营利性医疗机构的税收政策。鼓励医疗人才资源向民营医疗机构合理流动,确保民营医疗机构在人才引进、职称评定、科研课题等方面与公立医院享受平等待遇。从医疗质量、医疗行为、收费标准等方面对各类医疗机构加强监管,促进民营医疗机构健康发展。

(十五)鼓励民间资本参与发展教育和社会培训事业。支持民间资本兴办高等学校、中小学校、幼儿园、职业教育等各类教育和社会培训机构。修改完善《中华人民共和国民办教育促进法实施条例》,落实对民办学校的人才鼓励政策和公共财政资助政策,加快制定和完善促进民办教育发展的金融、产权和社保等政策,研究建立民办学校的退出机制。

(十六)鼓励民间资本参与发展社会福利事业。通过用地保障、信贷支持和政府采购等多种形式,鼓励民间资本投资建设专业化的服务设施,兴办养(托)老服务和残疾人康复、托养服务等各类社会福利机构。

(十七)鼓励民间资本参与发展文化、旅游和体育产业。鼓励民间资本从事广告、印刷、演艺、娱乐、文化创意、文化会展、影视制作、网络文化、动漫游戏、出版物发行、文化产品数字制作与相关服务等活动,建设博物馆、图书馆、文化馆、电影院等文化设施。鼓励民间资本合理开发旅游资源,建设旅游设施,从事各种旅游休闲活动。鼓励民间资本投资生产体育用品,建设各类体育场馆及健身设施,从事体育健身、竞赛表演等活动。

五、鼓励和引导民间资本进入金融服务领域

(十八)允许民间资本兴办金融机构。在加强有效监管、促进规范经营、防

范金融风险的前提下,放宽对金融机构的股比限制。支持民间资本以入股方式参与商业银行的增资扩股,参与农村信用社、城市信用社的改制工作。鼓励民间资本发起或参与设立村镇银行、贷款公司、农村资金互助社等金融机构,放宽村镇银行或社区银行中法人银行最低出资比例的限制。落实中小企业贷款税前全额拨备损失准备金政策,简化中小金融机构呆账核销审核程序。适当放宽小额贷款公司单一投资者持股比例限制,对小额贷款公司的涉农业务实行与村镇银行同等的财政补贴政策。支持民间资本发起设立信用担保公司,完善信用担保公司的风险补偿机制和风险分担机制。鼓励民间资本发起设立金融中介服务机构,参与证券、保险等金融机构的改组改制。

六、鼓励和引导民间资本进入商贸流通领域

(十九)鼓励民间资本进入商品批发零售、现代物流领域。支持民营批发、零售企业发展,鼓励民间资本投资连锁经营、电子商务等新型流通业态。引导民间资本投资第三方物流服务领域,为民营物流企业承接传统制造业、商贸业的物流业务外包创造条件,支持中小型民营商贸流通企业协作发展,共同配送。加快物流业管理体制改革,鼓励物流基础设施的资源整合和充分利用,促进物流企业网络化经营,搭建便捷高效的融资平台,创造公平、规范的市场竞争环境,推进物流服务的社会化和资源利用的市场化。

七、鼓励和引导民间资本进入国防科技工业领域

(二十)鼓励民间资本进入国防科技工业投资建设领域。引导和支持民营企业有序参与军工企业的改组改制,鼓励民营企业参与军民两用高技术开发和产业化,允许民营企业按有关规定参与承担军工生产和科研任务。

八、鼓励和引导民间资本重组联合和参与国有企业改革

(二十一)引导和鼓励民营企业利用产权市场组合民间资本,促进产权合理流动,开展跨地区、跨行业兼并重组。鼓励和支持民间资本在国内合理流动,实现产业有序梯度转移,参与西部大开发、东北地区等老工业基地振兴、中部地区崛起以及新农村建设和扶贫开发。支持有条件的民营企业通过联合重组等方式做大做强，发展成为特色突出、市场竞争力强的集团化公司。

（二十二）鼓励和引导民营企业通过参股、控股、资产收购等多种形式，参与国有企业的改制重组，合理降低国有控股企业中的国有资本比例。民营企业在参与国有企业改制重组的过程中，要认真执行国家有关资产处置、债务处理和社会保障等方面的政策要求，依法妥善安置职工，保证企业职工的正当权益。

九、推动民营企业加强自主创新和转型升级

（二十三）贯彻落实鼓励企业增加研发投入的税收优惠政策，鼓励民营企业增加研发投入，提高自主创新能力，掌握拥有自主知识产权的核心技术。帮助民营企业建立工程技术研究中心、技术开发中心，增加技术储备，搞好技术人才培训。支持民营企业参与国家重大科技计划项目和技术攻关，不断提高企业的技术水平和研发能力。

（二十四）加快实施促进科技成果转化的鼓励政策，积极发展技术市场，完善科技成果登记制度，方便民营企业转让和购买先进技术。加快分析测试、检验检测、创业孵化、科技评估、科技咨询等科技服务机构的建设和机制创新，为民营企业的自主创新提供服务平台。积极推动信息服务外包、知识产权、技术转移和成果转化等高技术服务领域的市场竞争，支持民营企业开展技术服务活动。

（二十五）鼓励民营企业加大新产品开发力度，实现产品的更新换代。开发新产品发生的研究开发费用可按规定享受加计扣除优惠政策。鼓励民营企业实施品牌发展战略，争创名牌产品，提高产品质量和服务水平。通过加速固定资产折旧等方式鼓励民营企业进行技术改造，淘汰落后产能，加快技术升级。

（二十六）鼓励和引导民营企业发展战略性新兴产业。广泛应用信息技术等高新技术改造提升传统产业，大力发展循环经济、绿色经济，投资建设节能减排、节水降耗、生物医药、信息网络、新能源、新材料、环境保护、资源综合利用等具有发展潜力的新兴产业。

十、鼓励和引导民营企业积极参与国际竞争

（二十七）鼓励民营企业"走出去"，积极参与国际竞争。支持民营企业在研发、生产、营销等方面开展国际化经营，开发战略资源，建立国际销售网络。支持民营企业利用自有品牌、自主知识产权和自主营销，开拓国际市场，加快培育跨国企业和国际知名品牌。支持民营企业之间、民营企业与国有企业之间组成联合体，发挥各自优势，共同开展多种形式的境外投资。

（二十八）完善境外投资促进和保障体系。与有关国家建立鼓励和促进民间资本国际流动的政策磋商机制，开展多种形式的对话交流，发展长期稳定、互惠互利的合作关系。通过签订双边民间投资合作协定、利用多边协定体系等，为民营企业"走出去"争取有利的投资、贸易环境和更多的优惠政策。健全和完善境外投资鼓励政策，在资金支持、金融保险、外汇管理、质检通关等方面，民营企业与其他企业享受同等待遇。

十一、为民间投资创造良好环境

（二十九）清理和修改不利于民间投资发展的法规政策规定，切实保护民间投资的合法权益，培育和维护平等竞争的投资环境。在制订涉及民间投资的法律、法规和政策时，要听取有关商会和民营企业的意见和建议，充分反映民营企业的合理要求。

（三十）各级人民政府有关部门安排的政府性资金，包括财政预算内投资、专项建设资金、创业投资引导资金，以及国际金融组织贷款和外国政府贷款等，要明确规则、统一标准，对包括民间投资在内的各类投资主体同等对待。支持民营企业的产品和服务进入政府采购目录。

（三十一）各类金融机构要在防范风险的基础上，创新和灵活运用多种金融工具，加大对民间投资的融资支持，加强对民间投资的金融服务。各级人民政府及有关监管部门要不断完善民间投资的融资担保制度，健全创业投资机制，发展股权投资基金，继续支持民营企业通过股票、债券市场进行融资。

（三十二）全面清理整合涉及民间投资管理的行政审批事项，简化环节、缩

短时限，进一步推动管理内容、标准和程序的公开化、规范化，提高行政服务效率；进一步清理和规范涉企收费，切实减轻民营企业负担。

十二、加强对民间投资的服务、指导和规范管理

（三十三）统计部门要加强对民间投资的统计工作，准确反映民间投资的进展和分布情况。投资主管部门、行业管理部门及行业协会要切实做好民间投资的监测和分析工作，及时把握民间投资动态，合理引导民间投资。要加强投资信息平台建设，及时向社会公开发布国家产业政策、发展建设规划、市场准入标准、国内外行业动态等信息，引导民间投资者正确判断形势，减少盲目投资。

（三十四）建立健全民间投资服务体系。充分发挥商会、行业协会等自律性组织的作用，积极培育和发展为民间投资提供法律、政策、咨询、财务、金融、技术、管理和市场信息等服务的中介组织。

（三十五）在放宽市场准入的同时，切实加强监管。各级人民政府有关部门要依照有关法律法规要求，切实督促民间投资主体履行投资建设手续，严格遵守国家产业政策和环保、用地、节能以及质量、安全等规定。要建立和完善企业信用体系，指导民营企业建立规范的产权、财务、用工等制度，依法经营。民间投资主体要不断提高自身素质和能力，树立诚信意识和责任意识，积极创造条件满足市场准入要求，并主动承担相应的社会责任。

（三十六）营造有利于民间投资健康发展的良好舆论氛围。大力宣传党中央、国务院关于鼓励、支持和引导非公有制经济发展的方针、政策和措施。客观、公正地宣传报道民间投资在促进经济发展、调整产业结构、繁荣城乡市场和扩大社会就业等方面的积极作用。积极宣传依法经营、诚实守信、认真履行社会责任、积极参与社会公益事业的民营企业家的先进事迹。

各地区、各部门要把鼓励和引导民间投资健康发展工作摆在更加重要的位置，进一步解放思想，转变观念，深化改革，创新求实，根据本意见要求，抓紧研究制定具体实施办法，尽快将有关政策措施落到实处，努力营造有利于民间投资健康发展的政策环境和舆论氛围，切实促进民间投资持续健康发展，促进投资合理增长、结构优化、效益提高和经济社会又好又快发展。

国务院关于进一步促进资本市场健康发展的若干意见

国发〔2014〕17号

各省、自治区、直辖市人民政府,国务院各部委、各直属机构:

进一步促进资本市场健康发展,健全多层次资本市场体系,对于加快完善现代市场体系、拓宽企业和居民投融资渠道、优化资源配置、促进经济转型升级具有重要意义。20多年来,我国资本市场快速发展,初步形成了涵盖股票、债券、期货的市场体系,为促进改革开放和经济社会发展作出了重要贡献。但总体上看,我国资本市场仍不成熟,一些体制机制性问题依然存在,新情况新问题不断出现。为深入贯彻党的十八大和十八届二中、三中全会精神,认真落实党中央和国务院的决策部署,实现资本市场健康发展,现提出以下意见。[1]

一、总体要求

(一)指导思想

高举中国特色社会主义伟大旗帜,以邓小平理论、"三个代表"重要思想、科学发展观为指导,贯彻党中央和国务院的决策部署,解放思想,改革创新,开拓进取。坚持市场化和法治化取向,维护公开、公平、公正的市场秩序,维护投资者特别是中小投资者合法权益。紧紧围绕促进实体经济发展,激发市场创新活力,拓展市场广度深度,扩大市场双向开放,促进直接融资与间接融资协调发展,提高直接融资比重,防范和分散金融风险。推动混合所有制经济发展,完善现代企业制度和公司治理结构,提高企业竞争能力,促进资本形成和股权流转,更好发挥资本市场优化资源配置的作用,促进创新创业、结构调整和经济社会持续健康发展。

(二)基本原则

资本市场改革发展要从我国国情出发,积极借鉴国际经验,遵循以下原则:

一是处理好市场与政府的关系。尊重市场规律，依据市场规则、市场价格、市场竞争实现效益最大化和效率最优化，使市场在资源配置中起决定性作用。同时，更好发挥政府作用，履行好政府监管职能，实施科学监管、适度监管，创造公平竞争的市场环境，保护投资者合法权益，有效维护市场秩序。

二是处理好创新发展与防范风险的关系。以市场为导向、以提高市场服务能力和效率为目的，积极鼓励和引导资本市场创新。同时，强化风险防范，始终把风险监测、预警和处置贯穿于市场创新发展全过程，牢牢守住不发生系统性、区域性金融风险的底线。

三是处理好风险自担与强化投资者保护的关系。加强投资者教育，引导投资者培育理性投资理念，自担风险、自负盈亏，提高风险意识和自我保护能力。同时，健全投资者特别是中小企业投资者权益保护制度，保障投资者的知情权、参与权、求偿权和监督权，切实维护投资者合法权益。

四是处理好积极推进与稳步实施的关系。立足全局、着眼长远，坚定不移地积极推进改革。同时，加强市场顶层设计，增强改革措施的系统性、针对性、协同性，把握好改革的力度、节奏和市场承受程度，稳步实施各项政策措施，着力维护资本市场平稳发展。

（三）主要任务

加快建设多渠道、广覆盖、严监管、高效率的股权市场，规范发展债券市场，拓展期货市场，着力优化市场体系结构、运行机制、基础设施和外部环境，实现发行交易方式多样、投融资工具丰富、风险管理功能完备、场内场外和公募私募协调发展。到 2020 年，基本形成结构合理、功能完善、规范透明、稳健高效、开放包容的多层次资本市场体系。[1]

二、发展多层次股票市场

（四）积极稳妥地推进股票发行注册制改革。建立和完善以信息披露为中心的股票发行制度。发行人是信息披露第一责任人，必须做到言行与信息披露的内容一致。发行人、中介机构对信息披露的真实性、准确性、完整性、充分性和及时性承担法律责任。投资者自行判断发行人的盈利能力和投资价值，自担投资风险。逐步探索符合我国实际的股票发行条件、上市标准和审核方式。证券监管部门依法监管发行和上市活动，严厉查处违法违规行为。

（五）加快多层次股权市场建设。强化证券交易所市场的主导地位，充分发挥证券交易所的自律监管职能。壮大主板、中小企业板市场，创新交易机制，丰富交易品种。加快创业板市场改革，健全适合创新型、成长型企业发展的制度安排。增加证券交易所市场内部层次。加快完善全国中小企业股份转让系统，建立小额、便捷、灵活、多元的投融资机制。在清理整顿的基础上，将区域性股权市场纳入多层次资本市场体系。完善集中统一的登记结算制度。

（六）提高上市公司质量。引导上市公司通过资本市场完善现代企业制度，建立健全市场化经营机制，规范经营决策。督促上市公司以投资者需求为导向，履行好信息披露义务，严格执行企业会计准则和财务报告制度，提高财务信息的可比性，增强信息披露的有效性。促进上市公司提高效益，增强持续回报投资者能力，为股东创造更多价值。规范上市公司控股股东、实际控制人行为，保障公司独立主体地位，维护各类股东的平等权利。鼓励上市公司建立市值管理制度。完善上市公司股权激励制度，允许上市公司按规定通过多种形式开展员工持股计划。

（七）鼓励市场化并购重组。充分发挥资本市场在企业并购重组过程中的主渠道作用，强化资本市场的产权定价和交易功能，拓宽并购融资渠道，丰富并购支付方式。尊重企业自主决策，鼓励各类资本公平参与并购，破除市场壁垒和行业分割，实现公司产权和控制权跨地区、跨所有制顺畅转让。

（八）完善退市制度。构建符合我国实际并有利于投资者保护的退市制度，建立健全市场化、多元化退市指标体系并严格执行。支持上市公司根据自身发展战略，在确保公众投资者权益的前提下以吸收合并、股东收购、转板等形式实施主动退市。对欺诈发行的上市公司实行强制退市。明确退市公司重新上市的标准和程序。逐步形成公司进退有序、市场转板顺畅的良性循环机制。[1]

三、规范发展债券市场

（九）积极发展债券市场。完善公司债券公开发行制度。发展适合不同投资者群体的多样化债券品种。建立健全地方政府债券制度。丰富适合中小微企业的债券品种。统筹推进符合条件的资产证券化发展。支持和规范商业银行、证券经营机构、保险资产管理机构等合格机构依法开展债券承销业务。

（十）强化债券市场信用约束。规范发展债券市场信用评级服务。完善发行人信息披露制度，提高投资者风险识别能力，减少对外部评级的依赖。建立债券发行人信息共享机制。探索发展债券信用保险。完善债券增信机制，规范发展债券增信业务。强化发行人和投资者的责任约束，健全债券违约监测和处置机制，支持债券持有人会议维护债权人整体利益，切实防范道德风险。

（十一）深化债券市场互联互通。在符合投资者适当性管理要求的前提下，完善债券品种在不同市场的交叉挂牌及自主转托管机制，促进债券跨市场顺畅流转。鼓励债券交易场所合理分工、发挥各自优势。促进债券登记结算机构信息共享、顺畅连接，加强互联互通。提高债券市场信息系统、市场监察系统的运行效率，逐步强化对债券登记结算体系的统一管理，防范系统性风险。

（十二）加强债券市场监管协调。充分发挥公司信用类债券部际协调机制作用，各相关部门按照法律法规赋予的职责，各司其职，加强对债券市场准入、信息披露和资信评级的监管，建立投资者保护制度，加大查处债券市场虚假陈述、内幕交易、价格操纵等各类违法违规行为的力度。[1]

四、培育私募市场

（十三）建立健全私募发行制度。建立合格投资者标准体系，明确各类产品私募发行的投资者适当性要求和面向同一类投资者的私募发行信息披露要求，规范募集行为。对私募发行不设行政审批，允许各类发行主体在依法合规的基础上，向累计不超过法律规定特定数量的投资者发行股票、债券、基金等产品。积极发挥证券中介机构、资产管理机构和有关市场组织的作用，建立健全私募产品发行监管制度，切实强化事中事后监管。建立促进经营机构规范开展私募业务的风险控制和自律管理制度安排,以及各类私募产品的统一监测系统。

(十四)发展私募投资基金。按照功能监管、适度监管的原则,完善股权投资基金、私募资产管理计划、私募集合理财产品、集合资金信托计划等各类私募投资产品的监管标准。依法严厉打击以私募为名的各类非法集资活动。完善扶持创业投资发展的政策体系,鼓励和引导创业投资基金支持中小微企业。研究制定保险资金投资创业投资基金的相关政策。完善围绕创新链需要的科技金融服务体系,创新科技金融产品和服务,促进战略性新兴产业发展。

五、推进期货市场建设

(十五)发展商品期货市场。以提升产业服务能力和配合资源性产品价格形成机制改革为重点,继续推出大宗资源性产品期货品种,发展商品期权、商品指数、碳排放权等交易工具,充分发挥期货市场价格发现和风险管理功能,增强期货市场服务实体经济的能力。允许符合条件的机构投资者以对冲风险为目的使用期货衍生品工具,清理取消对企业运用风险管理工具的不必要限制。

(十六)建设金融期货市场。配合利率市场化和人民币汇率形成机制改革,适应资本市场风险管理需要,平稳有序发展金融衍生产品。逐步丰富股指期货、股指期权和股票期权品种。逐步发展国债期货,进一步健全反映市场供求关系的国债收益率曲线。[1]

六、提高证券期货服务业竞争力

(十七)放宽业务准入。实施公开透明、进退有序的证券期货业务牌照管理制度,研究证券公司、基金管理公司、期货公司、证券投资咨询公司等交叉持牌,支持符合条件的其他金融机构在风险隔离基础上申请证券期货业务牌照。积极支持民营资本进入证券期货服务业。支持证券期货经营机构与其他金融机构在风险可控前提下以相互控股、参股的方式探索综合经营。

(十八)促进中介机构创新发展。推动证券经营机构实施差异化、专业化、特色化发展,促进形成若干具有国际竞争力、品牌影响力和系统重要性的现代投资银行。促进证券投资基金管理公司向现代资产管理机构转型,提高财富管理水平。推动期货经营机构并购重组，提高行业集中度。支持证券期货经营机构拓宽融资渠道，扩大业务范围。在风险可控前提下，优化客户交易结算资金存管模式。支持证券期货经营机构、各类资产管理机构围绕风险管理、资本中介、投资融资等业务自主创设产品。规范发展证券期货经营机构柜台业务。对会计师事务所、资产评估机构、评级增信机构、法律服务机构开展证券期货相关服务强化监督，提升证券期货服务机构执业质量和公信力，打造功能齐备、分工专业、服务优质的金融服务产业。

（十九）壮大专业机构投资者。支持全国社会保障基金积极参与资本市场投资，支持社会保险基金、企业年金、职业年金、商业保险资金、境外长期资金等机构投资者资金，逐步扩大资本市场投资范围和规模。推动商业银行、保险公司等设立基金管理公司，大力发展证券投资基金。

（二十）引导证券期货互联网业务有序发展。建立健全证券期货互联网业务监管规则。支持证券期货服务业、各类资产管理机构利用网络信息技术创新产品、业务和交易方式。支持有条件的互联网企业参与资本市场，促进互联网金融健康发展，扩大资本市场服务的覆盖面。

七、扩大资本市场开放

（二十一）便利境内外主体跨境投融资。扩大合格境外机构投资者、合格境内机构投资者的范围，提高投资额度与上限。稳步开放境外个人直接投资境内资本市场，有序推进境内个人直接投资境外资本市场。建立健全个人跨境投融资权益保护制度。在符合外商投资产业政策的范围内，逐步放宽外资持有上市公司股份的限制，完善对收购兼并行为的国家安全审查和反垄断审查制度。

（二十二）逐步提高证券期货行业对外开放水平。适时扩大外资参股或控股的境内证券期货经营机构的经营范围。鼓励境内证券期货经营机构实施"走出去"战略，增强国际竞争力。推动境内外交易所市场的连接，研究推进境内外基金互认和证券交易所产品互认。稳步探索 B 股市场改革。

（二十三）加强跨境监管合作。完善跨境监管合作机制，加大跨境执法协查力度，形成适应开放型资本市场体系的跨境监管制度。深化与香港、澳门特别行政区和台湾地区的监管合作。加强与国际证券期货监管组织的合作，积极参与国际证券期货监管规则制定。

八、防范和化解金融风险

（二十四）完善系统性风险监测预警和评估处置机制。建立健全宏观审慎管理制度。逐步建立覆盖各类金融市场、机构、产品、工具和交易结算行为的风险监测监控平台。完善风险管理措施，及时化解重大风险隐患。加强涵盖资本市场、货币市场、信托理财等领域的跨行业、跨市场、跨境风险监管。

（二十五）健全市场稳定机制。资本市场稳定关系经济发展和社会稳定大局。各地区、各部门在出台政策时要充分考虑资本市场的敏感性，做好新闻宣传和舆论引导工作。完善市场交易机制，丰富市场风险管理工具。建立健全金融市场突发事件快速反应和处置机制。健全稳定市场预期机制。

（二十六）从严查处证券期货违法违规行为。加强违法违规线索监测，提升执法反应能力。严厉打击证券期货违法犯罪行为。完善证券期货行政执法与刑事司法的衔接机制，深化证券期货监管部门与公安司法机关的合作。进一步加强执法能力，丰富行政调查手段，大幅改进执法效率，提高违法违规成本，切实提升执法效果。

（二十七）推进证券期货监管转型。加强全国集中统一的证券期货监管体系建设，依法规范监管权力运行，减少审批、核准、备案事项，强化事中事后监管，提高监管能力和透明度。支持市场自律组织履行职能。加强社会信用体系建设，完善资本市场诚信监管制度，强化守信激励、失信惩戒机制。

九、营造资本市场良好发展环境

（二十八）健全法规制度。推进证券法修订和期货法制定工作。出台上市公司监管、私募基金监管等行政法规。建立健全结构合理、内容科学、层级适当的法律实施规范体系，整合清理现行规章、规范性文件，完善监管执法实体和程序规则。重点围绕调查与审理分离、日常监管与稽查处罚协同等关键环节，积极探索完善监管执法体制和机制。配合完善民事赔偿法律制度，健全操纵市场等犯罪认定标准。

（二十九）坚决保护投资者特别是中小投资者合法权益。健全投资者适当性制度，严格投资者适当性管理。完善公众公司中小投资者投票和表决机制，优化投资者回报机制，健全多元化纠纷解决和投资者损害赔偿救济机制。督促证券投资基金等机构投资者参加上市公司业绩发布会，代表公众投资者行使权利。

（三十）完善资本市场税收政策。按照宏观调控政策和税制改革的总体方向，统筹研究有利于进一步促进资本市场健康发展的税收政策。

（三十一）完善市场基础设施。加强登记、结算、托管等公共基础设施建设。实现资本市场监管数据信息共享。推进资本市场信息系统建设，提高防范网络攻击、应对重大灾难与技术故障的能力。

（三十二）加强协调配合。健全跨部门监管协作机制，加强中小投资者保护工作的协调合作。各地区、各部门要加强与证券期货监管部门的信息共享与协同配合。出台支持资本市场扩大对外开放的外汇、海关监管政策。地方人民政府要规范各类区域性交易场所，打击各种非法证券期货活动，做好区域内金融风险防范和处置工作。

（三十三）规范资本市场信息传播秩序。各地区、各部门要严格管理涉及资本市场的内幕信息，确保信息发布公开公正、准确透明。健全资本市场政策发布和解读机制，创新舆论回应与引导方式。综合运用法律、行政、行业自律等方式，完善资本市场信息传播管理制度。依法严肃查处造谣、传谣以及炒作不实信息误导投资者和影响社会稳定的机构、个人。

国务院

2014 年 5 月 8 日

国务院关于创新重点领域投融资机制鼓励社会投资的指导意见

国发〔2014〕60 号

各省、自治区、直辖市人民政府,国务院各部委、各直属机构:

为推进经济结构战略性调整,加强薄弱环节建设,促进经济持续健康发展,迫切需要在公共服务、资源环境、生态建设、基础设施等重点领域进一步创新投融资机制,充分发挥社会资本特别是民间资本的积极作用。为此,特提出以下意见。

一、总体要求

(一)指导思想。全面贯彻落实党的十八大和十八届三中、四中全会精神,按照党中央、国务院决策部署,使市场在资源配置中起决定性作用和更好发挥政府作用,打破行业垄断和市场壁垒,切实降低准入门槛,建立公平开放透明的市场规则,营造权利平等、机会平等、规则平等的投资环境,进一步鼓励社会投资特别是民间投资,盘活存量、用好增量,调结构、补短板,服务国家生产力布局,促进重点领域建设,增加公共产品有效供给。

(二)基本原则。实行统一市场准入,创造平等投资机会;创新投资运营机制,扩大社会资本投资途径;优化政府投资使用方向和方式,发挥引导带动作用;创新融资方式,拓宽融资渠道;完善价格形成机制,发挥价格杠杆作用。

二、创新生态环保投资运营机制

(三)深化林业管理体制改革。推进国有林区和国有林场管理体制改革,完善森林经营和采伐管理制度,开展森林科学经营。深化集体林权制度改革,稳定林权承包关系,放活林地经营权,鼓励林权依法规范流转。鼓励荒山荒地造林和退耕还林林地林权依法流转。减免林权流转税费,有效降低流转成本。

(四)推进生态建设主体多元化。在严格保护森林资源的前提下,鼓励社会资本积极参与生态建设和保护,支持符合条件的农民合作社、家庭农场(林场)、专业大户、林业企业等新型经营主体投资生态建设项目。对社会资本利用荒山荒地进行植树造林的，在保障生态效益、符合土地用途管制要求的前提下，允许发展林下经济、森林旅游等生态产业。

（五）推动环境污染治理市场化。在电力、钢铁等重点行业以及开发区（工业园区）污染治理等领域，大力推行环境污染第三方治理，通过委托治理服务、托管运营服务等方式，由排污企业付费购买专业环境服务公司的治污减排服务，提高污染治理的产业化、专业化程度。稳妥推进政府向社会购买环境监测服务。建立重点行业第三方治污企业推荐制度。

（六）积极开展排污权、碳排放权交易试点。推进排污权有偿使用和交易试点，建立排污权有偿使用制度，规范排污权交易市场，鼓励社会资本参与污染减排和排污权交易。加快调整主要污染物排污费征收标准，实行差别化排污收费政策。加快在国内试行碳排放权交易制度，探索森林碳汇交易，发展碳排放权交易市场，鼓励和支持社会投资者参与碳配额交易，通过金融市场发现价格的功能，调整不同经济主体利益，有效促进环保和节能减排。

三、鼓励社会资本投资运营农业和水利工程

（七）培育农业、水利工程多元化投资主体。支持农民合作社、家庭农场、专业大户、农业企业等新型经营主体投资建设农田水利和水土保持设施。允许财政补助形成的小型农田水利和水土保持工程资产由农业用水合作组织持有和管护。鼓励社会资本以特许经营、参股控股等多种形式参与具有一定收益的节水供水重大水利工程建设运营。社会资本愿意投入的重大水利工程，要积极鼓励社会资本投资建设。

（八）保障农业、水利工程投资合理收益。社会资本投资建设或运营管理农田水利、水土保持设施和节水供水重大水利工程的，与国有、集体投资项目享有同等政策待遇，可以依法获取供水水费等经营收益；承担公益性任务的，政府可对工程建设投资、维修养护和管护经费等给予适当补助，并落实优惠政策。社会资本投资建设或运营管理农田水利设施、重大水利工程等，可依法继承、转让、转租、抵押其相关权益；征收、征用或占用的，要按照国家有关规定给予补偿或者赔偿。

（九）通过水权制度改革吸引社会资本参与水资源开发利用和保护。加快建立水权制度，培育和规范水权交易市场，积极探索多种形式的水权交易流转方式，允许各地通过水权交易满足新增合理用水需求。鼓励社会资本通过参与节水供水重大水利工程投资建设等方式优先获得新增水资源使用权。

（十）完善水利工程水价形成机制。深入开展农业水价综合改革试点，进一步促进农业节水。水利工程供非农业用水价格按照补偿成本、合理收益、优质优价、公平负担的原则合理制定，并根据供水成本变化及社会承受能力等适时调整，推行两部制水利工程水价和丰枯季节水价。价格调整不到位时，地方政府可根据实际情况安排财政性资金，对运营单位进行合理补偿。

四、推进市政基础设施投资运营市场化

（十一）改革市政基础设施建设运营模式。推动市政基础设施建设运营事业单位向独立核算、自主经营的企业化管理转变。鼓励打破以项目为单位的分散运营模式，实行规模化经营，降低建设和运营成本，提高投资效益。推进市县、乡镇和村级污水收集和处理、垃圾处理项目按行业"打包"投资和运营，鼓励实行城乡供水一体化、厂网一体投资和运营。

（十二）积极推动社会资本参与市政基础设施建设运营。通过特许经营、投资补助、政府购买服务等多种方式，鼓励社会资本投资城镇供水、供热、燃气、污水垃圾处理、建筑垃圾资源化利用和处理、城市综合管廊、公园配套服务、公共交通、停车设施等市政基础设施项目，政府依法选择符合要求的经营者。政府可采用委托经营或转让—经营—转让（TOT）等方式，将已经建成的市政基础设施项目转交给社会资本运营管理。

（十三）加强县城基础设施建设。按照新型城镇化发展的要求，把有条件的县城和重点镇发展为中小城市，支持基础设施建设，增强吸纳农业转移人口的能力。选择若干具有产业基础、特色资源和区位优势的县城和重点镇推行试

点,加大对市政基础设施建设运营引入市场机制的政策支持力度。

(十四)完善市政基础设施价格机制。加快改进市政基础设施价格形成、调整和补偿机制,使经营者能够获得合理收益。实行上下游价格调整联动机制,价格调整不到位时,地方政府可根据实际情况安排财政性资金对企业运营进行合理补偿。

五、改革完善交通投融资机制

(十五)加快推进铁路投融资体制改革。用好铁路发展基金平台,吸引社会资本参与,扩大基金规模。充分利用铁路土地综合开发政策,以开发收益支持铁路发展。按照市场化方向,不断完善铁路运价形成机制。向地方政府和社会资本放开城际铁路、市域(郊)铁路、资源开发性铁路和支线铁路的所有权、经营权。按照构建现代企业制度的要求,保障投资者权益,推进蒙西至华中、长春至西巴彦花铁路等引进民间资本的示范项目实施。鼓励按照"多式衔接、立体开发、功能融合、节约集约"的原则,对城市轨道交通站点周边、车辆段上盖进行土地综合开发,吸引社会资本参与城市轨道交通建设。

(十六)完善公路投融资模式。建立完善政府主导、分级负责、多元筹资的公路投融资模式,完善收费公路政策,吸引社会资本投入,多渠道筹措建设和维护资金。逐步建立高速公路与普通公路统筹发展机制,促进普通公路持续健康发展。

(十七)鼓励社会资本参与水运、民航基础设施建设。探索发展"航电结合"等投融资模式,按相关政策给予投资补助,鼓励社会资本投资建设航电枢纽。鼓励社会资本投资建设港口、内河航运设施等。积极吸引社会资本参与盈利状况较好的枢纽机场、干线机场以及机场配套服务设施等投资建设,拓宽机场建设资金来源。

六、鼓励社会资本加强能源设施投资

(十八)鼓励社会资本参与电力建设。在做好生态环境保护、移民安置和确保工程安全的前提下,通过业主招标等方式,鼓励社会资本投资常规水电站

和抽水蓄能电站。在确保具备核电控股资质主体承担核安全责任的前提下,引入社会资本参与核电项目投资,鼓励民间资本进入核电设备研制和核电服务领域。鼓励社会资本投资建设风光电、生物质能等清洁能源项目和背压式热电联产机组,进入清洁高效煤电项目建设、燃煤电厂节能减排升级改造领域。

(十九)鼓励社会资本参与电网建设。积极吸引社会资本投资建设跨区输电通道、区域主干电网完善工程和大中城市配电网工程。将海南联网Ⅱ回线路和滇西北送广东特高压直流输电工程等项目作为试点,引入社会资本。鼓励社会资本投资建设分布式电源并网工程、储能装置和电动汽车充换电设施。

(二十)鼓励社会资本参与油气管网、储存设施和煤炭储运建设运营。支持民营企业、地方国有企业等参股建设油气管网主干线、沿海液化天然气(LNG)接收站、地下储气库、城市配气管网和城市储气设施,控股建设油气管网支线、原油和成品油商业储备库。鼓励社会资本参与铁路运煤干线和煤炭储配体系建设。国家规划确定的石化基地炼化一体化项目向社会资本开放。

(二十一)理顺能源价格机制。进一步推进天然气价格改革,2015年实现存量气和增量气价格并轨,逐步放开非居民用天然气气源价格,落实页岩气、煤层气等非常规天然气价格市场化政策。尽快出台天然气管道运输价格政策。按照合理成本加合理利润的原则,适时调整煤层气发电、余热余压发电上网标杆电价。推进天然气分布式能源冷、热、电价格市场化。完善可再生能源发电价格政策,研究建立流域梯级效益补偿机制,适时调整完善燃煤发电机组环保电价政策。

七、推进信息和民用空间基础设施投资主体多元化

(二十二)鼓励电信业进一步向民间资本开放。进一步完善法律法规,尽快修订电信业务分类目录。研究出台具体试点办法,鼓励和引导民间资本投资宽带接入网络建设和业务运营,大力发展宽带用户。推进民营企业开展移动通信转售业务试点工作,促进业务创新发展。

(二十三)吸引民间资本加大信息基础设施投资力度。支持基础电信企业引入民间战略投资者。推动中国铁塔股份有限公司引入民间资本，实现混合所有制发展。

（二十四）鼓励民间资本参与国家民用空间基础设施建设。完善民用遥感卫星数据政策，加强政府采购服务，鼓励民间资本研制、发射和运营商业遥感卫星，提供市场化、专业化服务。引导民间资本参与卫星导航地面应用系统建设。

八、鼓励社会资本加大社会事业投资力度

（二十五）加快社会事业公立机构分类改革。积极推进养老、文化、旅游、体育等领域符合条件的事业单位，以及公立医院、资源丰富地区符合条件的医疗事业单位改制，为社会资本进入创造条件，鼓励社会资本参与公立机构改革。将符合条件的国有单位培训疗养机构转变为养老机构。

（二十六）鼓励社会资本加大社会事业投资力度。通过独资、合资、合作、联营、租赁等途径，采取特许经营、公建民营、民办公助等方式，鼓励社会资本参与教育、医疗、养老、体育健身、文化设施建设。尽快出台鼓励社会力量兴办教育、促进民办教育健康发展的意见。各地在编制城市总体规划、控制性详细规划以及有关专项规划时，要统筹规划、科学布局各类公共服务设施。各级政府逐步扩大教育、医疗、养老、体育健身、文化等政府购买服务范围，各类经营主体平等参与。将符合条件的各类医疗机构纳入医疗保险定点范围。

（二十七）完善落实社会事业建设运营税费优惠政策。进一步完善落实非营利性教育、医疗、养老、体育健身、文化机构税收优惠政策。对非营利性医疗、养老机构建设一律免征有关行政事业性收费，对营利性医疗、养老机构建设一律减半征收有关行政事业性收费。

（二十八）改进社会事业价格管理政策。民办教育、医疗机构用电、用水、用气、用热，执行与公办教育、医疗机构相同的价格政策。养老机构用电、用水、用气、用热，按居民生活类价格执行。除公立医疗、养老机构提供的基本服务按照政府规定的价格政策执行外，其他医疗、养老服务实行经营者自主定价。营利性民办学校收费实行自主定价，非营利性民办学校收费政策由地方政府按照市场化方向根据当地实际情况确定。

九、建立健全政府和社会资本合作（PPP）机制

（二十九）推广政府和社会资本合作（PPP）模式。认真总结经验，加强政策引导，在公共服务、资源环境、生态保护、基础设施等领域，积极推广PPP模式，规范选择项目合作伙伴，引入社会资本，增强公共产品供给能力。政府有关部门要严格按照预算管理有关法律法规，完善财政补贴制度，切实控制和防范财政风险。健全PPP模式的法规体系，保障项目顺利运行。鼓励通过PPP方式盘活存量资源，变现资金要用于重点领域建设。

（三十）规范合作关系保障各方利益。政府有关部门要制定管理办法，尽快发布标准合同范本，对PPP项目的业主选择、价格管理、回报方式、服务标准、信息披露、违约处罚、政府接管以及评估论证等进行详细规定，规范合作关系。平衡好社会公众与投资者利益关系，既要保障社会公众利益不受损害，又要保障经营者合法权益。

（三十一）健全风险防范和监督机制。政府和投资者应对PPP项目可能产生的政策风险、商业风险、环境风险、法律风险等进行充分论证，完善合同设计，健全纠纷解决和风险防范机制。建立独立、透明、可问责、专业化的PPP项目监管体系，形成由政府监管部门、投资者、社会公众、专家、媒体等共同参与的监督机制。

（三十二）健全退出机制。政府要与投资者明确PPP项目的退出路径，保障项目持续稳定运行。项目合作结束后，政府应组织做好接管工作，妥善处理投资回收、资产处理等事宜。

十、充分发挥政府投资的引导带动作用

（三十三）优化政府投资使用方向。政府投资主要投向公益性和基础性建设。对鼓励社会资本参与的生态环保、农林水利、市政基础设施、社会事业等重点领域，政府投资可根据实际情况给予支持，充分发挥政府投资"四两拨千斤"的引导带动作用。

（三十四）改进政府投资使用方式。在同等条件下，政府投资优先支持引入社会资本的项目，根据不同项目情况，通过投资补助、基金注资、担保补贴、贷款贴息等方式，支持社会资本参与重点领域建设。抓紧制定政府投资支持社会投资项目的管理办法，规范政府投资安排行为。

十一、创新融资方式，拓宽融资渠道

（三十五）探索创新信贷服务。支持开展排污权、收费权、集体林权、特许经营权、购买服务协议预期收益、集体土地承包经营权质押贷款等担保创新类贷款业务。探索利用工程供水、供热、发电、污水垃圾处理等预期收益质押贷款，允许利用相关收益作为还款来源。鼓励金融机构对民间资本举办的社会事业提供融资支持。

（三十六）推进农业金融改革。探索采取信用担保和贴息、业务奖励、风险补偿、费用补贴、投资基金，以及互助信用、农业保险等方式，增强农民合作社、家庭农场（林场）、专业大户、农林业企业的贷款融资能力和风险抵御能力。

（三十七）充分发挥政策性金融机构的积极作用。在国家批准的业务范围内，加大对公共服务、生态环保、基础设施建设项目的支持力度。努力为生态环保、农林水利、中西部铁路和公路、城市基础设施等重大工程提供长期稳定、低成本的资金支持。

（三十八）鼓励发展支持重点领域建设的投资基金。大力发展股权投资基金和创业投资基金，鼓励民间资本采取私募等方式发起设立主要投资于公共服务、生态环保、基础设施、区域开发、战略性新兴产业、先进制造业等领域的产业投资基金。政府可以使用包括中央预算内投资在内的财政性资金，通过认购基金份额等方式予以支持。

（三十九）支持重点领域建设项目开展股权和债权融资。大力发展债权投资计划、股权投资计划、资产支持计划等融资工具，延长投资期限，引导社保资金、保险资金等用于收益稳定、回收期长的基础设施和基础产业项目。支持重点领域建设项目采用企业债券、项目收益债券、公司债券、中期票据等方式通过债券市场筹措投资资金。推动铁路、公路、机场等交通项目建设企业应收账款证券化。建立规范的地方政府举债融资机制,支持地方政府依法依规发行债券,用于重点领域建设。

创新重点领域投融资机制对稳增长、促改革、调结构、惠民生具有重要作用。各地区、各有关部门要从大局出发,进一步提高认识,加强组织领导,健全工作机制,协调推动重点领域投融资机制创新。各地政府要结合本地实际,抓紧制定具体实施细则,确保各项措施落到实处。国务院各有关部门要严格按照分工,抓紧制定相关配套措施,加快重点领域建设,同时要加强宣传解读,让社会资本了解参与方式、运营方式、盈利模式、投资回报等相关政策,进一步稳定市场预期,充分调动社会投资积极性,切实发挥好投资对经济增长的关键作用。发展改革委要会同有关部门加强对本指导意见落实情况的督促检查,重大问题及时向国务院报告。

附件:重点政策措施文件分工方案

国务院

2014 年 11 月 16 日

(此件公开发布)

附件

重点政策措施文件分工方案

序号	政策措施文件	负责单位	出台时间
1	大力推行环境污染第三方治理	发展改革委、环境保护部	2014 年年底
2	推进排污权、碳排放权交易试点,鼓励社会资本参与污染减排和排污权、碳排放权交易	财政部、环境保护部、发展改革委、林业局、证监会(其中碳排放权交易由发展改革委牵头)	2015 年 3 月底
3	鼓励和引导社会资本参与节水供水重大水利工程建设运营的实施意见,积极探索多种形式的水权交易流转方式,鼓励社会资本参与节水供水重大水利工程投资建设	水利部、发展改革委、证监会	2015 年 3 月底

续表

序号	政策措施文件	负责单位	出台时间
4	选择若干县城和重点镇推行试点,加大对市政基础设施建设运营引入市场机制的政策支持力度	住房城乡建设部、发展改革委	2014 年年底
5	通过业主招标等方式,鼓励社会资本投资常规水电站和抽水蓄能电站	能源局	2014 年年底
6	支持民间资本投资宽带接入网络建设和业务运营	工业和信息化部	2015 年 3 月底
7	政府投资支持社会投资项目的管理办法	发展改革委、财政部	2015 年 3 月底
8	创新融资方式,拓宽融资渠道	人民银行、银监会、证监会、保监会、财政部	2015 年 3 月底
9	政府使用包括中央预算内投资在内的财政性资金,支持重点领域产业投资基金管理办法	发展改革委	2015 年 3 月底
10	完善价格形成机制,增强重点领域建设吸引社会投资能力	发展改革委、国务院有关部门	2015 年 3 月底

注:有两个或以上负责单位的,排在第一位的为牵头单位。

企业投资项目核准和备案管理条例

(国令第 673 号)

第一条　为了规范政府对企业投资项目的核准和备案行为,加快转变政府的投资管理职能,落实企业投资自主权,制定本条例。

第二条　本条例所称企业投资项目(以下简称项目),是指企业在中国境内投资建设的固定资产投资项目。

第三条　对关系国家安全、涉及全国重大生产力布局、战略性资源开发和重大公共利益等项目,实行核准管理。具体项目范围以及核准机关、核准权限依照政府核准的投资项目目录执行。政府核准的投资项目目录由国务院投资主管部门会同国务院有关部门提出,报国务院批准后实施,并适时调整。国务院另有规定的,依照其规定。

对前款规定以外的项目,实行备案管理。除国务院另有规定的,实行备案管理的项目按照属地原则备案,备案机关及其权限由省、自治区、直辖市和计划单列市人民政府规定。

第四条 除涉及国家秘密的项目外,项目核准、备案通过国家建立的项目在线监管平台(以下简称在线平台)办理。

核准机关、备案机关以及其他有关部门统一使用在线平台生成的项目代码办理相关手续。

国务院投资主管部门会同有关部门制定在线平台管理办法。

第五条 核准机关、备案机关应当通过在线平台列明与项目有关的产业政策,公开项目核准的办理流程、办理时限等,并为企业提供相关咨询服务。

第六条 企业办理项目核准手续,应当向核准机关提交项目申请书;由国务院核准的项目,向国务院投资主管部门提交项目申请书。项目申请书应当包括下列内容:

(一)企业基本情况;

(二)项目情况,包括项目名称、建设地点、建设规模、建设内容等;

(三)项目利用资源情况分析以及对生态环境的影响分析;

(四)项目对经济和社会的影响分析。

企业应当对项目申请书内容的真实性负责。

法律、行政法规规定办理相关手续作为项目核准前置条件的,企业应当提交已经办理相关手续的证明文件。

第七条 项目申请书由企业自主组织编制,任何单位和个人不得强制企业委托中介服务机构编制项目申请书。

核准机关应当制定并公布项目申请书示范文本,明确项目申请书编制要求。

第八条 由国务院有关部门核准的项目,企业可以通过项目所在地省、自治区、直辖市和计划单列市人民政府有关部门（以下称地方人民政府有关部门）转送项目申请书,地方人民政府有关部门应当自收到项目申请书之日起 5 个工作日内转送核准机关。

由国务院核准的项目,企业通过地方人民政府有关部门转送项目申请书的,地方人民政府有关部门应当在前款规定的期限内将项目申请书转送国务院投资主管部门,由国务院投资主管部门审核后报国务院核准。

第九条 核准机关应当从下列方面对项目进行审查:

（一）是否危害经济安全、社会安全、生态安全等国家安全;

（二）是否符合相关发展建设规划、技术标准和产业政策;

（三）是否合理开发并有效利用资源;

（四）是否对重大公共利益产生不利影响。

项目涉及有关部门或者项目所在地地方人民政府职责的,核准机关应当书面征求其意见,被征求意见单位应当及时书面回复。

核准机关委托中介服务机构对项目进行评估的,应当明确评估重点;除项目情况复杂的,评估时限不得超过 30 个工作日。评估费用由核准机关承担。

第十条 核准机关应当自受理申请之日起 20 个工作日内,作出是否予以核准的决定;项目情况复杂或者需要征求有关单位意见的,经本机关主要负责人批准,可以延长核准期限,但延长的期限不得超过 40 个工作日。核准机关委托中介服务机构对项目进行评估的,评估时间不计入核准期限。

核准机关对项目予以核准的,应当向企业出具核准文件;不予核准的,应当书面通知企业并说明理由。由国务院核准的项目,由国务院投资主管部门根据国务院的决定向企业出具核准文件或者不予核准的书面通知。

第十一条 企业拟变更已核准项目的建设地点,或者拟对建设规模、建设内容等作较大变更的,应当向核准机关提出变更申请。核准机关应当自受理申请之日起 20 个工作日内,作出是否同意变更的书面决定。

第十二条 项目自核准机关作出予以核准决定或者同意变更决定之日起 2

年内未开工建设，需要延期开工建设的，企业应当在 2 年期限届满的 30 个工作日前，向核准机关申请延期开工建设。核准机关应当自受理申请之日起 20 个工作日内，作出是否同意延期开工建设的决定。开工建设只能延期一次，期限最长不得超过 1 年。国家对项目延期开工建设另有规定的，依照其规定。

第十三条 实行备案管理的项目，企业应当在开工建设前通过在线平台将下列信息告知备案机关：

（一）企业基本情况；

（二）项目名称、建设地点、建设规模、建设内容；

（三）项目总投资额；

（四）项目符合产业政策的声明。

企业应当对备案项目信息的真实性负责。

备案机关收到本条第一款规定的全部信息即为备案；企业告知的信息不齐全的，备案机关应当指导企业补正。

企业需要备案证明的，可以要求备案机关出具或者通过在线平台自行打印。

第十四条 已备案项目信息发生较大变更的，企业应当及时告知备案机关。

第十五条 备案机关发现已备案项目属于产业政策禁止投资建设或者实行核准管理的，应当及时告知企业予以纠正或者依法办理核准手续，并通知有关部门。

第十六条 核准机关、备案机关以及依法对项目负有监督管理职责的其他有关部门应当加强事中事后监管，按照谁审批谁监管、谁主管谁监管的原则，落实监管责任，采取在线监测、现场核查等方式，加强对项目实施的监督检查。

企业应当通过在线平台如实报送项目开工建设、建设进度、竣工的基本信息。

第十七条 核准机关、备案机关以及依法对项目负有监督管理职责的其他有关部门应当建立项目信息共享机制，通过在线平台实现信息共享。

企业在项目核准、备案以及项目实施中的违法行为及其处理信息，通过国家社会信用信息平台向社会公示。

第十八条　实行核准管理的项目，企业未依照本条例规定办理核准手续开工建设或者未按照核准的建设地点、建设规模、建设内容等进行建设的，由核准机关责令停止建设或者责令停产，对企业处项目总投资额1‰以上5‰以下的罚款；对直接负责的主管人员和其他直接责任人员处2万元以上5万元以下的罚款，属于国家工作人员的，依法给予处分。

以欺骗、贿赂等不正当手段取得项目核准文件，尚未开工建设的，由核准机关撤销核准文件，处项目总投资额1‰以上5‰以下的罚款；已经开工建设的，依照前款规定予以处罚；构成犯罪的，依法追究刑事责任。

第十九条　实行备案管理的项目，企业未依照本条例规定将项目信息或者已备案项目的信息变更情况告知备案机关，或者向备案机关提供虚假信息的，由备案机关责令限期改正；逾期不改正的，处2万元以上5万元以下的罚款。

第二十条　企业投资建设产业政策禁止投资建设项目的，由县级以上人民政府投资主管部门责令停止建设或者责令停产并恢复原状，对企业处项目总投资额5‰以上10‰以下的罚款；对直接负责的主管人员和其他直接责任人员处5万元以上10万元以下的罚款，属于国家工作人员的，依法给予处分。法律、行政法规另有规定的，依照其规定。

第二十一条　核准机关、备案机关及其工作人员在项目核准、备案工作中玩忽职守、滥用职权、徇私舞弊的，对负有责任的领导人员和直接责任人员依法给予处分；构成犯罪的，依法追究刑事责任。

第二十二条　事业单位、社会团体等非企业组织在中国境内投资建设的固定资产投资项目适用本条例，但通过预算安排的固定资产投资项目除外。

第二十三条　国防科技工业企业在中国境内投资建设的固定资产投资项目核准和备案管理办法，由国务院国防科技工业管理部门根据本条例的原则另行制定。

第二十四条　本条例自2017年2月1日起施行。

国务院办公厅关于
鼓励和引导民间投资健康发展重点工作分工的通知

国办函〔2010〕120 号

各省、自治区、直辖市人民政府,国务院有关部门:

为贯彻落实《国务院关于鼓励和引导民间投资健康发展的若干意见》(国发〔2010〕13 号,以下简称《意见》)提出的各项政策措施,需要进一步明确部门和地方的主要工作任务,研究提出具体实施办法。经国务院同意,现将有关事项通知如下:

一、工作分工

(一)鼓励和引导民间资本进入基础产业和基础设施领域

1.鼓励民间资本以独资、控股、参股等方式投资建设公路、水运、港口码头、民用机场、通用航空设施等项目。(交通运输部、民航局、发展改革委、财政部负责。列在首位的为牵头部门或单位,有关部门和单位按职责分工负责,下同)

2.抓紧研究制定铁路体制改革方案。(先由铁道部提出改革方案,发展改革委会同中央编办、铁道部、交通运输部、财政部提出意见报国务院)

3.引入市场竞争,推进投资主体多元化,鼓励民间资本参与铁路干线、铁路支线、铁路轮渡以及站场设施的建设,允许民间资本参股建设煤运通道、客运专线、城际轨道交通等项目。(铁道部、发展改革委负责)

4.探索建立铁路产业投资基金。(发展改革委、铁道部负责)

5.积极支持铁路企业加快股改上市,拓宽民间资本进入铁路建设领域的渠道和途径。(铁道部、证监会、发展改革委负责)

6.鼓励民间资本参与水利工程建设。建立收费补偿机制,实行政府补贴,通过业主招标、承包租赁等方式,吸引民间资本投资建设农田水利、跨流域调水、水资源综合利用、水土保持等水利项目。(水利部、发展改革委、财政部

负责）

7.鼓励民间资本参与电力建设。鼓励民间资本参与风能、太阳能、地热能、生物质能等新能源产业建设。支持民间资本以独资、控股或参股形式参与水电站、火电站建设，参股建设核电站。进一步放开电力市场，积极推进电价改革，加快推行竞价上网，推行项目业主招标，完善电力监管制度。（能源局、发展改革委、财政部、水利部、国土资源部、电监会、国资委负责）

8.鼓励民间资本参与石油、天然气建设。支持民间资本进入油气勘探开发领域，与国有石油企业合作开展油气勘探开发。支持民间资本参股建设原油、天然气、成品油的储运和管道输送设施及网络。（能源局、发展改革委、国土资源部、国资委负责）

9.鼓励民间资本参与电信建设。鼓励民间资本以参股方式进入基础电信运营市场。支持民间资本开展增值电信业务。加强对电信领域垄断和不正当竞争行为的监管。（工业和信息化部、发展改革委、国资委、商务部负责）

10.鼓励民间资本参与土地整治和矿产资源勘探开发。积极引导民间资本通过招标投标形式参与土地整理、复垦等工程建设，鼓励和引导民间资本投资矿山地质环境恢复治理，坚持矿业权市场全面向民间资本开放。（国土资源部、发展改革委负责）

（二）鼓励和引导民间资本进入市政公用事业和政策性住房建设领域

11.鼓励民间资本参与市政公用事业建设。支持民间资本进入城市供水、供气、供热、污水和垃圾处理、公共交通、城市园林绿化等领域。鼓励民间资本积极参与市政公用企事业单位的改组改制，具备条件的市政公用事业项目可以采取市场化的经营方式，向民间资本转让产权或经营权。（住房城乡建设部、发展改革委负责）

12.进一步深化市政公用事业体制改革。积极引入市场竞争机制，大力推行市政公用事业的投资主体、运营主体招标制度，建立健全市政公用事业特许经营制度。改进和完善政府采购制度，建立规范的政府监管和财政补贴机制，加

快推进市政公用产品价格和收费制度改革。(住房城乡建设部、发展改革委、财政部负责)

13. 鼓励民间资本参与政策性住房建设。支持和引导民间资本投资建设经济适用住房、公共租赁住房等政策性住房,参与棚户区改造,享受相应的政策性住房建设政策。(住房城乡建设部、发展改革委负责)

(三)鼓励和引导民间资本进入社会事业领域

14. 鼓励民间资本参与发展医疗事业。支持民间资本兴办各类医院、社区卫生服务机构、疗养院、门诊部、诊所、卫生所(室)等医疗机构,参与公立医院转制改组。支持民营医疗机构承担公共卫生服务、基本医疗服务和医疗保险定点服务。切实落实非营利性医疗机构的税收政策。鼓励医疗人才资源向民营医疗机构合理流动,确保民营医疗机构在人才引进、职称评定、科研课题等方面与公立医院享受平等待遇。从医疗质量、医疗行为、收费标准等方面对各类医疗机构加强监管。(发展改革委、卫生部、民政部、财政部、人力资源社会保障部、科技部、税务总局、保监会负责)

15. 鼓励民间资本参与发展教育和社会培训事业。支持民间资本兴办高等学校、中小学校、幼儿园、职业教育等各类教育和社会培训机构。修改完善《中华人民共和国民办教育促进法实施条例》,落实对民办学校的人才鼓励政策和公共财政资助政策,加快制定和完善促进民办教育发展的金融、产权和社保等政策,研究建立民办学校的退出机制。(教育部、发展改革委、财政部、人力资源社会保障部、民政部、银监会、法制办负责)

16. 鼓励民间资本参与发展社会福利事业。通过用地保障、信贷支持和政府采购等多种形式,鼓励民间资本投资建设专业化的服务设施,兴办养(托)老服务和残疾人康复、托养服务等各类社会福利机构。(民政部、发展改革委、中国残联、财政部、国土资源部、银监会负责)

17. 鼓励民间资本从事广告、印刷、演艺、娱乐、文化创意、文化会展、影视制作、网络文化、动漫游戏、出版物发行、文化产品数字制作与相关服务等活动,

建设博物馆、图书馆、文化馆、电影院等文化设施。（文化部、广电总局、新闻出版总署、发展改革委、财政部负责）

18.鼓励民间资本合理开发旅游资源，建设旅游设施，从事各种旅游休闲活动。（旅游局、发展改革委负责）

19.鼓励民间资本投资生产体育用品，建设各类体育场馆及健身设施，从事体育健身、竞赛表演等活动。（体育总局、发展改革委、财政部负责）

（四）鼓励和引导民间资本进入金融服务领域

20.允许民间资本兴办金融机构。在加强有效监管、促进规范经营、防范金融风险的前提下，放宽对金融机构的股比限制。支持民间资本以入股方式参与商业银行的增资扩股，参与农村信用社、城市信用社的改制工作。鼓励民间资本发起或参与设立村镇银行、贷款公司、农村资金互助社等金融机构，放宽村镇银行或社区银行中法人银行最低出资比例的限制。落实中小企业贷款税前全额拨备损失准备金政策，简化中小金融机构呆账核销审核程序。适当放宽小额贷款公司单一投资者持股比例限制，对小额贷款公司的涉农业务实行与村镇银行同等的财政补贴政策。支持民间资本发起设立信用担保公司，完善信用担保公司的风险补偿机制和风险分担机制。鼓励民间资本发起设立金融中介服务机构，参与证券、保险等金融机构的改组改制。（银监会、人民银行、发展改革委、财政部、税务总局、工业和信息化部、证监会、保监会负责）

（五）鼓励和引导民间资本进入商贸流通领域

21.鼓励民间资本进入商品批发零售、现代物流领域。支持民营批发、零售企业发展，鼓励民间资本投资连锁经营、电子商务等新型流通业态。引导民间资本投资第三方物流服务领域，为民营物流企业承接传统制造业、商贸业的物流业务外包创造条件，支持中小型民营商贸流通企业协作发展、共同配送。加快物流业管理体制改革，鼓励物流基础设施的资源整合和充分利用，促进物流企业网络化经营，搭建便捷高效的融资平台。（商务部、发展改革委、银监会负责）

（六）鼓励和引导民间资本进入国防科技工业领域

22. 鼓励民间资本进入国防科技工业投资建设领域。引导和支持民营企业有序参与军工企业的改组改制，鼓励民营企业参与军民两用高技术开发和产业化，允许民营企业按有关规定参与承担军工生产和科研任务。（国防科工局、工业和信息化部、财政部、国资委、总装备部负责）

（七）鼓励和引导民间资本重组联合和参与国有企业改革

23. 引导和鼓励民营企业利用产权市场组合民间资本，促进产权合理流动，开展跨地区、跨行业兼并重组。鼓励和支持民间资本在国内合理流动，实现产业有序梯度转移，参与西部大开发、东北地区等老工业基地振兴、中部地区崛起以及新农村建设和扶贫开发。支持有条件的民营企业通过联合重组等方式做大做强，发展成为特色突出、市场竞争力强的集团化公司。（各省、自治区、直辖市人民政府负责）

24. 鼓励和引导民营企业通过参股、控股、资产收购等多种形式，参与国有企业的改制重组。合理降低国有控股企业中的国有资本比例。民营企业在参与国有企业改制重组过程中，要认真执行国家有关资产处置、债务处理和社会保障等方面的政策要求，依法妥善安置职工，保证企业职工的正当权益。（国资委、人力资源社会保障部、银监会负责）

（八）推动民营企业加强自主创新和转型升级

25. 落实鼓励企业增加研发投入的税收优惠政策，鼓励民营企业增加研发投入，提高自主创新能力，掌握拥有自主知识产权的核心技术。（财政部、发展改革委、科技部、税务总局、知识产权局负责）

26. 帮助民营企业建立工程技术研究中心、技术开发中心，增加技术储备，搞好技术人才培训。（发展改革委、科技部负责）

27. 支持民营企业参与国家重大科技计划项目和技术攻关。（科技部负责）

28. 加快实施促进科技成果转化的鼓励政策，积极发展技术市场，完善科技成果登记制度，方便民营企业转让和购买先进技术。加快分析测试、检验检测、创业孵化、科技评估、科技咨询等科技服务机构的建设和机制创新,为民营企业的自主创新提供服务平台。积极推动信息服务外包、知识产权、技术转移和成果转化等高技术服务领域的市场竞争,支持民营企业开展技术服务活动。(科技部、工业和信息化部、商务部、知识产权局负责)

29.鼓励民营企业加大新产品开发力度,实现产品更新换代。开发新产品发生的研究开发费用可按规定享受加计扣除优惠政策。鼓励民营企业实施品牌发展战略,争创名牌产品。通过加速固定资产折旧等方式鼓励民营企业进行技术改造,淘汰落后产能,加快技术升级。(科技部、工业和信息化部、财政部、工商总局、质检总局负责)

30.鼓励和引导民营企业发展战略性新兴产业。广泛应用信息技术等高新技术改造提升传统产业,大力发展循环经济、绿色经济,投资建设节能减排、节水降耗、生物医药、信息网络、新能源、新材料、环境保护、资源综合利用等具有发展潜力的新兴产业。(发展改革委、财政部、工业和信息化部、科技部、环境保护部、水利部、卫生部、商务部、能源局负责)

(九)鼓励和引导民营企业积极参与国际竞争

31.鼓励民营企业"走出去",积极参与国际竞争。支持民营企业在研发、生产、营销等方面开展国际化经营,开发战略资源,建立国际销售网络。支持民营企业利用自有品牌、自主知识产权和自主营销,开拓国际市场,加快培育跨国企业和国际知名品牌。支持民营企业之间、民营企业与国有企业之间组成联合体,发挥各自优势,共同开展多种形式的境外投资。(发展改革委、商务部、工业和信息化部、外交部、工商总局负责)

32.完善境外投资促进和保障体系。与有关国家建立鼓励和促进民间资本国际流动的政策磋商机制,开展多种形式的对话交流,发展长期稳定、互惠互利的合作关系。通过签订双边民间投资合作协定、利用多边协定体系等,为民营企业"走出去"争取有利的投资、贸易环境和更多优惠政策。健全和完善境外投资鼓励政策,在资金支持、金融保险、外汇管理、质检通关等方面,民营企业与其他企业享受同等待遇。(发展改革委、商务部、外交部、财政部、人民银行、海关总署、质检总局、外汇局、银监会、保监会负责)

(十)为民间投资创造良好环境

33.清理和修改不利于民间投资发展的法规政策规定,切实保护民间投资的合法权益,培育和维护平等竞争的投资环境。在制定涉及民间投资的法律、法规和政策时,要听取有关商会和民营企业的意见和建议,充分反映民营企业的合理要求。(法制办负责)

34.各级人民政府有关部门安排的政府性资金,包括财政预算内投资、专项建设资金、创业投资引导资金,以及国际金融组织贷款和外国政府贷款等,要明确规则、统一标准,对包括民间投资在内的各类投资主体同等对待。(发展改革委、财政部、交通运输部、铁道部、水利部、工业和信息化部、科技部、民航局、国防科工局和各省、自治区、直辖市人民政府负责)

35.各类金融机构要在防范风险的基础上,创新和灵活运用多种金融工具,加大对民间投资的融资支持,加强对民间投资的金融服务。各级人民政府及有关监管部门要不断完善民间投资的融资担保制度,健全创业投资机制,发展股权投资基金,继续支持民营企业通过股票、债券市场进行融资。(银监会、人民银行、证监会、发展改革委和各省、自治区、直辖市人民政府负责)

36.全面清理整合涉及民间投资管理的行政审批事项,简化环节、缩短时限,进一步推动管理内容、标准和程序的公开化、规范化。(监察部负责)

37.进一步清理和规范涉企收费,切实减轻民营企业负担。(发展改革委、财政部、工业和信息化部负责)

(十一)加强对民间投资的服务、指导和规范管理

38.统计部门要加强对民间投资的统计工作,准确反映民间投资的进展和分布情况。(统计局负责)

39.投资主管部门、行业管理部门及行业协会要切实做好民间投资的监测和分析工作,及时把握民间投资动态,合理引导民间投资。要加强投资信息平台

建设，及时向社会公开发布国家产业政策、发展建设规划、市场准入标准、国内外行业动态等信息，引导民间投资者正确判断形势，减少盲目投资。（发展改革委、统计局、工业和信息化部、交通运输部、铁道部、水利部、农业部、商务部、文化部、卫生部、住房城乡建设部、能源局负责）

40. 建立健全民间投资服务体系。充分发挥商会、行业协会等自律性组织的作用，积极培育和发展为民间投资提供法律、政策、咨询、财务、金融、技术、管理和市场信息等服务的中介组织。（发展改革委等有关部门和各省、自治区、直辖市人民政府负责）

二、工作要求

（一）明确责任，加强领导。各地区、各有关部门要认真贯彻落实《意见》精神，按照上述任务分工，对涉及本地区、本部门的工作进一步分解细化，制定具体措施，认真抓好落实。

（二）密切配合，团结协作。对贯彻落实中涉及多个部门的工作，部门间要密切协作，牵头部门要加强协调，其他相关部门应当积极支持和配合。各地区在贯彻落实工作中要做好与有关部门的衔接沟通工作。

（三）督促检查，跟踪落实。发展改革委要认真做好统筹协调工作，及时跟踪各项工作的具体落实，并按年度将工作完成情况汇总报国务院。国务院办公厅将对政策措施的落实情况适时开展督促检查。

国务院办公厅

2010 年 7 月 22 日

国务院办公厅关于政府向社会力量购买服务的指导意见

国办发〔2013〕96号

各省、自治区、直辖市人民政府，国务院各部委、各直属机构：

党的十八大强调，要加强和创新社会管理，改进政府提供公共服务方式。新一届国务院对进一步转变政府职能、改善公共服务作出重大部署，明确要求在公共服务领域更多利用社会力量，加大政府购买服务力度。经国务院同意，现就政府向社会力量购买服务提出以下指导意见。

一、充分认识政府向社会力量购买服务的重要性

改革开放以来，我国公共服务体系和制度建设不断推进，公共服务提供主体和提供方式逐步多样化，初步形成了政府主导、社会参与、公办民办并举的公共服务供给模式。同时，与人民群众日益增长的公共服务需求相比，不少领域的公共服务存在质量效率不高、规模不足和发展不平衡等突出问题，迫切需要政府进一步强化公共服务职能，创新公共服务供给模式，有效动员社会力量，构建多层次、多方式的公共服务供给体系，提供更加方便、快捷、优质、高效的公共服务。政府向社会力量购买服务，就是通过发挥市场机制作用，把政府直接向社会公众提供的一部分公共服务事项，按照一定的方式和程序，交由具备条件的社会力量承担，并由政府根据服务数量和质量向其支付费用。近年来，一些地方立足实际，积极开展向社会力量购买服务的探索，取得了良好效果，在政策指导、经费保障、工作机制等方面积累了不少好的做法和经验。

实践证明，推行政府向社会力量购买服务是创新公共服务提供方式、加快服务业发展、引导有效需求的重要途径，对于深化社会领域改革，推动政府职能转变，整合利用社会资源，增强公众参与意识，激发经济社会活力，增加公共服务供给，提高公共服务水平和效率，都具有重要意义。地方各级人民政府要结合当地经济社会发展状况和人民群众的实际需求，因地制宜、积极稳妥地推进

政府向社会力量购买服务工作，不断创新和完善公共服务供给模式，加快建设服务型政府。

二、正确把握政府向社会力量购买服务的总体方向

（一）指导思想

以邓小平理论、"三个代表"重要思想、科学发展观为指导，深入贯彻落实党的十八大精神，牢牢把握加快转变政府职能、推进政事分开和政社分开、在改善民生和创新管理中加强社会建设的要求，进一步放开公共服务市场准入，改革创新公共服务提供机制和方式，推动中国特色公共服务体系建设和发展，努力为广大人民群众提供优质高效的公共服务。

（二）基本原则

——积极稳妥，有序实施。立足社会主义初级阶段基本国情，从各地实际出发，准确把握社会公共服务需求，充分发挥政府主导作用，有序引导社会力量参与服务供给，形成改善公共服务的合力。

——科学安排，注重实效。坚持精打细算，明确权利义务，切实提高财政资金使用效率，把有限的资金用在刀刃上，用到人民群众最需要的地方，确保取得实实在在的成效。

——公开择优，以事定费。按照公开、公平、公正原则，坚持费随事转，通过竞争择优的方式选择承接政府购买服务的社会力量，确保具备条件的社会力量平等参与竞争。加强监督检查和科学评估，建立优胜劣汰的动态调整机制。

——改革创新，完善机制。坚持与事业单位改革相衔接，推进政事分开、政社分开，放开市场准入，释放改革红利，凡社会能办好的，尽可能交给社会力量承担，有效解决一些领域公共服务产品短缺、质量和效率不高等问题。及时总结改革实践经验，借鉴国外有益成果，积极推动政府向社会力量购买服务的健康发展，加快形成公共服务提供新机制。

（三）目标任务

"十二五"时期，政府向社会力量购买服务工作在各地逐步推开，统一有效的购买服务平台和机制初步形成,相关制度法规建设取得明显进展。到 2020 年,在全国基本建立比较完善的政府向社会力量购买服务制度,形成与经济社会发展相适应、高效合理的公共服务资源配置体系和供给体系,公共服务水平和质量显著提高。

三、规范有序开展政府向社会力量购买服务工作

(一)购买主体

政府向社会力量购买服务的主体是各级行政机关和参照公务员法管理、具有行政管理职能的事业单位。纳入行政编制管理且经费由财政负担的群团组织,也可根据实际需要,通过购买服务方式提供公共服务。

(二)承接主体

承接政府购买服务的主体包括依法在民政部门登记成立或经国务院批准免予登记的社会组织,以及依法在工商管理或行业主管部门登记成立的企业、机构等社会力量。承接政府购买服务的主体应具有独立承担民事责任的能力,具备提供服务所必需的设施、人员和专业技术的能力,具有健全的内部治理结构、财务会计和资产管理制度,具有良好的社会和商业信誉,具有依法缴纳税收和社会保险的良好记录,并符合登记管理部门依法认定的其他条件。承接主体的具体条件由购买主体会同财政部门根据购买服务项目的性质和质量要求确定。

(三)购买内容

政府向社会力量购买服务的内容为适合采取市场化方式提供、社会力量能够承担的公共服务,突出公共性和公益性。教育、就业、社保、医疗卫生、住房保障、文化体育及残疾人服务等基本公共服务领域,要逐步加大政府向社会力量购买服务的力度。非基本公共服务领域,要更多更好地发挥社会力量的作用,凡适合社会力量承担的,都可以通过委托、承包、采购等方式交给社会力量承担。对应当由政府直接提供、不适合社会力量承担的公共服务,以及不属于政府职责范围的服务项目,政府不得向社会力量购买。各地区、各有关部门要按照有利于转变政府职能,有利于降低服务成本,有利于提升服务质量水平和

资金效益的原则，在充分听取社会各界意见基础上，研究制定政府向社会力量购买服务的指导性目录，明确政府购买的服务种类、性质和内容，并在总结试点经验基础上，及时进行动态调整。

（四）购买机制

各地要按照公开、公平、公正原则，建立健全政府向社会力量购买服务机制，及时、充分向社会公布购买的服务项目、内容以及对承接主体的要求和绩效评价标准等信息，建立健全项目申报、预算编报、组织采购、项目监管、绩效评价的规范化流程。购买工作应按照政府采购法的有关规定，采用公开招标、邀请招标、竞争性谈判、单一来源、询价等方式确定承接主体，严禁转包行为。购买主体要按照合同管理要求，与承接主体签订合同，明确所购买服务的范围、标的、数量、质量要求，以及服务期限、资金支付方式、权利义务和违约责任等，按照合同要求支付资金，并加强对服务提供全过程的跟踪监管和对服务成果的检查验收。承接主体要严格履行合同义务，按时完成服务项目任务，保证服务数量、质量和效果。

（五）资金管理

政府向社会力量购买服务所需资金在既有财政预算安排中统筹考虑。随着政府提供公共服务的发展所需增加的资金，应按照预算管理要求列入财政预算。要严格资金管理，确保公开、透明、规范、有效。

（六）绩效管理

加强政府向社会力量购买服务的绩效管理，严格绩效评价机制。建立健全由购买主体、服务对象及第三方组成的综合性评审机制，对购买服务项目数量、质量和资金使用绩效等进行考核评价。评价结果向社会公布，并作为以后年度编制政府向社会力量购买服务预算和选择政府购买服务承接主体的重要参考依据。

四、扎实推进政府向社会力量购买服务工作

（一）加强组织领导

推进政府向社会力量购买服务，事关人民群众切身利益，是保障和改善民生的一项重要工作。地方各级人民政府要把这项工作列入重要议事日程，加强统筹协调，立足当地实际，认真制定并逐步完善政府向社会力量购买服务的政策措施和实施办法，并抄送上一级政府财政部门。财政部要会同有关部门加强对各地开展政府向社会力量购买服务工作的指导和监督，总结推广成功经验，积极推动相关制度法规建设。

（二）健全工作机制

政府向社会力量购买服务，要按照政府主导、部门负责、社会参与、共同监督的要求，确保工作规范有序开展。地方各级人民政府可根据本地区实际情况，建立"政府统一领导，财政部门牵头，民政、工商管理以及行业主管部门协同，职能部门履职，监督部门保障"的工作机制，拟定购买服务目录，确定购买服务计划，指导监督购买服务工作。相关职能部门要加强协调沟通，做到各负其责、齐抓共管。

（三）严格监督管理

各地区、各部门要严格遵守相关财政财务管理规定，确保政府向社会力量购买服务的资金规范管理和使用，不得截留、挪用和滞留资金。购买主体应建立健全内部监督管理制度，按规定公开购买服务相关信息，自觉接受社会监督。承接主体应当健全财务报告制度，并由具有合法资质的注册会计师对财务报告进行审计。财政部门要加强对政府向社会力量购买服务实施工作的组织指导，严格资金监管，监察、审计等部门要加强监督，民政、工商管理以及行业主管部门要按照职能分工将承接政府购买服务行为纳入年检、评估、执法等监管体系。

（四）做好宣传引导

地方各级人民政府和国务院有关部门要广泛宣传政府向社会力量购买服务工作的目的、意义、目标任务和相关要求，做好政策解读，加强舆论引导，主动回应群众关切，充分调动社会力量参与的积极性。

国务院办公厅

2013 年 9 月 26 日

国务院办公厅转发财政部发展改革委人民银行
关于在公共服务领域推广政府和社会资本合作模式指导意见的通知

国办发〔2015〕42 号

各省、自治区、直辖市人民政府,国务院各部委、各直属机构:

财政部、发展改革委、人民银行《关于在公共服务领域推广政府和社会资本合作模式的指导意见》已经国务院同意,现转发给你们,请认真贯彻执行。

在公共服务领域推广政府和社会资本合作模式,是转变政府职能、激发市场活力、打造经济新增长点的重要改革举措。围绕增加公共产品和公共服务供给,在能源、交通运输、水利、环境保护、农业、林业、科技、保障性安居工程、医疗、卫生、养老、教育、文化等公共服务领域,广泛采用政府和社会资本合作模式,对统筹做好稳增长、促改革、调结构、惠民生、防风险工作具有战略意义。

各地区、各部门要按照简政放权、放管结合、优化服务的要求,简化行政审批程序,推进立法工作,进一步完善制度,规范流程,加强监管,多措并举,在财税、价格、土地、金融等方面加大支持力度,保证社会资本和公众共同受益,通过资本市场和开发性、政策性金融等多元融资渠道,吸引社会资本参与公共产品和公共服务项目的投资、运营管理,提高公共产品和公共服务供给能力与效率。

各地区、各部门要高度重视,精心组织实施,加强协调配合,形成工作合力,切实履行职责,共同抓好落实。

国务院办公厅

2015 年 5 月 19 日

国务院办公厅关于进一步激发社会领域投资活力的意见

国办发〔2017〕21号

各省、自治区、直辖市人民政府,国务院各部委、各直属机构:

党的十八大以来,我国社会领域新兴业态不断涌现,投资总量不断扩大,服务能力不断提升,但也仍然存在放宽准入不彻底、扶持政策不到位、监管体系不健全等问题。面对社会领域需求倒逼扩大有效供给的新形势,深化社会领域供给侧结构性改革,进一步激发医疗、养老、教育、文化、体育等社会领域投资活力,着力增加产品和服务供给,不断优化质量水平,对于提升人民群众获得感、挖掘社会领域投资潜力、保持投资稳定增长、培育经济发展新动能、促进经济转型升级、实现经济社会协调发展具有重要意义。要按照党中央、国务院决策部署,坚持稳中求进工作总基调,牢固树立和贯彻落实新发展理念,以供给侧结构性改革为主线,坚持社会效益和经济效益相统一,不断增进人民福祉;坚持营利和非营利分类管理,深化事业单位改革,在政府切实履行好基本公共服务职责的同时,把非基本公共服务更多地交给市场;坚持"放管服"改革方向,注重调动社会力量,降低制度性交易成本,吸引各类投资进入社会领域,更好满足多层次多样化需求。经国务院同意,现提出以下意见:

一、扎实有效放宽行业准入

1.制定社会力量进入医疗、养老、教育、文化、体育等领域的具体方案,明确工作目标和评估办法,新增服务和产品鼓励社会力量提供。(教育部、民政部、文化部、国家卫生计生委、新闻出版广电总局、体育总局、国家文物局、国家中医药局按职责分工负责)在社会需求大、供给不足、群众呼声高的医疗、养老领域尽快有突破,重点解决医师多点执业难、纳入医保定点难、养老机构融资难等问题。(国家卫生计生委、人力资源社会保障部、民政部、银监会等部门按职责分工负责)

2.分别制定医疗、养老、教育、文化、体育等机构设置的跨部门全流程综合审批指引，推进一站受理、窗口服务、并联审批，加强协作配合，并联范围内的审批事项不得互为前置。（教育部、民政部、文化部、国家卫生计生委、新闻出版广电总局、体育总局、国家文物局、国家中医药局分别牵头会同公安部、国土资源部、环境保护部、住房城乡建设部等部门负责）各地出台实施细则，进一步细化各项审批的条件、程序和时限，提高部门内各环节审批效率，推广网上并联审批，实现审批进程可查询。（各省级人民政府负责）

3.完善医疗机构管理规定，优化和调整医疗机构类别、设置医疗机构的申请人、建筑设计审查、执业许可证制作等规定，推进电子证照制度。（国家卫生计生委、国家中医药局按职责分工负责）

4.按照保障安全、方便合理的原则，修订完善养老设施相关设计规范、建筑设计防火规范等标准。（住房城乡建设部、公安部、民政部等部门按职责分工负责）

5.制定整合改造闲置资源、发展养老服务工作办法。推动公办养老机构改革试点，鼓励采取公建民营等方式，将产权归政府所有的养老服务设施委托企业或社会组织运营。（各省级人民政府负责）

6.指导和鼓励文化文物单位与社会力量深度合作，推动文化创意产品开发，通过知识产权入股等方式投资设立企业，总结推广经验，适时扩大试点。制定准入意见，支持社会资本对文物保护单位和传统村落的保护利用。探索大遗址保护单位控制地带开发利用政策。（文化部、国家文物局按职责分工负责）

7.总结图书制作与出版分开的改革试点经验，制定扩大试点地区的方案。推动取消电影制片单位设立、变更、终止审批等行政审批。（新闻出版广电总局牵头负责）

8.制定体育赛事举办流程指引，明确体育赛事开展的基本条件、标准、规则、程序和各环节责任部门，打通赛事服务渠道，强化对口衔接，有关信息向社会公开。（体育总局牵头负责）

9.规范体育比赛、演唱会等大型群众性活动的各项安保费用,提高安保公司和场馆的市场化运营服务水平。(公安部牵头会同文化部、新闻出版广电总局、体育总局负责)

10.改革医师执业注册办法,实行医师按行政区划区域注册,促进医师有序流动和多点执业。建立医师电子注册制度,简化审批流程,缩短办理时限,方便医师注册。(国家卫生计生委、国家中医药局牵头负责)医疗、教育、文化等领域民办机构与公立机构专业技术人才在职称评审等方面享有平等待遇。(人力资源社会保障部牵头负责)

二、进一步扩大投融资渠道

11.研究出台医疗、养老、教育、文化、体育等社会领域产业专项债券发行指引,结合其平均收益低、回报周期长等特点,制定有利于相关产业发展的鼓励条款。(国家发展改革委牵头负责)积极支持相关领域符合条件的企业发行公司债券、非金融企业债务融资工具和资产证券化产品,并探索发行股债结合型产品进行融资,满足日常运营资金需求。(证监会、人民银行按职责分工牵头负责)引导社会资本以政府和社会资本合作(PPP)模式参与医疗机构、养老服务机构、教育机构、文化设施、体育设施建设运营,开展PPP项目示范。(各省级人民政府负责)

12.发挥政府资金引导作用,有条件的地方可结合实际情况设立以社会资本为主体、市场化运作的社会领域相关产业投资基金。(各省级人民政府负责)

13.推进银行业金融机构在依法合规、风险可控、商业可持续的前提下,创新开发有利于社会领域企业发展的金融产品,合理确定还贷周期和贷款利率。(人民银行、银监会等部门按职责分工负责)

14.出台实施商业银行押品管理指引,明确抵押品类别、管理、估值、抵质押率等政策。(银监会牵头负责)

15.加强知识产权评估、价值分析以及质押登记服务,建立健全风险分担及补偿机制，探索推进投贷联动，加大对社会领域中小企业的服务力度。（国家知识产权局、财政部、人民银行、工商总局、银监会等部门按职责分工负责）有效利用既有平台，加强信息对接和数据共享，形成以互联网为基础、全国统一的商标权、专利权、版权等知识产权质押登记信息汇总公示系统，推动社会领域企业以知识产权为基础开展股权融资。（国家发展改革委、国家知识产权局牵头会同人民银行、工商总局、新闻出版广电总局等部门负责）

16.支持社会领域企业用股权进行质押贷款，推动社会领域企业用收益权、应收账款以及法律和行政法规规定可以质押的其他财产权利进行质押贷款。鼓励各地通过设立行业风险补偿金等市场化增信机制，推动金融机构扩大社会领域相关产业信贷规模。（各省级人民政府负责）

17.鼓励搭建社会领域相关产业融资、担保、信息综合服务平台，完善金融中介服务体系，利用财政性资金提供贴息、补助或奖励。（各省级人民政府负责）

18.探索允许营利性的养老、教育等社会领域机构以有偿取得的土地、设施等财产进行抵押融资。（各省级人民政府负责）

19.发挥行业协会、开发区、孵化器的沟通桥梁作用，加强与资本市场对接，引导企业有效利用主板、中小板、创业板、新三板、区域性股权交易市场等多层次资本市场。（科技部、民政部、文化部、国家卫生计生委、新闻出版广电总局、证监会、体育总局等部门以及各省级人民政府按职责分工负责）

三、认真落实土地税费政策

20.将医疗、养老、教育、文化、体育等领域用地纳入土地利用总体规划、城乡规划和年度用地计划，农用地转用指标、新增用地指标分配要适当向上述领域倾斜，有序适度扩大用地供给。（国土资源部、住房城乡建设部以及各省级人民政府按职责分工负责）

21.医疗、养老、教育、文化、体育等领域新供土地符合划拨用地目录的，依法可按划拨方式供应。对可以使用划拨用地的项目，在用地者自愿的前提下，鼓励以出让、租赁方式供应土地，支持市、县政府以国有建设用地使用权作价出资或者入股的方式提供土地，与社会资本共同投资建设。应有偿使用的，依法可以招拍挂或协议方式供应，土地出让价款可在规定期限内按合同约定分期缴纳。支持实行长期租赁、先租后让、租让结合的土地供应方式。（国土资源部牵头会同财政部等部门负责）

22.市、县级人民政府应依据当地土地取得成本、市场供需、产业政策和其他用途基准地价等，制定公共服务项目基准地价，依法评估并合理确定医疗、养老、教育、文化、体育等领域公共服务项目的出让底价。（国土资源部牵头负责）

23.企业将旧厂房、仓库改造成文化创意、健身休闲场所的，可实行在五年内继续按原用途和土地权利类型使用土地的过渡期政策。（国土资源部牵头会同住房城乡建设部、环境保护部、文化部、体育总局等部门负责）

24.制定闲置校园校舍综合利用方案，优先用于教育、养老、医疗、文化、体育等社会领域。（教育部牵头会同民政部、国家卫生计生委、文化部、体育总局等部门负责）

25.落实医疗、养老、教育、文化、体育等领域税收政策，明确界定享受各类税收政策的条件。（税务总局牵头负责）

26.加大监督检查力度，落实非公立医疗、教育等机构享有与公立医院、学校用水电气热等同价政策，落实民办的公共文化服务机构、文化创意和设计服务企业用水电气热与工业同价政策，落实大众健身休闲企业用水、电、气、热价格不高于一般工业标准政策，落实社会领域各项收费优惠政策。（各省级人民政府负责）

四、大力促进融合创新发展

27.各地根据资源条件和产业优势，科学规划建设社会领域相关产业创新发展试验区，在准入、人才、土地、金融等方面先行先试。积极鼓励各类投资投入社会领域相关产业，推动产业间合作，促进产业融合、全产业链发展。（各省级人民政府以及国家发展改革委、教育部、民政部、文化部、国家卫生计生委、新闻出版广电总局、体育总局、国家文物局、国家中医药局等部门按职责分工负责）

28.制定医养结合管理和服务规范、城市马拉松办赛指南、汽车露营活动指南、户外徒步组织规范、文化自然遗产保护和利用指南。实施文化旅游精品示范工程、体育医疗康复产业发展行动计划。（国家卫生计生委、民政部、国家中医药局、体育总局、住房城乡建设部、文化部、国家文物局、国家旅游局等部门按职责分工负责）

29.支持社会力量举办规范的中医养生保健机构，培育一批技术成熟、信誉良好的知名中医养生保健服务集团或连锁机构。鼓励中医医疗机构发挥自身技术人才等资源优势，为中医养生保健机构规范发展提供支持。开展中医特色健康管理。（国家中医药局牵头负责）

30.推进"互联网＋"益民服务，完善行业管理规范，发展壮大在线教育、在线健身休闲等平台，加快推行面向养老机构的远程医疗服务试点，推广大数据应用，引导整合线上线下企业的资源要素，推动业态创新、模式变革和效能提高。（国家发展改革委牵头会同教育部、工业和信息化部、民政部、文化部、国家卫生计生委、体育总局等部门负责）

31.鼓励各地扶持医疗器械、药品、康复辅助器具、体育运动装备、文化装备、教学装备等制造业发展，强化产需对接、加强产品研发、打造产业集群，更好支撑社会领域相关产业发展。（各省级人民政府负责）

五、加强监管优化服务

32.完善协同监管机制，探索建立服务市场监管体系。相关行业部门要统筹事业产业发展，强化全行业监管服务，把引导社会力量进入本领域作为重要职能工作，着力加强事中事后监管，总结成功经验和案例，制定推广方案。（教育部、民政部、文化部、国家卫生计生委、新闻出版广电总局、体育总局按职责分工负责）工商、食品药品监管、质检、价格等相关监管部门要加强对社会领域服务市场监管,切实维护消费者权益,强化相关产品质量监督,严厉打击虚假广告、价格违法行为等。(工商总局、食品药品监管总局、质检总局、国家发展改革委按职责分工负责)

33.建立医疗、养老、教育、文化、体育等机构及从业人员黑名单制度和退出机制,以违规违法行为、消防不良行为、信用状况、服务质量检查结果、顾客投诉处理结果等信息为重点,实施监管信息常态化披露,年内取得重点突破。(教育部、公安部、民政部、文化部、国家卫生计生委、工商总局、新闻出版广电总局、体育总局、国家文物局、国家中医药局按职责分工负责)

34.将医疗、养老、教育、文化、体育等机构及从业人员信用记录纳入全国信用信息共享平台,其中涉及企业的相关记录同步纳入国家企业信用信息公示系统,对严重违规失信者依法采取限期行业禁入等惩戒措施,建立健全跨地区跨行业信用奖惩联动机制。(国家发展改革委、人民银行牵头会同教育部、民政部、文化部、国家卫生计生委、工商总局、新闻出版广电总局、体育总局、国家中医药局等相关部门负责)

35.积极培育和发展医疗、养老、教育、文化、体育等领域的行业协会商会,鼓励行业协会商会主动完善和提升行业服务标准,发布高标准的服务信息指引,开展行业服务承诺活动,组织有资质的信用评级机构开展第三方服务信用评级。(教育部、民政部、文化部、国家卫生计生委、人民银行、工商总局、新闻出版广电总局、体育总局按职责分工负责)

36.建立完善社会领域产业统计监测制度,在文化、体育、旅游及相关产业分类基础上,加强产业融合发展统计、核算和分析。(国家统计局牵头负责)

37.充分利用广播电视、平面媒体及互联网等新兴媒体,积极宣传社会资本投入相关产业、履行社会责任的先进典型,提升社会认可度。(教育部、民政部、文化部、国家卫生计生委、新闻出版广电总局、体育总局、国家文物局、国家中医药局按职责分工负责)

各地区、各有关部门要充分认识进一步激发社会领域投资活力的重要意义,把思想认识和行动统一到党中央、国务院重要决策部署上来,切实加强组织领导,落实责任分工,强化监管服务,合理引导预期,着力营造良好市场环境。

国务院办公厅
2017 年 3 月 7 日

二、各部委制定推行 PPP 发展的相关规定汇总

关于推广运用政府和社会资本合作模式有关问题的通知
财金〔2014〕76 号

各省、自治区、直辖市、计划单列市财政厅(局),新疆生产建设兵团财务局:

为贯彻落实党的十八届三中全会关于"允许社会资本通过特许经营等方式参与城市基础设施投资和运营"精神,拓宽城镇化建设融资渠道,促进政府职能加快转变,完善财政投入及管理方式,尽快形成有利于促进政府和社会资本合作模式(Public-Private Partnership, PPP)发展的制度体系,现就有关问题通知如下:

一、充分认识推广运用政府和社会资本合作模式的重要意义

政府和社会资本合作模式是在基础设施及公共服务领域建立的一种长期合作关系。通常模式是由社会资本承担设计、建设、运营、维护基础设施的大部分工作,并通过"使用者付费"及必要的"政府付费"获得合理投资回报;政府部门负责基础设施及公共服务价格和质量监管,以保证公共利益最大化。当前,我国正在实施新型城镇化发展战略。城镇化是现代化的要求,也是稳增长、促改革、调结构、惠民生的重要抓手。立足国内实践,借鉴国际成功经验,推广运用政府和社会资本合作模式,是国家确定的重大经济改革任务,对于加快新型

城镇化建设、提升国家治理能力、构建现代财政制度具有重要意义。[1]

（一）推广运用政府和社会资本合作模式，是促进经济转型升级、支持新型城镇化建设的必然要求。政府通过政府和社会资本合作模式向社会资本开放基础设施和公共服务项目，可以拓宽城镇化建设融资渠道，形成多元化、可持续的资金投入机制，有利于整合社会资源，盘活社会存量资本，激发民间投资活力，拓展企业发展空间，提升经济增长动力，促进经济结构调整和转型升级。

（二）推广运用政府和社会资本合作模式，是加快转变政府职能、提升国家治理能力的一次体制机制变革。规范的政府和社会资本合作模式能够将政府的发展规划、市场监管、公共服务职能，与社会资本的管理效率、技术创新动力有机结合，减少政府对微观事务的过度参与，提高公共服务的效率与质量。政府和社会资本合作模式要求平等参与、公开透明，政府和社会资本按照合同办事，有利于简政放权，更好地实现政府职能转变，弘扬契约文化，体现现代国家治理理念。

（三）推广运用政府和社会资本合作模式，是深化财税体制改革、构建现代财政制度的重要内容。根据财税体制改革要求，现代财政制度的重要内容之一是建立跨年度预算平衡机制、实行中期财政规划管理、编制完整体现政府资产负债状况的综合财务报告等。政府和社会资本合作模式的实质是政府购买服务，要求从以往单一年度的预算收支管理，逐步转向强化中长期财政规划，这与深化财税体制改革的方向和目标高度一致。

二、积极稳妥做好项目示范工作

当前推广运用政府和社会资本合作模式，首先要做好制度设计和政策安排，明确适用于政府和社会资本合作模式的项目类型、采购程序、融资管理、项目监管、绩效评价等事宜。

（一）开展项目示范。地方各级财政部门要向本级政府和相关行业主管部门大力宣传政府和社会资本合作模式的理念和方法，按照政府主导、社会参与、市场运作、平等协商、风险分担、互利共赢的原则，科学评估公共服务需求，探索运用规范的政府和社会资本合作模式新建或改造一批基础设施项目。财政部将统筹考虑项目成熟度、可示范程度等因素，在全国范围内选择一批以"使用者付费"为基础的项目进行示范，在实践的基础上不断总结、提炼、完善制度体系。

（二）确定示范项目范围。适宜采用政府和社会资本合作模式的项目，具有价格调整机制相对灵活、市场化程度相对较高、投资规模相对较大、需求长期稳定等特点。各级财政部门要重点关注城市基础设施及公共服务领域，如城市供水、供暖、供气、污水和垃圾处理、保障性安居工程、地下综合管廊、轨道交通、医疗和养老服务设施等，优先选择收费定价机制透明、有稳定现金流的项目。[1]

（三）加强示范项目指导。财政部将通过建立政府和社会资本合作项目库为地方提供参考案例。对政府和社会资本合作示范项目，财政部将在项目论证、交易结构设计、采购和选择合作伙伴、融资安排、合同管理、运营监管、绩效评价等工作环节，为地方财政部门提供全方位的业务指导和技术支撑。

（四）完善项目支持政策。财政部将积极研究利用现有专项转移支付资金渠道，对示范项目提供资本投入支持。同时，积极引入信誉好、有实力的运营商参与示范项目建设和运营。鼓励和支持金融机构为示范项目提供融资、保险等金融服务。地方各级财政部门可以结合自身财力状况，因地制宜地给予示范项目前期费用补贴、资本补助等多种形式的资金支持。在与社会资本协商确定项目财政支出责任时，地方各级财政部门要对各种形式的资金支持给予统筹，综合考虑项目风险等因素，合理确定资金支持方式和力度，切实考虑社会资本合理收益。

三、切实有效履行财政管理职能

政府和社会资本合作项目从明确投入方式、选择合作伙伴、确定运营补贴到提供公共服务，涉及预算管理、政府采购、政府性债务管理，以及财政支出绩效评价等财政职能。推广运用政府和社会资本合作模式对财政管理提出了更高要求。地方各级财政部门要提高认识，勇于担当，认真做好相关财政管理工作。

（一）着力提高财政管理能力。政府和社会资本合作项目建设周期长、涉及领域广、复杂程度高，不同行业的技术标准和管理要求差异大，专业性强。地方各级财政部门要根据财税体制改革总体方案要求，按照公开、公平、公正的原则，探索项目采购、预算管理、收费定价调整机制、绩效评价等有效管理方式，规范项目运作，实现中长期可持续发展，提升资金使用效益和公共服务水平。同时，注重体制机制创新，充分发挥市场在资源配置中的决定性作用，按照"风险由最适宜的一方来承担"的原则，合理分配项目风险，项目设计、建设、财务、运营维护等商业风险原则上由社会资本承担，政策、法律和最低需求风险等由政府承担。

（二）认真做好项目评估论证。地方各级财政部门要会同行业主管部门，根据有关政策法规要求，扎实做好项目前期论证工作。除传统的项目评估论证外，还要积极借鉴物有所值（Value for Money,VFM）评价理念和方法，对拟采用政府和社会资本合作模式的项目进行筛选，必要时可委托专业机构进行项目评估论证。评估论证时，要与传统政府采购模式进行比较分析，确保从项目全生命周期看，采用政府和社会资本合作模式后能够提高服务质量和运营效率，或者降低项目成本。项目评估时，要综合考虑公共服务需要、责任风险分担、产出标准、关键绩效指标、支付方式、融资方案和所需要的财政补贴等要素，平衡好项目财务效益和社会效益，确保实现激励相容。

（三）规范选择项目合作伙伴。地方各级财政部门要依托政府采购信息平台，加强政府和社会资本合作项目政府采购环节的规范与监督管理。财政部将围绕实现"物有所值"价值目标，探索创新适合政府和社会资本合作项目采购的政府采购方式。地方各级财政部门要会同行业主管部门，按照《政府采购法》及有关规定，依法选择项目合作伙伴。要综合评估项目合作伙伴的专业资质、技术能力、管理经验和财务实力等因素，择优选择诚实守信、安全可靠的合作伙伴，并按照平等协商原则明确政府和项目公司间的权利与义务。可邀请有意愿的金融机构及早进入项目磋商进程。

（四）细化完善项目合同文本。地方各级财政部门要会同行业主管部门协商订立合同，重点关注项目的功能和绩效要求、付款和调整机制、争议解决程序、退出安排等关键环节，积极探索明确合同条款内容。财政部将在结合国际经验、国内实践的基础上，制定政府和社会资本合作模式操作指南和标准化的政府和社会资本合作模式项目合同文本。在订立具体合同时，地方各级财政部门要会同行业主管部门、专业技术机构，因地制宜地研究完善合同条款，确保合同内容全面、规范、有效。

（五）完善项目财政补贴管理。对项目收入不能覆盖成本和收益，但社会效益较好的政府和社会资本合作项目，地方各级财政部门可给予适当补贴。财政补贴要以项目运营绩效评价结果为依据，综合考虑产品或服务价格、建造成本、运营费用、实际收益率、财政中长期承受能力等因素合理确定。地方各级财政部门要从"补建设"向"补运营"逐步转变，探索建立动态补贴机制，将财政补贴等支出分类纳入同级政府预算，并在中长期财政规划中予以统筹考虑。

（六）健全债务风险管理机制。地方各级财政部门要根据中长期财政规划和项目全生命周期内的财政支出，对政府付费或提供财政补贴等支持的项目进行财政承受能力论证。在明确项目收益与风险分担机制时，要综合考虑政府风险转移意向、支付方式和市场风险管理能力等要素，量力而行，减少政府不必要的财政负担。省级财政部门要建立统一的项目名录管理制度和财政补贴支出统计监测制度，按照政府性债务管理要求，指导下级财政部门合理确定补贴金额，依法严格控制政府或有债务，重点做好融资平台公司项目向政府和社会资本合作项目转型的风险控制工作，切实防范和控制财政风险。

（七）稳步开展项目绩效评价。省级财政部门要督促行业主管部门，加强对项目公共产品或服务质量和价格的监管，建立政府、服务使用者共同参与的综合性评价体系，对项目的绩效目标实现程度、运营管理、资金使用、公共服务质量、公众满意度等进行绩效评价。绩效评价结果应依法对外公开，接受社会监督。同时，要根据评价结果，依据合同约定对价格或补贴等进行调整，激励社会资本通过管理创新、技术创新提高公共服务质量。

四、加强组织和能力建设

（一）推动设立专门机构。省级财政部门要结合部门内部职能调整，积极研究设立专门机构，履行政府和社会资本合作政策制订、项目储备、业务指导、项目评估、信息管理、宣传培训等职责，强化组织保障。

（二）持续开展能力建设。地方各级财政部门要着力加强政府和社会资本合作模式实施能力建设，注重培育专业人才。同时，大力宣传培训政府和社会资本合作的工作理念和方法，增进政府、社会和市场主体共识，形成良好的社会氛围。

（三）强化工作组织领导。地方各级财政部门要进一步明确职责分工和工作目标要求。同时，要与有关部门建立高效、顺畅的工作协调机制，形成工作合力，确保顺利实施。对工作中出现的新情况、新问题，应及时报告财政部。

财政部

2014年9月23日

关于印发政府和社会资本合作模式操作指南（试行）的通知

财金〔2014〕113号

各省、自治区、直辖市、计划单列市财政厅（局），新疆生产建设兵团财务局：

根据《财政部关于推广运用政府和社会资本合作模式有关问题的通知》（财金〔2014〕76号），为保证政府和社会资本合作项目实施质量，规范项目识别、准备、采购、执行、移交各环节操作流程，现印发《政府和社会资本合作模式操作指南（试行）》，请遵照执行。

附件：政府和社会资本合作模式操作指南（试行）

财政部

2014年11月29日

附件

政府和社会资本合作模式操作指南（试行）

第一章　总则

第一条　为科学规范地推广运用政府和社会资本合作模式（Public-Private Partnership, PPP），根据《中华人民共和国预算法》、《中华人民共和国政府采购法》、《中华人民共和国合同法》、《国务院关于加强地方政府性债务管理的意见》（国发〔2014〕43 号）、《国务院关于深化预算管理制度改革的决定》（国发〔2014〕45 号）和《财政部关于推广运用政府和社会资本合作模式有关问题的通知》（财金〔2014〕76 号）等法律、法规、规章和规范性文件，制定本指南。

第二条　本指南所称社会资本是指已建立现代企业制度的境内外企业法人，但不包括本级政府所属融资平台公司及其他控股国有企业。

第三条　本指南适用于规范政府、社会资本和其他参与方开展政府和社会资本合作项目的识别、准备、采购、执行和移交等活动。

第四条　财政部门应本着社会主义市场经济基本原则，以制度创新、合作契约精神，加强与政府相关部门的协调，积极发挥第三方专业机构作用，全面统筹政府和社会资本合作管理工作。

各省、自治区、直辖市、计划单列市和新疆生产建设兵团财政部门应积极设立政府和社会资本合作中心或指定专门机构，履行规划指导、融资支持、识别评估、咨询服务、宣传培训、绩效评价、信息统计、专家库和项目库建设等职责。

第五条　各参与方应按照公平、公正、公开和诚实信用的原则，依法、规范、高效实施政府和社会资本合作项目。

第二章　项目识别

第六条　投资规模较大、需求长期稳定、价格调整机制灵活、市场化程度较高的基础设施及公共服务类项目，适宜采用政府和社会资本合作模式。

政府和社会资本合作项目由政府或社会资本发起,以政府发起为主。

(一)政府发起

财政部门(政府和社会资本合作中心)应负责向交通、住建、环保、能源、教育、医疗、体育健身和文化设施等行业主管部门征集潜在政府和社会资本合作项目。行业主管部门可从国民经济和社会发展规划及行业专项规划中的新建、改建项目或存量公共资产中遴选潜在项目。

(二)社会资本发起

社会资本应以项目建议书的方式向财政部门(政府和社会资本合作中心)推荐潜在政府和社会资本合作项目。

第七条 财政部门(政府和社会资本合作中心)会同行业主管部门,对潜在政府和社会资本合作项目进行评估筛选,确定备选项目。财政部门(政府和社会资本合作中心)应根据筛选结果制定项目年度和中期开发计划。

对于列入年度开发计划的项目,项目发起方应按财政部门(政府和社会资本合作中心)的要求提交相关资料。新建、改建项目应提交可行性研究报告、项目产出说明和初步实施方案;存量项目应提交存量公共资产的历史资料、项目产出说明和初步实施方案。

第八条 财政部门(政府和社会资本合作中心)会同行业主管部门,从定性和定量两方面开展物有所值评价工作。定量评价工作由各地根据实际情况开展。

定性评价重点关注项目采用政府和社会资本合作模式与采用政府传统采购模式相比能否增加供给、优化风险分配、提高运营效率、促进创新和公平竞争等。

定量评价主要通过对政府和社会资本合作项目全生命周期内政府支出成本现值与公共部门比较值进行比较,计算项目的物有所值量值,判断政府和社会资本合作模式是否降低项目全生命周期成本。

第九条 为确保财政中长期可持续性,财政部门应根据项目全生命周期内的财政支出、政府债务等因素,对部分政府付费或政府补贴的项目,开展财政承受能力论证,每年政府付费或政府补贴等财政支出不得超出当年财政收入的一定比例。

通过物有所值评价和财政承受能力论证的项目,可进行项目准备。

第三章　项目准备

第十条　县级(含)以上地方人民政府可建立专门协调机制,主要负责项目评审、组织协调和检查督导等工作,实现简化审批流程、提高工作效率的目的。政府或其指定的有关职能部门或事业单位可作为项目实施机构,负责项目准备、采购、监管和移交等工作。

第十一条　项目实施机构应组织编制项目实施方案,依次对以下内容进行介绍:

(一)项目概况

项目概况主要包括基本情况、经济技术指标和项目公司股权情况等。

基本情况主要明确项目提供的公共产品和服务内容、项目采用政府和社会资本合作模式运作的必要性和可行性,以及项目运作的目标和意义。

经济技术指标主要明确项目区位、占地面积、建设内容或资产范围、投资规模或资产价值、主要产出说明和资金来源等。

项目公司股权情况主要明确是否要设立项目公司以及公司股权结构。

(二)风险分配基本框架

按照风险分配优化、风险收益对等和风险可控等原则,综合考虑政府风险管理能力、项目回报机制和市场风险管理能力等要素,在政府和社会资本间合理分配项目风险。

原则上,项目设计、建造、财务和运营维护等商业风险由社会资本承担,法律、政策和最低需求等风险由政府承担,不可抗力等风险由政府和社会资本合理共担。

（三）项目运作方式

项目运作方式主要包括委托运营、管理合同、建设—运营—移交、建设—拥有—运营、转让—运营—移交和改建—运营—移交等。

具体运作方式的选择主要由收费定价机制、项目投资收益水平、风险分配基本框架、融资需求、改扩建需求和期满处置等因素决定。

（四）交易结构

交易结构主要包括项目投融资结构、回报机制和相关配套安排。

项目投融资结构主要说明项目资本性支出的资金来源、性质和用途，项目资产的形成和转移等。

项目回报机制主要说明社会资本取得投资回报的资金来源，包括使用者付费、可行性缺口补助和政府付费等支付方式。

相关配套安排主要说明由项目以外相关机构提供的土地、水、电、气和道路等配套设施和项目所需的上下游服务。

（五）合同体系

合同体系主要包括项目合同、股东合同、融资合同、工程承包合同、运营服务合同、原料供应合同、产品采购合同和保险合同等。项目合同是其中最核心的法律文件。

项目边界条件是项目合同的核心内容，主要包括权利义务、交易条件、履约保障和调整衔接等边界。

权利义务边界主要明确项目资产权属、社会资本承担的公共责任、政府支付方式和风险分配结果等。

交易条件边界主要明确项目合同期限、项目回报机制、收费定价调整机制和产出说明等。

履约保障边界主要明确强制保险方案以及由投资竞争保函、建设履约保函、运营维护保函和移交维修保函组成的履约保函体系。

调整衔接边界主要明确应急处置、临时接管和提前终止、合同变更、合同展期、项目新增改扩建需求等应对措施。

（六）监管架构

监管架构主要包括授权关系和监管方式。授权关系主要是政府对项目实施机构的授权，以及政府直接或通过项目实施机构对社会资本的授权；监管方式主要包括履约管理、行政监管和公众监督等。

（七）采购方式选择

项目采购应根据《中华人民共和国政府采购法》及相关规章制度执行，采购方式包括公开招标、竞争性谈判、邀请招标、竞争性磋商和单一来源采购。项目实施机构应根据项目采购需求的特点，依法选择适当的采购方式。

公开招标主要适用于核心边界条件和技术经济参数明确、完整、符合国家法律法规和政府采购政策，且采购中不作更改的项目。

第十二条　财政部门（政府和社会资本合作中心）应对项目实施方案进行物有所值和财政承受能力验证，通过验证的，由项目实施机构报政府审核；未通过验证的，可在实施方案调整后重新验证；经重新验证仍不能通过的，不再采用政府和社会资本合作模式。

第四章　项目采购

第十三条　项目实施机构应根据项目需要准备资格预审文件，发布资格预审公告，邀请社会资本和与其合作的金融机构参与资格预审，验证项目能否获得社会资本响应和实现充分竞争，并将资格预审的评审报告提交财政部门（政府和社会资本合作中心）备案。

项目有 3 家以上社会资本通过资格预审的，项目实施机构可以继续开展采购文件准备工作；项目通过资格预审的社会资本不足 3 家的，项目实施机构应在实施方案调整后重新组织资格预审；项目经重新资格预审合格社会资本仍不够 3 家的，可依法调整实施方案选择的采购方式。

第十四条　资格预审公告应在省级以上人民政府财政部门指定的媒体上发布。资格预审合格的社会资本在签订项目合同前资格发生变化的，应及时通知项目实施机构。

资格预审公告应包括项目授权主体、项目实施机构和项目名称、采购需求、对社会资本的资格要求、是否允许联合体参与采购活动、拟确定参与竞争的合格社会资本的家数和确定方法，以及社会资本提交资格预审申请文件的时间和地点。提交资格预审申请文件的时间自公告发布之日起不得少于15个工作日。

第十五条 项目采购文件应包括采购邀请、竞争者须知（包括密封、签署、盖章要求等）、竞争者应提供的资格、资信及业绩证明文件、采购方式、政府对项目实施机构的授权、实施方案的批复和项目相关审批文件、采购程序、响应文件编制要求、提交响应文件截止时间、开启时间及地点、强制担保的保证金交纳数额和形式、评审方法、评审标准、政府采购政策要求、项目合同草案及其他法律文本等。

采用竞争性谈判或竞争性磋商采购方式的，项目采购文件除上款规定的内容外，还应明确评审小组根据与社会资本谈判情况可能实质性变动的内容，包括采购需求中的技术、服务要求以及合同草案条款。

第十六条 评审小组由项目实施机构代表和评审专家共5人以上单数组成，其中评审专家人数不得少于评审小组成员总数的2/3。评审专家可以由项目实施机构自行选定，但评审专家中应至少包含1名财务专家和1名法律专家。项目实施机构代表不得以评审专家身份参加项目的评审。

第十七条 项目采用公开招标、邀请招标、竞争性谈判、单一来源采购方式开展采购的，按照政府采购法律法规及有关规定执行。

项目采用竞争性磋商采购方式开展采购的，按照下列基本程序进行：

（一）采购公告发布及报名

竞争性磋商公告应在省级以上人民政府财政部门指定的媒体上发布。竞争性磋商公告应包括项目实施机构和项目名称、项目结构和核心边界条件、是否允许未进行资格预审的社会资本参与采购活动，以及审查原则、项目产出说明、对社会资本提供的响应文件要求、获取采购文件的时间、地点、方式及采购文件的售价、提交响应文件截止时间、开启时间及地点。提交响应文件的时间自公告发布之日起不得少于 10 日。

（二）资格审查及采购文件发售

已进行资格预审的，评审小组在评审阶段不再对社会资本资格进行审查。允许进行资格后审的，由评审小组在响应文件评审环节对社会资本进行资格审查。项目实施机构可以视项目的具体情况，组织对符合条件的社会资本的资格条件，进行考察核实。

采购文件售价，应按照弥补采购文件印制成本费用的原则确定，不得以营利为目的，不得以项目采购金额作为确定采购文件售价依据。采购文件的发售期限自开始之日起不得少于 5 个工作日。

（三）采购文件的澄清或修改

提交首次响应文件截止之日前，项目实施机构可以对已发出的采购文件进行必要的澄清或修改，澄清或修改的内容应作为采购文件的组成部分。澄清或修改的内容可能影响响应文件编制的，项目实施机构应在提交首次响应文件截止时间至少 5 日前，以书面形式通知所有获取采购文件的社会资本；不足 5 日的，项目实施机构应顺延提交响应文件的截止时间。

（四）响应文件评审

项目实施机构应按照采购文件规定组织响应文件的接收和开启。

评审小组对响应文件进行两阶段评审：

第一阶段：确定最终采购需求方案。评审小组可以与社会资本进行多轮谈判，谈判过程中可实质性修订采购文件的技术、服务要求以及合同草案条款，但不得修订采购文件中规定的不可谈判的核心条件。实质性变动的内容，须经项目实施机构确认，并通知所有参与谈判的社会资本。具体程序按照《政府采购非招标方式管理办法》及有关规定执行。

第二阶段：综合评分。最终采购需求方案确定后，由评审小组对社会资本提交的最终响应文件进行综合评分，编写评审报告并向项目实施机构提交候选社会资本的排序名单。具体程序按照《政府采购货物和服务招标投标管理办法》及有关规定执行。

第十八条 项目实施机构应在资格预审公告、采购公告、采购文件、采购合同中,列明对本国社会资本的优惠措施及幅度、外方社会资本采购我国生产的货物和服务要求等相关政府采购政策,以及对社会资本参与采购活动和履约保证的强制担保要求。社会资本应以支票、汇票、本票或金融机构、担保机构出具的保函等非现金形式缴纳保证金。参加采购活动的保证金的数额不得超过项目预算金额的2%。履约保证金的数额不得超过政府和社会资本合作项目初始投资总额或资产评估值的10%。无固定资产投资或投资额不大的服务型合作项目,履约保证金的数额不得超过平均6个月的服务收入额。

第十九条 项目实施机构应组织社会资本进行现场考察或召开采购前答疑会,但不得单独或分别组织只有一个社会资本参加的现场考察和答疑会。

第二十条 项目实施机构应成立专门的采购结果确认谈判工作组。按照候选社会资本的排名,依次与候选社会资本及与其合作的金融机构就合同中可变的细节问题进行合同签署前的确认谈判,率先达成一致的即为中选者。确认谈判不得涉及合同中不可谈判的核心条款,不得与排序在前但已终止谈判的社会资本进行再次谈判。

第二十一条 确认谈判完成后,项目实施机构应与中选社会资本签署确认谈判备忘录,并将采购结果和根据采购文件、响应文件、补遗文件和确认谈判备忘录拟定的合同文本进行公示,公示期不得少于5个工作日。合同文本应将中选社会资本响应文件中的重要承诺和技术文件等作为附件。合同文本中涉及国家秘密、商业秘密的内容可以不公示。

公示期满无异议的项目合同,应在政府审核同意后,由项目实施机构与中选社会资本签署。

需要为项目设立专门项目公司的,待项目公司成立后,由项目公司与项目实施机构重新签署项目合同,或签署关于承继项目合同的补充合同。

项目实施机构应在项目合同签订之日起 2 个工作日内,将项目合同在省级以上人民政府财政部门指定的媒体上公告,但合同中涉及国家秘密、商业秘密的内容除外。

第二十二条 各级人民政府财政部门应当加强对 PPP 项目采购活动的监督检查,及时处理采购活动中的违法违规行为。

第五章 项目执行

第二十三条 社会资本可依法设立项目公司。政府可指定相关机构依法参股项目公司。项目实施机构和财政部门(政府和社会资本合作中心)应监督社会资本按照采购文件和项目合同约定,按时足额出资设立项目公司。

第二十四条 项目融资由社会资本或项目公司负责。社会资本或项目公司应及时开展融资方案设计、机构接洽、合同签订和融资交割等工作。财政部门(政府和社会资本合作中心)和项目实施机构应做好监督管理工作,防止企业债务向政府转移。

社会资本或项目公司未按照项目合同约定完成融资的,政府可提取履约保函直至终止项目合同;遇系统性金融风险或不可抗力的,政府、社会资本或项目公司可根据项目合同约定协商修订合同中相关融资条款。

当项目出现重大经营或财务风险,威胁或侵害债权人利益时,债权人可依据与政府、社会资本或项目公司签订的直接介入协议或条款,要求社会资本或项目公司改善管理等。在直接介入协议或条款约定期限内,重大风险已解除的,债权人应停止介入。

第二十五条 项目合同中涉及的政府支付义务,财政部门应结合中长期财政规划统筹考虑,纳入同级政府预算,按照预算管理相关规定执行。财政部门(政府和社会资本合作中心)和项目实施机构应建立政府和社会资本合作项目政府支付台账,严格控制政府财政风险。在政府综合财务报告制度建立后,政府和社会资本合作项目中的政府支付义务应纳入政府综合财务报告。

第二十六条 项目实施机构应根据项目合同约定,监督社会资本或项目公司履行合同义务,定期监测项目产出绩效指标,编制季报和年报,并报财政部门(政府和社会资本合作中心)备案。

政府有支付义务的,项目实施机构应根据项目合同约定的产出说明,按照实际绩效直接或通知财政部门向社会资本或项目公司及时足额支付。设置超额收益分享机制的,社会资本或项目公司应根据项目合同约定向政府及时足额支付应享有的超额收益。

项目实际绩效优于约定标准的,项目实施机构应执行项目合同约定的奖励条款,并可将其作为项目期满合同能否展期的依据;未达到约定标准的,项目实施机构应执行项目合同约定的惩处条款或救济措施。

第二十七条 社会资本或项目公司违反项目合同约定,威胁公共产品和服务持续稳定安全供给,或危及国家安全和重大公共利益的,政府有权临时接管项目,直至启动项目提前终止程序。

政府可指定合格机构实施临时接管。临时接管项目所产生的一切费用,将根据项目合同约定,由违约方单独承担或由各责任方分担。社会资本或项目公司应承担的临时接管费用,可以从其应获终止补偿中扣减。

第二十八条 在项目合同执行和管理过程中,项目实施机构应重点关注合同修订、违约责任和争议解决等工作。

(一)合同修订

按照项目合同约定的条件和程序,项目实施机构和社会资本或项目公司可根据社会经济环境、公共产品和服务的需求量及结构等条件的变化,提出修订项目合同申请,待政府审核同意后执行。

(二)违约责任

项目实施机构、社会资本或项目公司未履行项目合同约定义务的,应承担相应违约责任,包括停止侵害、消除影响、支付违约金、赔偿损失以及解除项目合同等。

(三)争议解决

在项目实施过程中,按照项目合同约定,项目实施机构、社会资本或项目公司可就发生争议且无法协商达成一致的事项,依法申请仲裁或提起民事诉讼。

第二十九条　项目实施机构应每3—5年对项目进行中期评估,重点分析项目运行状况和项目合同的合规性、适应性和合理性;及时评估已发现问题的风险,制订应对措施,并报财政部门(政府和社会资本合作中心)备案。

第三十条　政府相关职能部门应根据国家相关法律法规对项目履行行政监管职责,重点关注公共产品和服务质量、价格和收费机制、安全生产、环境保护和劳动者权益等。

社会资本或项目公司对政府职能部门的行政监管处理决定不服的,可依法申请行政复议或提起行政诉讼。

第三十一条　政府、社会资本或项目公司应依法公开披露项目相关信息,保障公众知情权,接受社会监督。

社会资本或项目公司应披露项目产出的数量和质量、项目经营状况等信息。政府应公开不涉及国家秘密、商业秘密的政府和社会资本合作项目合同条款、绩效监测报告、中期评估报告和项目重大变更或终止情况等。

社会公众及项目利益相关方发现项目存在违法、违约情形或公共产品和服务不达标准的,可向政府职能部门提请监督检查。

第六章　项目移交

第三十二条　项目移交时,项目实施机构或政府指定的其他机构代表政府收回项目合同约定的项目资产。

项目合同中应明确约定移交形式、补偿方式、移交内容和移交标准。移交形式包括期满终止移交和提前终止移交;补偿方式包括无偿移交和有偿移交;移交内容包括项目资产、人员、文档和知识产权等;移交标准包括设备完好率和最短可使用年限等指标。

采用有偿移交的,项目合同中应明确约定补偿方案;没有约定或约定不明的,项目实施机构应按照"恢复相同经济地位"原则拟定补偿方案,报政府审核同意后实施。

第三十三条 项目实施机构或政府指定的其他机构应组建项目移交工作组,根据项目合同约定与社会资本或项目公司确认移交情形和补偿方式,制定资产评估和性能测试方案。

项目移交工作组应委托具有相关资质的资产评估机构,按照项目合同约定的评估方式,对移交资产进行资产评估,作为确定补偿金额的依据。

项目移交工作组应严格按照性能测试方案和移交标准对移交资产进行性能测试。性能测试结果不达标的,移交工作组应要求社会资本或项目公司进行恢复性修理、更新重置或提取移交维修保函。

第三十四条 社会资本或项目公司应将满足性能测试要求的项目资产、知识产权和技术法律文件,连同资产清单移交项目实施机构或政府指定的其他机构,办妥法律过户和管理权移交手续。社会资本或项目公司应配合做好项目运营平稳过渡的相关工作。

第三十五条 项目移交完成后,财政部门(政府和社会资本合作中心)应组织有关部门对项目产出、成本效益、监管成效、可持续性、政府和社会资本合作模式应用等进行绩效评价,并按相关规定公开评价结果。评价结果作为政府开展政府和社会资本合作管理工作决策的参考依据。

第七章 附则

第三十六条 本操作指南自印发之日起施行,有效期3年。

第三十七条 本操作指南由财政部负责解释。

附:1.政府和社会资本合作项目操作流程图

2.名词解释

附1 政府和社会资本合作项目操作流程图

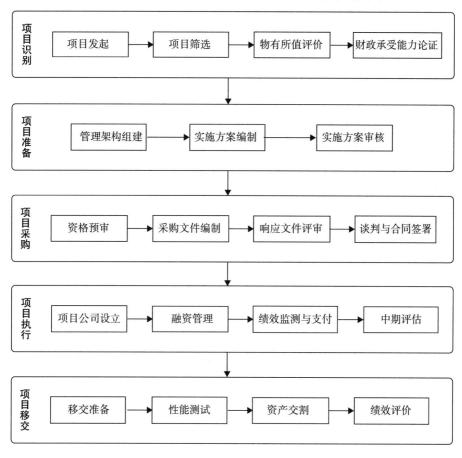

附2 名词解释

1.全生命周期(Whole Life Cycle),是指项目从设计、融资、建造、运营、维护至终止移交的完整周期。

2.产出说明(Output Specification),是指项目建成后项目资产所应达到的经济、技术标准,以及公共产品和服务的交付范围、标准和绩效水平等。

3.物有所值(Value for Money, VFM),是指一个组织运用其可利用资源所能获得的长期最大利益。VFM评价是国际上普遍采用的一种评价传统上由政府提供的公共产品和服务是否可运用政府和社会资本合作模式的评估体系,旨在实现公共资源配置利用效率最优化。

4.公共部门比较值(Public Sector Comparator, PSC),是指在全生命周期内,政府采用传统采购模式提供公共产品和服务的全部成本的现值,主要包括建设运营净成本、可转移风险承担成本、自留风险承担成本和竞争性中立调整成本等。

5.使用者付费(User Charge),是指由最终消费用户直接付费购买公共产品和服务。

6.可行性缺口补助(Viability Gap Funding),是指使用者付费不足以满足社会资本或项目公司成本回收和合理回报,而由政府以财政补贴、股本投入、优惠贷款和其他优惠政策的形式,给予社会资本或项目公司的经济补助。

7.政府付费(Government Payment),是指政府直接付费购买公共产品和服务,主要包括可用性付费(Availability Payment)、使用量付费(Usage Payment)和绩效付费(Performance Payment)。

政府付费的依据主要是设施可用性、产品和服务使用量和质量等要素。

8.委托运营(Operations & Maintenance, O&M),是指政府将存量公共资产的运营维护职责委托给社会资本或项目公司,社会资本或项目公司不负责用户服务的政府和社会资本合作项目运作方式。政府保留资产所有权,只向社会资本或项目公司支付委托运营费。合同期限一般不超过8年。

9.管理合同(Management Contract, MC),是指政府将存量公共资产的运营、维护及用户服务职责授权给社会资本或项目公司的项目运作方式。政府保留资产所有权,只向社会资本或项目公司支付管理费。管理合同通常作为转让—运营—移交的过渡方式,合同期限一般不超过3年。

10.建设—运营—移交(Build-Operate-Transfer, BOT),是指由社会资本或项目公司承担新建项目的设计、融资、建造、运营、维护和用户服务职责,合同期满后项目资产及相关权利等移交给政府的项目运作方式。合同期限一般为

20—30年。

11.建设—拥有—运营（Build-Own-Operate, BOO），由BOT方式演变而来，二者区别主要是BOO方式下社会资本或项目公司拥有项目所有权，但必须在合同中注明保证公益性的约束条款，一般不涉及项目期满移交。

12.转让—运营—移交（Transfer-Operate-Transfer, TOT），是指政府将存量资产所有权有偿转让给社会资本或项目公司，并由其负责运营、维护和用户服务，合同期满后资产及其所有权等移交给政府的项目运作方式。合同期限一般为20—30年。

13.改建—运营—移交（Rehabilitate-Operate-Transfer, ROT），是指政府在TOT模式的基础上，增加改扩建内容的项目运作方式。合同期限一般为20—30年。

关于政府和社会资本合作示范项目实施有关问题的通知

财金〔2014〕112号

各省、自治区、直辖市、计划单列市财政厅（局），新疆生产建设兵团财务局：

根据《财政部关于推广运用政府和社会资本合作模式有关问题的通知》（财金〔2014〕76号，以下简称《通知》），为规范地推广运用政府和社会资本合作模式（Public-Private Partnership，以下简称PPP），保证PPP示范项目质量，形成可复制、可推广的实施范例，充分发挥示范效应，现就PPP示范项目实施有关问题通知如下：

一、经各省（自治区、直辖市、计划单列市）财政部门推荐，财政部政府和社会资本合作工作领导小组办公室组织专家评审，确定天津新能源汽车公共充电设施网络等30个PPP示范项目（名单见附件），其中，新建项目8个，地方融资平台公司存量项目22个。

二、根据《国务院关于加强地方政府性债务管理的意见》(国发〔2014〕43号),各级财政部门要鼓励和引导地方融资平台公司存量项目,以TOT(转让—运营—移交)等方式转型为PPP项目,积极引入社会资本参与存量项目的改造和运营,切实有效化解地方政府融资平台债务风险。

三、各级财政部门要切实承担责任,加强组织领导,严格按照《通知》等有关文件精神,认真履行财政管理职能,并与相关行业部门建立高效、顺畅的工作协调机制,形成工作合力,为项目实施质量提供有力保障。

(一)进一步完善实施方案,必要时可聘请专业机构协助,确保示范项目操作规范,符合《通知》、《政府和社会资本合作模式操作指南(试行)》和标准化合同文本等一系列制度要求。

(二)严格按照《政府采购法》等规定,采取竞争性采购方式,引入信誉好、有实力的运营商参与示范项目建设和运营。

(三)综合考虑项目风险等因素合理确定社会资本的收益水平,并通过特许经营权、合理定价、财政补贴等事先公开的收益约定规则,使社会资本获得长期稳定收益。

(四)对PPP示范项目实施全生命周期监管,定期组织绩效评价,评价结果应作为定价调价的重要依据,保证公共利益最大化。

(五)严格按照合同办事,切实履行政府合同责任,保障PPP项目顺利实施。

(六)依法公开充分披露项目实施的相关信息,保障公众知情权,接受社会监督。

四、对示范项目实施过程中遇到的难点和问题,各级财政部门要会同同级政府有关部门积极研究解决,重大情况应及时报告财政部。财政部及下属政府和社会资本合作中心(即中国清洁发展机制基金管理中心)将提供业务指导和政策支持,并适时组织对示范项目实施进行督导。

附件：政府和社会资本合作示范项目名单

财政部

2014 年 11 月 30 日

附件

政府和社会资本合作示范项目名单

序号	项目名称	省份	类型	行业领域
1	新能源汽车公共充电设施网络项目	天津	新建	新能源汽车
2	张家口市桥西区集中供热项目	河北	存量	供暖
3	石家庄正定新区综合管廊项目		存量	地下综合管廊
4	抚顺市三宝屯污水处理厂项目	辽宁	存量	污水处理
5	吉林市第六供水厂建设工程（一期）	吉林	存量	供水
6	国电吉林热电厂热源改造工程		存量	供暖
7	嘉定南翔污水处理厂一期工程	上海	新建	污水处理
8	昆山市现代有轨电车项目		新建	轨道交通
9	徐州市骆马湖水源地及原水管线项目		存量	供水
10	南京市城东污水处理厂和仙林污水处理厂项目		存量	污水处理
11	宿迁生态化工科技产业园污水处理项目		存量	污水处理
12	如皋市城市污水处理一、二期提标改造和三期扩建工程	江苏	存量	污水处理
13	南京市垃圾处理设施项目		存量	垃圾处理
14	徐州市城市轨道交通 1 号线一期工程项目		存量	轨道交通
15	苏州市轨道交通 1 号线工程项目		存量	轨道交通
16	如东县中医院整体迁建项目		存量	医疗
17	杭州市地铁 5 号线一期工程、6 号线一期工程项目	浙江	存量	轨道交通
18	杭州—海宁城市轻轨工程项目		存量	轨道交通

续表

序号	项目名称	省份	类型	行业领域
19	池州市污水处理及市政排水设施购买服务	安徽	新建	污水处理
20	马鞍山市东部污水处理厂		存量	污水处理
21	安庆市城市污水处理项目		存量	污水处理
22	合肥市轨道交通 2 号线		存量	轨道交通
23	东山海岛县引水工程（第二水源）	福建	存量	供水
24	九江市柘林湖湖泊生态环境保护项目	江西	新建	环境综合治理
25	胶州湾海底隧道一期项目	青岛	存量	交通
26	青岛体育中心项目		存量	体育
27	湘潭经济技术开发区污水处理一期工程	湖南	新建	污水处理
28	重庆市轨道交通三号线（含一期工程、二期工程、南延伸段工程）	重庆	存量	轨道交通
29	南明河水环境综合整治二期项目	贵州	新建	环境综合治理
30	渭南市主城区城市集中供热项目	陕西	新建	供暖

关于规范政府和社会资本合作合同管理工作的通知

财金〔2014〕156 号

各省、自治区、直辖市、计划单列市财政厅（局），新疆生产建设兵团财务局：

根据《关于推广运用政府和社会资本合作模式有关问题的通知》（财金〔2014〕76 号）和《关于印发政府和社会资本合作模式操作指南（试行）的通知》（财金〔2014〕113 号），为科学规范地推广运用政府和社会资本合作（Public-Private Partnership，以下简称 PPP）模式，现就规范 PPP 合同管理工作通知如下：

一、高度重视 PPP 合同管理工作

PPP 模式是在基础设施和公共服务领域政府和社会资本基于合同建立的一种合作关系。"按合同办事"不仅是 PPP 模式的精神实质，也是依法治国、依法行政的内在要求。加强对 PPP 合同的起草、谈判、履行、变更、解除、转让、终止直至失效的全过程管理，通过合同正确表达意愿、合理分配风险、妥善履行义务、有效主张权利，是政府和社会资本长期友好合作的重要基础，也是 PPP 项目顺利实施的重要保障。地方财政部门在推进 PPP 中要高度重视、充分认识合同管理的重要意义，会同行业主管部门加强 PPP 合同管理工作。

二、切实遵循 PPP 合同管理的核心原则

为规范 PPP 合同管理工作，财政部制定了《PPP 项目合同指南（试行）》（见附件），后续还将研究制定标准化合同文本等。各级财政部门在推进 PPP 工作中，要切实遵循以下原则：

（一）依法治理。在依法治国、依法行政的框架下，充分发挥市场在资源配置中的决定性作用，允许政府和社会资本依法自由地选择合作伙伴，充分尊重双方在合同订立和履行过程中的契约自由，依法保护 PPP 项目各参与方的合法权益，共同维护法律权威和公平正义。

（二）平等合作。在 PPP 模式下，政府与社会资本是基于 PPP 项目合同的平等法律主体，双方法律地位平等、权利义务对等，应在充分协商、互利互惠的基础上订立合同，并依法平等地主张合同权利、履行合同义务。

（三）维护公益。建立履约管理、行政监管和社会监督"三位一体"的监管架构，优先保障公共安全和公共利益。PPP 项目合同中除应规定社会资本方的绩效监测和质量控制等义务外，还应保证政府方合理的监督权和介入权，以加强对社会资本的履约管理。与此同时，政府还应依法严格履行行政管理职能，建立健全及时有效的项目信息公开和公众监督机制。

（四）诚实守信。政府和社会资本应在 PPP 项目合同中明确界定双方在项目融资、建设、运营、移交等全生命周期内的权利义务，并在合同管理的全过程

中真实表达意思表示,认真恪守合同约定,妥善履行合同义务,依法承担违约责任。

(五)公平效率。在 PPP 项目合同中要始终贯彻物有所值原则,在风险分担和利益分配方面兼顾公平与效率:既要通过在政府和社会资本之间合理分配项目风险,实现公共服务供给效率和资金使用效益的提升,又要在设置合作期限、方式和投资回报机制时,统筹考虑社会资本方的合理收益预期、政府方的财政承受能力以及使用者的支付能力,防止任何一方因此过分受损或超额获益。

(六)兼顾灵活。鉴于 PPP 项目的生命周期通常较长,在合同订立时既要充分考虑项目全生命周期内的实际需求,保证合同内容的完整性和相对稳定性,也要合理设置一些关于期限变更(展期和提前终止)、内容变更(产出标准调整、价格调整等)、主体变更(合同转让)的灵活调整机制,为未来可能长达20—30 年的合同执行期预留调整和变更空间。

三、有效推进 PPP 合同管理工作

(一)加强组织协调,保障合同效力。在推进 PPP 的过程中,各级财政部门要会同行业主管部门做好合同审核和履约管理工作,确保合同内容真实反映各方意愿、合理分配项目风险、明确划分各方义务、有效保障合法权益,为 PPP 项目的顺利实施和全生命周期管理提供合法有效的合同依据。

(二)加强能力建设,防控项目风险。各级财政部门要组织加强对当地政府及相关部门、社会资本以及 PPP 项目其他参与方的法律和合同管理培训,使各方牢固树立法律意识和契约观念,逐步提升各参与方对 PPP 项目合同的精神主旨、核心内容和谈判要点的理解把握能力。在合同管理的全过程中,要充分借助、积极运用法律、投资、财务、保险等专业咨询顾问机构的力量,提升 PPP 项目合同的科学性、规范性和操作性,充分识别、合理防控项目风险。

(三)总结项目经验,规范合同条款。各级财政部门要会同行业主管部门结合 PPP 项目试点工作,抓好合同管理的贯彻落实,不断细化、完善合同条款,及时总结经验,逐步形成一批科学合理、全面规范、切实可行的合同文本,以供参考示范。财政部将在总结各地实践的基础上,逐步出台主要行业领域和主要运作方式的 PPP 项目合同标准示范文本,以进一步规范合同内容、统一合同共识、缩短合同准备和谈判周期,加快 PPP 模式的推广应用。

财政部

2014 年 12 月 30 日

关于进一步做好政府和社会资本合作项目示范工作的通知

财金〔2015〕57 号

各省、自治区、直辖市、计划单列市财政厅(局),新疆生产建设兵团财务局:

为贯彻落实《国务院办公厅转发财政部 发展改革委 人民银行关于在公共服务领域推广政府和社会资本合作模式指导意见的通知》(国办发〔2015〕42 号)精神,加快推进政府和社会资本合作(PPP)项目示范工作,尽早形成一批可复制、可推广的实施范例,助推更多项目落地实施,现通知如下:

一、加快推进首批示范项目实施

(一)高度重视 PPP 项目示范工作。项目示范是财政部门规范推广 PPP 模式的重要抓手。各级财政部门要切实加强示范项目的组织领导,配备必要的业务骨干人员,保证各项工作有序推进。示范项目所在地的财政部门要加强协调,督促项目实施单位加快推进项目实施,跟踪进展情况,对项目实施过程中的难点和问题,要积极协调解决,重大情况及时向上级财政部门报告。

(二)确保示范项目实施质量。要严格执行国务院和财政部等部门出台的一系列制度文件,科学编制实施方案,合理选择运作方式,认真做好评估论证,择优选择社会资本,加强项目实施监管。项目采购要严格执行《政府采购法》、《政府和社会资本合作项目政府采购管理办法》(财库〔2014〕215 号)等规定,充分引入竞争机制,保证项目实施质量。要发挥政府集中采购降低成本的优势,确定合理的收费标准,通过政府采购平台选择一批能力较强的专业中介机构,为示范项目实施提供技术支持。严禁通过保底承诺、回购安排、明股实债等方式进行变相融资,将项目包装成PPP项目。

(三)切实履行财政监督管理职责。示范项目所在地财政部门要认真做好示范项目物有所值定性分析和财政承受能力论证,有效控制政府的支付责任,合理确定财政补助金额,每一年度全部PPP项目需要从预算中安排的支出责任占一般公共预算支出比例应当不超过10%。省级财政部门要统计监测所有PPP项目的政府支付责任并报财政部备案,加强示范项目管理,督促下级财政部门严格履行合同约定,保护社会资本的合法权益,切实维护政府信用。

(四)及时上报示范项目实施信息。对于示范项目的实施方案、合作伙伴选择、物有所值评估、财政承受能力论证等,项目所在地的财政部门要将有关情况报送省级财政部门备案,并通过财政部PPP综合信息平台及时填报相关信息。在示范项目建设和运营阶段,财政部将不定期组织对示范项目实施情况进行督导,督促项目实施单位依法充分披露相关信息。

二、组织上报第二批备选示范项目

(五)在公共服务领域广泛征集适宜采用PPP模式的项目。根据《国务院办公厅转发财政部 发展改革委 人民银行关于在公共服务领域推广政府和社会资本合作模式指导意见的通知》(国办发〔2015〕42号),地方各级财政部门要在能源、交通运输、水利、环境保护、农业、林业、科技、保障性安居工程、医疗、卫生、养老、教育、文化等公共服务领域,筛选征集适宜采用PPP模式的项目,加快建立项目库。

(六)确保上报备选示范项目具备相应的基本条件。项目要纳入城市总体规划和各类专项规划,新建项目应已按规定程序做好立项、可行性论证等项目前期工作。项目所在行业已印发开展PPP模式相关规定的,要同时满足相关规定。政府和社会资本合作期限原则上不低于10年。对采用建设—移交(BT)方式的项目,通过保底承诺、回购安排等方式进行变相融资的项目,财政部将不予受理。

（七）优先支持融资平台公司存量项目转型为PPP项目。重点推进符合条件的融资平台公司存量项目，通过转让—运营—移交（TOT）、改建—运营—移交（ROT）等方式转型为PPP项目。存量项目债务应纳入地方政府性债务管理系统，或2013年全国政府性债务审计范围。对合同变更成本高，融资结构调整成本高，原债权人不同意转换，不能化解政府性债务风险、降低债务成本和实现"物有所值"的项目，财政部将不予受理。

（八）认真组织备选示范项目筛选上报。请各省、自治区、直辖市、计划单列市财政厅（局）按照上述要求，严格筛选上报适宜采用PPP模式的第二批备选示范项目，将项目采用PPP模式的初步方案（附件1）、以及PPP示范项目申报表（附件2）和基本信息表（附件3），于2015年7月15日前书面（含电子版，下载网址：http://jrs.mof.gov.cn/ppp/）报送财政部（金融司，联系人张帆，010-68551078；PPP中心，联系人刘宝军，010-88659335）。申请第二批示范项目时，项目所在地政府或政府授权实施机构应当提交项目规范实施承诺书，承诺在项目实施各操作环节中，将严格执行财政部一系列制度规范，尽快完成项目实施，并保证项目实施质量。

三、构建激励相容的政策保障机制

（九）建立"能进能出"的项目示范机制。对已列入示范项目名单的项目，如项目交易结构发生重大变化不能采用PPP模式，或一年后仍未能进入采购阶段的，将被调出示范项目名单。示范项目建设完成后，财政部将组织专家对前期实施情况进行验收，重点审查示范项目是否符合PPP模式的必备特征。符合PPP模式特征的，将作为实施范例进行推广。不符合PPP模式特征的，财政部将督促实施单位进行整改，或不再作为示范项目推广。

（十）加强业务指导和技术支持。财政部将建立PPP综合信息平台，加快推进专家库和项目库建设，抓紧出台PPP项目财政管理办法、物有所值操作指引等配套实施细则，为PPP项目示范工作提供必要的业务指导和技术支持。在示范项目实施的全过程中,财政部相关司局及 PPP 中心将进行跟踪指导,推动示范项目顺利实施。

(十一)完善示范项目扶持政策体系。鼓励符合条件的示范项目用好用足现行各项扶持政策,按规定申请城镇保障性安居工程贷款贴息、中央财政支持海绵城市建设试点和地下综合管廊试点政策中对 PPP 倾斜支持奖励政策等政策支持。中央财政加快推动设立 PPP 基金,研究出台"以奖代补"措施,符合条件的示范项目将优先获得支持。

财政部

2015 年 6 月 25 日

关于实施政府和社会资本合作项目以奖代补政策的通知
财金〔2015〕158 号

各省、自治区、直辖市、计划单列市财政厅(局),新疆生产建设兵团财务局,财政部驻各省、自治区、直辖市、计划单列市财政监察专员办事处:

为贯彻落实《国务院办公厅转发财政部 发展改革委 人民银行关于在公共服务领域推广政府和社会资本合作模式指导意见的通知》(国办发〔2015〕42 号)有关精神,通过以奖代补方式支持政府和社会资本合作(PPP)项目规范运作,保障 PPP 项目实施质量,现通知如下:

一、PPP 项目以奖代补政策旨在支持和推动中央财政 PPP 示范项目加快实施进度,提高项目操作的规范性,保障项目实施质量。同时,引导和鼓励地方融资平台公司存量公共服务项目转型为 PPP 项目,化解地方政府存量债务。

(一)对中央财政 PPP 示范项目中的新建项目,财政部将在项目完成采购确定社会资本合作方后,按照项目投资规模给予一定奖励。其中,投资规模 3 亿元以下的项目奖励 300 万元,3 亿元(含 3 亿元)至 10 亿元的项目奖励 500 万元,10 亿元以上(含 10 亿元)的项目奖励 800 万元。奖励资金由财政部门统筹用于项目全生命周期过程中的各项财政支出，主要包括项目前期费用补助、运营补贴等。

（二）对符合条件、规范实施的转型为 PPP 项目的地方融资平台公司存量项目，财政部将在择优评选后，按照项目转型实际化解地方政府存量债务规模的 2% 给予奖励，奖励资金纳入相关融资平台公司收入统一核算。享受奖励资金支持的存量项目，其地方政府存量债务应通过合同条款明确地转移至项目公司或社会资本合作方，化债安排可行、交易成本合理、社会资本收益适度。中央财政 PPP 示范项目中的存量项目，优先享受奖励资金支持。

二、PPP 项目以奖代补工作遵循依法合规、公开透明、政府引导、管理到位的原则。

（一）依法合规，是指 PPP 项目运作要严格遵守相关法律法规和政策制度，切实做到周密部署、有序规划、科学决策、规范实施。

（二）公开透明，是指 PPP 项目和以奖代补资金均实行阳光化运作，依法充分披露重要信息，对相关各方形成有效监督和约束。

（三）政府引导，是指财政部通过实施以奖代补政策，促进示范项目规范运作，鼓励地方融资平台公司加大存量项目转型力度。

（四）管理到位，是指财政部门规范以奖代补资金管理，严格审核，及时拨付，加强监督检查，保证资金安全和政策实施效果。

三、财政部根据全国 PPP 工作进展情况、项目实施情况和规定的奖励标准，按年确定 PPP 项目以奖代补工作计划，在普惠金融发展专项资金中安排以奖代补资金，列入下一年度中央财政预算。以奖代补资金原则上在预算安排额度内据实列支。

四、示范项目和地方融资平台公司转型项目所在地财政部门按年向省级财政部门报送以奖代补资金申请书及相关材料。省级财政部门将辖内以奖代补资金申请材料审核汇总后，报送财政部及财政部驻当地财政监察专员办事处（以下简称专员办）。专员办对省级财政部门报送的以奖代补资金申请材料进行审核，按规定出具审核意见报送财政部。财政部结合专员办审核意见，对省级财政部门报送的项目进行审核评选后，按规定向省级财政部门拨付奖励资金。省级财政部门收到财政部拨付的奖励资金后，及时将奖励资金予以转拨，并编制奖励资金的审核、拨付和使用情况报告，经专员办审核后报财政部备案。

五、享受以奖代补政策支持的 PPP 项目，必须严格执行国务院和财政部等部门出台的一系列制度文件，切实保障项目选择的适当性、交易结构的合理性、合作伙伴选择的竞争性、财政承受能力的中长期可持续性和项目实施的公开性，确保项目实施质量。不符合示范项目要求被调出示范项目名单的项目，不享受以奖代补政策支持。已经在其他中央财政专项资金中获得奖励性资金支持的 PPP 项目，不再纳入以奖代补政策奖励范围。

六、地方财政部门要对辖内 PPP 项目以奖代补资金的申请工作进行指导，做好奖励资金审核拨付的组织和协调工作。会同有关部门对奖励资金审核拨付工作进行检查，对检查中发现的问题及时处理和反映，保证以奖代补政策落到实处。

七、对以奖代补政策支持的 PPP 项目，有关省级财政部门要切实履行财政职能，因地制宜、主动作为，会同项目实施单位和有关部门，为项目的规范实施创造良好环境。积极推动项目加快实施进度，确保项目规范实施、按期落地，形成一批管理水平高、化债效果好、产出结果优、示范效应强的样板项目。

八、专员办要对辖内申请以奖代补资金的 PPP 项目有关情况进行认真审核，确保项目规范运作，符合 PPP 相关制度要求。同时，要加强对奖励资金拨付、使用的监督检查，规范审核拨付程序，保证奖励资金专项使用。

九、PPP 项目以奖代补政策自 2016 年起施行，执行期限暂定 3 年。

财政部

2015 年 12 月 8 日

关于规范政府和社会资本合作（PPP）综合信息平台运行的通知

财金〔2015〕166 号

各省、自治区、直辖市、计划单列市财政厅（局），新疆生产建设兵团财务局：

为贯彻落实《国务院办公厅转发财政部　发展改革委　人民银行关于在公共服务领域推广政府和社会资本合作模式指导意见的通知》（国办发〔2015〕42 号）精神，财政部开发建设了政府和社会资本合作（Public-Private Partnership，PPP）综合信息平台。现将有关事宜通知如下：

一、充分认识综合信息平台建设的重要意义

（一）综合信息平台是全国 PPP 项目信息的管理和发布平台。各级财政部门可依托互联网通过分级授权，在信息管理平台上实现项目信息的填报、审核、查询、统计和分析等功能；在信息发布平台上发布 PPP 项目相关信息，分享 PPP 有关政策规定、动态信息和项目案例。综合信息平台按照项目库、机构库和资料库实行分类管理，项目库用于收集和管理全国各级 PPP 储备项目、执行项目和示范项目信息，包括项目全生命周期各环节的关键信息；机构库用于收集和管理咨询服务机构与专家、社会资本、金融机构等参与方的信息；资料库用于收集和管理 PPP 相关政策法规、工作动态、指南手册、培训材料和经典案例等信息。

（二）开发建设综合信息平台旨在促进 PPP 市场科学、规范和可持续发展。通过综合信息平台，高效利用现代信息技术、社会数据资源和社会化的信息服务，可以降低行政监管成本和市场交易成本，提高经济社会运行效率；政府可以充分获取和运用信息，加强服务质量、成本和价格监管，提升国家治理能力；可以保障公众知情权，加强社会监督，对 PPP 项目参与各方形成有效监督和约束，确保实现公共利益最大化。

二、认真做好综合信息平台运行的各项工作

（三）统一授权分级录入项目库信息。地方各级财政部门要按照 PPP 项目操作流程，做好本地区 PPP 项目各阶段信息填报、资料上传与管理工作。原则上，经地方各级财政部门会同相关部门评估、筛选的潜在 PPP 项目基本信息，均应录入综合信息平台。中央部门拟作为实施机构的 PPP 项目，由财政部统一评审录入项目信息。经省级财政部门审核满足上报要求的，由省级财政部门提交，列为储备项目；编制项目实施方案，通过物有所值评价、财政承受能力论证，并经本级政府审核同意的，列为执行项目；通过中央或省级财政部门评审并列为中央或省级示范的项目，列为示范项目。在项目开发和实施过程中，有咨询服务机构、社会资本方等采购需求的，可填写项目招商信息，经省级财政部门审核后上报。2016 年 1 月 15 日前，地方各级财政部门要会同相关部门完成现有 PPP 项目信息的录入、上报工作。

（四）统筹集中录入机构库和资料库信息。PPP 项目库中各项目所包含的咨询服务机构、社会资本、金融机构等信息，直接进入机构库，财政部 PPP 中心与地方各级财政部门可根据需要补充录入各类机构信息。财政部 PPP 中心负责资料库的管理和维护工作，收集、录入和管理 PPP 相关政策法规、工作动态、指南手册、培训材料、经典案例等信息。

（五）规范发布和使用综合信息。财政部 PPP 中心按照财政部 PPP 工作领导小组工作部署和信息披露相关要求，做好 PPP 项目库、机构库和资料库信息发布工作。对于 PPP 项目基础信息，以及 PPP 项目政府采购资格预审公告、采购文件、确认谈判备忘录、预中标或成交结果、项目合同文本、中标或成交结果等采购信息，综合信息平台与中国政府采购网实现信息共享。各省、市、县级财政部门、行业主管部门、实施机构、社会资本、咨询服务机构、金融机构、专家、公众等用户，可通过互联网在线访问、查询 PPP 相关信息。

三、构建激励相容的工作保障机制

（六）加强组织领导。地方各级财政部门要高度重视综合信息平台建设工作，广泛动员和联合相关部门做好本级 PPP 项目的筛选识别、信息收集、录入和审核工作，加强统筹协调，积极创造条件，确保综合信息平台顺利运行。省级财政部门要做好本级 PPP 项目信息录入、上报工作,并负责所辖市县项目信息的审核与上报工作。财政部 PPP 中心统筹负责项目库、机构库和资料库的建设与管理,并做好信息发布工作。财政部信息网络中心和地方各级财政信息技术部门负责技术保障。

(七)建立对口联系人和季报制度。地方各级财政部门要建立对口联系人制度,指定专人负责综合信息平台建设,及时收集、汇总、录入 PPP 项目信息。建立 PPP 项目信息季报制度,省级财政部门要在每季度第一个月 10 日前,向财政部 PPP 工作领导小组办公室(金融司)报送上一季度 PPP 项目进展情况,并抄送财政部 PPP 中心。

(八)建立综合信息平台建设奖惩挂钩机制。原则上,国家级和省级示范项目、各地 PPP 年度规划和中期规划项目均需从综合信息平台的项目库中筛选和识别。未纳入综合信息平台项目库的项目,不得列入各地 PPP 项目目录,原则上不得通过财政预算安排支出责任。

为规范综合信息平台运行,财政部制定了《政府和社会资本合作综合信息平台运行规程》(见附件),请严格执行。地方各级财政部门要对 PPP 项目信息严把入口关,确保项目信息真实、及时、规范;省级财政部门要严把审查关,履行好监督管理职责,确保上报项目信息真实、合规;财政部 PPP 中心要严把统筹关,全面审查各项目信息,保证对外发布信息真实、有效。

财政部

2015 年 12 月 18 日

附件

政府和社会资本合作（PPP）综合信息平台运行规程

第一章　总　则

第一条　为贯彻落实《国务院办公厅转发财政部 发展改革委 人民银行关于在公共服务领域推广政府和社会资本合作模式指导意见的通知》（国办发〔2015〕42号）和《国务院办公厅关于运用大数据加强对市场主体服务和监管的若干意见》（国办发〔2015〕51号）精神，提升全国政府和社会资本合作（Public-Private Partnership，PPP）工作管理信息化水平，财政部建立 PPP 综合信息发布平台，制定本规程。

第二条　PPP 综合信息平台用于收集、管理和发布国家 PPP 政策、工作动态、项目信息等内容，推动项目实施的公开透明、有序竞争，提高政府运用 PPP 大数据，增强政府服务和监管 PPP 工作的水平与效率。

第三条　中央、省、市、县级财政部门参与 PPP 综合信息平台进行的系统运行、维护和管理，适用本规程。

第二章　PPP 综合信息平台内容

第四条　PPP 综合信息平台应遵照《国务院办公厅转发财政部 发展改革委 人民银行关于在公共服务领域推广政府和社会资本合作模式指导意见的通知》（国办发〔2015〕42号）、《财政部关于印发政府和社会资本合作模式操作指南（试行）的通知》（财金〔2014〕113号）、《财政部关于印发政府和社会资本合作项目政府采购管理办法的通知》（财库〔2014〕215号）、《财政部关于印发政府采购竞争性磋商采购方式管理暂行办法的通知》（财库〔2014〕214号）、《财政部关于印发政府和社会资本合作项目财政承受能力论证指引的通知》（财金〔2015〕21号）等政策要求，收集、管理和发布 PPP 项目信息，保证项目实施公开透明。

第五条　PPP 综合信息平台由财政部 PPP 工作领导小组办公室委托财政部

PPP 中心组织开发，由财政部 PPP 中心和信息网络中心共同承担运行和管理工作，共包括 PPP 信息发布平台和 PPP 信息管理平台两大部分。

PPP 信息发布平台以外网形式对社会发布 PPP 政策法规、工作动态、PPP 项目库、PPP 项目招商与采购公告以及知识分享等信息。网址为 http：//www.cpppc.org。

PPP 信息管理平台为内部管理平台，用于对全国 PPP 项目进行跟踪、监督，为开展 PPP 工作或开发实施 PPP 项目提供技术支持，具体包括 PPP 项目库、机构库和资料库，具有录入、查询、统计和用户管理等功能。

第六条　财政部 PPP 中心负责 PPP 信息发布平台和 PPP 信息管理平台下的机构库（咨询服务机构与专家、金融机构等）和资料库的运行、维护和管理。

第七条　省、市、县级财政 PPP 业务部门和信息技术部门需配合财政部 PPP 中心维护和管理 PPP 信息管理平台下的项目库。项目库是 PPP 综合信息平台的核心组成部分，包含储备库、执行库和示范库三个子库。由各级财政部门会同相关部门评估、筛选的 PPP 项目，基本信息均应录入 PPP 综合信息平台。经省级财政部门审核满足上报要求的，列为储备项目。编制项目实施方案，通过物有所值评价、财政承受能力论证，并经本级政府审核同意的，列为执行项目。通过中央或省级财政部门评审并列为中央或省级示范项目的，列为示范项目。在项目开发实施过程中，有咨询服务机构、社会资本方采购需求的，可填写项目招商信息，经省级财政部门审核后上报。

所有 PPP 项目必须列入项目库。省、市、县级财政部门应与相关部门密切沟通，保证符合条件的项目及时、准确、规范、完整列入项目库。

第八条　省、市、县级财政部门要按照财政部 PPP 中心统一制定的数据规范与要求，录入本级 PPP 项目的基本信息，以及项目识别、准备、采购、执行和移交阶段的信息。中央部门拟作为实施机构的 PPP 项目，由财政部统一评审录入项目信息。

第九条　财政部 PPP 中心和信息网络中心应保障 PPP 综合信息平台的运行、

推广和升级完善。省、市、县级财政部门可根据需要开发符合自身需求的个性化功能模块,建立地方PPP信息平台,但应当与PPP综合信息平台进行实时数据对接,保证数据规范一致。

PPP综合信息平台应与预算管理、政府采购、政府债务管理等信息系统开放共享。

第十条 中央和省、市、县级财政PPP业务部门和信息技术部门应为PPP综合信息平台的应用、运行、维护和管理提供保障,建立健全内部管理制度,落实岗位责任制和领导负责制,合理安排岗位人员,加强管理和风险防范。

第三章 用户管理

第十一条 中央、省、市、县级财政部门、行业主管部门、实施机构、社会资本、咨询服务机构、金融机构、专家、公众等用户,可通过互联网在线访问、查询公开信息。

第十二条 在PPP综合信息平台初始阶段,财政部PPP中心为省、市、县级财政部门用户生成一个管理员账户。省、市、县级财政部门如需新增账户,可根据内部管理制度,给新增账户开设与其权限匹配的账户,以方便数据和资料上传。

第十三条 为增强PPP综合信息平台的系统安全性,系统将按照财政部统一安全防护体系进行升级。

第四章 信息管理与应用

第十四条 各级财政部门通过PPP信息管理平台,可以管理本级及下级财政部门的PPP项目信息,即中央级可以管理全国各省、市、县PPP项目信息,各省级财政部门可以管理本省(区、市)各市、县PPP项目信息,各市、县级财政部门可以管理本市县PPP项目信息。

中央和省、市、县级财政部门要通过PPP综合信息平台,及时了解国家PPP工作政策、发展动态,特别是跟踪、监督所辖行政区域内PPP项目开发、执行情况,进行全生命周期管理。

第十五条 省级财政部门应对所辖市、县财政部门上报的项目信息和拟在 PPP 综合信息平台上发布的 PPP 项目招商信息进行合规性审核。

第十六条 中央和省、市、县级财政部门应积极实现数据共享，除共享 PPP 项目库信息外，要逐步实现机构库中咨询服务机构与专家、社会资本、金融机构等信息资源的共享，实现对机构库信息的全系统可识别、可跟踪，为将来利用大数据评价服务质量、建立信用体系夯实基础。对有需求的行业主管部门和实施机构，逐步实现数据共享。

第五章 监督检查

第十七条 财政部 PPP 中心和信息网络中心要保障 PPP 综合信息平台的安全运行，不断完善系统功能。

第十八条 上级财政部门应每季度对行政区域内 PPP 综合信息平台建设情况进行检查和考核。对系统应用情况较好、数据填报及时、数据质量高的地区，在制定、执行相关奖励政策时应予以优先考虑。

第十九条 省、市、县级财政部门在项目库中上传的 PPP 项目信息不真实、不准确、不规范、不完整的，将不予采用。原则上，国家级和省级示范项目、各地 PPP 年度规划和中期规划项目均需从 PPP 综合信息平台的项目库中筛选和识别。未纳入 PPP 综合信息平台项目库的项目，不得列入各地 PPP 项目目录，原则上不得通过预算安排支出责任。

第六章 附 则

第二十条 本规程由财政部 PPP 工作领导小组办公室负责解释和修订。

本规程自 2016 年 1 月 1 日起实施。

国家发展改革委关于开展政府和社会资本合作的指导意见

发改投资〔2014〕2724 号

各省、自治区、直辖市及计划单列市、新疆生产建设兵团发展改革委：

为贯彻落实《国务院关于创新重点领域投融资机制　鼓励社会投资的指导意见》（国发〔2014〕60 号）有关要求，鼓励和引导社会投资，增强公共产品供给能力，促进调结构、补短板、惠民生，现就开展政府和社会资本合作提出如下指导意见。

一、充分认识政府和社会资本合作的重要意义

政府和社会资本合作（PPP）模式是指政府为增强公共产品和服务供给能力、提高供给效率，通过特许经营、购买服务、股权合作等方式，与社会资本建立的利益共享、风险分担及长期合作关系。开展政府和社会资本合作，有利于创新投融资机制，拓宽社会资本投资渠道，增强经济增长内生动力；有利于推动各类资本相互融合、优势互补，促进投资主体多元化，发展混合所有制经济；有利于理顺政府与市场关系，加快政府职能转变，充分发挥市场配置资源的决定性作用。

二、准确把握政府和社会资本合作的主要原则

（一）转变职能，合理界定政府的职责定位。开展政府和社会资本合作，对转变政府职能、提高管理水平提出了更高要求。政府要牢固树立平等意识及合作观念，集中力量做好政策制定、发展规划、市场监管和指导服务，从公共产品的直接"提供者"转变为社会资本"合作者"以及 PPP 项目的"监管者"。

（二）因地制宜，建立合理的投资回报机制。根据各地实际，通过授予特许经营权、核定价费标准、给予财政补贴、明确排他性约定等，稳定社会资本收益预期。加强项目成本监测，既要充分调动社会资本积极性，又要防止不合理让利或利益输送。

（三）合理设计，构建有效的风险分担机制。按照风险收益对等原则，在政府和社会资本间合理分配项目风险。原则上，项目的建设、运营风险由社会资本承担，法律、政策调整风险由政府承担，自然灾害等不可抗力风险由双方共同承担。

（四）诚信守约，保证合作双方的合法权益。在平等协商、依法合规的基础上，按照权责明确、规范高效的原则订立项目合同。合同双方要牢固树立法律意识、契约意识和信用意识，项目合同一经签署，必须严格执行，无故违约必须承担相应的责任。

（五）完善机制，营造公开透明的政策环境。从项目选择、方案审查、伙伴确定、价格管理、退出机制、绩效评价等方面，完善制度设计，营造良好政策环境，确保项目实施决策科学、程序规范、过程公开、责任明确、稳妥推进。

三、合理确定政府和社会资本合作的项目范围及模式

（一）项目适用范围。PPP 模式主要适用于政府负有提供责任又适宜市场化运作的公共服务、基础设施类项目。燃气、供电、供水、供热、污水及垃圾处理等市政设施，公路、铁路、机场、城市轨道交通等交通设施，医疗、旅游、教育培训、健康养老等公共服务项目，以及水利、资源环境和生态保护等项目均可推行 PPP 模式。各地的新建市政工程以及新型城镇化试点项目，应优先考虑采用 PPP 模式建设。

（二）操作模式选择

1. 经营性项目。对于具有明确的收费基础，并且经营收费能够完全覆盖投资成本的项目，可通过政府授予特许经营权，采用建设—运营—移交（BOT）、建设—拥有—运营—移交（BOOT）等模式推进。要依法放开相关项目的建设、运营市场，积极推动自然垄断行业逐步实行特许经营。

2. 准经营性项目。对于经营收费不足以覆盖投资成本、需政府补贴部分资金或资源的项目，可通过政府授予特许经营权附加部分补贴或直接投资参股等措施，采用建设—运营—移交（BOT）、建设—拥有—运营（BOO）等模式推进。

要建立投资、补贴与价格的协同机制,为投资者获得合理回报积极创造条件。

3.非经营性项目。对于缺乏"使用者付费"基础、主要依靠"政府付费"回收投资成本的项目,可通过政府购买服务,采用建设—拥有—运营(BOO)、委托运营等市场化模式推进。要合理确定购买内容,把有限的资金用在刀刃上,切实提高资金使用效益。

(三)积极开展创新。各地可以根据当地实际及项目特点,积极探索、大胆创新,通过建立合理的"使用者付费"机制等方式,增强吸引社会资本能力,并灵活运用多种 PPP 模式,切实提高项目运作效率。

四、建立健全政府和社会资本合作的工作机制

(一)健全协调机制。按照部门联动、分工明确、协同推进等要求,与有关部门建立协调推进机制,推动规划、投资、价格、土地、金融等部门密切配合、形成合力,保障政府和社会资本合作积极稳妥推进。

(二)明确实施主体。按照地方政府的相关要求,明确相应的行业管理部门、事业单位、行业运营公司或其他相关机构,作为政府授权的项目实施机构,在授权范围内负责 PPP 项目的前期评估论证、实施方案编制、合作伙伴选择、项目合同签订、项目组织实施以及合作期满移交等工作。

(三)建立联审机制。为提高工作效率,可会同相关部门建立 PPP 项目的联审机制,从项目建设的必要性及合规性、PPP 模式的适用性、财政承受能力以及价格的合理性等方面,对项目实施方案进行可行性评估,确保"物有所值"。审查结果作为项目决策的重要依据。

(四)规范价格管理。按照补偿成本、合理收益、节约资源以及社会可承受的原则,加强投资成本和服务成本监测,加快理顺价格水平。加强价格行为监管,既要防止项目法人随意提价损害公共利益、不合理获利,又要规范政府价格行为,提高政府定价、调价的科学性和透明度。

(五)提升专业能力。加强引导,积极发挥各类专业中介机构在 PPP 项目的资产评估、成本核算、经济补偿、决策论证、合同管理、项目融资等方面的积极作用,提高项目决策的科学性、项目管理的专业性以及项目实施效率。加强 PPP 相关业务培训,培养专业队伍和人才。

五、加强政府和社会资本合作项目的规范管理

(一)项目储备。根据经济社会发展需要,按照项目合理布局、政府投资有效配置等原则,切实做好 PPP 项目的总体规划、综合平衡和储备管理。从准备建设的公共服务、基础设施项目中,及时筛选 PPP 模式的适用项目,按照 PPP 模式进行培育开发。各省区市发展改革委要建立 PPP 项目库,并从 2015 年 1 月起,于每月 5 日前将项目进展情况按月报送国家发展改革委(具体要求见附件 1)。

(二)项目遴选。会同行业管理部门、项目实施机构,及时从项目储备库或社会资本提出申请的潜在项目中筛选条件成熟的建设项目,编制实施方案并提交联审机制审查,明确经济技术指标、经营服务标准、投资概算构成、投资回报方式、价格确定及调价方式、财政补贴及财政承诺等核心事项。

(三)伙伴选择。实施方案审查通过后,配合行业管理部门、项目实施机构,按照《招标投标法》《政府采购法》等法律法规,通过公开招标、邀请招标、竞争性谈判等多种方式,公平择优选择具有相应管理经验、专业能力、融资实力以及信用状况良好的社会资本作为合作伙伴。

(四)合同管理。项目实施机构和社会资本依法签订项目合同,明确服务标准、价格管理、回报方式、风险分担、信息披露、违约处罚、政府接管以及评估论证等内容。各地可参考《政府和社会资本合作项目通用合同指南》(见附件 2),细化完善合同文本,确保合同内容全面、规范、有效。

(五)绩效评价。项目实施过程中,加强工程质量、运营标准的全程监督,确保公共产品和服务的质量、效率和延续性。鼓励推进第三方评价,对公共产品和服务的数量、质量以及资金使用效率等方面进行综合评价,评价结果向社会公示,作为价费标准、财政补贴以及合作期限等调整的参考依据。项目实施结束后,可对项目的成本效益、公众满意度、可持续性等进行后评价,评价结果作为完善 PPP 模式制度体系的参考依据。

（六）退出机制。政府和社会资本合作过程中，如遇不可抗力或违约事件导致项目提前终止时，项目实施机构要及时做好接管，保障项目设施持续运行，保证公共利益不受侵害。政府和社会资本合作期满后，要按照合同约定的移交形式、移交内容和移交标准，及时组织开展项目验收、资产交割等工作，妥善做好项目移交。依托各类产权、股权交易市场，为社会资本提供多元化、规范化、市场化的退出渠道。

六、强化政府和社会资本合作的政策保障

（一）完善投资回报机制。深化价格管理体制改革，对于涉及中央定价的PPP项目，可适当向地方下放价格管理权限。依法依规为准经营性、非经营性项目配置土地、物业、广告等经营资源，为稳定投资回报、吸引社会投资创造条件。

（二）加强政府投资引导。优化政府投资方向，通过投资补助、基金注资、担保补贴、贷款贴息等多种方式，优先支持引入社会资本的项目。合理分配政府投资资金，优先保障配套投入，确保PPP项目如期、高效投产运营。

（三）加快项目前期工作。联合有关部门建立并联审批机制，在科学论证、遵守程序的基础上，加快推进规划选址、用地预审、环评审批、审批核准等前期工作。协助项目单位解决前期工作中的问题和困难，协调落实建设条件，加快项目建设进度。

（四）做好综合金融服务。鼓励金融机构提供财务顾问、融资顾问、银团贷款等综合金融服务，全程参与PPP项目的策划、融资、建设和运营。鼓励项目公司或合作伙伴通过成立私募基金、引入战略投资者、发行债券等多种方式拓宽融资渠道。

七、扎实有序开展政府和社会资本合作

（一）做好示范推进。各地可选取市场发育程度高、政府负债水平低、社会资本相对充裕的市县，以及具有稳定收益和社会效益的项目，积极推进政府和社会资本合作，并及时总结经验、大力宣传，发挥好示范带动作用。国家发展改革委将选取部分推广效果显著的省区市和重点项目，总结典型案例，组织交流

推广。

（二）推进信用建设。按照诚信践诺的要求，加强全社会信用体系建设，保障政府和社会资本合作顺利推进。政府要科学决策，保持政策的连续性和稳定性；依法行政，防止不当干预和地方保护；认真履约，及时兑现各类承诺和合同约定。社会资本要守信自律，提高诚信经营意识。

（三）搭建信息平台。充分利用并切实发挥好信息平台的桥梁纽带作用。可以利用现代信息技术，搭建信息服务平台，公开 PPP 项目的工作流程、评审标准、项目信息、实施情况、咨询服务等相关信息，保障信息发布准确及时、审批过程公正透明、建设运营全程监管。

（四）加强宣传引导。大力宣传政府和社会资本合作的重大意义，做好政策解读，总结典型案例，回应社会关切，通过舆论引导，培育积极的合作理念，建立规范的合作机制，营造良好的合作氛围，充分发挥政府、市场和社会资本的合力作用。

开展政府和社会资本合作是创新投融资机制的重要举措，各地要高度重视，切实加强组织领导，抓紧制定具体的政策措施和实施办法。各级发展改革部门要按照当地政府的统一部署，认真做好 PPP 项目的统筹规划、综合协调等工作，会同有关部门积极推动政府和社会资本合作顺利实施。

国家发展改革委

2014 年 12 月 2 日

国家发展改革委关于切实做好
《基础设施和公用事业特许经营管理办法》贯彻实施工作的通知

发改法规〔2015〕1508号

各省、自治区、直辖市及计划单列市、副省级省会城市、新疆生产建设兵团发展改革委：

开展基础设施和公用事业特许经营是重要的改革和制度创新，是稳增长、促改革、调结构、惠民生的重要举措。为引导规范基础设施和公用事业特许经营，经国务院第89次常务会议审议通过，我委会同财政部、住房城乡建设部、交通运输部、水利部、人民银行联合印发了《基础设施和公用事业特许经营管理办法》(国家发展改革委等6部委第25号令，以下简称《办法》)。为做好《办法》的贯彻落实工作，结合发展改革工作实际，现就有关事项通知如下：

一、充分认识做好《办法》贯彻实施工作的重要意义

（一）《办法》是贯彻落实党的十八大，十八届三中、四中全会关于加强市场法律制度建设、制定非公有制企业进入特许经营领域具体办法等要求的重要举措，是投资领域的重要改革和制度创新。《办法》总结国内外制度建设和实践经验，创新重点领域投融资体制机制，为基础设施和公用事业特许经营提供了基本制度遵循。

（二）贯彻实施《办法》，在基础设施和公用事业领域大力推广特许经营，有利于撬动社会投资，激发社会和民间投资活力，增加公共产品和服务供给，与"大众创业、万众创新"形成经济发展"双引擎"；有利于推进政府职能转变，保障社会公共利益，提高公共服务的质量和效率；有利于切实推进基础设施和公用事业建设，加快缓解制约我国科学发展和长远发展的瓶颈，为实现经济平稳可持续增长奠定坚实基础。

（三）各级发展改革部门要高度重视《办法》实施工作，切实抓好各项政策措施的贯彻落实,通过特许经营拓宽投资渠道,吸引更多社会和民间投资参与重点建设,发挥投资关键作用,为稳增长、促改革、调结构、惠民生提供重要支撑。

二、贯彻实施《办法》的重点任务

（一）主动作为,加强统筹协调。基础设施和公用事业特许经营涉及领域广、部门多,为强化指导协调,形成部门合力,推动特许经营有序开展,地方各级发展改革部门要积极作为,在政府统一领导下,牵头建立各有关部门参加的部门协调机制,汇总分析本地区基础设施和公用事业特许经营项目情况,统筹特许经营政策措施,组织协调本行政区域内特许经营项目实施和监督管理工作。

（二）完善政策,推动制度落实。地方各级发展改革部门要认真梳理本地区本部门发布的特许经营有关规定,与《办法》不一致的,要按照法定程序提请清理修订工作,促进制度规则统一。针对《办法》关于简化审批的规定,地方各级发展改革部门要梳理本部门负责的审批核准事项,简化流程、规范时限,同时推动地方政府和相关部门建立特许经营绿色通道,实行并联审核和联审联办,减轻投资者负担;针对《办法》规定的特许经营可行性评估、特许经营价格收费的确定和调整机制,以及融资服务和政府投资支持等政策措施,根据本地区实际完善配套规定,加强政策指导,增强投资者信心,稳定民间投资预期。

（三）积极引导,推广特许经营。大力推进特许经营项目建设。各级发展改革部门要根据本地区国民经济和社会发展总体规范、土地利用规划和城乡规划,并结合经济社会发展需求,切实做好特许经营项目统筹规划和协调平衡。根据《办法》规定条件,在能源、交通运输、水利、环境保护、市政工程、社会事业等基础设施和公用事业领域,广泛筛选适宜开展特许经营的项目,深化前期研究,谋划重点推进项目,积极运用建设—运营—移交（BOT）、建设—拥有—运营—移交（BOOT）、建设—移交—运营（BTO）以及设计—建设—融资—运营（DBFO）、改建—运营—移交（ROT）、建设—拥有—运营（BOO）、转让—运营—移交（TOT）、运营管理（O&M）等方式开展特许经营。大力加强宣传推介，并会同有关部门推进项目组织实施。要落实好《办法》规定的各项鼓励支持措施，建立健全项目建设运营服务体系，及时协调解决项目实施过程中的重大问题，加快推进项目建设，促进特许经营项目早日落地、早见成效。

（四）广泛宣传，推进能力建设。各级发展改革部门要利用新闻媒介，采取专家访谈、政策解读、专题报道等多种形式，广泛宣传《办法》，并组织开展培训、咨询服务和经验推广。尽快完善专家咨询、第三方机构评估等政府决策支持体系，会同有关部门推进信息公开，及时向社会公开特许经营法规制度和政策措施，以及项目实施情况等信息。

各级发展改革部门要根据上述原则要求，并结合本地实际抓紧制定贯彻落实方案，及时总结本地区在贯彻实施工作中的新情况、新经验。国家发展改革委将加强指导协调，协助解决《办法》贯彻实施中的重大问题，并总结推广特许经营项目实施经验，下半年将适时对各地区贯彻实施情况进行督促检查，对贯彻落实不到位的地方将进行通报。

国家发展改革委

2015 年 7 月 2 日

国家发展改革委关于切实做好
传统基础设施领域政府和社会资本合作有关工作的通知

发改投资〔2016〕1744 号

各省、自治区、直辖市及计划单列市发展改革委，新疆生产建设兵团发展改革委：

根据 2016 年 7 月 7 日国务院常务会议明确的政府和社会资本合作部门职责分工，按照《中共中央　国务院关于深化投融资体制改革的意见》（中发

〔2016〕18 号）、《国务院关于创新重点领域投融资机制　鼓励社会投资的指导意见》（国发〔2014〕60 号）等文件精神，现就进一步做好传统基础设施领域政府和社会资本合作（PPP）相关工作、积极鼓励和引导民间投资提出以下要求。

一、充分认识做好基础设施领域 PPP 工作的重要意义

20 世纪 80 年代，我国就开始在基础设施领域引入 PPP 模式，经过 30 多年发展，为持续提高我国基础设施水平发挥了积极作用。经济新常态下，继续做好基础设施领域 PPP 有关工作，有利于推进结构性改革尤其是供给侧结构性改革，增加有效供给，实施创新驱动发展战略，促进稳增长、补短板、扩就业、惠民生；有利于打破基础设施领域准入限制，鼓励引导民间投资，提高基础设施项目建设、运营和管理效率，激发经济活力，增强发展动力；有利于创新投融资机制，推动各类资本相互融合、优势互补，积极发展混合所有制经济；有利于理顺政府与市场关系，加快政府职能转变，充分发挥市场配置资源的决定性作用和更好地发挥政府作用。

各地发展改革部门要会同有关行业主管部门等，切实做好能源、交通运输、水利、环境保护、农业、林业以及重大市政工程等基础设施领域 PPP 推进工作，进一步加强协调配合，形成政策合力，确保政令统一、政策协同、组织高效、精准发力，共同推动政府和社会资本合作工作顺利开展。

二、加强项目储备

各地发展改革部门要会同有关行业主管部门，根据经济社会发展需要，按照项目合理布局、政府投资有效配置等原则，切实做好基础设施领域 PPP 项目的总体规划、综合平衡和储备管理等工作，充分掌握和了解各行业 PPP 项目总体情况。要在投资项目在线审批监管平台及重大建设项目库基础上，建立基础设施 PPP 项目库，切实做好项目储备、动态管理、实施监测等各项工作。

三、推行项目联审

积极推行多评合一、统一评审的工作模式，提高审核效率。各地发展改革部门要会同相关部门建立 PPP 项目联审机制，积极引入第三方评估机构，从项

目建设的必要性、合规性、规划衔接性、PPP模式适用性、财务可负担性以及价格和收费的合理性等方面,对项目进行综合评估。

四、做好项目决策

加强项目可行性研究,依法依规履行投资管理程序。对拟采用PPP模式的项目,要将项目是否适用PPP模式的论证纳入项目可行性研究论证和决策。充分考虑项目的战略价值、经济价值、商务模式、可融资性以及管理能力,科学分析项目采用PPP模式的必要性和可行性,不断优化工程建设规模、建设内容、建设标准、技术方案及工程投资等。

五、建立合理投资回报机制

积极探索优化基础设施项目的多种付费模式,采取资本金注入、直接投资、投资补助、贷款贴息,以及政府投资股权少分红、不分红等多种方式支持项目实施,提高社会资本的投资回报,增强项目吸引力。鼓励加大项目前期资本金投入,减轻项目运营期间政府支出压力。鼓励社会资本创新商业模式及体制机制,提高运营效率,降低项目成本。

推进基础设施领域的价格改革,合理确定价格收费标准,依法适当延长特许经营年限,提供广告、土地等资源配置,充分挖掘项目运营的商业价值,建立使用者付费和可行性缺口补贴类项目的合理投资回报机制,既要使社会资本获得合理投资回报,也要有效防止政府和使用者负担过重。

六、规范项目实施

对确定采用PPP模式的项目,要按照《招标投标法》等法律法规,通过公开招标、邀请招标等多种方式,公平择优选择具有相应管理经验、专业能力、融资实力以及信用状况良好的社会资本作为合作伙伴。依法签订规范的项目合同,明确服务标准、价格管理、回报方式、风险分担、履约监督、信息披露等内容,细化和完善合同文本,确保合同内容全面、规范、有效。项目实施期间社会投资人出现重大违约,或发生重大不可抗力等事项,需要政府提前回购的,要合理划分各方责任,妥善做好项目移交。项目结束后,适时对项目效率、效果、影响和可持续性等进行后评价,科学评价项目绩效,不断完善 PPP 模式制度体系。

七、构建多元化退出机制

政府和社会资本合作期满后,按照合同约定的移交形式、移交内容和移交标准,及时组织开展项目验收、资产交割等工作。推动 PPP 项目与资本市场深化发展相结合,依托各类产权、股权交易市场,通过股权转让、资产证券化等方式,丰富 PPP 项目投资退出渠道。提高 PPP 项目收费权等未来收益变现能力,为社会资本提供多元化、规范化、市场化的退出机制,增强 PPP 项目的流动性,提升项目价值,吸引更多的社会资本参与。

八、积极发挥金融机构作用

各地发展改革部门要会同有关部门,与金融机构加强合作对接,完善保险资金等参与 PPP 项目的投资机制,鼓励金融机构通过债权、股权、资产支持计划等多种方式,支持基础设施 PPP 项目建设。发挥各类金融机构专业优势,鼓励金融机构向政府提供规划咨询、融资顾问、财务顾问等服务,提前介入并帮助各地做好 PPP 项目策划、融资方案设计、融资风险控制、社会资本引荐等工作,切实提高 PPP 项目融资效率。

九、鼓励引导民间投资和外商投资

树立平等合作观念,多推介含金量高的项目,给予各类投资主体公平参与的机会,鼓励和引导民营企业、外资企业参与 PPP 项目。招标选择社会资本方时,要合理设定投标资格和评标标准,消除隐性壁垒,确保一视同仁、公平竞争。探索在 PPP 项目中发展混合所有制,组建国有资本、民营资本、外商资本共同参与的项目公司,发挥各自优势,推动项目顺利实施。引导民间资本、外商资本参与 PPP 基金等,拓宽民间资本、外商资本参与 PPP 项目渠道。鼓励不同类型的民营企业、外资企业,通过组建联合体等方式共同参与 PPP 项目。

十、优化信用环境

各地发展改革部门要会同有关部门,加快推进社会信用体系建设,建立健全投融资领域相关主体的信用记录,强化并提升政府和投资者的契约意识和诚信意识,规范履约行为,形成守信激励、失信惩戒的约束机制,促使相关主体切实强化责任,履行法定义务。加强政务诚信建设,提高政府履约能力,优化社会资本参与 PPP 项目的信用环境。

各地发展改革部门要高度重视,切实加强组织领导,认真做好统筹规划、综合协调等工作,形成合力,抓好落实。进一步推进简政放权、放管结合、优化服务,对各类社会资本一视同仁。加强 PPP 政策解读和宣传力度,提高各方对 PPP 的认知程度,培育积极的合作理念,建立规范的合作机制,营造良好的合作氛围,充分发挥政府、市场和社会资本的合力,保障基础设施领域政府和社会资本合作模式顺利推进。对其他领域的政府和社会资本合作项目,要积极配合有关部门开展相关工作。

附件:传统基础设施领域推广 PPP 模式重点项目

国家发展改革委

2016 年 8 月 10 日

抄送:国土资源部、环境保护部、住房城乡建设部、交通运输部、水利部、农业部、林业局、旅游局、银监会、证监会、保监会、能源局、海洋局、铁路局、民航局、铁路总公司

附件

传统基础设施领域推广 PPP 模式重点项目

一、能源领域

电力及新能源类:供电/城市配电网建设改造、农村电网改造升级、资产界面清晰的输电项目、充电基础设施建设运营、分布式能源发电项目、微电网建设改造、智能电网项目、储能项目、光伏扶贫项目、水电站项目、热电联产、电能替

代项目等。

石油和天然气类：油气管网主干 / 支线、城市配气管网和城市储气设施、液化天然气（LNG）接收站、石油和天然气储备设施等项目。

煤炭类：煤层气输气管网、压缩 / 液化站、储气库、瓦斯发电等项目。

二、交通运输领域

铁路运输类：列入中长期铁路网规划、国家批准的专项规划和区域规划的各类铁路项目。重点鼓励社会资本投资建设和运营城际铁路、市域（郊）铁路、资源开发性铁路以及支线铁路，鼓励社会资本参与投资铁路客货运输服务业务和铁路"走出去"项目。

道路运输类：公路建设、养护、运营和管理项目，城市地铁、轻轨、有轨电车等城市轨道交通项目。

水上运输类：港口码头、航道等水运基础设施建设、养护、运营和管理等项目。

航空运输类：民用运输机场、通用机场及配套基础设施建设等项目。

综合类：综合运输枢纽、物流园区、运输站场等建设、运营和管理项目，交通运输物流公共信息平台等项目。

三、水利领域

引调水工程、水生态治理工程、供水工程、江河湖泊治理工程、灌区工程、农业节水工程、水土保持等项目。

四、环境保护领域

水污染治理项目、大气污染治理项目、固体废物治理项目、危险废物治理项目、放射性废物治理项目、土壤污染治理项目。

湖泊、森林、海洋等生态建设、修复及保护项目。

五、农业领域

高标准农田、种子工程、易地扶贫搬迁、规模化大型沼气等三农基础设施建设项目。

现代渔港、农业废弃物资源化利用、示范园区、国家级农产品批发市场等项目。旅游农业、休闲农业基础设施建设等项目。

六、林业领域

京津风沙源治理工程、岩溶地区石漠化治理工程、重点防护林体系建设、国家储备林、湿地保护与修复工程、林木种质资源保护、森林公园等项目。

七、重大市政工程领域

采取特许经营方式建设的城市供水、供热、供气、污水垃圾处理、地下综合管廊、园区基础设施、道路桥梁以及公共停车场等项目。

国家发展改革委关于印发
《传统基础设施领域实施政府和社会资本合作项目工作导则》的通知

发改投资〔2016〕2231号

各省、自治区、直辖市及计划单列市发展改革委，新疆生产建设兵团发展改革委：

为进一步规范传统基础设施领域政府和社会资本合作（PPP）项目操作流程，现将《传统基础设施领域实施政府和社会资本合作项目工作导则》印发你们，请积极采取有力措施，加大工作力度，切实做好各项工作。

附件：传统基础设施领域实施政府和社会资本合作项目工作导则

国家发展改革委

2016年10月24日

抄送：财政部、国土资源部、环境保护部、住房城乡建设部、交通运输部、水利部、农业部、工商总局、林业局、旅游局、银监会、证监会、保监会、海洋局、铁路局、民航局、铁路总公司

附件

传统基础设施领域实施政府和社会资本合作项目工作导则

第一章　总则

第一条　目的和依据

为进一步规范传统基础设施领域政府和社会资本合作（PPP）项目操作流程，根据《中共中央　国务院关于深化投融资体制改革的意见》（中发〔2016〕18号）、《国务院关于创新重点领域投融资机制　鼓励社会投资的指导意见》（国发〔2014〕60号）、《国务院办公厅转发财政部、发展改革委、人民银行关于在公共服务领域推广政府和社会资本合作模式指导意见的通知》（国办发〔2015〕42号）、《基础设施和公用事业特许经营管理办法》（国家发展改革委等部门令2015年第25号）、《国家发展改革委关于开展政府和社会资本合作的指导意见》（发改投资〔2014〕2724号）等文件要求，制定本导则。

第二条　适用范围

按照国务院确定的部门职责分工，本导则适用于在能源、交通运输、水利、环境保护、农业、林业以及重大市政工程等传统基础设施领域采用 PPP 模式的项目。具体项目范围参见《国家发展改革委关于切实做好传统基础设施领域政府和社会资本合作有关工作的通知》（发改投资〔2016〕1744号）。

第三条　实施方式

政府和社会资本合作模式主要包括特许经营和政府购买服务两类。新建项目优先采用建设—运营—移交（BOT）、建设—拥有—运营—移交（BOOT）、设计—建设—融资—运营—移交（DBFOT）、建设—拥有—运营（BOO）等方式。存量项目优先采用改建—运营—移交（ROT）方式。同时，各地区可根据当地实际情况及项目特点，积极探索、大胆创新，灵活运用多种方式，切实提高项目运作效率。

第四条 适用要求

各级发展改革部门应按照本导则明确的程序要求和工作内容,本着"简捷高效、科学规范、兼容并包、创新务实"原则,会同有关部门,加强协调配合,形成合力,共同促进本地区传统基础设施领域PPP模式规范健康发展。国家发展改革委将加强指导和监督,促进PPP工作稳步推进。

第二章 项目储备

第五条 加强规划政策引导

要重视发挥发展规划、投资政策的战略引领与统筹协调作用,按照国民经济和社会发展总体规划、区域规划、专项规划及相关政策,依据传统基础设施领域的建设目标、重点任务、实施步骤等,明确推广应用PPP模式的统一部署及具体要求。

第六条 建立PPP项目库

各级发展改革部门要会同有关行业主管部门,在投资项目在线审批监管平台(重大建设项目库)基础上,建立各地区各行业传统基础设施PPP项目库,并统一纳入国家发展改革委传统基础设施PPP项目库,建立贯通各地区各部门的传统基础设施PPP项目信息平台。入库情况将作为安排政府投资、确定与调整价格、发行企业债券及享受政府和社会资本合作专项政策的重要依据。

第七条 纳入年度实施计划

列入各地区各行业传统基础设施PPP项目库的项目,实行动态管理、滚动实施、分批推进。对于需要当年推进实施的PPP项目,应纳入各地区各行业PPP项目年度实施计划。需要使用各类政府投资资金的传统基础设施PPP项目,应当纳入三年滚动政府投资计划。

第八条 确定实施机构和政府出资人代表

对于列入年度实施计划的PPP项目,应根据项目性质和行业特点,由当地政府行业主管部门或其委托的相关单位作为PPP项目实施机构,负责项目准备及实施等工作。鼓励地方政府采用资本金注入方式投资传统基础设施PPP项目,并明确政府出资人代表,参与项目准备及实施工作。

第三章　项目论证

第九条　PPP 项目实施方案编制

纳入年度实施计划的 PPP 项目,应编制 PPP 项目实施方案。PPP 项目实施方案由实施机构组织编制,内容包括项目概况、运作方式、社会资本方遴选方案、投融资和财务方案、建设运营和移交方案、合同结构与主要内容、风险分担、保障与监管措施等。为提高工作效率,对于一般性政府投资项目,各地可在可行性研究报告中包括 PPP 项目实施专章,内容可以适当简化,不再单独编写 PPP 项目实施方案。

实施方案编制过程中,应重视征询潜在社会资本方的意见和建议。要重视引导社会资本方形成合理的收益预期,建立主要依靠市场的投资回报机制。如果项目涉及向使用者收取费用,要取得价格主管部门出具的相关意见。

第十条　项目审批、核准或备案

政府投资项目的可行性研究报告应由具有相应项目审批职能的投资主管部门等审批。可行性研究报告审批后,实施机构根据经批准的可行性研究报告有关要求,完善并确定 PPP 项目实施方案。重大基础设施政府投资项目,应重视项目初步设计方案的深化研究,细化工程技术方案和投资概算等内容,作为确定 PPP 项目实施方案的重要依据。

实行核准制或备案制的企业投资项目,应根据《政府核准的投资项目目录》及相关规定,由相应的核准或备案机关履行核准、备案手续。项目核准或备案后,实施机构依据相关要求完善和确定 PPP 项目实施方案。

纳入 PPP 项目库的投资项目,应在批复可行性研究报告或核准项目申请报告时,明确规定可以根据社会资本方选择结果依法变更项目法人。

第十一条　PPP 项目实施方案审查审批

鼓励地方政府建立 PPP 项目实施方案联审机制。按照"多评合一,统一评审"的要求,由发展改革部门和有关行业主管部门牵头,会同项目涉及的财政、规划、国土、价格、公共资源交易管理、审计、法制等政府相关部门，对 PPP 项目实施方案进行联合评审。必要时可先组织相关专家进行评议或委托第三方专业机构出具评估意见，然后再进行联合评审。

一般性政府投资项目可行性研究报告中的 PPP 项目实施专章，可结合可行性研究报告审批一并审查。

通过实施方案审查的 PPP 项目，可以开展下一步工作；按规定需报当地政府批准的，应报当地政府批准同意后开展下一步工作。未通过审查的，可在调整实施方案后重新审查；经重新审查仍不能通过的，不再采用 PPP 模式。

第十二条 合同草案的起草

PPP 项目实施机构依据审查批准的实施方案，组织起草 PPP 合同草案，包括 PPP 项目主合同和相关附属合同（如项目公司股东协议和章程、配套建设条件落实协议等）。PPP 项目合同的主要内容参考国家发展改革委发布的《政府和社会资本合作项目通用合同指南（2014 年版）》。

第四章 社会资本方选择

第十三条 社会资本方遴选

依法通过公开招标、邀请招标、两阶段招标、竞争性谈判等方式，公平择优选择具有相应投资能力、管理经验、专业水平、融资实力以及信用状况良好的社会资本方作为合作伙伴。其中，拟由社会资本方自行承担工程项目勘察、设计、施工、监理以及与工程建设有关的重要设备、材料等采购的，必须按照《招标投标法》的规定，通过招标方式选择社会资本方。

在遴选社会资本方的资格要求及评标标准设定等方面，要客观、公正、详细、透明，禁止排斥、限制或歧视民间资本和外商投资。鼓励社会资本方成立联合体投标。鼓励设立混合所有制项目公司。社会资本方遴选结果要及时公告或公示，并明确申诉渠道和方式。

各地要积极创造条件，采用多种方式保障 PPP 项目建设用地。如果项目建设用地涉及土地招拍挂，鼓励相关工作与社会资本方招标、评标等工作同时开展。

第十四条 PPP合同确认谈判

PPP项目实施机构根据需要组织项目谈判小组,必要时邀请第三方专业机构提供专业支持。

谈判小组按照候选社会资本方的排名,依次与候选社会资本方进行合同确认谈判,率先达成一致的即为中选社会资本方。项目实施机构应与中选社会资本方签署确认谈判备忘录,并根据信息公开相关规定,公示合同文本及相关文件。

第十五条 PPP项目合同的签订

PPP项目实施机构应按相关规定做好公示期间异议的解释、澄清和回复等工作。公示期满无异议的,由项目实施机构会同当地投资主管部门将PPP项目合同报送当地政府审核。政府审核同意后,由项目实施机构与中选社会资本方正式签署PPP项目合同。

需要设立项目公司的,待项目公司正式设立后,由实施机构与项目公司正式签署PPP项目合同,或签署关于承继PPP项目合同的补充合同。

第五章 项目执行

第十六条 项目公司的设立

社会资本方可依法设立项目公司。政府指定了出资人代表的,项目公司由政府出资人代表与社会资本方共同成立。项目公司应按照PPP合同中的股东协议、公司章程等设立。

项目公司负责按PPP项目合同承担设计、融资、建设、运营等责任,自主经营,自负盈亏。除PPP项目合同另有约定外,项目公司的股权及经营权未经政府同意不得变更。

第十七条 项目法人变更

PPP项目法人选择确定后,如与审批、核准、备案时的项目法人不一致,应按照有关规定依法办理项目法人变更手续。

第十八条 项目融资及建设

PPP项目融资责任由项目公司或社会资本方承担,当地政府及其相关部门不应为项目公司或社会资本方的融资提供担保。项目公司或社会资本方未按照PPP项目合同约定完成融资的,政府方可依法提出履约要求,必要时可提出终止PPP项目合同。

PPP项目建设应符合工程建设管理的相关规定。工程建设成本、质量、进度等风险应由项目公司或社会资本方承担。政府方及政府相关部门应根据PPP项目合同及有关规定,对项目公司或社会资本方履行PPP项目建设责任进行监督。

第十九条 运营绩效评价

PPP项目合同中应包含PPP项目运营服务绩效标准。项目实施机构应会同行业主管部门,根据PPP项目合同约定,定期对项目运营服务进行绩效评价,绩效评价结果应作为项目公司或社会资本方取得项目回报的依据。

项目实施机构应会同行业主管部门,自行组织或委托第三方专业机构对项目进行中期评估,及时发现存在的问题,制订应对措施,推动项目绩效目标顺利完成。

第二十条 项目的临时接管和提前终止

在PPP项目合作期限内,如出现重大违约或者不可抗力导致项目运营持续恶化,危及公共安全或重大公共利益时,政府要及时采取应对措施,必要时可指定项目实施机构等临时接管项目,切实保障公共安全和重大公共利益,直至项目恢复正常运营。不能恢复正常运营的,要提前终止,并按PPP合同约定妥善做好后续工作。

第二十一条 项目移交

对于PPP项目合同约定期满移交的项目,政府应与项目公司或社会资本方在合作期结束前一段时间(过渡期)共同组织成立移交工作组,启动移交准备工作。

移交工作组按照PPP项目合同约定的移交标准,组织进行资产评估和性能测试，保证项目处于良好运营和维护状态。项目公司应按 PPP 项目合同要求及有关规定完成移交工作并办理移交手续。

第二十二条　PPP 项目后评价

项目移交完成后，地方政府有关部门可组织开展 PPP 项目后评价，对 PPP 项目全生命周期的效率、效果、影响和可持续性等进行评价。评价结果应及时反馈给项目利益相关方，并按有关规定公开。

第二十三条　信息公开及社会监督

各地要建立 PPP 项目信息公开机制，依法及时、充分披露 PPP 项目基本信息、招标投标、采购文件、项目合同、工程进展、运营绩效等，切实保障公众知情权。涉及国家秘密的有关内容不得公开；涉及商业秘密的有关内容经申请可以不公开。

建立社会监督机制，鼓励公众对 PPP 项目实施情况进行监督，切实维护公共利益。

第六章　附则

第二十四条

本导则由国家发展改革委负责解释。

第二十五条

本导则自印发之日起施行。

企业投资项目核准和备案管理办法

（国家发改委令2号）（2017.3.8）

第一章 总则

第一条 为落实企业投资自主权，规范政府对企业投资项目的核准和备案行为，实现便利、高效服务和有效管理，依法保护企业合法权益，依据《行政许可法》、《企业投资项目核准和备案管理条例》等有关法律法规，制定本办法。

第二条 本办法所称企业投资项目（以下简称项目），是指企业在中国境内投资建设的固定资产投资项目，包括企业使用自己筹措资金的项目，以及使用自己筹措的资金并申请使用政府投资补助或贷款贴息等的项目。

项目申请使用政府投资补助、贷款贴息的，应在履行核准或备案手续后，提出资金申请报告。

第三条 县级以上人民政府投资主管部门对投资项目履行综合管理职责。

县级以上人民政府其他部门依照法律、法规规定，按照本级政府规定职责分工，对投资项目履行相应管理职责。

第四条 根据项目的不同情况，分别实行核准管理或备案管理。

对关系国家安全、涉及全国重大生产力布局、战略性资源开发和重大公共利益等项目，实行核准管理。其他项目实行备案管理。

第五条 实行核准管理的具体项目范围以及核准机关、核准权限，由国务院颁布的《政府核准的投资项目目录》（以下简称《核准目录》）确定。法律、行政法规和国务院对项目核准的范围、权限有专门规定的，从其规定。

《核准目录》由国务院投资主管部门会同有关部门研究提出，报国务院批准后实施，并根据情况适时调整。

未经国务院批准，各部门、各地区不得擅自调整《核准目录》确定的核准范围和权限。

第六条　除国务院另有规定外,实行备案管理的项目按照属地原则备案。

各省级政府负责制定本行政区域内的项目备案管理办法,明确备案机关及其权限。

第七条　依据本办法第五条第一款规定,具有项目核准权限的行政机关统称项目核准机关。《核准目录》所称国务院投资主管部门是指国家发展和改革委员会;《核准目录》规定由省级政府、地方政府核准的项目,其具体项目核准机关由省级政府确定。

项目核准机关对项目进行的核准是行政许可事项,实施行政许可所需经费应当由本级财政予以保障。

依据国务院专门规定和省级政府规定具有项目备案权限的行政机关统称项目备案机关。

第八条　项目的市场前景、经济效益、资金来源和产品技术方案等,应当依法由企业自主决策、自担风险,项目核准、备案机关及其他行政机关不得非法干预企业的投资自主权。

第九条　项目核准、备案机关及其工作人员应当依法对项目进行核准或者备案,不得擅自增减审查条件,不得超出办理时限。

第十条　项目核准、备案机关应当遵循便民、高效原则,提高办事效率,提供优质服务。

项目核准、备案机关应当制定并公开服务指南,列明项目核准的申报材料及所需附件、受理方式、审查条件、办理流程、办理时限等;列明项目备案所需信息内容、办理流程等,提高工作透明度,为企业提供指导和服务。

第十一条　县级以上地方人民政府有关部门应当依照相关法律法规和本级政府有关规定,建立健全对项目核准、备案机关的监督制度,加强对项目核准、备案行为的监督检查。

各级政府及其有关部门应当依照相关法律法规及规定对企业从事固定资产投资活动实施监督管理。

任何单位和个人都有权对项目核准、备案、建设实施过程中的违法违规行为向有关部门检举。有关部门应当及时核实、处理。

第十二条 除涉及国家秘密的项目外,项目核准、备案通过全国投资项目在线审批监管平台(以下简称在线平台)实行网上受理、办理、监管和服务,实现核准、备案过程和结果的可查询、可监督。

第十三条 项目核准、备案机关以及其他有关部门统一使用在线平台生成的项目代码办理相关手续。

项目通过在线平台申报时,生成作为该项目整个建设周期身份标识的唯一项目代码。项目的审批信息、监管(处罚)信息,以及工程实施过程中的重要信息,统一汇集至项目代码,并与社会信用体系对接,作为后续监管的基础条件。

第十四条 项目核准、备案机关及有关部门应当通过在线平台公开与项目有关的发展规划、产业政策和准入标准,公开项目核准、备案等事项的办理条件、办理流程、办理时限等。

项目核准、备案机关应根据《政府信息公开条例》有关规定将核准、备案结果予以公开,不得违法违规公开重大工程的关键信息。

第十五条 企业投资建设固定资产投资项目,应当遵守国家法律法规,符合国民经济和社会发展总体规划、专项规划、区域规划、产业政策、市场准入标准、资源开发、能耗与环境管理等要求,依法履行项目核准或者备案及其他相关手续,并依法办理城乡规划、土地(海域)使用、环境保护、能源资源利用、安全生产等相关手续,如实提供相关材料,报告相关信息。

第十六条 对项目核准、备案机关实施的项目核准、备案行为,相关利害关系人有权依法申请行政复议或者提起行政诉讼。

第二章 项目核准的申请文件

第十七条 企业办理项目核准手续,应当按照国家有关要求编制项目申请报告,取得第二十二条规定依法应当附具的有关文件后,按照本办法第二十三条规定报送。

第十八条　组织编制和报送项目申请报告的项目单位,应当对项目申请报告以及依法应当附具文件的真实性、合法性和完整性负责。

第十九条　项目申请报告应当主要包括以下内容:(一)项目单位情况;(二)拟建项目情况,包括项目名称、建设地点、建设规模、建设内容等;(三)项目资源利用情况分析以及对生态环境的影响分析;(四)项目对经济和社会的影响分析。

第二十条　项目申请报告通用文本由国务院投资主管部门会同有关部门制定,主要行业的项目申请报告示范文本由相应的项目核准机关参照项目申请报告通用文本制定,明确编制内容、深度要求等。

第二十一条　项目申请报告可以由项目单位自行编写,也可以由项目单位自主委托具有相关经验和能力的工程咨询单位编写。任何单位和个人不得强制项目单位委托中介服务机构编制项目申请报告。

项目单位或者其委托的工程咨询单位应当按照项目申请报告通用文本和行业示范文本的要求编写项目申请报告。

工程咨询单位接受委托编制有关文件,应当做到依法、独立、客观、公正,对其编制的文件负责。

第二十二条　项目单位在报送项目申请报告时,应当根据国家法律法规的规定附具以下文件:

(一)城乡规划行政主管部门出具的选址意见书(仅指以划拨方式提供国有土地使用权的项目);

(二)国土资源(海洋)行政主管部门出具的用地(用海)预审意见(国土资源主管部门明确可以不进行用地预审的情形除外);

(三)法律、行政法规规定需要办理的其他相关手续。

第三章　项目核准的基本程序

第二十三条　地方企业投资建设应当分别由国务院投资主管部门、国务院行业管理部门核准的项目,可以分别通过项目所在地省级政府投资主管部门、行业管理部门向国务院投资主管部门、国务院行业管理部门转送项目申请报告。属于国务院投资主管部门核准权限的项目,项目所在地省级政府规定由省级政府行业管理部门转送的,可以由省级政府投资主管部门与其联合报送。

国务院有关部门所属单位、计划单列企业集团、中央管理企业投资建设应当由国务院有关部门核准的项目,直接向相应的项目核准机关报送项目申请报告,并附行业管理部门的意见。

企业投资建设应当由国务院核准的项目,按照本条第一、二款规定向国务院投资主管部门报送项目申请报告,由国务院投资主管部门审核后报国务院核准。新建运输机场项目由相关省级政府直接向国务院、中央军委报送项目申请报告。

第二十四条 企业投资建设应当由地方政府核准的项目,应当按照地方政府的有关规定,向相应的项目核准机关报送项目申请报告。

第二十五条 项目申报材料齐全、符合法定形式的,项目核准机关应当予以受理。

申报材料不齐全或者不符合法定形式的,项目核准机关应当在收到项目申报材料之日起5个工作日内一次告知项目单位补充相关文件,或对相关内容进行调整。逾期不告知的,自收到项目申报材料之日起即为受理。

项目核准机关受理或者不予受理申报材料,都应当出具加盖本机关专用印章并注明日期的书面凭证。对于受理的申报材料,书面凭证应注明项目代码,项目单位可以根据项目代码在线查询、监督核准过程和结果。

第二十六条 项目核准机关在正式受理项目申请报告后,需要评估的,应在4个工作日内按照有关规定委托具有相应资质的工程咨询机构进行评估。项目核准机关在委托评估时,应当根据项目具体情况,提出评估重点,明确评估时限。

工程咨询机构与编制项目申请报告的工程咨询机构为同一单位、存在控股、管理关系或者负责人为同一人的,该工程咨询机构不得承担该项目的评估工作。工程咨询机构与项目单位存在控股、管理关系或者负责人为同一人的，该工程咨询机构不得承担该项目单位的项目评估工作。

除项目情况复杂的，评估时限不得超过 30 个工作日。接受委托的工程咨询机构应当在项目核准机关规定的时间内提出评估报告，并对评估结论承担责任。项目情况复杂的，履行批准程序后，可以延长评估时限，但延长的期限不得超过 60 个工作日。

项目核准机关应当将项目评估报告与核准文件一并存档备查。

评估费用由委托评估的项目核准机关承担，评估机构及其工作人员不得收取项目单位的任何费用。

第二十七条 项目涉及有关行业管理部门或者项目所在地地方政府职责的，项目核准机关应当商请有关行业管理部门或地方人民政府在 7 个工作日内出具书面审查意见。有关行业管理部门或地方人民政府逾期没有反馈书面审查意见的，视为同意。

第二十八条 项目建设可能对公众利益构成重大影响的，项目核准机关在作出核准决定前，应当采取适当方式征求公众意见。

相关部门对直接涉及群众切身利益的用地（用海）、环境影响、移民安置、社会稳定风险等事项已经进行实质性审查并出具了相关审批文件的，项目核准机关可不再就相关内容重复征求公众意见。

对于特别重大的项目，可以实行专家评议制度。除项目情况特别复杂外，专家评议时限原则上不得超过 30 个工作日。

第二十九条 项目核准机关可以根据评估意见、部门意见和公众意见等，要求项目单位对相关内容进行调整，或者对有关情况和文件做进一步澄清、补充。

第三十条 项目违反相关法律法规，或者不符合发展规划、产业政策和市场准入标准要求的，项目核准机关可以不经过委托评估、征求意见等程序，直接作出不予核准的决定。

第三十一条 项目核准机关应当在正式受理申报材料后 20 个工作日内作出是否予以核准的决定，或向上级项目核准机关提出审核意见。项目情况复杂或者需要征求有关单位意见的，经本行政机关主要负责人批准，可以延长核准时限，但延长的时限不得超过 40 个工作日，并应当将延长期限的理由告知项目单位。

项目核准机关需要委托评估或进行专家评议的，所需时间不计算在前款规定的期限内。项目核准机关应当将咨询评估或专家评议所需时间书面告知项目单位。

第三十二条 项目符合核准条件的，项目核准机关应当对项目予以核准并向项目单位出具项目核准文件。项目不符合核准条件的，项目核准机关应当出具不予核准的书面通知，并说明不予核准的理由。

属于国务院核准权限的项目，由国务院投资主管部门根据国务院的决定向项目单位出具项目核准文件或者不予核准的书面通知。

项目核准机关出具项目核准文件或者不予核准的书面通知应当抄送同级行业管理、城乡规划、国土资源、水行政管理、环境保护、节能审查等相关部门和下级机关。

第三十三条 项目核准文件和不予核准书面通知的格式文本，由国务院投资主管部门制定。

第三十四条 项目核准机关应制定内部工作规则，不断优化工作流程，提高核准工作效率。

第四章 项目核准的审查及效力

第三十五条 项目核准机关应当从以下方面对项目进行审查：

（一）是否危害经济安全、社会安全、生态安全等国家安全；

（二）是否符合相关发展建设规划、产业政策和技术标准；

（三）是否合理开发并有效利用资源；

（四）是否对重大公共利益产生不利影响。

项目核准机关应当制定审查工作细则，明确审查具体内容、审查要点、注意事项及不当行为需要承担的后果等。

第三十六条　除本办法第二十二条要求提供的项目申请报告附送文件之外，项目单位还应在开工前依法办理其他相关手续。

第三十七条　取得项目核准文件的项目，有下列情形之一的，项目单位应当及时以书面形式向原项目核准机关提出变更申请。原项目核准机关应当自受理申请之日起 20 个工作日内作出是否同意变更的书面决定：

（一）建设地点发生变更的；

（二）投资规模、建设规模、建设内容发生较大变化的；

（三）项目变更可能对经济、社会、环境等产生重大不利影响的；

（四）需要对项目核准文件所规定的内容进行调整的其他重大情形。

第三十八条　项目自核准机关出具项目核准文件或同意项目变更决定 2 年内未开工建设，需要延期开工建设的，项目单位应当在 2 年期限届满的 30 个工作日前，向项目核准机关申请延期开工建设。项目核准机关应当自受理申请之日起 20 个工作日内，作出是否同意延期开工建设的决定，并出具相应文件。开工建设只能延期一次，期限最长不得超过 1 年。国家对项目延期开工建设另有规定的，依照其规定。

在 2 年期限内未开工建设也未按照规定向项目核准机关申请延期的，项目核准文件或同意项目变更决定自动失效。

第五章　项目备案

第三十九条　实行备案管理的项目，项目单位应当在开工建设前通过在线平台将相关信息告知项目备案机关，依法履行投资项目信息告知义务，并遵循诚信和规范原则。

第四十条　项目备案机关应当制定项目备案基本信息格式文本，具体包括以下内容：

（一）项目单位基本情况；

（二）项目名称、建设地点、建设规模、建设内容；

（三）项目总投资额；

（四）项目符合产业政策声明。

项目单位应当对备案项目信息的真实性、合法性和完整性负责。

第四十一条 项目备案机关收到本办法第四十条规定的全部信息即为备案。项目备案信息不完整的，备案机关应当及时以适当方式提醒和指导项目单位补正。

项目备案机关发现项目属产业政策禁止投资建设或者依法应实行核准管理，以及不属于固定资产投资项目、依法应实施审批管理、不属于本备案机关权限等情形的，应当通过在线平台及时告知企业予以纠正或者依法申请办理相关手续。

第四十二条 项目备案相关信息通过在线平台在相关部门之间实现互通共享。

项目单位需要备案证明的，可以通过在线平台自行打印或者要求备案机关出具。

第四十三条 项目备案后，项目法人发生变化，项目建设地点、规模、内容发生重大变更，或者放弃项目建设的，项目单位应当通过在线平台及时告知项目备案机关，并修改相关信息。

第四十四条 实行备案管理的项目，项目单位在开工建设前还应当根据相关法律法规规定办理其他相关手续。

第六章 监督管理

第四十五条 上级项目核准、备案机关应当加强对下级项目核准、备案机关的指导和监督，及时纠正项目管理中存在的违法违规行为。

第四十六条 项目核准和备案机关、行业管理、城乡规划（建设）、国家安全、国土（海洋）资源、环境保护、节能审查、金融监管、安全生产监管、审计等部门，应当按照谁审批谁监管、谁主管谁监管的原则，采取在线监测、现场核查等方式,依法加强对项目的事中事后监管。

项目核准、备案机关应当根据法律法规和发展规划、产业政策、总量控制目标、技术政策、准入标准及相关环保要求等,对项目进行监管。

城乡规划、国土(海洋)资源、环境保护、节能审查、安全监管、建设、行业管理等部门,应当履行法律法规赋予的监管职责,在各自职责范围内对项目进行监管。

金融监管部门应当加强指导和监督,引导金融机构按照商业原则,依法独立审贷。

审计部门应当依法加强对国有企业投资项目、申请使用政府投资资金的项目以及其他公共工程项目的审计监督。

第四十七条　各级地方政府有关部门应按照相关法律法规及职责分工,加强对本行政区域内项目的监督检查,发现违法违规行为的,应当依法予以处理,并通过在线平台登记相关违法违规信息。

第四十八条　对不符合法定条件的项目予以核准,或者超越法定职权予以核准的,应依法予以撤销。

第四十九条　各级项目核准、备案机关的项目核准或备案信息,以及国土(海洋)资源、城乡规划、水行政管理、环境保护、节能审查、安全监管、建设、工商等部门的相关手续办理信息、审批结果信息、监管(处罚)信息,应当通过在线平台实现互通共享。

第五十条　项目单位应当通过在线平台如实报送项目开工建设、建设进度、竣工的基本信息。

项目开工前,项目单位应当登录在线平台报备项目开工基本信息。项目开工后,项目单位应当按年度在线报备项目建设动态进度基本信息。项目竣工验收后,项目单位应当在线报备项目竣工基本信息。

第五十一条　项目单位有下列行为之一的,相关信息列入项目异常信用记录,并纳入全国信用信息共享平台:

（一）应申请办理项目核准但未依法取得核准文件的；

（二）提供虚假项目核准或备案信息，或者未依法将项目信息告知备案机关，或者已备案项目信息变更未告知备案机关的；

（三）违反法律法规擅自开工建设的；

（四）不按照批准内容组织实施的；

（五）项目单位未按本办法第五十条规定报送项目开工建设、建设进度、竣工等基本信息，或者报送虚假信息的；

（六）其他违法违规行为。

第七章　法律责任

第五十二条　项目核准、备案机关有下列情形之一的，由其上级行政机关责令改正，对负有责任的领导人员和直接责任人员由有关单位和部门依纪依法给予处分：

（一）超越法定职权予以核准或备案的；

（二）对不符合法定条件的项目予以核准的；

（三）对符合法定条件的项目不予核准的；

（四）擅自增减核准审查条件的，或者以备案名义变相审批、核准的；

（五）不在法定期限内作出核准决定的；

（六）不依法履行监管职责或者监督不力，造成严重后果的。

第五十三条　项目核准、备案机关及其工作人员，以及其他相关部门及其工作人员，在项目核准、备案以及相关审批手续办理过程中玩忽职守、滥用职权、徇私舞弊、索贿受贿的，对负有责任的领导人员和直接责任人员依法给予处分；构成犯罪的，依法追究刑事责任。

第五十四条　项目核准、备案机关，以及国土（海洋）资源、城乡规划、水行政管理、环境保护、节能审查、安全监管、建设等部门违反相关法律法规规定，未依法履行监管职责的，对直接负责的主管人员和其他直接责任人员，依法给予处分；构成犯罪的，依法追究刑事责任。项目所在地的地方政府有关部门不履行企业投资监管职责的,对直接负责的主管人员和其他直接责任人员,依法给予处分。

第五十五条　企业以分拆项目、隐瞒有关情况或者提供虚假申报材料等不正当手段申请核准、备案的,项目核准机关不予受理或者不予核准、备案,并给予警告。

第五十六条　实行核准管理的项目,企业未依法办理核准手续开工建设或者未按照核准的建设地点、建设规模、建设内容等进行建设的,由核准机关责令停止建设或者责令停产,对企业处项目总投资额1‰以上5‰以下的罚款;对直接负责的主管人员和其他直接责任人员处2万元以上5万元以下的罚款,属于国家工作人员的,依法给予处分。项目应视情况予以拆除或者补办相关手续。

以欺骗、贿赂等不正当手段取得项目核准文件,尚未开工建设的,由核准机关撤销核准文件,处项目总投资额1‰以上5‰以下的罚款;已经开工建设的,依照前款规定予以处罚;构成犯罪的,依法追究刑事责任。

第五十七条　实行备案管理的项目,企业未依法将项目信息或者已备案项目信息变更情况告知备案机关,或者向备案机关提供虚假信息的,由备案机关责令限期改正;逾期不改正的,处2万元以上5万元以下的罚款。

第五十八条　企业投资建设产业政策禁止投资建设项目的,由县级以上人民政府投资主管部门责令停止建设或者责令停产并恢复原状,对企业处项目总投资额5‰以上10‰以下的罚款;对直接负责的主管人员和其他直接责任人员处5万元以上10万元以下的罚款,属于国家工作人员的,依法给予处分。法律、行政法规另有规定的,依照其规定。

第五十九条　项目单位在项目建设过程中不遵守国土(海洋)资源、城乡规划、环境保护、节能、安全监管、建设等方面法律法规和有关审批文件要求的,相关部门应依法予以处理。

第六十条　承担项目申请报告编写、评估任务的工程咨询评估机构及其人员、参与专家评议的专家,在编制项目申请报告、受项目核准机关委托开展评估或者参与专家评议过程中，违反从业规定，造成重大损失和恶劣影响的，依法降低或撤销工程咨询单位资格，取消主要责任人员的相关职业资格。

第八章　附则

第六十一条　本办法所称省级政府包括各省、自治区、直辖市及计划单列市人民政府和新疆生产建设兵团。

第六十二条　外商投资项目和境外投资项目的核准和备案管理办法另行制定。

第六十三条　省级政府和国务院行业管理部门，可以按照《企业投资项目核准和备案管理条例》和本办法的规定，制订具体实施办法。

第六十四条　事业单位、社会团体等非企业组织在中国境内利用自有资金、不申请政府投资建设的固定资产投资项目，按照企业投资项目进行管理。

个人投资建设项目参照本办法的相关规定执行。

第六十五条　本办法由国家发展和改革委员会负责解释。

第六十六条　本办法自 2017 年 4 月 8 日起施行。《政府核准投资项目管理办法》（国家发展改革委令第 11 号）同时废止。

三、其他

财政部、民政部、工商总局关于印发
《政府购买服务管理办法（暂行）》的通知

财综〔2014〕96 号

党中央有关部门，国务院各部委、各直属机构，全国人大常委会办公厅，全国政
协办公厅，高法院，高检院，有关人民团体，各民主党派中央，全国工商联，各
省、自治区、直辖市、计划单列市财政厅（局）、民政厅（局）、工商行政管理局，
新疆生产建设兵团财务局、民政局、工商行政管理局：

根据党的十八届三中全会有关精神和《国务院办公厅关于政府向社会力量
购买服务的指导意见》（国办发〔2013〕96 号）部署，为加快推进政府购买服务
改革，我们制定了《政府购买服务管理办法（暂行）》。现印发给你们，请认真贯
彻执行。

财 政 部

民 政 部

工商总局

2014 年 12 月 15 日

政府购买服务管理办法（暂行）

第一章　总　则

第一条　为了进一步转变政府职能，推广和规范政府购买服务，更好发挥
市场在资源配置中的决定性作用，根据《中华人民共和国预算法》、《中华人民
共和国政府采购法》、《中共中央关于全面深化改革若干重大问题的决定》、《国
务院办公厅关于政府向社会力量购买服务的指导意见》（国办发〔2013〕96 号）

等有关要求和规定,制定本办法。

第二条 本办法所称政府购买服务,是指通过发挥市场机制作用,把政府直接提供的一部分公共服务事项以及政府履职所需服务事项,按照一定的方式和程序,交由具备条件的社会力量和事业单位承担,并由政府根据合同约定向其支付费用。

政府购买服务范围应当根据政府职能性质确定,并与经济社会发展水平相适应。属于事务性管理服务的,应当引入竞争机制,通过政府购买服务的方式提供。

第三条 政府购买服务遵循以下基本原则:

(一)积极稳妥,有序实施。从实际出发,准确把握社会公共服务需求,充分发挥政府主导作用,探索多种有效方式,加大社会组织承接政府购买服务支持力度,增强社会组织平等参与承接政府购买公共服务的能力,有序引导社会力量参与服务供给,形成改善公共服务的合力。

(二)科学安排,注重实效。突出公共性和公益性,重点考虑、优先安排与改善民生密切相关、有利于转变政府职能的领域和项目,明确权利义务,切实提高财政资金使用效率。

(三)公开择优,以事定费。按照公开、公平、公正原则,坚持费随事转,通过公平竞争择优选择方式确定政府购买服务的承接主体,建立优胜劣汰的动态调整机制。

(四)改革创新,完善机制。坚持与事业单位改革、社会组织改革相衔接,推进政事分开、政社分开,放宽市场准入,凡是社会能办好的,都交给社会力量承担,不断完善体制机制。

第二章 购买主体和承接主体

第四条 政府购买服务的主体(以下简称购买主体)是各级行政机关和具有行政管理职能的事业单位。

第五条 党的机关、纳入行政编制管理且经费由财政负担的群团组织向社会提供的公共服务以及履职服务,可以根据实际需要,按照本办法规定实施购买服务。

第六条 承接政府购买服务的主体(以下简称承接主体),包括在登记管理部门登记或经国务院批准免予登记的社会组织、按事业单位分类改革应划入公益二类或转为企业的事业单位,依法在工商管理或行业主管部门登记成立的企业、机构等社会力量。

第七条 承接主体应当具备以下条件:

(一)依法设立,具有独立承担民事责任的能力;

(二)治理结构健全,内部管理和监督制度完善;

(三)具有独立、健全的财务管理、会计核算和资产管理制度;

(四)具备提供服务所必需的设施、人员和专业技术能力;

(五)具有依法缴纳税收和社会保障资金的良好记录;

(六)前3年内无重大违法记录,通过年检或按要求履行年度报告公示义务,信用状况良好,未被列入经营异常名录或者严重违法企业名单;

(七)符合国家有关政事分开、政社分开、政企分开的要求;

(八)法律、法规规定以及购买服务项目要求的其他条件。

第八条 承接主体的资质及具体条件,由购买主体根据第六条、第七条规定,结合购买服务内容具体需求确定。

第九条 政府购买服务应当与事业单位改革相结合,推动事业单位与主管部门理顺关系和去行政化,推进有条件的事业单位转为企业或社会组织。

事业单位承接政府购买服务的,应按照"费随事转"原则,相应调整财政预算保障方式,防止出现既通过财政拨款养人办事,同时又花钱购买服务的行为。

第十条 购买主体应当在公平竞争的原则下鼓励行业协会商会参与承接政府购买服务,培育发展社会组织,提升社会组织承担公共服务能力,推动行业协会商会与行政机构脱钩。

第十一条 购买主体应当保障各类承接主体平等竞争,不得以不合理的条件对承接主体实行差别化歧视。

第三章　购买内容及指导目录

第十二条　政府购买服务的内容为适合采取市场化方式提供、社会力量能够承担的服务事项。政府新增或临时性、阶段性的服务事项,适合社会力量承担的,应当按照政府购买服务的方式进行。不属于政府职能范围,以及应当由政府直接提供、不适合社会力量承担的服务事项,不得向社会力量购买。

第十三条　各级财政部门负责制定本级政府购买服务指导性目录,确定政府购买服务的种类、性质和内容。

财政部门制定政府购买服务指导性目录,应当充分征求相关部门意见,并根据经济社会发展变化、政府职能转变及公众需求等情况及时进行动态调整。

第十四条　除法律法规另有规定外,下列服务应当纳入政府购买服务指导性目录:

(一)基本公共服务。公共教育、劳动就业、人才服务、社会保险、社会救助、养老服务、儿童福利服务、残疾人服务、优抚安置、医疗卫生、人口和计划生育、住房保障、公共文化、公共体育、公共安全、公共交通运输、三农服务、环境治理、城市维护等领域适宜由社会力量承担的服务事项。

(二)社会管理性服务。社区建设、社会组织建设与管理、社会工作服务、法律援助、扶贫济困、防灾救灾、人民调解、社区矫正、流动人口管理、安置帮教、志愿服务运营管理、公共公益宣传等领域适宜由社会力量承担的服务事项。

(三)行业管理与协调性服务。行业职业资格和水平测试管理、行业规范、行业投诉等领域适宜由社会力量承担的服务事项。

(四)技术性服务。科研和技术推广、行业规划、行业调查、行业统计分析、检验检疫检测、监测服务、会计审计服务等领域适宜由社会力量承担的服务事项。

(五)政府履职所需辅助性事项。法律服务、课题研究、政策(立法)调研草拟论证、战略和政策研究、综合性规划编制、标准评价指标制定、社会调查、会议经贸活动和展览服务、监督检查、评估、绩效评价、工程服务、项目评审、财务审计、咨询、技术业务培训、信息化建设与管理、后勤管理等领域中适宜由社会力量承担的服务事项。

（六）其他适宜由社会力量承担的服务事项。

第十五条　纳入指导性目录的服务事项,应当实施购买服务。

第四章　购买方式及程序

第十六条　购买主体应当根据购买内容的供求特点、市场发育程度等因素,按照方式灵活、程序简便、公开透明、竞争有序、结果评价的原则组织实施政府购买服务。

第十七条　购买主体应当按照政府采购法的有关规定,采用公开招标、邀请招标、竞争性谈判、单一来源采购等方式确定承接主体。

与政府购买服务相关的采购限额标准、公开招标数额标准、采购方式审核、信息公开、质疑投诉等按照政府采购相关法律制度规定执行。

第十八条　购买主体应当在购买预算下达后,根据政府采购管理要求编制政府采购实施计划,报同级政府采购监管部门备案后开展采购活动。

购买主体应当及时向社会公告购买内容、规模、对承接主体的资质要求和应提交的相关材料等相关信息。

第十九条　按规定程序确定承接主体后,购买主体应当与承接主体签订合同,并可根据服务项目的需求特点,采取购买、委托、租赁、特许经营、战略合作等形式。

合同应当明确购买服务的内容、期限、数量、质量、价格等要求,以及资金结算方式、双方的权利义务事项和违约责任等内容。

第二十条　购买主体应当加强购买合同管理,督促承接主体严格履行合同,及时了解和掌握购买项目的实施进度,严格按照国库集中支付管理的有关规定和合同执行进度支付款项,并根据实际需求和合同规定积极帮助承接主体做好与相关政府部门、服务对象的沟通、协调。

第二十一条 承接主体应当按合同履行提供服务的义务,认真组织实施服务项目,按时完成服务项目任务,保证服务数量、质量和效果,主动接受有关部门、服务对象及社会监督,严禁转包行为。

第二十二条 承接主体完成合同约定的服务事项后,购买主体应当及时组织对履约情况进行检查验收,并依据现行财政财务管理制度加强管理。

第五章 预算及财务管理

第二十三条 政府购买服务所需资金,应当在既有财政预算中统筹安排。购买主体应当在现有财政资金安排的基础上,按规定逐步增加政府购买服务资金比例。对预算已安排资金且明确通过购买方式提供的服务项目,按相关规定执行;对预算已安排资金但尚未明确通过购买方式提供的服务项目,可以根据实际情况转为通过政府购买服务方式实施。

第二十四条 购买主体应当充分发挥行业主管部门、行业组织和专业咨询评估机构、专家等专业优势,结合项目特点和相关经费预算,综合物价、工资、税费等因素,合理测算安排政府购买服务所需支出。

第二十五条 财政部门在布置年度预算编制工作时,应当对购买服务的相关预算安排提出明确要求,在预算报表中制定专门的购买服务项目表。

购买主体应当按要求填报购买服务项目表,并将列入集中采购目录或采购限额标准以上的政府购买服务项目同时反映在政府采购预算中,与部门预算一并报送财政部门审核。

第二十六条 财政部门负责政府购买服务管理的机构对购买主体填报的政府购买服务项目表进行审核。

第二十七条 财政部门审核后的购买服务项目表,随部门预算批复一并下达给相关购买主体。购买主体应当按照财政部门下达的购买服务项目表,组织实施购买服务工作。

第二十八条 承接主体应当建立政府购买服务台账,记录相关文件、工作计划方案、项目和资金批复、项目进展和资金支付、工作汇报总结、重大活动和其他有关资料信息,接受和配合相关部门对资金使用情况进行监督检查及绩效评价。

第二十九条　承接主体应当建立健全财务制度,严格遵守相关财政财务规定,对购买服务的项目资金进行规范的财务管理和会计核算,加强自身监督,确保资金规范管理和使用。

第三十条　承接主体应当建立健全财务报告制度,按要求向购买主体提供资金的使用情况、项目执行情况、成果总结等材料。

第六章　绩效和监督管理

第三十一条　财政部门应当按照建立全过程预算绩效管理机制的要求,加强成本效益分析,推进政府购买服务绩效评价工作。

财政部门应当推动建立由购买主体、服务对象及专业机构组成的综合性评价机制,推进第三方评价,按照过程评价与结果评价、短期效果评价与长远效果评价、社会效益评价与经济效益评价相结合的原则,对购买服务项目数量、质量和资金使用绩效等进行考核评价。评价结果作为选择承接主体的重要参考依据。

第三十二条　财政、审计等有关部门应当加强对政府购买服务的监督、审计,确保政府购买服务资金规范管理和合理使用。对截留、挪用和滞留资金以及其他违反本办法规定的行为,依照《中华人民共和国政府采购法》、《财政违法行为处罚处分条例》等国家有关规定追究法律责任;涉嫌犯罪的,依法移交司法机关处理。

第三十三条　民政、工商管理及行业主管等部门应当按照职责分工将承接主体承接政府购买服务行为信用记录纳入年检(报)、评估、执法等监管体系,不断健全守信激励和失信惩戒机制。

第三十四条　购买主体应当加强服务项目标准体系建设,科学设定服务需求和目标要求,建立服务项目定价体系和质量标准体系,合理编制规范性服务标准文本。

第三十五条 购买主体应当建立监督检查机制，加强对政府购买服务的全过程监督，积极配合有关部门将承接主体的承接政府购买服务行为纳入年检（报）、评估、执法等监管体系。

第三十六条 财政部门和购买主体应当按照《中华人民共和国政府信息公开条例》、《政府采购信息公告管理办法》以及预算公开的相关规定，公开财政预算及部门和单位的政府购买服务活动的相关信息，涉及国家秘密、商业秘密和个人隐私的信息除外。

第三十七条 财政部门应当会同相关部门、购买主体建立承接主体承接政府购买服务行为信用记录，对弄虚作假、冒领财政资金以及有其他违法违规行为的承接主体，依法给予行政处罚，并列入政府购买服务黑名单。

第七章 附 则

第三十八条 本办法由财政部会同有关部门负责解释。

第三十九条 本办法自 2015 年 1 月 1 日起施行。

基础设施和公用事业特许经营管理办法

国家发改委和改革委员会、财政部、住房城乡建设部、交通运输部、水利部、中国人民银行令第 25 号

《基础设施和公用事业特许经营管理办法》业经国务院同意，现予以发布，自 2015 年 6 月 1 日起施行。

国家发展改革委主任：徐绍史

财政部部长：楼继伟

住房城乡建设部部长：陈政高

交通运输部部长：杨传堂

水利部部长：陈　雷

人民银行行长：周小川

2015 年 4 月 25 日

基础设施和公用事业特许经营管理办法

第一章　总则

第一条　为鼓励和引导社会资本参与基础设施和公用事业建设运营，提高公共服务质量和效率，保护特许经营者合法权益，保障社会公共利益和公共安全，促进经济社会持续健康发展，制定本办法。

第二条　中华人民共和国境内的能源、交通运输、水利、环境保护、市政工程等基础设施和公用事业领域的特许经营活动，适用本办法。

第三条　本办法所称基础设施和公用事业特许经营，是指政府采用竞争方

式依法授权中华人民共和国境内外的法人或者其他组织,通过协议明确权利义务和风险分担,约定其在一定期限和范围内投资建设运营基础设施和公用事业并获得收益,提供公共产品或者公共服务。

第四条 基础设施和公用事业特许经营应当坚持公开、公平、公正,保护各方信赖利益,并遵循以下原则:

(一)发挥社会资本融资、专业、技术和管理优势,提高公共服务质量效率;

(二)转变政府职能,强化政府与社会资本协商合作;

(三)保护社会资本合法权益,保证特许经营持续性和稳定性;

(四)兼顾经营性和公益性平衡,维护公共利益。

第五条 基础设施和公用事业特许经营可以采取以下方式:

(一)在一定期限内,政府授予特许经营者投资新建或改扩建、运营基础设施和公用事业,期限届满移交政府;

(二)在一定期限内,政府授予特许经营者投资新建或改扩建、拥有并运营基础设施和公用事业,期限届满移交政府;

(三)特许经营者投资新建或改扩建基础设施和公用事业并移交政府后,由政府授予其在一定期限内运营;

(四)国家规定的其他方式。

第六条 基础设施和公用事业特许经营期限应当根据行业特点、所提供公共产品或服务需求、项目生命周期、投资回收期等综合因素确定,最长不超过30年。

对于投资规模大、回报周期长的基础设施和公用事业特许经营项目(以下简称特许经营项目)可以由政府或者其授权部门与特许经营者根据项目实际情况,约定超过前款规定的特许经营期限。

第七条 国务院发展改革、财政、国土、环保、住房城乡建设、交通运输、水利、能源、金融、安全监管等有关部门按照各自职责,负责相关领域基础设施和公用事业特许经营规章、政策制定和监督管理工作。

县级以上地方人民政府发展改革、财政、国土、环保、住房城乡建设、交通运输、水利、价格、能源、金融监管等有关部门根据职责分工,负责有关特许经营项目实施和监督管理工作。

第八条 县级以上地方人民政府应当建立各有关部门参加的基础设施和公用事业特许经营部门协调机制,负责统筹有关政策措施,并组织协调特许经营项目实施和监督管理工作。

第二章 特许经营协议订立

第九条 县级以上人民政府有关行业主管部门或政府授权部门(以下简称项目提出部门)可以根据经济社会发展需求,以及有关法人和其他组织提出的特许经营项目建议等,提出特许经营项目实施方案。

特许经营项目应当符合国民经济和社会发展总体规划、主体功能区规划、区域规划、环境保护规划和安全生产规划等专项规划、土地利用规划、城乡规划、中期财政规划等,并且建设运营标准和监管要求明确。

项目提出部门应当保证特许经营项目的完整性和连续性。

第十条 特许经营项目实施方案应当包括以下内容:

(一)项目名称;

(二)项目实施机构;

(三)项目建设规模、投资总额、实施进度,以及提供公共产品或公共服务的标准等基本经济技术指标;

(四)投资回报、价格及其测算;

(五)可行性分析,即降低全生命周期成本和提高公共服务质量效率的分析估算等;

(六)特许经营协议框架草案及特许经营期限;

(七)特许经营者应当具备的条件及选择方式;

(八)政府承诺和保障;

(九)特许经营期限届满后资产处置方式;

（十）应当明确的其他事项。

第十一条 项目提出部门可以委托具有相应能力和经验的第三方机构，开展特许经营可行性评估，完善特许经营项目实施方案。

需要政府提供可行性缺口补助或者开展物有所值评估的，由财政部门负责开展相关工作。具体办法由国务院财政部门另行制定。

第十二条 特许经营可行性评估应当主要包括以下内容：

（一）特许经营项目全生命周期成本、技术路线和工程方案的合理性，可能的融资方式、融资规模、资金成本，所提供公共服务的质量效率，建设运营标准和监管要求等；

（二）相关领域市场发育程度，市场主体建设运营能力状况和参与意愿；

（三）用户付费项目公众支付意愿和能力评估。

第十三条 项目提出部门依托本级人民政府根据本办法第八条规定建立的部门协调机制，会同发展改革、财政、城乡规划、国土、环保、水利等有关部门对特许经营项目实施方案进行审查。经审查认为实施方案可行的，各部门应当根据职责分别出具书面审查意见。

项目提出部门综合各部门书面审查意见，报本级人民政府或其授权部门审定特许经营项目实施方案。

第十四条 县级以上人民政府应当授权有关部门或单位作为实施机构负责特许经营项目有关实施工作，并明确具体授权范围。

第十五条 实施机构根据经审定的特许经营项目实施方案，应当通过招标、竞争性谈判等竞争方式选择特许经营者。

特许经营项目建设运营标准和监管要求明确、有关领域市场竞争比较充分的，应当通过招标方式选择特许经营者。

第十六条 实施机构应当在招标或谈判文件中载明是否要求成立特许经营项目公司。

第十七条 实施机构应当公平择优选择具有相应管理经验、专业能力、融资实力以及信用状况良好的法人或者其他组织作为特许经营者。鼓励金融机构与参与竞争的法人或其他组织共同制定投融资方案。

特许经营者选择应当符合内外资准入等有关法律、行政法规规定。

依法选定的特许经营者，应当向社会公示。

第十八条　实施机构应当与依法选定的特许经营者签订特许经营协议。

需要成立项目公司的，实施机构应当与依法选定的投资人签订初步协议，约定其在规定期限内注册成立项目公司，并与项目公司签订特许经营协议。

特许经营协议应当主要包括以下内容：

（一）项目名称、内容；

（二）特许经营方式、区域、范围和期限；

（三）项目公司的经营范围、注册资本、股东出资方式、出资比例、股权转让等；

（四）所提供产品或者服务的数量、质量和标准；

（五）设施权属，以及相应的维护和更新改造；

（六）监测评估；

（七）投融资期限和方式；

（八）收益取得方式，价格和收费标准的确定方法以及调整程序；

（九）履约担保；

（十）特许经营期内的风险分担；

（十一）政府承诺和保障；

（十二）应急预案和临时接管预案；

（十三）特许经营期限届满后，项目及资产移交方式、程序和要求等；

（十四）变更、提前终止及补偿；

（十五）违约责任；

（十六）争议解决方式；

（十七）需要明确的其他事项。

第十九条　特许经营协议根据有关法律、行政法规和国家规定，可以约定特许经营者通过向用户收费等方式取得收益。

向用户收费不足以覆盖特许经营建设、运营成本及合理收益的，可由政府提供可行性缺口补助，包括政府授予特许经营项目相关的其他开发经营权益。

第二十条　特许经营协议应当明确价格或收费的确定和调整机制。特许经营项目价格或收费应当依据相关法律、行政法规规定和特许经营协议约定予以确定和调整。

第二十一条　政府可以在特许经营协议中就防止不必要的同类竞争性项目建设、必要合理的财政补贴、有关配套公共服务和基础设施的提供等内容作出承诺，但不得承诺固定投资回报和其他法律、行政法规禁止的事项。

第二十二条　特许经营者根据特许经营协议，需要依法办理规划选址、用地和项目核准或审批等手续的，有关部门在进行审核时，应当简化审核内容，优化办理流程，缩短办理时限，对于本部门根据本办法第十三条出具书面审查意见已经明确的事项，不再作重复审查。

实施机构应当协助特许经营者办理相关手续。

第二十三条　国家鼓励金融机构为特许经营项目提供财务顾问、融资顾问、银团贷款等金融服务。政策性、开发性金融机构可以给予特许经营项目差异化信贷支持，对符合条件的项目，贷款期限最长可达30年。探索利用特许经营项目预期收益质押贷款，支持利用相关收益作为还款来源。

第二十四条　国家鼓励通过设立产业基金等形式入股提供特许经营项目资本金。鼓励特许经营项目公司进行结构化融资，发行项目收益票据和资产支持票据等。

国家鼓励特许经营项目采用成立私募基金，引入战略投资者，发行企业债券、项目收益债券、公司债券、非金融企业债务融资工具等方式拓宽投融资渠道。

第二十五条　县级以上人民政府有关部门可以探索与金融机构设立基础

设施和公用事业特许经营引导基金,并通过投资补助、财政补贴、贷款贴息等方式,支持有关特许经营项目建设运营。

第三章　特许经营协议履行

第二十六条　特许经营协议各方当事人应当遵循诚实信用原则,按照约定全面履行义务。

除法律、行政法规另有规定外,实施机构和特许经营者任何一方不履行特许经营协议约定义务或者履行义务不符合约定要求的,应当根据协议继续履行、采取补救措施或者赔偿损失。

第二十七条　依法保护特许经营者合法权益。任何单位或者个人不得违反法律、行政法规和本办法规定,干涉特许经营者合法经营活动。

第二十八条　特许经营者应当根据特许经营协议,执行有关特许经营项目投融资安排,确保相应资金或资金来源落实。

第二十九条　特许经营项目涉及新建或改扩建有关基础设施和公用事业的,应当符合城乡规划、土地管理、环境保护、质量管理、安全生产等有关法律、行政法规规定的建设条件和建设标准。

第三十条　特许经营者应当根据有关法律、行政法规、标准规范和特许经营协议,提供优质、持续、高效、安全的公共产品或者公共服务。

第三十一条　特许经营者应当按照技术规范,定期对特许经营项目设施进行检修和保养,保证设施运转正常及经营期限届满后资产按规定进行移交。

第三十二条　特许经营者对涉及国家安全的事项负有保密义务,并应当建立和落实相应保密管理制度。

实施机构、有关部门及其工作人员对在特许经营活动和监督管理工作中知悉的特许经营者商业秘密负有保密义务。

第三十三条　实施机构和特许经营者应当对特许经营项目建设、运营、维修、保养过程中有关资料,按照有关规定进行归档保存。

第三十四条　实施机构应当按照特许经营协议严格履行有关义务,为特许经营者建设运营特许经营项目提供便利和支持,提高公共服务水平。

行政区划调整,政府换届、部门调整和负责人变更,不得影响特许经营协议履行。

第三十五条 需要政府提供可行性缺口补助的特许经营项目,应当严格按照预算法规定,综合考虑政府财政承受能力和债务风险状况,合理确定财政付费总额和分年度数额,并与政府年度预算和中期财政规划相衔接,确保资金拨付需要。

第三十六条 因法律、行政法规修改,或者政策调整损害特许经营者预期利益,或者根据公共利益需要,要求特许经营者提供协议约定以外的产品或服务的,应当给予特许经营者相应补偿。

第四章 特许经营协议变更和终止

第三十七条 在特许经营协议有效期内,协议内容确需变更的,协议当事人应当在协商一致基础上签订补充协议。如协议可能对特许经营项目的存续债务产生重大影响的,应当事先征求债权人同意。特许经营项目涉及直接融资行为的,应当及时做好相关信息披露。

特许经营期限届满后确有必要延长的,按照有关规定经充分评估论证,协商一致并报批准后,可以延长。

第三十八条 在特许经营期限内,因特许经营协议一方严重违约或不可抗力等原因,导致特许经营者无法继续履行协议约定义务,或者出现特许经营协议约定的提前终止协议情形的,在与债权人协商一致后,可以提前终止协议。

特许经营协议提前终止的,政府应当收回特许经营项目,并根据实际情况和协议约定给予原特许经营者相应补偿。

第三十九条 特许经营期限届满终止或提前终止的,协议当事人应当按照特许经营协议约定,以及有关法律、行政法规和规定办理有关设施、资料、档案等的性能测试、评估、移交、接管、验收等手续。

第四十条 特许经营期限届满终止或者提前终止,对该基础设施和公用事业继续采用特许经营方式的，实施机构应当根据本办法规定重新选择特许经营者。

因特许经营期限届满重新选择特许经营者的，在同等条件下，原特许经营者优先获得特许经营。

新的特许经营者选定之前，实施机构和原特许经营者应当制定预案，保障公共产品或公共服务的持续稳定提供。

第五章　监督管理和公共利益保障

第四十一条　县级以上人民政府有关部门应当根据各自职责，对特许经营者执行法律、行政法规、行业标准、产品或服务技术规范，以及其他有关监管要求进行监督管理，并依法加强成本监督审查。

县级以上审计机关应当依法对特许经营活动进行审计。

第四十二条　县级以上人民政府及其有关部门应当根据法律、行政法规和国务院决定保留的行政审批项目对特许经营进行监督管理，不得以实施特许经营为名违法增设行政审批项目或审批环节。

第四十三条　实施机构应当根据特许经营协议，定期对特许经营项目建设运营情况进行监测分析，会同有关部门进行绩效评价，并建立根据绩效评价结果、按照特许经营协议约定对价格或财政补贴进行调整的机制，保障所提供公共产品或公共服务的质量和效率。

实施机构应当将社会公众意见作为监测分析和绩效评价的重要内容。

第四十四条　社会公众有权对特许经营活动进行监督，向有关监管部门投诉，或者向实施机构和特许经营者提出意见建议。

第四十五条　县级以上人民政府应当将特许经营有关政策措施、特许经营部门协调机制组成以及职责等信息向社会公开。

实施机构和特许经营者应当将特许经营项目实施方案、特许经营者选择、特许经营协议及其变更或终止、项目建设运营、所提供公共服务标准、监测分析和绩效评价、经过审计的上年度财务报表等有关信息按规定向社会公开。

特许经营者应当公开有关会计数据、财务核算和其他有关财务指标,并依法接受年度财务审计。

第四十六条 特许经营者应当对特许经营协议约定服务区域内所有用户普遍地、无歧视地提供公共产品或公共服务,不得对新增用户实行差别待遇。

第四十七条 实施机构和特许经营者应当制定突发事件应急预案,按规定报有关部门。突发事件发生后,及时启动应急预案,保障公共产品或公共服务的正常提供。

第四十八条 特许经营者因不可抗力等原因确实无法继续履行特许经营协议的,实施机构应当采取措施,保证持续稳定提供公共产品或公共服务。

第六章 争议解决

第四十九条 实施机构和特许经营者就特许经营协议履行发生争议的,应当协商解决。协商达成一致的,应当签订补充协议并遵照执行。

第五十条 实施机构和特许经营者就特许经营协议中的专业技术问题发生争议的,可以共同聘请专家或第三方机构进行调解。调解达成一致的,应当签订补充协议并遵照执行。

第五十一条 特许经营者认为行政机关作出的具体行政行为侵犯其合法权益的,有陈述、申辩的权利,并可以依法提起行政复议或者行政诉讼。

第五十二条 特许经营协议存续期间发生争议,当事各方在争议解决过程中,应当继续履行特许经营协议义务,保证公共产品或公共服务的持续性和稳定性。

第七章 法律责任

第五十三条 特许经营者违反法律、行政法规和国家强制性标准,严重危害公共利益,或者造成重大质量、安全事故或者突发环境事件的,有关部门应当责令限期改正并依法予以行政处罚;拒不改正、情节严重的,可以终止特许经营协议;构成犯罪的,依法追究刑事责任。

第五十四条 以欺骗、贿赂等不正当手段取得特许经营项目的,应当依法收回特许经营项目，向社会公开。

第五十五条 实施机构、有关行政主管部门及其工作人员不履行法定职责、干预特许经营者正常经营活动、徇私舞弊、滥用职权、玩忽职守的，依法给予行政处分；构成犯罪的，依法追究刑事责任。

第五十六条 县级以上人民政府有关部门应当对特许经营者及其从业人员的不良行为建立信用记录，纳入全国统一的信用信息共享交换平台。对严重违法失信行为依法予以曝光，并会同有关部门实施联合惩戒。

第八章 附则

第五十七条 基础设施和公用事业特许经营涉及国家安全审查的，按照国家有关规定执行。

第五十八条 法律、行政法规对基础设施和公用事业特许经营另有规定的，从其规定。

本办法实施之前依法已经订立特许经营协议的，按照协议约定执行。

第五十九条 本办法由国务院发展改革部门会同有关部门负责解释。

第六十条 本办法自 2015 年 6 月 1 日起施行。

关于在公共服务领域推广政府和社会资本合作模式的指导意见

财政部　发展改革委　人民银行

为打造大众创业、万众创新和增加公共产品、公共服务"双引擎",让广大人民群众享受到优质高效的公共服务,在改善民生中培育经济增长新动力,现就改革创新公共服务供给机制,大力推广政府和社会资本合作(Public-Private Partnership,PPP)模式,提出以下意见:

一、充分认识推广政府和社会资本合作模式的重大意义

政府和社会资本合作模式是公共服务供给机制的重大创新,即政府采取竞争性方式择优选择具有投资、运营管理能力的社会资本,双方按照平等协商原则订立合同,明确权利关系,由社会资本提供公共服务,政府依据公共服务绩效评价结果向社会资本支付相应对价,保证社会资本获得合理收益。政府和社会资本合作模式有利于充分发挥市场机制作用,提升公共服务的供给质量和效率,实现公共利益最大化。

(一)有利于加快转变政府职能,实现政企分开、政事分开。作为社会资本的境内外企业、社会组织和中介机构承担公共服务涉及的设计、建设、投资、融资、运营和维护等责任,政府作为监督者和合作者,减少对微观事务的直接参与,加强发展战略制定、社会管理、市场监管、绩效考核等职责,有助于解决政府职能错位、越位和缺位的问题,深化投融资体制改革,推进国家治理体系和治理能力现代化。

(二)有利于打破行业准入限制,激发经济活力和创造力。政府和社会资本合作模式可以有效打破社会资本进入公共服务领域的各种不合理限制,鼓励国有控股企业、民营企业、混合所有制企业等各类型企业积极参与提供公共服务,给予中小企业更多参与机会,大幅拓展社会资本特别是民营资本的发展空间,激发市场主体活力和发展潜力,有利于盘活社会存量资本,形成多元化、可持续

的公共服务资金投入渠道,打造新的经济增长点,增强经济增长动力。

(三)有利于完善财政投入和管理方式,提高财政资金使用效益。在政府和社会资本合作模式下,政府以运营补贴等作为社会资本提供公共服务的对价,以绩效评价结果作为对价支付依据,并纳入预算管理、财政中期规划和政府财务报告,能够在当代人和后代人之间公平地分担公共资金投入,符合代际公平原则,有效弥补当期财政投入不足,有利于减轻当期财政支出压力,平滑年度间财政支出波动,防范和化解政府性债务风险。

二、总体要求

(四)指导思想。贯彻落实党的十八大和十八届二中、三中、四中全会精神,按照党中央、国务院决策部署,借鉴国际成熟经验,立足国内实际情况,改革创新公共服务供给机制和投入方式,发挥市场在资源配置中的决定性作用,更好发挥政府作用,引导和鼓励社会资本积极参与公共服务供给,为广大人民群众提供优质高效的公共服务。

(五)基本原则

依法合规。将政府和社会资本合作纳入法制化轨道,建立健全制度体系,保护参与各方的合法权益,明确全生命周期管理要求,确保项目规范实施。

重诺履约。政府和社会资本法律地位平等、权利义务对等,必须树立契约理念,坚持平等协商、互利互惠、诚实守信、严格履约。

公开透明。实行阳光化运作,依法充分披露政府和社会资本合作项目重要信息,保障公众知情权,对参与各方形成有效监督和约束。

公众受益。加强政府监管,将政府的政策目标、社会目标和社会资本的运营效率、技术进步有机结合,促进社会资本竞争和创新,确保公共利益最大化。

积极稳妥。鼓励地方各级人民政府和行业主管部门因地制宜,探索符合当地实际和行业特点的做法,总结提炼经验,形成适合我国国情的发展模式。坚持必要、合理、可持续的财政投入原则,有序推进项目实施,控制项目的政府支付责任,防止政府支付责任过重加剧财政收支矛盾,带来支出压力。

（六）发展目标。立足于加强和改善公共服务，形成有效促进政府和社会资本合作模式规范健康发展的制度体系，培育统一规范、公开透明、竞争有序、监管有力的政府和社会资本合作市场。着力化解地方政府性债务风险，积极引进社会资本参与地方融资平台公司存量项目改造，争取通过政府和社会资本合作模式减少地方政府性债务。在新建公共服务项目中，逐步增加使用政府和社会资本合作模式的比例。

三、构建保障政府和社会资本合作模式持续健康发展的制度体系

（七）明确项目实施的管理框架。建立健全制度规范体系，实施全生命周期管理，保证项目实施质量。进一步完善操作指南，规范项目识别、准备、采购、执行、移交各环节操作流程，明确操作要求，指导社会资本参与实施。制定合同指南，推动共性问题处理方式标准化。制定分行业、分领域的标准化合同文本，提高合同编制效率和谈判效率。按照预算法、合同法、政府采购法及其实施条例、《国务院办公厅关于政府向社会力量购买服务的指导意见》（国办发〔2013〕96 号）等要求，建立完善管理细则，规范选择合作伙伴的程序和方法，维护国家利益、社会公共利益和社会资本的合法权益。

（八）健全财政管理制度。开展财政承受能力论证，统筹评估和控制项目的财政支出责任，促进中长期财政可持续发展。建立完善公共服务成本财政管理和会计制度，创新资源组合开发模式，针对政府付费、使用者付费、可行性缺口补助等不同支付机制，将项目涉及的运营补贴、经营收费权和其他支付对价等，按照国家统一的会计制度进行核算，纳入年度预算、中期财政规划，在政府财务报告中进行反映和管理，并向本级人大或其常委会报告。存量公共服务项目转型为政府和社会资本合作项目过程中，应依法进行资产评估，合理确定价值，防止公共资产流失和贱卖。项目实施过程中，政府依法获得的国有资本收益、约定的超额收益分成等公共收入应上缴国库。

（九）建立多层次监督管理体系。行业主管部门根据经济社会发展规划及专项规划发起政府和社会资本合作项目，社会资本也可根据当地经济社会发展

需求建议发起。行业主管部门应制定不同领域的行业技术标准、公共产品或服务技术规范，加强对公共服务质量和价格的监管。建立政府、公众共同参与的综合性评价体系，建立事前设定绩效目标、事中进行绩效跟踪、事后进行绩效评价的全生命周期绩效管理机制，将政府付费、使用者付费与绩效评价挂钩，并将绩效评价结果作为调价的重要依据，确保实现公共利益最大化。依法充分披露项目实施相关信息，切实保障公众知情权，接受社会监督。

（十）完善公共服务价格调整机制。积极推进公共服务领域价格改革，按照补偿成本、合理收益、节约资源、优质优价、公平负担的原则，加快理顺公共服务价格。依据项目运行情况和绩效评价结果，健全公共服务价格调整机制，完善政府价格决策听证制度，广泛听取社会资本、公众和有关部门意见，确保定价调价的科学性。及时披露项目运行过程中的成本变化、公共服务质量等信息，提高定价调价的透明度。

（十一）完善法律法规体系。推进相关立法，填补政府和社会资本合作领域立法空白，着力解决政府和社会资本合作项目运作与现行法律之间的衔接协调问题，明确政府出资的法律依据和出资性质，规范政府和社会资本的责权利关系，明确政府相关部门的监督管理责任，为政府和社会资本合作模式健康发展提供良好的法律环境和稳定的政策预期。鼓励有条件的地方立足当地实际，依据立法法相关规定，出台地方性法规或规章，进一步有针对性地规范政府和社会资本合作模式的运用。

四、规范推进政府和社会资本合作项目实施

（十二）广泛采用政府和社会资本合作模式提供公共服务。在能源、交通运输、水利、环境保护、农业、林业、科技、保障性安居工程、医疗、卫生、养老、教育、文化等公共服务领域，鼓励采用政府和社会资本合作模式，吸引社会资本参与。其中，在能源、交通运输、水利、环境保护、市政工程等特定领域需要实施特许经营的，按《基础设施和公用事业特许经营管理办法》执行。

（十三）化解地方政府性债务风险。积极运用转让—运营—移交（TOT）、改建—运营—移交（ROT）等方式，将融资平台公司存量公共服务项目转型为政府和社会资本合作项目，引入社会资本参与改造和运营，在征得债权人同意的前提下，将政府性债务转换为非政府性债务，减轻地方政府的债务压力，腾出资金用于重点民生项目建设。大力推动融资平台公司与政府脱钩，进行市场化改制，健全完善公司治理结构，对已经建立现代企业制度、实现市场化运营的，在其承担的地方政府债务已纳入政府财政预算、得到妥善处置并明确公告今后不再承担地方政府举债融资职能的前提下，可作为社会资本参与当地政府和社会资本合作项目，通过与政府签订合同的方式，明确责权利关系。严禁融资平台公司通过保底承诺等方式参与政府和社会资本合作项目，进行变相融资。

（十四）提高新建项目决策的科学性。地方政府根据当地经济社会发展需要，结合财政收支平衡状况，统筹论证新建项目的经济效益和社会效益，并进行财政承受能力论证，保证决策质量。根据项目实施周期、收费定价机制、投资收益水平、风险分配基本框架和所需要的政府投入等因素，合理选择建设—运营—移交（BOT）、建设—拥有—运营（BOO）等运作方式。

（十五）择优选择项目合作伙伴。对使用财政性资金作为社会资本提供公共服务对价的项目，地方政府应当根据预算法、合同法、政府采购法及其实施条例等法律法规规定，选择项目合作伙伴。依托政府采购信息平台，及时、充分地向社会公布项目采购信息。综合评估项目合作伙伴的专业资质、技术能力、管理经验、财务实力和信用状况等因素，依法择优选择诚实守信的合作伙伴。加强项目政府采购环节的监督管理，保证采购过程公平、公正、公开。

（十六）合理确定合作双方的权利与义务。树立平等协商的理念，按照权责对等原则合理分配项目风险，按照激励相容原则科学设计合同条款，明确项目的产出说明和绩效要求、收益回报机制、退出安排、应急和临时接管预案等关键环节，实现责权利对等。引入价格和补贴动态调整机制，充分考虑社会资本获得合理收益。如单方面构成违约的，违约方应当给予对方相应赔偿。建立投资、补贴与价格的协同机制，为社会资本获得合理回报创造条件。

（十七）增强责任意识和履约能力。社会资本要将自身经济利益诉求与政府政策目标、社会目标相结合，不断加强管理和创新，提升运营效率，在实现经济价值的同时，履行好企业社会责任，严格按照约定保质保量地提供服务，维护公众利益；要积极进行业务转型和升级，从工程承包商、建设施工方向运营商转变，实现跨不同领域、多元化发展；要不断提升运营实力和管理经验，增强提供公共服务的能力。咨询、法律、会计等中介机构要提供质优价廉的服务，促进项目增效升级。

（十八）保障公共服务持续有效。按照合同约定，对项目建设情况和公共服务质量进行验收，逾期未完成或不符合标准的，社会资本要限期完工或整改，并采取补救措施或赔偿损失。健全合同争议解决机制，依法积极协调解决争议。确需变更合同内容、延长合同期限以及变更社会资本方的，由政府和社会资本方协商解决，但应当保持公共服务的持续性和稳定性。项目资产移交时，要对移交资产进行性能测试、资产评估和登记入账，并按照国家统一的会计制度进行核算，在政府财务报告中进行反映和管理。

五、政策保障

（十九）简化项目审核流程。进一步减少审批环节，建立项目实施方案联评联审机制，提高审查工作效率。项目合同签署后，可并行办理必要的审批手续，有关部门要简化办理手续，优化办理程序，主动加强服务，对实施方案中已经明确的内容不再作实质性审查。

（二十）多种方式保障项目用地。实行多样化土地供应，保障项目建设用地。对符合划拨用地目录的项目，可按划拨方式供地，划拨土地不得改变土地用途。建成的项目经依法批准可以抵押，土地使用权性质不变，待合同经营期满后，连同公共设施一并移交政府；实现抵押权后改变项目性质应该以有偿方式取得土地使用权的，应依法办理土地有偿使用手续。不符合划拨用地目录的项目，以租赁方式取得土地使用权的，租金收入参照土地出让收入纳入政府性基金预算管理。以作价出资或者入股方式取得土地使用权的，应当以市、县人民政府作为出资人，制定作价出资或者入股方案，经市、县人民政府批准后实施。

（二十一）完善财税支持政策。积极探索财政资金撬动社会资金和金融资本参与政府和社会资本合作项目的有效方式。中央财政出资引导设立中国政府和社会资本合作融资支持基金，作为社会资本方参与项目，提高项目融资的可获得性。探索通过以奖代补等措施，引导和鼓励地方融资平台存量项目转型为政府和社会资本合作项目。落实和完善国家支持公共服务事业的税收优惠政策，公共服务项目采取政府和社会资本合作模式的，可按规定享受相关税收优惠政策。鼓励地方政府在承担有限损失的前提下，与具有投资管理经验的金融机构共同发起设立基金，并通过引入结构化设计，吸引更多社会资本参与。

（二十二）做好金融服务。金融机构应创新符合政府和社会资本合作模式特点的金融服务，优化信贷评审方式，积极为政府和社会资本合作项目提供融资支持。鼓励开发性金融机构发挥中长期贷款优势，参与改造政府和社会资本合作项目，引导商业性金融机构拓宽项目融资渠道。鼓励符合条件的项目运营主体在资本市场通过发行公司债券、企业债券、中期票据、定向票据等市场化方式进行融资。鼓励项目公司发行项目收益债券、项目收益票据、资产支持票据等。鼓励社保资金和保险资金按照市场化原则，创新运用债权投资计划、股权投资计划、项目资产支持计划等多种方式参与项目。对符合条件的"走出去"项目，鼓励政策性金融机构给予中长期信贷支持。依托各类产权、股权交易市场，为社会资本提供多元化、规范化、市场化的退出渠道。金融监管部门应加强监督管理，引导金融机构正确识别、计量和控制风险，按照风险可控、商业可持续原则支持政府和社会资本合作项目融资。

六、组织实施

（二十三）加强组织领导。国务院各有关部门要按照职能分工，负责相关领域具体工作，加强对地方推广政府和社会资本合作模式的指导和监督。财政部要会同有关部门，加强政策沟通协调和信息交流，完善体制机制。教育、科技、民政、人力资源社会保障、国土资源、环境保护、住房城乡建设、交通运输、水利、农业、商务、文化、卫生计生等行业主管部门，要结合本行业特点，积极运用政府和社会资本合作模式提供公共服务，探索完善相关监管制度体系。地方各级人民政府要结合已有规划和各地实际，出台具体政策措施并抓好落实；可根据本地区实际情况，建立工作协调机制，推动政府和社会资本合作项目落地实施。

（二十四）加强人才培养。大力培养专业人才，加快形成政府部门、高校、企业、专业咨询机构联合培养人才的机制。鼓励各类市场主体加大人才培训力度，开展业务人员培训，建设一支高素质的专业人才队伍。鼓励有条件的地方政府统筹内部机构改革需要，进一步整合专门力量，承担政府和社会资本合作模式推广职责，提高专业水平和能力。

（二十五）搭建信息平台。地方各级人民政府要切实履行规划指导、识别评估、咨询服务、宣传培训、绩效评价、信息统计、专家库和项目库建设等职责，建立统一信息发布平台，及时向社会公开项目实施情况等相关信息，确保项目实施公开透明、有序推进。

在公共服务领域推广政府和社会资本合作模式，事关人民群众切身利益，是保障和改善民生的一项重要工作。各地区、各部门要充分认识推广政府和社会资本合作模式的重要意义，把思想和行动统一到党中央、国务院的决策部署上来，精心组织实施，加强协调配合，形成工作合力，切实履行职责，共同抓好落实。财政部要强化统筹协调，会同有关部门对本意见落实情况进行督促检查和跟踪分析，重大事项及时向国务院报告。

关于申报市政公用领域 PPP 推介项目的通知

财政部 住房城乡建设部 财建〔2016〕495 号

各省、自治区、直辖市、计划单列市财政厅(局)、住房城乡建设部门,新疆生产建设兵团财务局、建设局:

为贯彻落实《关于市政公用领域开展政府和社会资本合作项目推介工作的通知》(财建〔2015〕29 号)相关要求,加快推进市政公用领域政府和社会资本合作(PPP),通畅合作各方项目对接渠道,助推更多项目实现融资和落地实施,现就组织申报市政公用领域政府和社会资本合作推介项目有关事项通知如下:

一、申报范围

按照新型城镇化战略对市政公用领域公共产品及服务提出的要求,结合地方实际和项目储备情况,遴选下述领域优质项目,作为重点推介对象。

(一)城市供水;

(二)污水处理、垃圾处理;

(三)供热供气;

(四)道路桥梁、公共交通基础设施、公共停车场;

(五)城市地下综合管廊,海绵城市建设;

(六)其他市政公用领域项目。

国民经济和社会发展规划、各类专项规划,以及地方相关规划中的项目优先推介。

二、申报要求

省级财政、住房和城乡建设部门负责组织本行政区域内市政公用领域 PPP 推介项目申报工作(计划单列市及新疆生产建设兵团可单独申报),组织区域内相关项目执行主体申报项目,并逐级汇总之后,采取有效的程序和方式,遴选出优质项目,联合行文将项目信息报送财政部、住房和城乡建设部。各省级财政、住房和城乡建设部门要把好项目质量关，确保项目设计符合财政部关于 PPP 相关规定。各省级单位申报的推介项目数量不应超过 10 个，具体数量自行决定。申报项目需已纳入 PPP 综合信息管理平台管理。

三、申报材料

（一）省级财政、住房和城乡建设部门联合行文（盖章）向财政部、住房和城乡建设部报送。

（二）项目申报汇总表（见附件 1）：由各省级财政、住房和城乡建设部门负责填写，并加盖公章。

（三）具体项目材料：项目材料必须按项目进行组织，一个项目一份材料，每个项目材料不超过 10 页。必备内容包括：项目实施方案（见附件 2）和项目基本信息表（见附件 3）。

四、申报时间

各省、自治区、直辖市、计划单列市财政厅（局）、住房和城乡建设厅（局、委），新疆生产建设兵团财务局、建设局按照上述要求，严格筛选项目，于 2016 年 7 月 15 日前，将申报材料以电子版报送至财政部、住房和城乡建设部（省级财政部门将材料电子版上传至财政部内网系统专设端口，住房和城乡建设部门将材料电子版发送至住房和城乡建设部外网专设邮箱）。

五、推介安排

财政部、住房和城乡建设部将联合对本批项目进行推介。

（一）将项目推介给 PPP 基金。在符合基金支持范围和相关要求的前提下，由基金按规定程序遴选优质项目进行支持。

（二）在政府和社会资本合作中心官方网站"示范推广"栏目建立"部门推广"子项，上载项目清单（包括项目基本情况、融资需求以及合作意向等项目信息）进行推介。

（三）推荐被推介项目参加第三批 PPP 示范项目统一评选。

六、联系人

（一）财政部

经济建设司：

电话：010-68552520

地址：北京市西城区三里河南三巷 3 号，邮编：100820

财政内网平台：财政内网 / 财政专项建设资金网 /PPP 项目推介 / 市政公用领域

（二）住房和城乡建设部

城市建设司：

电话：010-58933160，010-58934352（传真）

地址：北京市海淀区三里河路 9 号，邮编：100835

电子邮箱：chengshui@mail.cin.gov.cn

附件

PPP 项目实施方案

本项目实施方案范本供项目申报参考用，各地项目申报材料应该包括但不限于以下内容。

一、项目情况

项目基本条件：项目名称，项目所属领域类型，项目实施地基本情况；项目技术路线；项目建设的必要性。

前期工作：已经进行的前期工作合规性（规划、可研、环评、土地等）、项目当前所处阶段（申报、设计、融资、采购、施工、运行）。

项目基本架构：PPP 合作基本结构；合作各方基本情况；项目收益方案；收费和价格机制；风险分担和收益共享机制；政府支持政策和制度环境。

融资结构：总投资及构成；融资方案结构设计；项目公司 SPV 股权结构；融

资工作前期进展。

二、项目可行性分析

经济可行性分析；环境影响评价；社会影响评价。项目组织领导机制建设；项目对《关于市政公用领域开展政府和社会资本合作项目推介工作的通知》(财建〔2015〕29 号)相关精神的落实与执行情况；政府方合作意愿；对社会资本的吸引力，等等。

三、财政可承受能力论证

根据财政部颁布的关于 PPP 项目财政可承受能力论证相关规定进行。

四、物有所值评价

根据财政部颁布的关于 PPP 项目物有所值评价相关规定进行。

五、项目前景

项目实施时序安排；前景评估和总体规划；主要政策需求及建议。

关于推进传统基础设施领域政府和社会
资本合作(PPP)项目资产证券化相关工作的通知

国家发展改革委　中国证监会　发改投资〔2016〕2698 号

各省、自治区、直辖市、计划单列市发展改革委，新疆生产建设兵团发展改革委，中国证监会各派出机构，上海证券交易所、深圳证券交易所，中国证券业协会，中国证券投资基金业协会：

为贯彻落实《中共中央　国务院关于深化投融资体制改革的意见》(中发〔2016〕18 号)、《国务院关于创新重点领域投融资机制　鼓励社会投资的指导意见》(国发〔2014〕60 号)等文件精神，推动政府和社会资本合作(PPP)项目融资方式创新，更好地吸引社会资本参与，现就推进传统基础设施领域 PPP 项目资产证券化工作通知如下。

一、充分认识 PPP 项目资产证券化的重要意义

（一）PPP 项目资产证券化是保障 PPP 持续健康发展的重要机制。资产证券化是基础设施领域重要融资方式之一，对盘活 PPP 项目存量资产、加快社会投资者的资金回收、吸引更多社会资本参与 PPP 项目建设具有重要意义。各省级发展改革委与中国证监会当地派出机构及上海、深圳证券交易所等单位应加强合作，充分依托资本市场，积极推进符合条件的 PPP 项目通过资产证券化方式实现市场化融资，提高资金使用效率，更好地支持传统基础设施项目建设。

二、各省级发展改革部门应大力推动传统基础设施领域 PPP 项目资产证券化

（二）明确重点推动资产证券化的 PPP 项目范围。各省级发展改革委应当会同相关行业主管部门，重点推动符合下列条件的 PPP 项目在上海证券交易所、深圳证券交易所开展资产证券化融资：一是项目已严格履行审批、核准、备案手续和实施方案审查审批程序，并签订规范有效的 PPP 项目合同，政府、社会资本及项目各参与方合作顺畅；二是项目工程建设质量符合相关标准，能持续安全稳定运营，项目履约能力较强；三是项目已建成并正常运营 2 年以上，已建立合理的投资回报机制，并已产生持续、稳定的现金流；四是原始权益人信用稳健，内部控制制度健全，具有持续经营能力，最近三年未发生重大违约或虚假信息披露，无不良信用记录。

（三）优先鼓励符合国家发展战略的 PPP 项目开展资产证券化。各省级发展改革委应当优先选取主要社会资本参与方为行业龙头企业，处于市场发育程度高、政府负债水平低、社会资本相对充裕的地区，以及具有稳定投资收益和良好社会效益的优质 PPP 项目开展资产证券化示范工作。鼓励支持"一带一路"建设、京津冀协同发展、长江经济带建设，以及新一轮东北地区等老工业基地振兴等国家发展战略的项目开展资产证券化。

（四）积极做好 PPP 项目管理和配合资产证券化尽职调查等工作。项目实施单位要严格执行 PPP 项目合同，保障项目实施质量，切实履行资产证券化法

律文件约定的基础资产移交与隔离、现金流归集、信息披露、提供增信措施等相关义务，并积极配合相关中介机构做好 PPP 项目资产证券化业务尽职调查。各地发展改革部门和相关行业主管部门等要按职责分工加强监督管理，督促项目实施单位做好相关工作。

三、证券监管部门及自律组织应积极支持 PPP 项目资产证券化

（五）着力优化 PPP 项目资产证券化审核程序。上海证券交易所、深圳证券交易所、中国证券投资基金业协会应按照规定对申报的 PPP 项目资产证券化产品进行审核、备案和持续监管。证券交易所、中国证券投资基金业协会等单位应建立专门的业务受理、审核及备案绿色通道，专人专岗负责，提高国家发展改革委优选的 PPP 项目相关资产证券化产品审核、挂牌和备案的工作效率。

（六）引导市场主体建立合规风控体系。中国证监会系统相关单位应积极配合发展改革部门加大 PPP 项目资产证券化业务的宣传和培训力度，普及资产证券化业务规则及监管要求等相关知识，推动 PPP 项目相关责任方建立健全资产证券化业务的合规、风控与管理体系。

（七）鼓励中介机构依法合规开展 PPP 项目资产证券化业务。中国证监会鼓励支持相关中介机构积极参与 PPP 项目资产证券化业务，并督促其勤勉尽责，严格遵守执业规范和监管要求，切实履行尽职调查、保障基础资产安全、现金流归集、收益分配、信息披露等管理人职责，在强化内部控制与风险管理的基础上，不断提高执业质量和服务能力。

四、营造良好的政策环境

（八）共同培育和积极引进多元化投资者。国家发展改革委与中国证监会将共同努力，积极引入城镇化建设基金、基础设施投资基金、产业投资基金、不动产基金以及证券投资基金、证券资产管理产品等各类市场资金投资 PPP 项目资产证券化产品，推进建立多元化、可持续的 PPP 项目资产证券化的资金支持机制。中国证监会将积极研究推出主要投资于资产支持证券的证券投资基金，并会同国家发展改革委及有关部门共同推动不动产投资信托基金（REITs），进

一步支持传统基础设施项目建设。

（九）建立完善沟通协作机制。国家发展改革委与中国证监会将加强沟通协作，及时共享 PPP 项目信息，协调解决资产证券化过程中存在的问题与困难。中国证监会、国家发展改革委及相关部门将共同推动建立针对 PPP 项目资产证券化的风险监测、违约处置机制和市场化增信机制，研究完善相关信息披露及存续期管理要求，确保资产证券化的 PPP 项目信息披露公开透明，项目有序实施，接受社会和市场监督。各省级发展改革委与中国证监会当地派出机构应当建立信息共享及违约处置的联席工作机制，推动 PPP 项目证券化产品稳定运营。

五、近期工作安排

请各省级发展改革委于 2017 年 2 月 17 日前，推荐 1—3 个首批拟进行证券化融资的传统基础设施领域 PPP 项目，正式行文报送国家发展改革委。国家发展改革委将从中选取符合条件的 PPP 项目，加强支持辅导，力争尽快发行 PPP 项目证券化产品，并及时总结经验、交流推广。

请中国证监会各派出机构、上海证券交易所、深圳证券交易所、中国证券业协会、中国证券投资基金业协会等有关部门单位做好支持配合工作，推动传统基础设施领域 PPP 项目资产证券化融资平稳健康发展，并依据传统基础设施领域 PPP 项目资产证券化执行情况，不断完善资产证券化备案及负面清单管理。

国家发展改革委

中 国 证 监 会

2016 年 12 月 21 日